国家体育总局体育哲学社会科学研究成果选编
(2008—2009)

国家体育总局政策法规司 编

人民体育出版社

目 录

中国体育事业发展的公共财政保障研究 …………………………… 张林，等（1）
社会分层视野下的城市居民体育行为研究——以杭、宁、温三城市为例
　　…………………………………………………………………… 汤国杰，等（17）
社会体育俱乐部运行机制研究——以上海市为例 ………………… 李明毅，等（39）
"从体育大国到体育强国"进程中青少年体育发展研究 …………… 冉强辉，等（51）
县域体育发展战略研究 ………………………………………………… 周克臣，等（65）
全国体育大会竞赛项目设置的理论与实践研究——以第四届全国体育大会为例
　　…………………………………………………………………… 盛志国，等（75）
竞技运动表演论 ………………………………………………………… 方千华，等（84）
中国竞技体育核心竞争力指标体系构建研究 ………………………… 邓万金，等（90）
我国优势运动项目布局重构对策研究 ………………………………… 余银，等（105）
我国竞技体育女性参与的研究 ………………………………………… 卢玲，等（114）
中国足球后备人才"多元化"培养路径研究 ………………………… 何志林，等（124）
基于要素分析的职业体育治理结构研究 ……………………………… 郑芳，等（135）
中美竞技体育管理体制与运行机制的比较研究 ……………………… 张晓林，等（151）
国际足球争议仲裁的实证研究 ………………………………………… 黄世席，等（163）
优秀运动员退役角色转换模式及二次职业生涯设计心理指导体系研究
　　…………………………………………………………………… 胡咏梅，等（174）
球场观众暴力的风险管理研究 ………………………………………… 石岩，等（185）
我国运动员人力资本形成与收益分配研究 …………………………… 刘平，等（194）
体育用地资产化运营及管理研究——以上海市为例 ………………… 刘红梅，等（208）
体育博彩法律保障比较研究 …………………………………………… 马宏俊，等（220）
中国体育彩票系统人力资源分析及管理模式研究报告 ……………… 王卫东，等（233）
大型公共体育设施建设项目与城市国民经济发展交互影响评价方法的研究
　　…………………………………………………………………… 王正伦，等（248）
中国体育事业统计指标体系优化研究 ………………………………… 权德庆，等（261）
我国体育产业与文化娱乐业发展的比较研究 ………………………… 邵淑月，等（276）
基于人力资本视角下我国"健身培训"现状与发展之研究 ………… 胡汩，等（286）
新媒体时代体育赛事转播权开发研究 ………………………………… 金雪涛，等（299）

中国体育事业发展的公共财政保障研究

张林　李丽　黄海燕　张宝钰　王岩　朱洪军

本研究以我国体育事业发展的公共财政保障作为研究对象，采用规范分析与实证分析相结合、比较与逻辑推理相结合、文献分析与调查咨询相结合的方法，以体育事业的公共产品属性和正外部性分析为切入口，通过分析我国公共财政支持体育事业发展的现状，找出体育事业公共财政保障存在的问题，并提出完善我国体育事业公共财政保障体系的对策建议，以期为政府部门进行相应的体育事业公共财政保障改革提供理论依据和实践参考。

一、我国体育事业公共财政保障体系

（一）我国体育事业公共财政保障的原则

1. 国情原则

我国目前还处于社会主义初级阶段，市场经济不发达，市场基础薄弱，因此我国社会主义市场经济在发展过程中会出现早期市场经济发展过程中所表现出的所有市场失灵，再加上我国计划经济体制的痕迹及政府体育事业发展的意愿，与当前西方发达国家相比，我国体育事业公共财政保障的范围会比他们更宽泛。我国体育事业公共财政保障的范围不但包括体育市场失灵的领域，如体育场地设施的建设、公益性社会体育指导员的培养等，而且还承担着体育市场体系的培育、体育企业的品牌建设、扶持职业体育的发展等，而这些方面在国外成熟的市场经济国家都可以通过市场来解决。同时，我国还是一个经济转型和体制转轨的发展中国家，还必须投入很大的精力和财力用于调整竞技体育和群众体育、区域之间、城乡体育等发展的各种不平衡问题。虽然理论上我国体育事业公共财政保障的范围要比西方发达国家更宽泛，但由于我国经济发展水平还不高，教育水平同中等发达国家相比还有较大的差距，人们的体育意识不强，体育消费水平较低，政府的财政实力还不够雄厚，因此我国体育事业的公共财政保障范围还达不到西方发达国家的水平，只能满足人们最基本的体育公共需求和核心需求。

2. 公共原则

尽管当今市场经济国家体育事业公共财政保障的形式各异，保障的范围和重点也不尽相同，但其基本模式是相同的，即以满足社会的体育公共需求作为界定政府体育事业公共财政保障的范围。体育公共需求是指满足社会有关体育方面的公共利益的需求，这种共同利益具有不可分割性。体育公共需求是一种整体需求，具有受益的外在性和需求整体性的特征，一般只有通过公共机制才能满足，而这种公共机制的运行主要是通过公共财政来实现。公共财政从本质上来说是满足社会的公共需求，因此满足社会的体育公共需求即公共原则是体育事业公共财政保障的最根本原则。

3. 协调发展原则

改革开放以来我国体育的整体实力得到全面提升，体育的核心表现也不断彰显，但我国体育在快速发展中积累了一些结构性矛盾，表现为区域间、城乡间体育发展水平差距的不断增大，奥运项目与非奥项目、业余体育与职业体育、优势项目与基础和球类项目之间、冬季项目与夏季项目之间发展水平的不均衡，这些结构性矛盾如不分解，必然会影响到我国体育强国目标的实现。失衡的中国体育事业迫切需要协调来匡正，发展的中国体育事业迫切需要协调来支撑。只有坚持体育事业的协调发展及全面推进，调整体育事业公共财政保障的结构，加大对群众体育、农村体育及业余体育的投入，才能缩小体育发展中存在的结构性失衡，体育各方面的发展才能良性互动，我国体育现代化的目标最终才能得以实现。

4. 导向原则

公共财政对体育事业的投入是我国体育事业可持续发展的重要保障，是目前我国体育事业经费的主要来源。但现阶段我国政府的财政收入能力还不强，国家的财政预算总量有限，国家对现阶段重点保障的社会保障体系、教育、医疗卫生等关系民生的公共服务领域的投入还存在较大的资金缺口，因此一段时期内对体育事业的财政预算不可能有较大的增长。为弥补体育事业经费发展的不足，我们应灵活使用财政资金，充分发挥财政资金的导向作用，引导社会资金投向体育事业领域，形成政府、社会和个人共同举办体育事业的格局。现阶段强调对体育产业给予一定的财政投入，是为我国体育市场主体的逐步成熟及体育市场体系的进一步完善创造良好的外部条件，以积极引导国内外资金兴办体育产业，繁荣我国的体育市场，从而形成一批在全球具有影响力的体育企业品牌、体育产品品牌和体育赛事品牌。

（二）我国体育事业公共财政保障的目标

以科学发展观为统领，认真贯彻落实政府构建社会主义和谐社会的要求，健全适应和谐社会发展的体育事业公共财政保障体系，坚持以人为本，逐步扩大体育事业公共财政保障的覆盖领域和范围，增加对民生体育的公共财政保障能力，把增强人民体质、提高全民族身体素质作为体育事业公共财政保障的根本目标，建立稳定长效的财政监督机制，实现群众体育与竞技体育、城乡体育、区域体育协调发展，逐步形成比较完备的覆盖全社会的体育公共服务体系，基本实现体育公共服务的均等化，进一步推动我国由体育大国向体育强国迈进。

（三）我国体育事业公共财政保障的任务

1. 努力做大做强体育事业公共收入蛋糕。加大对体育事业的公共财政投入，逐步提高体育事业公共财政投入占GDP的比重；组织好体育事业非财政收入，扩大体育彩票发行量，大力发展体育产业，努力提高非财政收入在体育事业经费中的比重，逐步做大我国体育事业公共收入的蛋糕。

2. 调整体育事业公共支出结构。逐步扩大体育事业公共财政支出的覆盖领域和范围。按照公共财政取向，继续调整和优化体育事业公共支出结构，加大对群众体育、农村体育与中西部体育的财政投入力度，促进群众体育与竞技体育、城乡体育、区域体育协调发展。

3. 健全体育财力与事权相匹配的体制。政府的财权适当下移，努力提高地方政府的财政收入能力，逐步解决地方政府体育事权和财力不相匹配的矛盾。

4. 规范中央财政转移支付制度。中央政府加大对中西部和农村体育事业的财政转移支付，酌情降低或取消体育专项转移支付中所要求的地方配套资金的要求，使中西部和农村地区的居民能真正享受到最基本的体育公共服务。

(四) 我国体育事业公共财政保障的范围

体育事业公共财政保障的合理边界应约束在市场失灵的范围内，凡是市场能解决的，或是市场提供更有效率的，则尽量使用市场方式解决。体育事业公共财政保障的范围主要界定在提供体育公共产品、矫正外部效应、培育体育市场及克服信息不对称等方面。

1. 提供体育公共产品

公共产品是社会必需的产品，满足社会大多数人的消费需求。由于公共产品具有消费的非排他性、消费的非竞争性和效用的不可分割性，无法消除"免费搭车"现象。对私人生产者来说，生产这类产品无法获取利润，从而导致市场不提供或只提供少量公共产品，社会成员的正常消费需求无法得到满足，一般只能由政府或国家公共财政加以解决。体育事业具有公共产品的属性，体育公共产品满足的是社会大多数成员的体育公共需求，这就导致市场价格无法引导资源进入体育公共产品的生产领域，体育公共产品市场供给不足，只能由政府干预才能解决，因此体育公共产品的提供是政府公共财政活动的主要领域。

2. 矫正外部效应

外部效应的存在使私人收益和社会收益出现不对称，生产者的私人收益小于实际产生的全部社会收益，资源配置便会发生扭曲而达不到帕累托最优。理性经济人追求的是个人利益的最大化，很少会从事收益外溢的活动，而市场机制却难以解决个人利益和社会利益相背离的矛盾，市场供给失灵产生，导致具有正外部效应的产品提供不足，此时就需要政府采取适当的方式给予干预。体育事业具有很强的正外部效应，因此存在市场提供失灵的问题，政府应对具有正外部效应的体育产品的供给采取政府提供、政府与市场共同提供或市场提供等方式，通过财政拨款、财政补贴或政府购买等保障措施，促使生产者生产的体育公共产品外部效应内在化，解决该产品在社会上供给不足的问题，进而使该产品的产量达到社会有效水平。

3. 培育体育市场、健全体育市场体系

市场经济条件下，市场机制能够有效运行的前提是有完善的市场体系，能够保证经济主体获得与其经济行为有关的信息。但我国体育产业还处于起步阶段，市场不完善的领域还很广泛，市场主体还很不成熟。在这种不健全的体育市场体系下，许多信息就无法充分获取，很多体育商品也无法由市场提供或无法由市场充分提供。对于体育市场失灵、市场秩序不规范的问题，还需要政府的干预和介入才能解决和弥补。政府应进一步加强现代体育市场体系和信用体系的建设，制定体育市场规则，营造体育市场健康发展、各种所有制体育企业公平竞争的法制环境。

4. 克服信息不完全

在信息不完全的体育市场里,生产者和消费者获取不到充分的市场信息,不能正确评价体育产品,生产者和消费者的决策可能出现偏差而降低效率,出现因信息不足或失灵而导致的竞争失效、市场失灵。20世纪90年代兴起的保龄球市场的大起大落,就是经营者在缺乏相应的消费需求信息的情况下,一哄而上,最后导致供过于求,恶性竞争,保龄球市场迅速陨落。体育消费者由于不了解体育商品的信息而上当受骗也屡见不鲜,因此政府在改进信息不完全、提高市场竞争效率方面应该有所作为,应向社会提供有关体育商品供求状况、价格变动趋势,加强与体育有关的各方面的信息库建设。

(五) 我国体育事业公共财政保障的内容

1. 群众体育的公共财政保障内容

群众体育的公共财政保障内容主要是民生类的体育公共产品,直接关系到广大人民群众的切身利益,是当前广大人民群众最迫切需要的体育公共产品。以"建身边场地、抓身边组织、办身边活动"为内涵的"三边工程",是政府贯彻以人为本,构建亲民、便民、利民体育服务体系的核心内容,因此群众体育场地设施、体育组织、体育活动和竞赛应属于我国体育事业公共财政保障的内容。

(1) 群众体育场地设施

体育场地设施是群众从事体育健身活动的基本物质条件,是实施全民健身活动的物质载体。没有体育场地设施,群众体育的开展就成为无源之水、无本之木,因此国外体育市场化程度很高的国家都把体育场地设施作为重要的公共产品给予重点保障。群众体育场地设施具有准公共产品的性质,不收费的公共体育场地设施属于公共资源,如体育公园,在消费上具有非排他性,但却具有竞争性,即不收费的公共体育场地设施的健身人数超过限度后,即产生拥挤成本。而不以营利为目的的收费的体育场地设施在消费上不具有竞争性,但可以很顺利地实现排他,属于俱乐部产品,群众体育场地设施的保障重点是政府命名群众体育场地,主要包括全民健身活动中心、体育公园、全民健身基地;政府援建体育场地,包括健身路径、篮球场、乒乓球台和小篮板等。

(2) 群众体育组织

群众体育组织是指从事与身体锻炼有关的社会机构与团体,是开展群众体育工作的组织保障。群众体育组织如体育社团、协会等通常是有共同体育兴趣爱好的人自由组织在一起,从而形成相对应的受益群众,具有共同受益的特点。人们在参与体育社团的过程中,不仅个人受益,增强了自身体质和体能,增进了健康,而且还可形成以社团为中心的向心力和凝聚力的团队精神,对社会主义精神文明建设和和谐社会的构建都发挥着重要作用,具有很强的正外部性。

(3) 群众体育活动

群众体育活动是开展体育工作的重要内容。而群众体育中的竞赛,是群众体育活动的特殊表现形式,是推动群众体育活动发展的有效措施。通过开展经常性的群众体育活动和竞赛,可以提高人们参与体育活动的积极性和自觉性,形成良好的生活方式,不仅有利于个人身心健康,而且有利于形成良好的社会风尚,有利于单位、社区乃至整个社会的和谐和稳定,是个外部性很强的体育公共产品。

2. 竞技体育的公共财政保障内容

新中国成立以来特别是改革开放以来，我国把竞技体育作为促进体育事业发展、提高国际地位的突破口，举全国之力全方位保障竞技体育的发展，使竞技体育在很短的时间内跻身于世界前列，其发展水平超越了我国经济发展水平。随着社会主义市场经济体制的建立及公共财政体制的逐步完善，体育事业的发展也要遵循市场规律，在重视社会效益的同时也要追求经济效益。体育公共财政支出主要是满足人们的体育公共需求，因此竞技体育的公共财政保障范围也要随之发生变化。现阶段竞技体育的公共财政保障内容主要包括体育训练、体育竞赛、体育场馆设施，运动员社会保障体系和职业体育。

（1）体育训练、体育竞赛和体育场馆设施

训练是竞技体育的核心和基础，体育训练尤其是各项目国家队的训练是实现我国奥运争光计划的前提和基础，没有体育训练就不可能实现我国的奥运争光计划，其重要性不言而喻。

竞赛是竞技体育发展的"指挥棒"。参与奥运会等国际性竞技体育比赛是所有运动员的梦想，是运动员训练的动力源泉所在。体育竞赛是实现奥运争光计划的最直接手段，同时体育训练的效果也只有通过体育竞赛才能得到检验。

场馆设施是竞技体育训练和竞赛的基本物质条件，没有体育场馆设施，体育训练和竞赛只能是空中楼阁。

综上所述，体育训练、体育竞赛和体育场馆设施是拉动竞技体育发展的三驾马车，缺一不可。新时期它们仍是发挥体育的政治功能、创造体育精神产品的重要载体，其产生的综合效益可惠及国内的每一个人，是我国体育事业公共财政保障的重要内容。

（2）运动员社会保障体系

运动员是竞技体育最重要的人力资源，但运动员也是一个高淘汰率、高风险的青春职业，运动员保障体系的建立健全与否直接关系到奥运争光计划的实现。运动员保障体系的建立可维护运动员的长远利益，促进运动员全面发展，解决运动员及家人的后顾之忧，使运动员能安心训练，是竞技体育的民生工程，具有显著的正外部性，属于体育事业公共财政保障的范畴。

（3）职业体育

职业化是一国体育发展的核心竞争力之所在，是体育强国的重要标志，具有很强的正外部性。我国职业体育起步较晚，市场体系还不健全，同时职业体育还承担着奥运争光的任务，因此现阶段我国对职业体育的发展应给予相应的扶持。西方发达国家职业体育的发展已有一百多年的历史，但国家对职业体育的发展仍给予体育场馆及税收等一些优惠政策的支持，这对我国发展职业体育给予了很好的启示及借鉴。

3. 体育产业方面的保障内容

体育产业是国民经济的新增长点。体育产业的发展对扩大内需、调整产业结构、拓宽就业渠道等具有推动作用。目前我国体育产业的发展仍处于起步阶段，体育市场发育不成熟，产业结构不合理，仍需要政府的扶持。现阶段体育产业方面的公共财政保障内容主要有体育产业结构的优化、体育产业品牌和服务平台的建设。

（1）体育产业结构的优化

经济学理论和国外发达国家的经济发展实践证明，经济发展的过程也是产业结构不断优化升级的过程，两者具有同步性，产业结构的不断优化升级是经济发展的助推器，因此，体育产业结构的合理与否直接影响着体育产业发展的速度和规模。我国目前体育产业结构仍不合理，体育服务业的发展滞后于体育用品业等外围产业的发展，而以健身娱乐业和竞赛表演业为核心的体育服务业具有很强的关联效应，其发展能带动体育用品、体育服装、体育旅游等外围产业的发展，具有很强的正外部性，国家应在体育产业发展的起步阶段采取政府补贴或优惠政策等措施扶持体育服务业的发展。

（2）体育产业基地

体育产业已成为国外发达国家国民经济的支柱产业之一，但在我国还处于起步阶段，企业数量多、规模小，生产的产品主要是低端产品或为外商贴牌生产，产业链条形态不明显，研发能力差，产生的经济效益不高。而体育产业基地的建设，可弥补以上种种不足。体育产业基地在政府的规划和引导下，通过吸引各类企业进驻，形成集研发、生产、服务为一体的开放型、多功能、综合型的体育产业聚集区，可产生辐射效应、示范效应和引导效应，能促进我国体育产业的快速发展。

（3）体育产业品牌建设

当今国际社会的经济竞争已发展为品牌的竞争，品牌是一种无形资产，是衡量国家竞争力的重要指标。目前我国体育品牌的创建和运营都非常滞后，体育产业中发展最快的体育用品业的品牌建设也不容乐观，除了国产品牌"李宁"外，中国大部分体育用品市场都被国外体育品牌如 NIKE、ADIDAS 等挤占，更不用说国内品牌打入国际市场。体育品牌是体育强国的核心表现之一，是我国占领中国市场、进军国际市场的重要工具。但体育品牌的建设不是一蹴而就的，会受到资金、技术、文化等各方面条件的限制，故体育产业在全新打造体育品牌的过程中，国家应给予相应的财政保障。

（4）服务平台的建设

发展经济应尊重市场规律，但在现实生活中，由于存在着不完全竞争、外部效应、垄断、信息不充分等，存在着市场失灵，还需要政府的适度干预，对新兴产业的培育更是如此。体育产业是幼稚产业，这就需要政府在体育产业中介组织的培育、对外体育服务贸易平台的搭建、体育市场的监管等方面扶持和引导体育产业的发展。

4. 其他类的体育事业公共财政保障内容

我国其他类的体育事业公共财政保障内容主要包括体育法制建设、体育标准及认证事务、体育文化建设、体育人才培养、体育信息平台建设、体育科技与教育、反兴奋剂工作、对外交往与宣传等。

（1）体育法制建设

体育法制建设是促进体育事业规范、有序发展的制度保障。制度本身就是一种公共产品，它作用于每一个人，为一个共同体的所有人所享有，具有消费的非排他性和非竞争性，属于纯公共产品的范畴。

目前我国体育法制建设方面的公共产品主要包括：①体育立法：体育法的修订、《体育仲裁条例》、体育竞赛管理及赛风赛纪方面的法制建设等；②体育行政执法与检查监督：体育法的实施，全民健身工作、体育场地设施的建设与管理、反兴奋剂、体育市场管理、奥林匹克标志保护等重点领域的执法监督检查；③体育法制宣传教育和理论研究：体育法制的学习与培训，编制法制宣传教育教材，开展法制宣传教育活动，体育新法规、体育法制工作经验、典型体育案例等方面的宣传报道，体育法制理论研究；④体育行业作风建设；⑤专门化的体育法律服务机构和体育仲裁制度的建立。

(2) 体育标准与认证事务

标准是工业文明的产物，产品和服务的质量是由标准体系的作用来保证的。通过开展体育标准和认证事务，可规范体育产品和服务的质量、体育服务准入条件，规范体育设施和设备的质量、从业人员职业资质及体育市场竞争条件，从而满足不同消费者的体育需求，保障人身财产安全及体育资产，合理利用体育人力资源，优化体育市场环境，促进体育市场经济健康有序发展，因此体育标准与认证事务的正外部性作用显著，国家应给予相应的财政保障。

(3) 体育文化建设

体育文化是指人们在体育活动中所创造的思想观念、思维模式、制度、行为模式、物质产品等，包括精神文化、制度文化、物质文化。体育文化以其自身的健康自然、公平正义、规则至上、积极进取、团结友爱、以人为本等特点，在全面建设小康社会和社会主义和谐社会的构建中发挥着重要作用。

体育文化是体育软实力的重要组成部分，而体育软实力在提高民族素质，展现中华民族传统文化，加强与世界各国的友好交往方面起着重要作用。体育软实力从根本上说是文化的影响力，因此我国应转变观念，重视体育文化的建设，加大体育文化建设的财政保障力度，以提高我国体育文化在国际上的影响力，在世界体坛中取得应有的话语权。

(4) 体育人才培养

随着世界经济一体化和知识经济发展进程的不断加快，人力资源逐渐取代物力资源，成为知识经济时代的第一资源。2003年12月中共中央、国务院召开的全国人才工作会议上指出，人才问题是关系党和国家事业发展的关键问题，把"人才强国"提高到与"科教兴国"和"可持续发展"同等重要的战略高度。体育作为世界各国综合国力的具体体现，其竞争在一定程度上也就是体育人才的竞争。我国现阶段通过各种形式培养的体育人才数量不少，但拥有多学科知识的复合型的高质量人才并不多，大多数体育人才并不符合社会及体育事业发展的需要，体育人才供需矛盾仍很突出，影响到我国体育事业的各项建设，政府应将其作为体育事业公共财政保障的重要内容。

(5) 体育信息平台建设

随着信息化社会的来临，体育改革的不断深入发展，体育信息平台建设成为体育公共服务的重要内容。体育信息化建设可以提高体育管理、决策、训练等各项活动的效率和水平，解决体育产品的生产者和消费者信息不对称的问题，促进体育市场的健身发展，可以推动政府信息公开，服务民众，增强政府与民众的互动，同时还可起到民众监督政府的作用。

(6) 体育科技与教育

科学技术是第一生产力，是经济发展的决定性因素。在体育领域，科技决定体育事业发展的质量和效益，也就是说，新世纪我国体育事业发展速度的快慢、质量的高低、效益的好坏，在很大程度上取决于体育科技进步的程度和创新的能力，因此国家应大力扶持体育科技、教育的发展。目前体育科技、教育方面的公共财政保障内容主要包括体育科学研究、群众体育和竞技体育重点领域和关键技术的研究、体育院校的建设、体研究领域中的科技成果推广与应用。

(7) 反兴奋剂工作

兴奋剂是竞技体育的毒瘤。使用兴奋剂不仅危害运动员的身心健康，而且损害奥林匹克精神，破坏体育竞赛公平竞争的原则，影响了我国的精神文明建设，具有很强的负外部性。世界各国都很重视反兴奋剂工作，制定了反兴奋剂方面的法律法规，并给予相应的财政支持，我国也同样应把反兴奋剂工作纳入体育事业公共财政的保障范围。

(8) 对外交往与宣传

对外交往可增进我国与世界各国的友好与理解，提升中国体育的国际影响力，扩大中国在国际体坛上的话语权；可更多地参与国际体育事务、学习其他国家和港澳台地区体育发展的经验，促进我国的体育事业与国际接轨。

体育宣传可传播普及体育科学知识，通过倡导科学、健康、文明的生活方式，转变人们的体育价值观念，提高人们的健身意识；可有效维护社会的稳定，为体育事业的发展创造良好的舆论氛围和社会环境。

5. 体育专项资金的保障内容

专项资金是财政部门或上级部门下拨的具有特殊用途或专门指定用途的资金。专项资金要求进行单独核算，专款专用，不能挪作他用。在我国目前体育事业发展结构不平衡的情况下，体育专项资金的使用更有利于提高财政资金的使用效率，实现我国体育公共服务的均等化，促进我国体育事业的全面发展。我国应扩大专项资金的保障范围，加强体育专项资金的扶持力度。现阶段体育专项资金的保障主要包括以下内容。

(1) 竞技体育方面的专项资金保障内容：全国体育后备人才培养工程、119项目工程；国家队老运动员、老教练员关怀基金。

(2) 群众体育方面的专项资金保障内容：全民健身路径工程、雪炭工程、农民体育健身工程、青少年体育俱乐部、民族传统体育保护工程、中小学校体育设施对外开放专项补贴。

(3) 其他方面的专项资金保障内容：高层次体育人才培养工程、国家体育总局重点实验室建设、群众体育公共信息网络工程、体育社会科学重点研究基地、体育产业引导资金。

二、完善我国体育事业公共财政保障体系的对策建议

(一) 政府树立提供体育公共服务的新理念

进入新千年以来，"服务行政"的公共行政改革浪潮席卷全球，顺应这一时代要求，服务型政府的构建成为我国政府改革的战略目标选择。党的十六大以来，加强公共服务已成为我国政府职能转变的方向和重要内容。党的十六届六中全会通过的《中共中央关于构建社会主义和谐社会若干重大问题的决定》中强调，要建设服务型政府，强化社会管理和公共服务职能；以发展社会事业和解决民生问题为重点，优化公共资源配置，注重向农村、基层、欠发达地区倾斜，逐步形成惠及全民的基本公共服务体系。党的十七大报告进一步提出要健全政府职责体系，完善公共服务体系；必须在经济发展的基础上，更加注重社会建设，着力保障和改善民生，推进社会体制改革，扩大公共服务，完善社会管理。体育公共服务型政府的构建是我国服务型政府构建的重要内容之

一,其核心内涵是以公民为本位多元化提供体育公共服务,追求公共利益,因此体育公共服务型政府的构建是政府体育职能转变的时代需求。

在国际"服务行政"公共行政改革浪潮背景下,为完善我国体育公共服务的提供机制,政府首先要理念创新,因为理念创新是一切创新的先导,理念的转变对于构筑体育公共服务型政府来说比其他转变更具有先导性的决定意义。政府应把完善体育公共服务的供给放到财政改革的大思路中去研究,放在实现公共服务均等化和构建和谐社会的大背景中去考虑,要以跳出体育看体育的大局眼光来完善体育公共服务的供给机制,避免纠缠于与其他事业的比例之争、指标之争。体育公共服务供给机制的完善,关键取决于政府职能的转换和到位,取决于完善省以下财政体制以及转移支付制度,取决于振兴基层财政,取决于中部崛起、西部开发、东北振兴及社会主义新农村建设的整体进程。中西部和农村体育公共产品的供给不足,仅仅是东中西部之间、城乡之间公共产品供给差距的一个方面,因此完善中西部和农村体育公共服务的提供应和发展中西部经济、农村经济,实现公共服务均等化,整体提升中西部和农村包括教育、医疗等方面的全面公共服务结合起来考虑。体育公共产品供给的增加,服务水平的提升及供给质量的提高,不仅取决于体育事业公共财政投入总量的增加和投入结构的调整,同时也受制于社会投资主体参与提供体育公共服务的积极性及承受能力。

(二)拓宽体育事业发展的经费来源

体育强国目标的实现离不开坚实的经济后盾,为解决体育事业发展经费的瓶颈问题,需要政府、企业、社会以及个人共同努力,不断增加对体育事业的投入,夯实体育事业发展的经济基础。

1. 大力发展体育产业

政府对体育事业的财政投入具有有限性,但体育事业非财政收入的增长却有较大的拓展空间,因此大力增加体育事业非财政收入是解决体育事业经费瓶颈的有效途径。体育事业经费非财政性收入的主体是事业收入,事业收入主要包括竞技体育比赛收入、门票收入、出售广播电视转播权收入和广告赞助收入等,而这些收入来源的产业正是我国体育产业的核心产业,因此大力发展体育产业是拓宽我国体育事业经费的重要渠道之一。但目前我国的体育产业化水平还不高,体育产业结构不合理,体育经营水平低下,体育服务业发展滞后,导致我国体育事业非财政性收入增长缓慢。

为使体育事业非财政收入成为我国体育事业收入的主要来源,根据国办发〔2010〕22号《国务院办公厅关于加快发展体育产业的指导意见》,我们应大力发展体育健身市场及努力开发体育竞赛和体育表演市场,通过健身市场和体育竞赛表演市场的繁荣来提升整个体育服务业的规模,并带动相关产业的发展,这样体育产业才有长足的发展后劲,体育事业非财政收入才能持续增长并成为我国体育事业发展的稳定财源。

体育健身业是体育产业的核心产业之一。由于现阶段我国体育健身市场在需求方面有比较稳定的消费群体,在供给方面因行业壁垒较低,企业比较容易进入或退出,而体育健身业又与其他体育产业具有很大的关联性,因此当前以体育健身业作为主导产业已时机成熟。体育健身市场的繁荣可为体育竞赛和表演市场奠定良好的观众基础,促进竞赛表演业的发展。竞赛表演业是体育产业中最具辐射力和影响力的产业,产业关联极大,其发展能使各类职业体育组织所拥有的电视转播权、广告冠名权等无形资产市场价值快速提升，能带动体育中介业、体育健身业、体育传媒业、体育用品业和体育博彩业等的发展，因此将其作为体育产业发展的重点具有重要的战略意义，对提高体育事业非财政收入意义深远。

2. 鼓励和吸引民间资金投入体育事业

体育事业的财政投入受我国整体经济发展水平、政府的财政政策选择及人们的消费水平等多方面的因素影响，短期内增长有限，政府应利用电视、广播、杂志、网络等各种媒体加大对体育事业综合效益的宣传力度，使人们充分了解体育事业的公益性。政府通过适当修改现行的税收政策，鼓励企业和个人赞助或捐赠体育事业。如对于赞助体育事业的企业，可税前列支或实行税收优惠降低纳税税基，也可对赞助者采取广告、冠名庆典演出等多种回报性的方式给予赞助者回报。对于捐献体育事业的企业，可以在《中华人民共和国企业所得税法》第九条"企业发生的公益性捐赠支出，在年度利润总额12%以内的部分，准予在计算应纳税所得额时扣除"所规定的基础上适当提高年度利润总额比例，以激励企业对体育事业的捐赠。除了对捐赠者进行物质鼓励外，国家也可采取荣誉激励、成就激励等精神鼓励的方式激励损赠者的捐赠行为。政府还应鼓励社会力量捐资设立体育类基金会，努力争取境外组织和个人向基金会提供捐赠和资助。

3. 不断创新体育彩票的发行

发行体育彩票是我国政府部门给予体育事业的一项特殊的财政性补偿政策，其目的是为了解决体育事业财政投入的不足，具有公益性特征。体育彩票公益金收入现已成为我国体育事业预算外收入的一项重要经费来源，对促进我国体育事业发展尤其是群众体育的发展做出了重大贡献。我国的彩票发行量与我国人口与国内生产总值相比还有较大的差距。根据国际经验，一国正常的彩票发行规模与其国内生产总值的比值应在1%左右。我国2009年国内生产总值初步核算为335353亿元，按照国际通行经验，彩票发行量应为3300亿元左右，但2009年我国实际彩票销量为1324.79亿元，其中福利彩票机构的销量为756.06亿元，体育彩票机构的销量为568.73亿元，可见我国体育彩票还有很大的销售空间。这就要求我们不断研究探索体育彩票市场的发展规律，进一步做好体育彩票的发行工作，改善销售环境，创新体育彩票的品种、玩法和发行方式，以不断增加体育彩票的娱乐性，吸引群众的广泛参与，充分挖掘我国体育彩票的销售潜力。

由于体育彩票的发行与地方经济发展水平并没有呈现正相关关系，相反大多数彩民是经济收入不高的群体，投机心理较重，容易成为问题彩民，这就要求体育彩票工作人员不断提高自身素质，采取正确的宣传方式提高体育彩票的发行量。要多加强体育彩票的公益性宣传，摒弃"一夜暴富"式的宣传，引导彩民树立正确的彩票文化观，尽量避免体育彩票所带来的负面效应。

（三）不断调整和优化体育事业公共财政支出的结构

政府公共财政活动中一个积极而又重要的组成部分是公共财政支出。由于体育事业公共财政支出直接影响着体育公共服务的提供水平和体育需求的满足，因此体育事业公共财政支出结构的确定和调整，对体育事业的可持续发展、政府体育职能的履行、体育产业结构的形成和优化等都有着至关重要的作用和影响。

1. 提高群众体育的财政支出比例，保障民生体育

民生的"民"是指普通百姓，"生"指的是普通百姓的生存事宜。民生就是人民的生活、生计问题。体育之"民生"在于民众的生命健康，因此民生体育指的是政府提供的以增进公民的身心健康为目的，为满足公民健康权和幸福感而举行的体育活动。从民生体育的概念我们可以发现民生体育的本质就是群众体育，要大力发展民生体育就必须调整我国体育事业的投资结构，加大对群众体育的投入力度。

20世纪70年代末80年代初，我国为迅速提高在国际上的威望及影响力，体育事业的发展选择了以竞技体育先导，带动群众体育和学校体育全面发展的战略，政府的体育事业经费大部分投向了竞技体育，竞技体育超前发展。2008年北京奥运会上我国取得了51枚金牌，以超出金牌榜排名第二的美国15枚金牌的绝对优势位居第一，竞技体育的发展取得了前所未有的辉煌。但当我国竞技体育得到长足发展、国家的经济实力又大幅提升之时，我国应借鉴日本和韩国体育发展的经验，及时调整体育发展战略，将更多的财政投入向民生体育倾斜。

2. 加大农村体育的财政扶持力度

城乡体育的发展不平衡是我国和谐体育构建中的不和谐音符，是制约我国体育现代化进程的主要障碍之一。为逐步缩小城乡体育的差距，让全民健身运动这项伟大的公益事业惠及到广大农村，我们应打破城乡界限，将城乡群众体育作为一个整体，城乡协作，实现群众体育城乡统筹发展。（1）构建一体化的城乡群众体育管理体制。各级体育行政部门要调整本区域内的群众体育管理体制，坚持"城乡群众体育两手抓、两手都要硬"，既要管理好城市体育，也要管理好农村体育，而不是将群众体育和农村体育分割进行管理。（2）制订以农村体育为重点的群众体育发展战略。群众体育事业是我国体育事业发展的短板，而农村体育事业则是群众体育事业的短板，因此农村体育的发展水平影响着我国体育事业的整体发展。长期以来，我们实行以小城镇为重点的农村体育发展方针，这符合我国的国情，但当我国小城镇体育发展到一定规模时，应该发挥其以点带面的效应，将群众体育深入发展到广大农村，让全民健身工程的阳光真正普照到广袤的农村大地上。（3）转变农民的健身观念。长期的城乡二元结构使农村的经济、文化、交通、信息等方面都远远落后于城市，形成于封建社会的传统体育文化虽经新中国60多年的洗礼，但仍保持较大的惯性与现代文化产生冲突，制约着农村体育活动的开展，因此，在新农村体育的建设中，不仅要注重人财物的投入，还要加强农村的文化建设，提高农民的文化素质，改变农民一些不良的生活习俗，引导农民形成正确的体育价值观念。（4）充分发挥城乡体育的各自优势。统筹城乡体育发展，并不是将城市和农村完全等同发展，以城代乡，而是保持各自的群众体育特色，形成优势互补、风格各异的群众体育发展格局。农村拥有自己的传统文化和特色体育项目、优美的自然环境和广阔的空间，农村体育要充分利用这些优势，探索适合自身特点的体育发展的路径和模式，形成城乡百花齐放的群众体育发展新局面。

3. 促进区域体育的协调发展

区域体育发展不平衡是区域差距的一个重要表现，也是政府调控的直接结果。90年代后，在政府的功能和战略下，外资及其他横向资本都大量流向东部，加速了东部经济的增长，扩大了地区差距。在西部大开发战略下，中央对西部地区投资的优惠政策及中央财政对西部地区的大幅投入，使引入西部地区的民营资本和外资也将或正在发生积极作用。在体育系统内，全国体育系统支援新疆、西藏及四川、云南、甘肃和青海藏区也成就斐然。2001—2010年，体育总局投入到西藏体育的专项资金近6千万元；2002—2009年，总局资助西藏建设全民健身路径、乡镇农民健身工程、雪炭工程等项目的资金达到6450万元。1997年以来，体育总局资助新疆建设体育设施方面的项目达1821个，累计投入资金9730万元，提供了1000多万元的专款用于培养高水平后备人才；体育总局还在社会体育指导员培训、教练员培训和干部交流等人才培养方面给予新疆相应支持。在国家体育总局及对口省市的体育援建工作支持下，新疆、西藏的体育公共服务水平进一步提高，体育场地设施建设取得较快发展，基层体育组织建设不断加强，各族群众的体育意识有所增强，体育援建工作进一步缩小了与全国体育发展平均水平的差距。

政府对东部和西部的优惠政策，显然对中部地区的发展不利，事实是近年来中部地区的相对地位已出现下降趋势。中部地区相对地位的下降对体育事业的直接影响是，中部地区的人均体育事业经费不仅远远少于东部，而且在大多数年份还少于西部。

区域体育的均衡发展是我国由体育大国向体育强国迈进的重要内容之一，为实现体育强国的战略目标，政府在政策的实施上应加强宏观控制，在体育事业的财政投入上东、中、西地区应有针对性，中部和西部体育事业财政投入的增长速度应快于东部。国家体育总局及东部发达省份不仅要对西部的体育发展进行援助，对中部地区体育的发展也应进行一定的援助，以防止新的区域发展不平衡的情况发生。加大对中部和西部体育产业优惠政策的扶持力度，注重中西部地区体育产业税种结构和优惠形式的多样化，更多考虑采取加速折旧、延期纳税、投资抵免、再投资退税、提取风险准备金等间接税式支出方式，逐步达到缩小东、中、西部体育事业发展的差距。

4. 调整竞技体育的财政支出结构

为提高竞技体育在国际上的影响力，我国应调整竞技体育财政支出方向，加大对竞技体育中潜优势项目和基础类大项、集体球类大项的财政支出。我国优势项目多是冷门，并不是普及运动，乒、羽虽是普及项目，但影响力不强，而且这些项目的金牌增长空间已接近饱和。要使中国的竞技体育水平保持国际第一集团军的行列，我们应挖掘潜优势项目及基础类大项的潜力，从个别项目上突破，努力增加新的金牌增长点。集体球类大项是国际上极具影响力的体育运动，也是我国观众喜爱的项目，群众基础好，因此我国应着力提高集体球类大项的竞技水平，进一步扩大我国体育在国际上的影响力。

（四）完善中央财政转移支付制度

转移支付制度是现代财政管理制度的重要组成部分，是促进社会经济协调发展，保证不同地区能享受到大体均等的公共服务，实现社会政治稳定的重要的宏观调控手段。体育事业具有很强的正向外溢性，这种溢出效应会影响到整个国家，成为国家公共产品，因此政府应对地方体育事业的发展进行财政转移支付。我国现阶段实施的全民健身路径工程、雪炭工程、农民体育健身工程、全国体育后备人才培养工程等专项转移支付，对扶持落后地区体育事业的发展及体育后备人才的培养发挥着重要作用。今后中央财政一方面应继续加大对中西部省份及农村的一般性转移支付，逐步实现省际间和城乡间体育公共服务的大体均等化。但一般性转移支付在实际运作过程中落实到县、乡镇的资金却比较少，因此在当前公共财政体制不太健全的情形下，中央政府应完善专项转移支付制度，加大对全国体育后备人才培养工程、119项目工程、全民健身路径工程、雪炭工程、农民体育健身工程、青少年体育俱乐部、民族传统体育保护工程、中小学校体育设施对外开放专项补贴、高层次体育人才培养工程、国家体育总局重点实验室建设、群众体育公共信息网络工程、体育社会科学重点研究基地、体育产业引导资金等急需领域的专项转移支付力度，扩大专项转移支付的规模，丰富专项转移支付的形式，从制度上规定和约束下级政府把资金用在相应的体育事业上，减少转移支付资金的中间环节，防止转移支付资金不到位或被挪用的现象再次重演。

（五）创新体育公共产品的有效供给机制

计划经济时期政府是体育公共产品的唯一提供主体，政府垄断性地直接生产体育公共产品。社会主义市场经济体制下，随着政府体育公共服务的规模和范围的不断扩大，这种政府权威性体育公共产品供给模式带给其极大的财政压力。政府大包大揽的体育公共产品供给模式，从供给效率和效果来看，并非市场经济条件下体育公共产品的最佳供给模式。政府应创新体育公共产品的供给机制，在部分体育公共产品领域，应逐步引入社会力量，形成政府与社会相结合的体育公共产品复合供给新模式。

1. 合理确定体育公共产品的提供主体

体育公共产品选择什么样的提供主体，主要取决于体育公共产品的性质及供给的效率。体育公共产品社会化程度不同，供给的模式也不相同，提供主体也不一样。

（1）政府承担监督管理类等纯体育公共产品的提供

这类公共产品主要涉及政府机关的基本职能及全体公民的共同利益。例如，体育行政部门提供的体育法律制度、法规条例等制度形态产品；制定执行体育经济政策、资格质量认证、体育基础科学研究；国民体质监测、兴奋剂检测、不能市场化的奥运争光类项目等，这些体育纯公共产品一般不具备有偿经营、自负盈亏和自我发展的能力，应当由各级政府部门保障提供。

（2）公益性和准公共产品性质的体育公共产品由非营利性组织提供

这类体育公共产品是个人受益大于社会受益，主要针对的是特殊群体所提供的。如基层体育社团、体育俱乐部、体育协会、体育活动点等，这些体育公共产品经常是政府提供不足，而私人企业又不愿意介入，因此非营利组织的延展服务的补充不可或缺。非营利组织的特点就是促进公益，分担社会部分体育管理职能，对体育公共产品的提供起到减震器和桥梁的作用。

（3）企业营利主体提供的体育公共产品

营利组织提供体育公共产品主要是从市场中获利。政府通过引入市场机制生产体育公共产品，再由政府提供给公众，如我国采用BOT、TOT等方式建设体育场馆，即可以满足营利组织经济可欲性的需求，又可以缓解政府财政资金的不足，同时还可提高政府体育公共服务供给的效率和质量。

2. 采用以效率为导向的多种体育公共产品供给模式

随着我国市场准入技术水平的不断提高，体育公共产品的提供引入市场机制已成为现实。政府可视不同的体育公共产品采用不同的模式将体育公共产品的生产市场化。

(1) 政府参股

为鼓励私人提供体育公共产品，政府以不同的比例参股到体育公共产品的提供中。政府参股可以采取政府入股和政府控股两种形式。政府入股主要是分散私人投资风险和向私人企业提供资本，政府控股主要是针对那些具有举足轻重地位的体育项目，如中体产业集团股份有限公司就是由国家体育总局控股的股份制企业。政府参股的比例并不是一成不变的，在体育项目建设初期政府参股的比例一般较多，但当体育项目进入正常运营并能获得稳定收益时，政府可以出卖股份，转而扶持其他体育项目的发展。在我国体育产业化初期阶段，体育企业品牌、职业体育项目的培育等都可采取这种方式。

(2) 政府购买

政府将公共产品的生产通过合约的形式委托给私人企业，然后再向私人企业购买这些公共产品。具体做法可以是政府与企业签订生产合同并购买其生产的公共产品，也可以直接到市场上购买，也就是我们通常所说的政府采购。政府采购是目前我国公共产品提供的一种重要形式。它是通过竞争性招标的办法引入竞争机制，降低了公共产品的提供成本，提高了财政支出的使用效率，我国大部分体育公共产品都可通过这种方式提供。

(3) 政府经济资助

当私人提供体育公共产品外部效益不能内在化时，政府可选择性地对这些提供体育公共产品的企业给予经济资助，以确保这些企业有足够的经济驱动力去提供体育公共产品。这种方式主要是对那些营利性不高的体育项目，或是对那些将来才能营利、风险较大的体育公共品。政府经济资助的方式有：补贴、津贴、无偿赠款、优惠贷款和减免税收政策等。我国当前群众体育方面的公共产品提供可以采取这种方式提供。

(4) 合约出租

政府将一部分体育公共产品的生产推向市场，与在竞争中获胜的私营企业签订合约。当私营企业按合约标准完成合约所规定的任务时，政府支付合约所规定报酬。这种方式主要适用于具有规模经济效应的自然垄断类体育公共产品，通过招标的形式，借助投标者相互之间的竞争，将这些体育公共产品的生产成本尽可能压低到边际成本加正常利润，最后能以较低的成本供给。西方国家广泛使用这种方式来供给公共产品，甚至纯公共产品（如国防），政府也通过合约由私人企业来生产。我国各种大型体育赛事的承办就可以采取这种方式进行运作。

(5) 特许经营

特许经营是政府将某种体育公共产品长期租赁给私人团体，私人团体在租赁期间有责任提供资金给此公共产品，合同期满后将这些新资产返还给公共部门。具体操作也是将特许经营权通过招标方式授予出价最高的企业，基础设施、自来水、煤气等管网类公共产品以及电视台、报纸杂志等都可以使用。这种方式在实际运用中有很多创新，如采取 BOT（build-operate-transfer）模式（建设—经营—转让）、BOO（build-own-operate）模式（建设—拥有—经营）、BOOT（build-own-operate-transfer）模式（建设—拥有—经营—转让）、TOT（transfer-operate-transfer）模式（移交—经营—移交）等。我国体育场馆的建设就可采取这种方式进行项目的融资。

3. 从资金、法律等多方面促进非营利组织提供体育公共产品

非营利组织是公共产品提供中为克服"市场失灵"和"政府失灵"而产生的供给方

式。从国外有关非营利组织的资料来看，其经费收入主要来源于会费收入、公共财政拨款和社会捐助三种。我国的非营利组织发展还不成熟，经费自给能力较弱，因此对提供体育公共产品的非营利组织特别是民间成长起来的非营利组织给予一定的财政经费补助及改革监管方式就显得尤为重要。

(1) 以财政资金的投入为导向，鼓励非营利组织发展

政府对提供体育公共产品的非营利性组织给予一定的财政拨款，不仅起到矫正体育公共产品外部性的作用，而且还可使财政投入发挥"四两拨千斤"的引导作用，吸引企业、国内外慈善组织的捐赠来解决非营利组织发展的资金瓶颈问题。政府财政拨款可采取多种适应市场经济需要的形式如政府采购、合约出租、政府委托等来提供。这部分财政拨款在某种程度也相当于政府的捐赠，是非营利组织持续发展的重要条件之一。

(2) 制定有利于非营利组织发展的税收优惠体系

我国非营利组织的资金来源中，国内企业和公众的捐赠比例很低。据中华慈善总会的统计报告显示，他们在10年中所募集到的15亿元人民币，国内富豪的捐款比例不超过15%，捐款中的70%来自国外和港台。国内企业在工商部门注册登记的超过1000万家，但99%的企业从来没有参与过捐赠。国内企业捐赠过低并不是因为他们没有社会责任感，而是政府没有制订出鼓励企业捐赠的税收政策体系。由于非营利组织承担了政府职能转变后分化出来的许多体育公共产品，因此，市场主体向非营利组织的捐赠在某种意义上可视为向国家缴纳的税款，在这个层面上国家应扩大企业捐赠优惠的范围，提高用于慈善事业捐赠的税收扣除标准，鼓励企业或个人捐赠慈善事业。对亏损企业的捐赠行为实行捐赠抵扣政策，以鼓励亏损企业的捐赠积极性，但政府应严格规范捐赠行为，防止企业利用捐赠进行欺诈。

政府应构建促进非营利组织发展的多层次税收优惠政策。在企业所得税方面，为增强非营利组织的资金积累能力，对于其接受的财政拨款资助、捐赠及会员会费等全部纯收入免除其企业所得税，但对于其他来源的与非营利活动无关的纯收入要征收企业所得费。在增值税和营业税方面，如果非营利组织每年缴纳的增值税和营业税数额很大，增值税税收予以返还，并免收营业税。如果收入不属于社会公益性的，将不返还已交纳的增值税和不免除营业税。对于非营利组织接受的与公益活动有关的进口货物的捐赠免除关税和进口增值税。

(3) 加快建立健全有关非营利组织的法律、法规和规章

目前规范非营利组织的法律法规主要有国务院1998年颁布的《民办非企业单位登记管理暂行条例》和《社会团体登记管理条件》，2004年颁布的《基金会管理条例》，这些法规的制定为非营利组织的发展提供了必要的支撑。但这些法规的立法层次都不高，约束力不强。非营利组织的发展还存在行政自由裁量权过大、税收优惠不到位及非营利组织的多头管理等，严重制约着非营利组织的发展。目前，社会团体登记法、结社法、民办事业单位管理法等基本法还没有制定，先前制订的《民办非企业单位登记管理暂行条例》和《社会团体登记管理条件》等法律也亟需修订，因此，我们需要借鉴国际经验，对现行有关非营利组织的法律、法规进行修订和完善。

（六）构建体育事业公共财政保障的制度基础

在我国当前的社会经济条件下，为确保政府的公共支出转向体育公共产品的优先和重点领域，需要建立相应的制度加以保障。

1. 建立健全相应的法律法规。完备的有关体育事业发展的法律法规体系是提供体育公共产品的制度保障。体育立法必须对政府的体育职能、执行机构、资金获得和使用等方面作出详细的规定。完备、详细的法律法规体系可及时发现和解决体育行政部门在履行政府体育职能时出现的情况和偏差，避免出现违规挪用财政资金，私自改变资金用途的的情况出现，这为广大人民群众享受体育公共服务提供了坚实、具体的法律保障。

2. 加强体育公共产品绩效评估与考评。公共产品绩效评估与考评可有效地改进政府提供体育公共产品的方法和技能，提高体育公共产品的质量，加强政府提供体育公共产品的责任。体育公共产品绩效评估考核的内容主要包括经济、效率、有效性和质量四个方面，评估与考核主体既包括体育行政部门内部职能部门，也包括公众，评估与考核的手段是定期报告。

3. 建立体育公共产品供给的财政监督机制。建立体育行政部门、财政部门、人大和审计等内部监督和外部监督相结合的监督机制，通过对体育行政部门财政资金的使用和分配进行监督，可促进体育行政部门加强预算管理，规范体育行政部门的财政收支行为，进而提高财政资金的使用效率。

（项目编号：1448ss09137）

社会分层视野下的城市居民
体育行为研究

——以杭、宁、温三城市为例

汤国杰　陈冀杭　虞力宏　高可清　蒋伟浩　郑永华　陈丽霞

从社会分层视角来研究大众体育问题在我国还处在起步阶段，无论是理论性研究还是实证性研究都明显落后于社会阶层分化所赋予大众体育的实践，这种研究的滞后必然影响人们对现阶段大众体育开展状况、发展动态的全面、准确的掌握。而探索社会分层与城市居民体育行为的联动关系问题，具有重要的理论及实践意义。本研究以杭州、宁波、温州三城市居民为研究对象，从社会上层、中上层、中层、中下层和低层分析五种社会阶层序位居民体育行为影响因素。

一、各阶层居民体育活动参与程度及其变动趋势

运动参与是指体育活动参与者所投入的生理能量和心理能量总和，可分为直接参与和间接参与，这里的运动参与特指直接参与的身体活动。考虑到本研究的特定指向性，从周体育行为次数、周体育活动时间来考察不同阶层居民体育活动参与程度及其在阶层维度上的变动特征。

（一）城市各阶层居民体育活动频次及其变动趋势

1. 城市体育活动参与频次

体育行为频次是反映体育行为的经常性、坚持性的有效指标，为了统计上统一和研究方便本研究将体育行为频次界定为每周参加体育行为的次数。各阶层居民体育行为频次选择率状况见表1。（1）从总体看，杭、宁、温三城市居民选择每周一次锻炼占总人数29.1%；选择每周二次锻炼占总人数18.3%；选择每周三次锻炼人数占总人数30.9%；选择每周四次锻炼占总人数13.0%；选择每周五次以上锻炼人数占总人数8.7%；（2）各个阶层居民在周体育行为次数的选择上，下层居民选择率排序为每周一次、每周三次、每周二次、每周四次；每周五次；中下层居民选择率排序为每周一次、每周三次、每周二次、每周四次；每周五次；中层居民选择率排序为每周三次、每周一次、每周二次、每周四次；每周五次；中上层居民选择率排序为每周三次、每周一次、每周二次、每周四次；每周五次；上层居民选择率排序为每周三次、每周四次、每周五次、每周二次；每周一次。

表1　城市各阶层居民每周参加体育行为次数统计一览表

			层级					
				下层	中下层	中层	中上层	上层	Total
周锻炼次数	一次	N		101	77	101	56	16	351
		%		48	32.5	26.3	23.0	12.1	29.1

(续表)

			层级					Total
			下层	中下层	中层	中上层	上层	
周锻炼次数	两次	N	37	51	69	47	17	221
		%	17.6	21.5	18.0	19.3	12.9	18.3
	三次	N	46	69	131	80	47	373
		%	21.9	29.1	34.1	32.8	35.6	30.9
	四次	N	15	22	46	39	35	157
		%	7.1	9.3	12.0	16.0	26.5	13.0
	五次以上	N	11	18	37	22	17	105
		%	5.2	7.6	9.6	9.0	12.9	8.7
Total		N	210	237	384	244	132	1207
		%	100.0	100.0	100.0	100.0	100.0	100.0

2. 城市各阶层体育活动参与频率在阶层维度上的变动趋势

为进一步考察体育行为频次的阶层差异，对各阶层居民参加体育行为频次选择的人数百分比进行了卡方检验，检验结果表明（卡方值=91.058，df=16，p<=0.000），各阶层之间在每周体育行为频次上差异显著。由图1可以看出在每周一次选择上随着阶层上升其选择率而降低，在每周五、四、三次的选择率上随着阶层的上升而递增，由此看来，高阶层的居民比底阶层的居民更能经常性地参加体育活动。

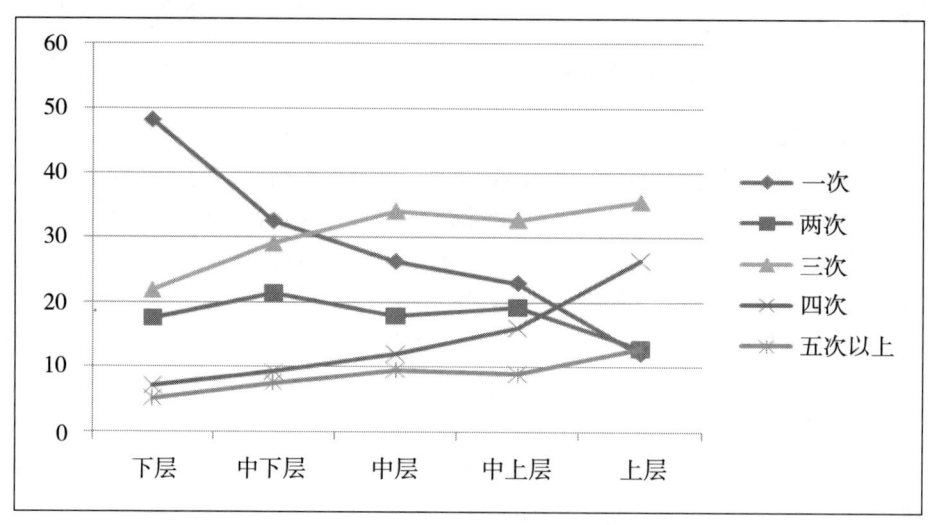

图1　城市居民体育活动参与频率在阶层维度上的变动趋势

（二）城市各阶层居民每周体育行为时间及其变动趋势

为了进一步揭示各阶层居民体育行为参与程度的差异，以及本研究在后续统计分析方面的需要，以每周参加体育活动时间（分钟/周）来考察五各阶层居民（下层、中下层、中层、中上层、上层)体育活动状况。每周锻炼时间的计算方法为(每周锻炼时间 = 每周锻炼次数 × 每次锻炼时间)。

表 2 为五个阶层居民每周体育行为时间的基本情况。采用单因素方差分析进行统计处理,表 3 方差齐性检验显示五组总体方差呈齐性,表 4 方差分析结果显示 F=22.092 p=0.0000≤0.05,说明五组中至少有两组存在显著性差异。进一步采用 LSD 事后检验,表 5 表明五组两两之间存在显著性差异。在分析具体差异性及其在阶层维度上的变动趋势时,采用平均数分析,图 2 城市各阶层居民每周体育行为时间在阶层维度上的变动趋势。从图 2 可知,阶层越高的居民每周体育行为时间越长,阶层与体育行为存在着正相关,这一调查结果在一定程度上说明城市居民体育行为参与程度存在着阶层化特征。

表 2 城市各阶层居民每周体育行为时间统计一览表 (min/W)

阶 层	人 数	均 值 (M)	标准差 (SD)
下 层	210	92.33	46.26
中下层	237	105.17	45.67
中 层	384	134.78	48.28
中上层	244	166.56	49.12
上 层	132	199.51	53.35

表 3 各阶层居民每周体育行为时长均值方差齐性检验表

Levene Statistic	Df1	Df2	sig
3.227	4	1202	.012

表 4 各阶层居民每周体育行为时间均值方差分析结果表

			平方和	df	均方	F	Sig
组间变异	(Combined)		1362260.226	4	340565.056	22.092	.000
	Linear Term	Unweighted	1330900.831	1	1330900.831	86.335	.000
		Weighted	1346435.672	1	1346435.672	87.342	.000
		Deviation	15824.554	3	5274.851	.342	.795
组内变异			18529551.0	1202	15415.600		
总变异			19891811.3	1206			

表 5　城市各阶层居民周体育行为时间差异的事后分析（LSD 检验）

(I) 层级	(J) 层级	平均差	标准误	相伴概率
下层	中下层	−27.70826*	11.76658	.019
	中层	−48.24442*	10.65610	.000
	中上层	−77.67428*	11.68701	.000
	上层	−113.53680*	13.79103	.000
中下层	下层	27.70826*	11.76658	.019
	中层	−20.53616*	10.25619	.045
	中上层	−49.96602*	11.32358	.000
	上层	−85.82854*	13.48442	.000
中层	下层	48.24442*	10.65610	.000
	中下层	20.53616*	10.25619	.045
	中上层	−29.42986*	10.16482	.004
	上层	−65.29238*	12.52716	.000
中上层	下层	77.67428*	11.68701	.000
	中下层	49.96602*	11.32358	.000
	中层	29.42986*	10.16482	.004
	上层	−35.86252*	13.41505	.008
上层	下层	113.53680*	13.79103	.000
	中下层	85.82854*	13.48442	.000
	中层	65.29238*	12.52716	.000
	中上层	35.86252*	13.41505	.008

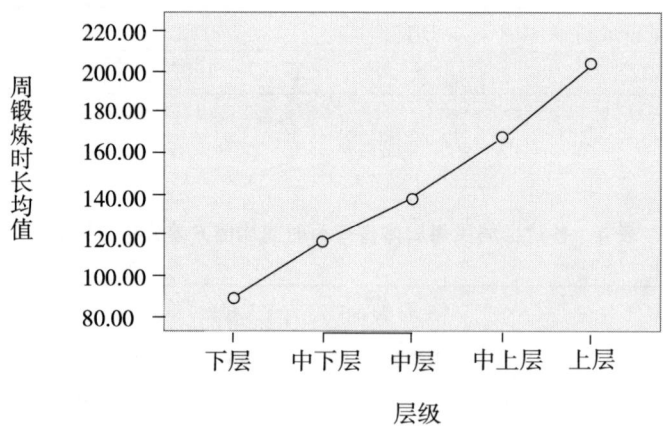

图 2　城市各阶层居民每周体育行为时间在阶层维度上的变动趋势

二、城市各阶层居民体育行为的人际环境及其变动趋势

体育行为的人际环境参照 1997 年中国城乡居民参加体育活动情况调查设计，具有包括：个人形式、和朋友一起形式、单位组织形式、社区组织形式、体育辅导站或俱乐

部形式、家人或亲属形式和其他形式。

(一) 城市各阶层体育行为的主要人际环境及其选择率

由表 6 可知，在主要人际环境选择上，不同阶层居民既有相同的一面，又有不同的一面，相同之处表现在均选择个人形式、与朋友一起形式及与家人、亲属形式这三种形式作为主要人际环境形式，不同之处表现在各个阶层在个人形式、与朋友一起形式及与家人、亲属形式上的选择率排序不完全相同。这说明城市各阶层体育行为的主要人际环境没有根本性的不同。城市体育行为的主要人际环境虽然基本相同。但是，不同阶层之间在同一种人际环境的选择率差异较大的差异性，对此，将在城市各阶层体育行为人际环境选择率变动趋势作进一步的分析。

表 6 城市各阶层居民参与体育活动的主要组织形式统计表

			层级					Total
			下层 N=210	中下层 N=237	中层 N=384	中上层 N=244	上层 N=132	N=1207
伙伴形势	个人单独	N	109	101	143	85	37	475
		%	51.9	42.6	37.2	34.8	28.0	39.4
	和朋友一起	N	46	77	136	81	50	390
		%	21.9	32.5	35.4	33.2	37.9	32.3
	单位组织体育锻炼	N	9	10	42	30	34	125
		%	4.3	4.2	10.9	12.3	25.8	10.4
	社区组织体育锻炼	N	5	4	12	6	5	32
		%	2.4	1.7	3.1	2.5	3.8	2.7
	体育辅导站、俱乐部的锻炼	N	2	5	20	14	20	61
		%	1.0	2.1	5.2	5.7	15.2	5.1
	家人或亲属	N	55	60	108	75	35	333
		%	26.2	25.3	28.1	30.7	26.5	27.6
	其他形势	N	5	8	8	5	2	28
		%	2.4	3.4	2.1	2.0	1.5	2.3

(二) 城市各阶层居民体育行为的人际环境在阶层维度上的变动趋势

图 3 表明，杭、宁、温城市五阶层居民在个人形式选择率变动趋势随着阶层上升呈下降态势，下层居民选择率为 51.9%，随着阶层上升，上层居民选择率降到 28.0%；在和朋友一起组织形式上其选择率变动趋势随着阶层上升呈上升态势，下层居民选择率为 21.9%，随着阶层的上升，上层居民选择率为 37.9%；家人或家属形式的选择率在阶层维度上没有明显的变化；在单位形式上其选择率变动趋势随着阶层上升呈上升态势，下层居民选择率为 4.3%,随着阶层上升，上层居民为 25.8%；在俱乐部形式上其选择率变

动趋势随着阶层上升呈上升态势，下层居民选择率为1%,随着阶层上升，上层居民为15.2%；在社区组织形式上其选择率在阶层维度没有明显的变动趋势。

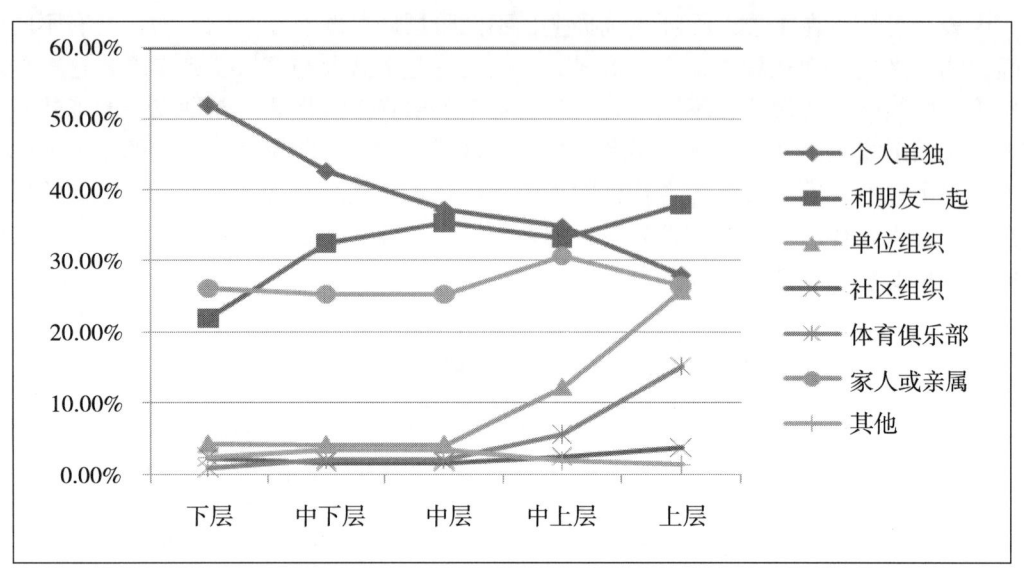

图3 城市各阶层居民体育行为的人际环境在阶层维度上的变动趋势

由此可知，目前杭、宁、温三城市居民体育行为是以非正式组织为主，同时也反映了各阶层居民都比较注重家庭和亲属交流，体育生活方式也逐渐走进家庭。另一方面社区组织、单位组织及体育辅导站俱乐部等对体育活动的重视程度、宣传力度及组织能力也存在欠缺，没能调动居民参与体育社会活动的积极性，而不同的社会阶层也存在着一定的差异性，在对与"朋友、同事""单位组织"及俱乐部等形式的体育活动选择率也明显较高,社会上层和中上层的选择比例高于其他阶层。这也在一定程度上折射出中上层居民对体育运动效果的多元化渴求。

三、杭、宁、温三城市居民体育行为的主要运动项目及其变动趋势

体育活动项目作为体育行为的客体，也是反映居民体育行为方式的重要指标。体育活动项目参照1997年中国城乡居民参加体育活动情况调查的设计并结合近几年来杭、宁、温所开展的新兴体育项目。本次研究的运动项目具体是：步行和健身跑、羽毛球、乒乓球、网球、高尔夫、健美操等17项体育项目。

（一）杭、宁、温三城市各阶层体育行为的主要项目及其参与率

表7是杭、宁、温三城市各阶层居民体育行为的主要项目及其参与率。在体育活动主要项目的选择上，三城市各阶层居民既有相同之处又有差异。相同之处是选择率排序中的前两位都是步行和羽毛球；游泳和乒乓球都是中层、中上层和上层居民选择的主要项目。不同之处是体育行为项目选择顺序和参与率各不相同，这种不同反映了三城市各阶层居民对不同体育活动项目的喜好和偏好。

表7 三城市各阶层居民体育行为的主要项目及其参与率

序号	总体		下层		中下层		中层		中上层		上层	
	项目	参与率(%)	项目	参与率(%)	项目	参与率(%)	项目	参与率(%)	项目	参与率(%)	项目	参与率(%)
1	步行	35.9	步行	48.3	步行	39.3	步行	35.6	步行	30.6	步行	25.2
2	羽毛球	3	羽毛球	23.5	羽毛球	27.6	羽毛球	23.9	羽毛球	20	羽毛球	18.3
3	乒乓	8.8	乒乓	8	台球	19	游泳	8.4	游泳	10.4	游泳	11
4	游泳	7.7	美操	5	其他	11	乒乓	8	乒乓	10	乒乓	9
5	篮球	4.2	游泳	3.6	乒乓	9.6	篮球	5.5	健美操	4.2	网球	7.3
6	健美操	3.58	台球	2.8	瑜伽	8	健美操	3.4	瑜伽	4.2	瑜伽	4
总和		83.18		91.2		114.5		84.8		79.4		74.8

（二）杭、宁、温三城市居民体育活动项目在阶层维度上的变动趋势

体育行为项目参照1997年中国城乡居民参加体育活动情况调查并结合近几年来三城市居民所开展的新兴体育项目，共17项。为了研究方便，本研究依托运动训练学的项群理论对这17个项目进行归类，分别分为舞蹈健美类项目（健美操、体育舞蹈、瑜伽）、球类项目项目（乒乓球、羽毛球、排球、篮球、足球）、消费休闲类项目（网球、高尔夫球、保龄球、台球）、武术跑步类项目（武术、步行健身跑）、其他项目（游泳、其他）。下面将逐一探讨三城市居民各活动项目参与率在阶层维度上的变动趋势。

如图4所示，舞蹈健美类项目以阶层为自变量各自的参与率变动趋势各不相同。体育舞蹈和瑜伽这两个项目总体上随着阶层层级上升而增加，而健美操总体上则随着阶层层级的升高而呈下降态势。

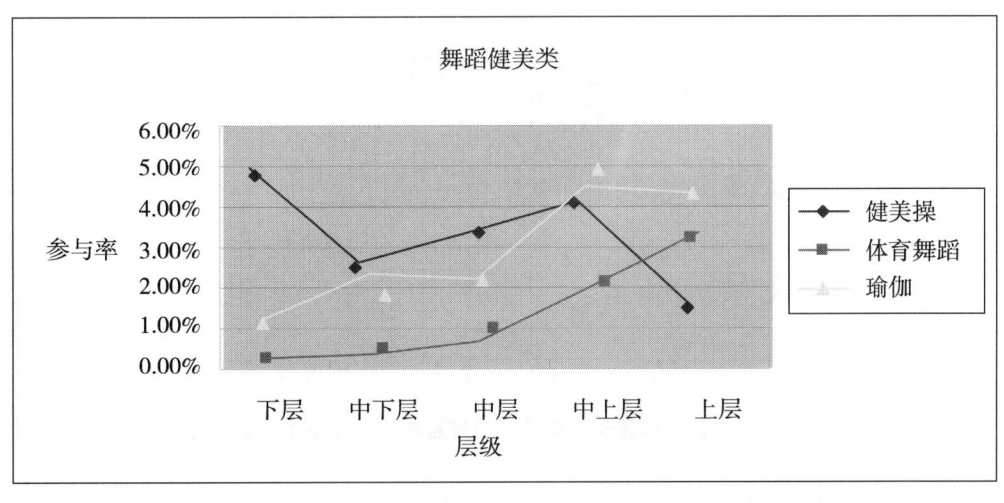

图4 杭、宁、温三城市各阶层居民舞蹈健美类项目参与率在阶层维度上的变动趋势

由图 5 可以看出，在五项的球类项目中它们的参与率各不相同，羽毛球的参与率最高，乒乓球第二，三大球项目参与率为最低；虽然羽毛球项目参与率最高，但随着阶层层级上升其参与率呈现下降趋势；乒乓球、篮球、排球和足球四个项目在阶层维度上的变动较为平缓，未出现大起大落现象。

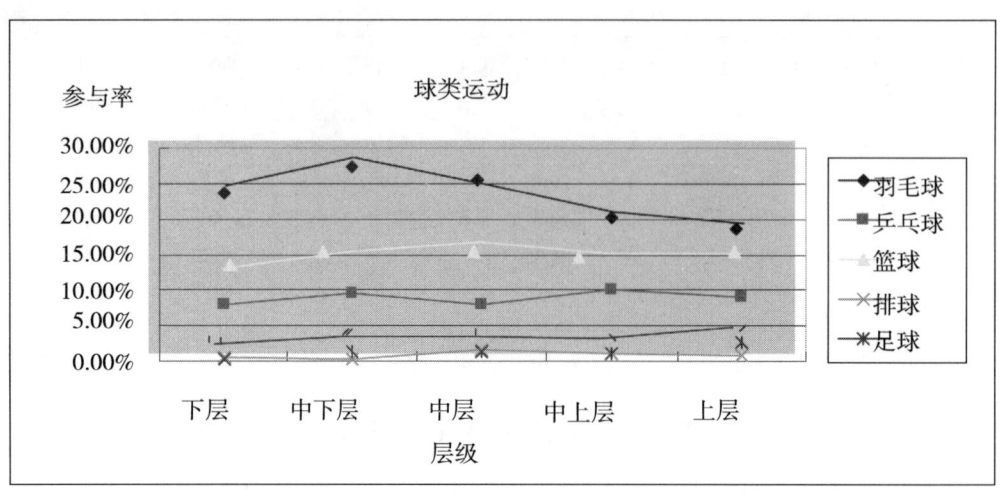

图 5　三城市各阶层居民球类项目参与率在阶层维度上的变动趋势

图 6 所示，三城市各阶层居民体育消费休闲类项目参与率较低。同属消费休闲类项目在阶层维度上的变动趋势却存在着较大的差异性，在网球、高尔夫和保龄球等高消费休闲类项目中它们的参与率随着阶层层级的上升而增加，其中网球、高尔夫这两个项目在下层和中下层居民中几乎为零，在台球项目上则随着阶层层级的升高而出现了下降的趋势。

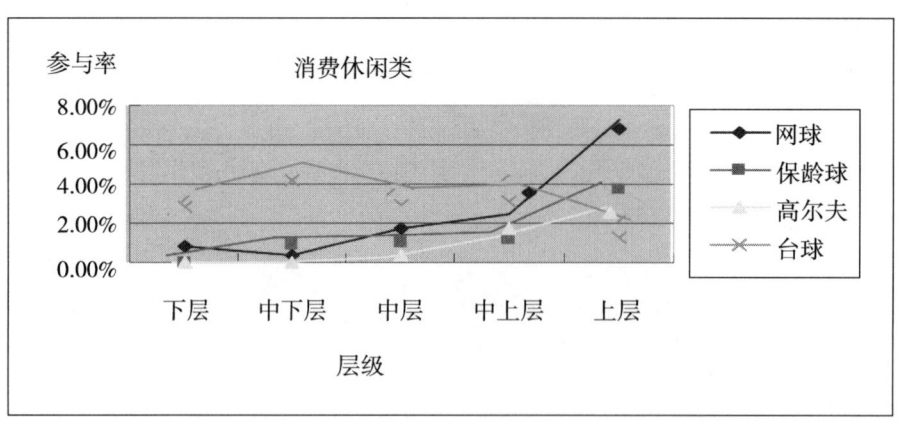

图 6　三城市各阶层居民消费休闲类项目在阶层维度上的变动趋势

从图 7 可以看出，杭、宁、温三城市各阶层居民对步行、健身跑项目选择率较高，在下层居民中其选择率近 50%，而上层居民的选择率仅为 20%，说明这一项目随着阶层层级升高而出现下降趋势；在武术项目上各阶层居民参与率则较低，而且曲线比较平缓，说明武术项目在杭、宁、温三城市的中年居民中的普及率不高，并且在阶层维度上的差异不明显。

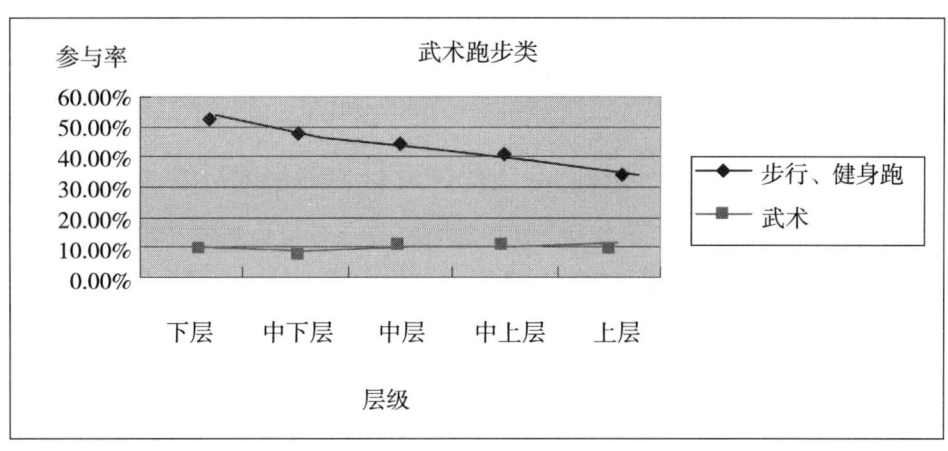

图7 三城市各阶层居民武术跑步类项目在阶层维度上的变动趋势

图8所示，游泳项目在下层和中下层居民中参与率较低，而在中层、中上层和上层居民中的参与率却较高，说明游泳项目参与率随着阶层的上升而增加；在其他项目中各阶层居民的选择率较低，在阶层维度上的变化也不明显，由于在调查时没有给出具体项目，因此其他项目的分析也不存在统计学意义。

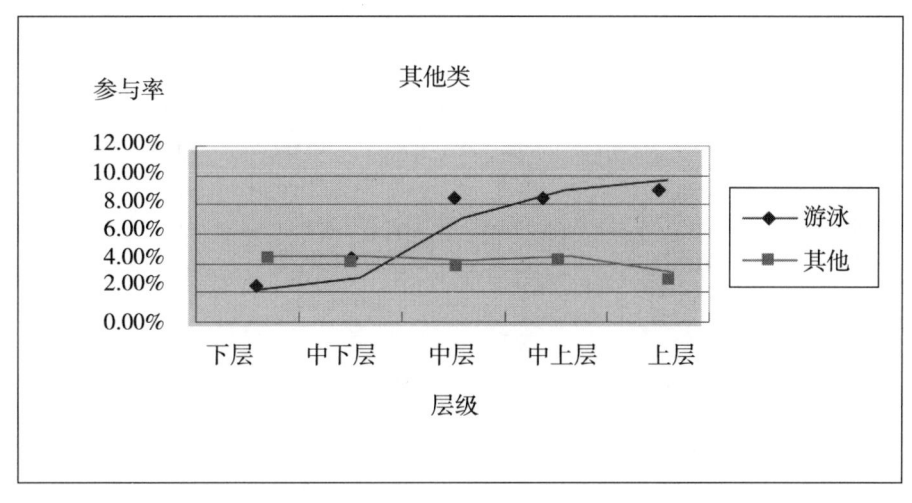

图8 杭、宁、温三城市各阶层居民其他类项目在阶层维度上的变动趋势

通过对杭、宁、温三城市各阶层居民在五类项目群参与率及在阶层维度上变动趋势的统计分析，各阶层在运动项目的参与率存在一定的差异性，具体表现在：社会上层居民除了对简单易行又有较高身体锻炼价值的运动项目表现出较高选择外，对新兴的具有高档次娱乐项目如网球、保龄球、高尔夫等运动项目也有较高的选择比例，而社会中下层居民在这些项目上的选择比例则很低，说明体育的娱乐休闲价值在部分上层居民已经得以体现，也反映了体育运动项目存在着阶层差异。这从一个侧面反映了经济条件、受教育程度和组织资源三个因素综合作用,制约着不同社会阶层在现实社会生活中参与体育的机会不公平。

四、 杭、宁、温三城市各阶层居民体育行为的空间环境及其变动趋势

体育活动场所的确定是以中国城乡居民体育活动调查组为基础，并结合杭、宁、温三城市民实际活动情况，具体包括公共场所、居住小区、公园广场、家里、工作单位、收费体育场馆、公路旁和其他，共 8 处。

（一）杭、宁、温三城市各阶层体育行为的场所及其选择率

从表 8 可以看出：（1）在总体上，选择场所前三位分别是公园广场占 44.1%;居住小区 31.0%、免费公共场所 29.7%，而选择收费体育场馆占 17.8%，这也说明了杭州居民进行体育行为以选择无偿服务的体育场馆为主，而选择收费体育场馆还只是少数；（2）在主要活动场所的选择上，不同阶层居民既有相似之处，又存在差异性，相似之处是公园广场、居住小区、免费公共场所都是各阶层居民的主要活动场所；（3）杭、宁、温三城市各阶层居民体育活动场所选择的最大不同是各阶层居民活动场所的选择率不同，在收费活动场所的选择率上存在较大的差异。

表 8 杭、宁、温三城市各阶层居民参加体育活动场地统计一览表

			层级					Total
			下层	中下层	中层	中上层	上层	
活动地点	免费公共场所	N	74	74	110	72	28	358
		%	35.2	31.2	28.6	29.5	21.2	29.7
	公园、广场	N	118	112	163	93	46	532
		%	56.2	47.3	42.4	38.1	34.8	44.1
	居住小区	N	52	73	125	89	35	374
		%	24.8	30.8	32.6	36.5	26.5	31.0
	家里	N	52	60	81	37	18	248
		%	24.8	25.3	21.1	15.2	13.6	20.5
	工作单位	N	8	12	36	28	18	102
		%	3.8	5.1	9.4	11.5	13.6	8.5
	收费体育场所	N	8	15	61	68	63	215
		%	3.8	6.3	15.9	27.9	47.7	17.8
	公路	N	26	16	23	8	6	79
		%	12.4	6.8	6.0	3.3	4.5	6.5
	其他	N	1	6	9	5	1	22
		%	0.5	2.5	2.3	2.0	0.7	1.8

（二）杭、宁、温三城市民体育活动场所选择率在阶层维度上的变动趋势

在进一步考察各个阶层在体育活动空间选择上的差异性时，通过卡方检验（卡方值为190.020,p<0.000）表明，各个阶层在体育行为空间选择存在着显著性差异，在考察各个阶层之间的具体差异时，结合表8和图9发现，在免费公共场所和公元广场的选择率上，下层、中下层居民比例明显高于上层、中上层居民，总体呈现出随着阶层升高而逐渐递减的趋势；在收费体育场馆选择率上，下层居民的选择率是3.8%，中下层居民为6.3%，中层为15.9%，中上层居民为27.9%，上层居民为47.7%，中层、中上层和上层三个阶层居民明显高于中下层和下层居民，而每个阶层都存在着明显的差异，呈现出随着阶层的提升其选择率不断上升趋势；在居民小区场所上，各个阶层都有较高的选择率，但阶层维度上不存在显著的变动趋势；在公路旁边场所上，各阶层居民的选择率都较低，但选择率呈随着阶层的上升而增加的趋势；在家里室内场所的选择率上，呈现出随着阶层的上升而下降的趋势。

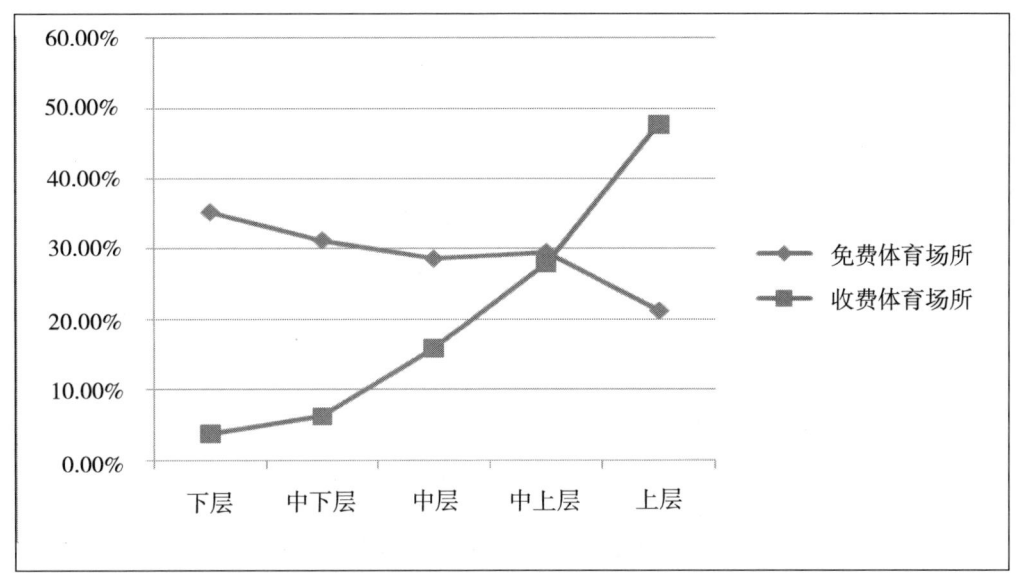

图9 杭、宁、温三城市民不同阶层居民体育活动场所选择率在阶层维度上的变动趋势

各阶层居民主要选择公共体育场所和公园广场、居住小区附近等进行身体锻炼，人们首先处于便利性考虑。因为城区或社区相对来说，公用设施比较齐全，可供锻炼的体育器材也相对较多，便于锻炼身体。其次是为了结交朋友，联络感情。公共体育场所和公园广场、居住小区附近处于相对宽敞、环境优良、居民相对集中的地方，人们通过身体锻炼进行交流。

人们在选择收费活动上的巨大差异性主要与居民的文化程度、经济收入和职业相关联。社会中上层居民往往属于高收入居民而且文化程度也较高，他们不但比其他阶层有较高的消费能力，而且对体育的娱乐休闲价值有较为深刻的理解；另一方面可能与消费符号有关，不可否定，由于阶层迫力的作用，有些处于上层阶层居民进出高档的体育娱乐场作为身份的象征，正因为此，中上层居民比中下层居民更能选择有偿的、高档次的

体育场馆进行体育活动。

五、杭、宁、温三城市各阶层居民体育行为意向状况及其变动特征

体育行为意向是指在某种条件下，个人是否有开始参加或坚持体育行为的打算，愿意在多大程度上去参与体育行为，计划为此付出多少努力。

由表9可以看出，杭、宁、温三城市民体育行为意向的总体得分为3.9751,各个阶层居民体育行为意向均值分别为：下层居民为3.8127；中下层居民均值为3.8847；中层居民均值为3.9818；中上层居民均值为4.0178；上层居民均值为4.2980。为了考察不同阶层居民体育行为意向在阶层维度上的差异性及其变动特征，采用单因素方差分析进行统计分析，先进行方差齐性检验，方差齐性检验显示：F=2.954,p=0.019<0.05,说明五组总体方差齐性。由表10可知，各阶层居民体育行为意向调查结果状况，经过方差检验（F=17.455 p<=.000）说明五阶层居民体育行为的行为意向存在着显著性的差异，进一步通过事后（LSD）检验五阶层体育行为意向的差异发现，除中层和中上层，下层和中下层之间差异不显著外，其他各个阶层之间差异均显著。在具体分析阶层对体育行为意向影响特征时通过比较五阶层居民体育行为意向得分均值发现，体育行为意向得分随着阶层等级的上升而递增，说明阶层越高体育行为意向越强烈。

表9 杭、宁、温三城市各阶层居民体育行为意向状况统计一览表

	人数	平均数	标准差	最小差	最大值
下层	210	3.8127	.61684	2.33	5.00
中下层	237	3.8847	.51605	2.33	5.00
中层	384	3.9818	.52438	2.00	5.00
中上层	244	4.0178	.60719	1.00	5.00
上层	132	4.2980	.52625	2.33	5.00
Total	1207	3.9751	.57249	1.00	5.00

表10 各阶层居民体育行为意向均值方差分析

	平方和	自由度	方差	F	Sig.
组间变异	21.699	4	5.425	17.455	.000
组内变异	373.555	1202	.311		
总变异	395.254	1206			

表11 各阶层居民体育行为意向均值事后检验（LSD）

(I) 层级	(J) 层级	平均差（I-J）	标准误	Sig.
下层	中下层	−.07197	.05283	.173
	中层	−.16907	.04785	.000
	中上层	−.20506	.05247	.000
	上层	−.48528	.06192	.000

(续表)

(I) 层级	(J) 层级	平均差 (I-J)	标准误	Sig.
中下层	中层	-.09710	.04605	.035
	中上层	-.13309	.05084	.009
	上层	-.41331	.06054	.000
中层	中上层	-.03599	.04564	.431
	上层	-.31621	.05625	.000
中上层	上层	-.28022	.06023	.000

六、杭、宁、温三城市各阶层居民体育态度及差异性特征

体育态度是个体对体育所产生的相对稳定的心理反映，是体育活动的各种功能在心理上的反映，不仅能直接反映出人们对体育活动的认知、情感和价值取向,而且在某种程度上也能间接反映出人们对体育活动的需求方向和需求内容。本研究采用 ATPA 量表分别从身心健康、社会交往、审美、追求刺激、缓解精神压力及磨练意志六个维度对五个阶层居民的体育态度进行了调查。

（一）城市不同阶层居民体育态度总体状况及其变动特征

由表 12 可知，五阶层居民体育态度得分均值都比较高。为了考察杭、宁、温三城市民体育态度在阶层维度上的差异性，方差齐性检验结果（F=11.396,P<0.001），表明五阶层体育态度总体方差齐性。表 13 是方差分析结果（F=7.684;P=0.00<.05），说明五个阶层居民体育态度得分均值中至少存在两个阶层存在着显著性差异。当我们进一步考察五阶层居民两两差异性的时候，采用事后检验，表 14 表明，下层与中下层、下层与中层、下层与上层、中下层与上层、中层与上层之间存在着显著性差异。结合五阶层居民体育态度得分的均值状况可以发现，下层居民体育态度得分均值为最低（3.1419），而中间三个阶层（中下层、中层和中上层）的得分基本持平其均值在 3.2159～3.2384,随着阶层的升高而上升，上层居民得分为最高（3.3391），说明五阶层居民在体育态度均值上呈现出"一、三、一"特点。

表 12 城市五阶层居民体育态度得分均值状况统计一览表

	人数	平均数	标准差	最小差	最大值
下层	210	3.1419	.39193	1.88	4.29
中下层	237	3.2384	.27084	2.54	3.92

Dependent Variable 态度平均
LSD

(I) 层级	(J) 层级	平均差 (I-J)	标准误	Sig.
下层	中下层	-.09653	.03092	.002
	中层	-.09374	.02800	.001
	中上层	-.07399	.03071	.016
	上层	-.19725	.03623	.000

(续表)

（I）层级	（J）层级	平均差（I-J）	标准误	Sig.
中下层	中层	-.00279	.02695	.917
	中上层	-.02254	.02975	.449
	上层	-.10072	.03543	.005
中层	中上层	-.01975	.02671	.460
	上层	-.10351	.03291	.002
中上层	上层	-.12326	.03525	.000

（二）不同阶层居民体育态度各维度排序及其差异性特征

为了进一步了解五阶层居民在体育态度结构上的差异性，从体育态度的身心健康、社会交往、审美、追求刺激、缓解精神压力及磨练意志这六个维度来考察其差异。五阶层居民在体育态度的各个维度上状况如表13所示。表13表明,在总体上看各阶层居民体育态度均值排序分别为：身心健康、磨练意志、解压、审美、社交、追求刺激；下层居民体育态度均值排序分别为：身心健康、磨练意志、审美、社交、解压、追求刺激；中下层居民体育态度均值排序分别为：身心健康、磨练意志、社交、审美、解压、追求刺激；中层居民体育态度均值排序分别为：身心健康、磨练意志、社交、审美、解压、追求刺激；中上层居民体育态度均值排序分别为：身心健康、社交、磨练意志、审美、解压、追求刺激；上层居民体育态度均值排序分别为：身心健康、磨练意志、社交、审美、解压、追求刺激。

表13 不同阶层居民态度各维度统计一览表

		人数	平均数	标准差	最小差	最大值
态度之身心	下层	210	3.8810	.54586	2.25	5.00
	中下层	237	4.0148	.46177	2.50	5.00
	中层	384	4.0286	.43074	2.50	5.00
	中上层	244	4.0799	.47060	2.25	5.00
	上层	132	4.1799	.44154	3.00	5.00
	总体	1207	4.0271	.47430	2.25	5.00
态度之社交	下层	210	3.0667	.70267	1.25	4.75
	中下层	237	3.2289	.49690	2.00	4.50
	中层	384	3.2070	.56449	1.50	5.00
	中上层	244	3.1588	.64241	1.00	5.00
	上层	132	3.2633	.67487	1.50	4.75
	总体	1207	3.1833	.60949	1.00	5.00
态度之刺激	下层	210	2.7310	.60023	1.00	4.25
	中下层	237	2.7901	.53971	1.25	4.50
	中层	384	2.7917	.57942	1.50	4.50
	中上层	244	2.6496	.61125	1.00	5.00
	上层	132	2.7917	.57886	1.00	4.25
	总体	1207	2.7521	.58386	1.00	5.00

(续表)

		人数	平均数	标准差	最小差	最大值
态度之审美	下层	210	3.1357	.49220	1.75	4.50
	中下层	237	3.1224	.50507	1.50	4.50
	中层	384	3.1558	.55368	1.00	5.00
	中上层	244	3.2213	.47053	1.50	4.50
	上层	132	3.2405	.49943	1.50	5.00
	总体	1207	3.1683	.51259	1.00	5.00
态度之解压	下层	210	2.8167	.46372	1.75	4.50
	中下层	237	2.8122	.46780	1.50	4.00
	中层	384	2.8216	.45317	1.50	4.25
	中上层	244	2.8146	.56528	1.00	5.00
	上层	132	3.1711	.76909	1.75	5.00
	总体	1207	2.8557	.53496	1.00	5.00
态度之磨练	下层	210	3.2202	.86810	1.25	5.00
	中下层	237	3.4620	.56714	1.00	5.00
	中层	384	3.4089	.60983	1.25	5.00
	中上层	244	3.3709	.60070	2.00	5.00
	上层	132	3.3883	.64892	1.50	5.00

表14 各阶层居民体育态度各个维度方差分析结果

		平方和	自由度	方差	F	Sig.
态度之身心	组间变异	8.286	4	2.071	9.467	.000
	组内变异	263.013	1202	.219		
	总变异	271.299	1206			
态度之身心	组间变异	4.556	4	1.139	3.087	.015
	组内变异	443.450	1202	.369		
	总变异	448.006	1206			
态度之身心	组间变异	3.808	4	.952	2.809	.024
	组内变异	407.312	1202	.339		
	总变异	411.120	1206			
态度之身心	组间变异	2.157	4	.539	2.060	.084
	组内变异	314.720	1202	.262		
	总变异	316.878	1206			
态度之身心	组间变异	14.754	4	3.688	13.420	.000
	组内变异	330.377	1202	.275		
	总变异	345.131	1206			
态度之身心	组间变异	7.289	4	1.822	4.223	.002
	组内变异	518.692	1202	.432		
	总变异	525.981	1206			

由表 14 可知，（1）在体育态度的身心健康维度上，五个阶层居民得分均值分别为下层为 3.8810；中下层为 4.0148；中层为 4.0286；中上层为 4.0799；上层为 4.1799，从均值上还可以看出五个阶层居民对体育行为促进身心健康的功能都有比较好的认识，说明了阶层越高越是对体育行为的身心价值越有深刻的认识,进而通过组间方差分析，方差分析结果显示 $F=9.467$ $p=.000<0.05$，说明各阶层居民体育态度的身心维度上存在着显著性差异。（2）在体育态度的社会交往维度上，五个阶层居民得分均值分别为下层为 3.0667；中下层为 3.2289；中层为 3.2070；中上层为 3.1588；上层为 3.2633，通过组间方差分析，方差分析结果显示 $F=3.627$ $p<=.006$，说明各阶层居民体育态度的社交维度上存在着差异性。（3）在体育态度的刺激维度上，五个阶层居民得分均值分别为下层为 2.7310；中下层为 2.7901；中层为 2.7917；中上层为 2.6496；上层为 2.7917，通过组间方差分析，方差分析结果显示 $F=2.809$ $p=0.024$，说明各阶层居民体育态度的追求刺激上不存在着差异性，同时从均值上还可以看出五个阶层居民对体育刺激功能认识程度都不高。（4）在体育态度的审美维度上，五个阶层居民得分均值分别为下层为 3.1357；中下层为 3.1224；中层为 3.1558；中上层为 3.2213；上层为 3.12405，通过组间方差分析，方差分析结果显示 $F=2.060$ $p=0.084>0.05$，说明各阶层居民体育态度的审美维度上不存在着差异性。（5）在体育态度的缓解精神压力维度上，五个阶层居民得分均值分别为下层为 2.8167；中下层为 2.8122；中层为 2.8216；中上层为 2.8146；上层为 3.1711，通过组间方差分析，表 14 结果显示（$F=13.420$, $p=0.00$），说明各阶层居民体育态度的缓解精神压力维度上存在显著性差异，从均值可以看出，上层居民参加体育行为为了缓解精神压力目的更加明确。（6）在体育态度的磨练意志维度上，五个阶层居民得分均值分别为下层 3.2202；中下层为 3.4620；中层为 3.4089；中上层为 3.3709；上层为 3.3883，通过组间方差分析，方差分析结果显示 $F=4.223$ $p=0.002<0.05$，说明各阶层居民体育态度的缓解精神压力维度上存在着一定差异性。

七、杭、宁、温三城市各阶层居民体育活动主观规范及其差异性特征

主观规范是指体育行为参加者认为对自己有显著影响的人对参加体育活动的评价意见，主要包括家人亲属、朋友、工作同事和体育明星及体育指导员四个维度，它反映了个体从事体育行为所获得的的社会环境支持程度。

（一）杭、宁、温三城市各阶层居民主观规范得分均值及其差异性特征

表 15 表明，五阶层居民体育行为的主观规范均值分别是下层 3.3042；中下层为 3.5216；中层为 3.5338；中上层为 3.5020；上层为 3.6364，上层得分最高，下层居民得分最低,中间阶层得分较一致，呈现出"一、三、一"特征。对均值进行方差分析（表 16），方差分析的结果显示 $F=10.982$、$p<=.000$，说明各阶层居民体育行为的主观规范存在着显著性差异。事后 LSD 检验结果显示两两之间的差异性（表 17），表 17 表明，中间三个阶层在体育行为的主观规范上没有显著性差异，下层之间、上层及下层与中间阶层之间存在着显著性差异，这也印证了"一、三、一"结论。

表 15 各阶层居民主观标准平均分值统计情况一览表

	人数	平均数	标准差	最小差	最大值
下层	210	3.3042	.68091	1.62	4.63
中下层	237	3.5216	.47389	2.00	4.75
中层	384	3.5338	.46255	1.53	4.97
中上层	244	3.5020	.44357	2.12	4.75
上层	132	3.6364	.41407	2.50	4.88
总体	1207	3.4962	.50957	1.53	4.97

表 16 不同阶层居民主观规范平均分方差分析

	平方和	自由度	方差	F	Sig.
组间变异	11.041	4	2.760	10.982	.000
组内变异	302.112	1202	.251		
总变异	313.152	1206			

表 17 五阶层居民主观规范平均分事后检验（LSD）

(I) 层级	(J) 层级	平均差 (I-J)	标准误	Sig.
下层	中下层	−.21746	.04751	.000
	中层	−.22960	.04303	.000
	中上层	−.19788	.04719	.000
	上层	−.33219	.05569	.000
中下层	中层	−.01215	.04141	.769
	中上层	.01958	.04572	.669
	上层	−.11473	.05445	.035
中层	中上层	.03172	.04104	.440
	上层	−.10258	.05058	.043
中上层	上层	−.13430	.05417	.013

（二）杭、宁、温三城市各阶层居民体育行为主观规范各个维度的差异性特征

表 18 是五阶层居民体育行为主观标准各个维度得分均值分布情况。为了揭示不同阶层居民体育主观规范的家人亲属、朋友、工作同事和体育明星或体育指导员在阶层维度上的差异，通过对五阶层与主观规范四个维度之间的交互分析，在具体分析时，通过方差分析分别考察主观标准的家人亲属、朋友、工作同事和体育指导员在阶层维度上的差异性，方差分析结果见表 19，表明五阶层居民在主观规范的家人亲属、朋友、工作同事和体育明星或体育指导员四个维度上方差值及显著性检验分别为（$F=4.065\ p\leqslant.003$；$F=8.024\ p\leqslant.000$；$F=8.287\ p\leqslant.000$；$F=9.5280\ p\leqslant.000$；），也是就说，杭、宁、温三城市各阶层居民体育行为主观规范各个维度存在阶层差异，也从侧面反映主观规范

对不同阶层居民体育行为影响存在着结构差异。进一步通过考察主观规范四个维度的得分,发现上层和中上层居民在同事、朋友维度的得分要显著高于下层和中下层居民的得分,而下层居民在所有维度方面的得分都是最低。由此看来,五阶层居民参加体育活动的社会支持系统既有结构性差异又有影响程度上的差异。这可能与各个阶层内的文化差异存在着一定联系,处于不同阶层的居民有着不同的生活方式,对体育行为的认同度存在着差异,在此将不展开具体讨论,有待后续研究。

表18 五阶层居民体育活动主观标准各个维度得分均值统计一览表

		人数	平均数	标准差	最小差	最大值
主观之家人	下层	210	3.3508	.67397	1.67	5.00
	中下层	237	3.4669	.56952	2.00	4.67
	中层	384	3.4878	.56580	1.67	5.00
	中上层	244	3.4986	.55965	1.67	5.00
	上层	132	3.6010	.55325	2.33	5.00
	总体	1207	3.4745	.58721	1.67	5.00
主观之指导	下层	210	3.2000	1.11878	1.00	5.00
	中下层	237	3.6287	.77930	1.00	4.50
	中层	384	3.5833	.80360	1.00	5.00
	中上层	244	3.5779	.70132	2.00	5.00
	上层	132	3.5227	.72539	2.00	5.00
	总体	1207	3.5178	.84806	1.00	5.00
主观之同事	下层	210	3.2968	.92300	1.00	5.00
	中下层	237	3.5851	.63920	1.00	5.00
	中层	384	3.6111	.63851	1.00	5.00
	中上层	244	3.5123	.69114	1.33	5.00
	上层	132	3.6540	.67602	2.00	5.00
	总体	1207	3.5360	.71891	1.00	5.00
主观之同事	下层	210	3.2905	.84514	1.00	5.00
	中下层	237	3.3882	.81378	1.00	5.00
	中层	384	3.3899	.81856	1.00	5.00
	中上层	244	3.4057	.92258	1.00	5.00
	上层	132	3.8030	.92360	2.00	5.00
	总体	1207	3.4207	.86592	1.00	5.00

表19 不同阶层居民主观标准各维度方差分析

		平方和	自由度	方差	F	Sig.
主观之家人	组间变异	5.550	4	1.388	4.065	.003
	组内变异	410.301	1202	.341		
	总变异	415.851	1206			

(续表)

		平方和	自由度	方差	F	Sig.
主观之指导	组间变异	26.656	4	1.388	4.065	.003
	组内变异	840.711	1202	.699		
	总变异	867.367	1206			
主观之同事	组间变异	13.727	4	4.182	8.287	.000
	组内变异	606.567	1202	.505		
	总变异	623.293	1206			
主观之同事	组间变异	23.517	4	5.879	8.024	.000
	组内变异	880.772	1202	.733		
	总变异	904.289	1206			

八、杭、宁、温三城市各阶层居民认知行为控制感及其差异性特征

体育行为中的主观控制感是指体育行为参加者对参加或完成某项体育活动难易程度的知觉，自己感到是否有足够的选择权。在对体育行为的主体与客体之间关系分析基础上，并经过有关专家的论证，本研究认为，认知行为控制感包括体育行为的场馆、时间、体育技能、体育活动的优先选择权四个维度，这里的体育场馆是指体育行为参加者觉得从事某项体育活动场馆是否有保障；时间是指体育行为者对时间的重要性认识，参加体育活动在时间上是否有保证；体育技能是指从事某项体育行为在技能上是否有足够的基础；体育活动的优先选择权特指在遇到体育活动与其他休闲活动相冲突时是否优先选择体育活动。

（一）不同阶层居民体育行为认知控制感及其差异性特征

表 20 表明，在认知控制的平均分方面，各阶层居民的得分分别为下层 =3.0279、中下层 =3.0666、中层 =3.0863、中上层 =3.0574、上层 =2.9698，组间方差分析结果显示在 0.05 水平上存在差异。

进一步经事后检验，检验结果见表 22，除了上层和中层居民之间的得分差异达到显著水平外，其他各阶层之间均没有显著差异。这表明在认知控制方面五阶层所受到的影响通过平均分不能得到有效的反映，必须考察认知控制各维度才能有更真实的了解。

表 20　五阶层居民体育行为认知行为控制感平均分值统计情况一览表

	人数	平均数	标准差	最小差	最大值
下层	210	3.0279	.38589	1.71	4.14
中下层	237	3.0666	.34921	2.00	4.29
中层	384	3.0863	.35475	2.14	4.14
中上层	244	3.0574	.37435	1.86	4.43
上层	132	2.9698	.48260	1.71	3.86
总体	1207	3.0537	.38004	1.71	4.43

表 21　认知控制平均分方差分析

	平方和	自由度	方差	F	Sig.
组间变异	1.638	4	.409	2.411	.047
组内变异	204.134	1202	.170		
总变异	205.772	1206			

表 22　五阶层居民认知行为控制感均值事后检验（LSD）

(I) 层级	(J) 层级	平均差 (I-J)	标准误	Sig.
下层	中下层	-.03872	.03905	.322
	中层	-.05842	.03537	.099
	中上层	-.04998	.03879	.198
	上层	-.05805	.04577	.205
中下层	中层	-.01970	.03404	.563
	中上层	-.01126	.03758	.764
	上层	.09677	.04476	.031
中层	中上层	.00844	.03374	.802
	上层	-.11647	.04158	.005
中上层	上层	-.10803	.04453	.015

（二）不同阶层居民体育行为认知行为控制感各个维度的差异性特征

从杭、宁、温三城市各阶层居民体育行为认知控制感各个维度平均得分及方差分析结果可以看出：（1）五阶层居民在对体育场馆控制感方面得分均值较高，并且阶层之间存在着显著差异；（2）五阶层阶层居民在对时间控制感方面得分均值较低，阶层之间不存在显著性差异；（3）五阶层居民在对体育技能控制感方面存在着显著性差异，中上层居民得分最高，下层居民得分最低，其均值的总体变动趋势是随着阶层层级的升高而升高；（4）五阶层居民在对体育活动优先选择方面存在着显著性差异，其均值呈现出"一、三、一"特征，即下层居民和上层居民对体育活动优先选择的控制能力较强，中间三个阶层对体育活动优先选择的控制能力较差。上述分析结果说明了杭、宁、温三城市各阶层居民在体育行为认知控制感上存在着结构性差异，这种结构性的差异不仅表现在四个维度之间的差异，而且表现为同一维度上各个阶层之间的差异。

产生上述这种现象的主要原因有：对中上层居民来说由于拥有较好经济资源，用于体育行为的场馆经费已经不成问题，也就是说他们对于体育场馆有着较好的控制感；相反处在下层居民由于没有充足的经济基础，体育场馆费用成为了他们参加体育行为的一个制约因素，对于体育场馆没有较好的控制感。在体育行为时间控制感维度上，杭、宁、温三城市各个阶层居民控制能力都较差，这可能与人们对时间重要性问题理解有关，处于经济快速发展时期人们常常会把时间与经济效益联系在一起，这种功利性的时间概念自然会影响着人们在体育行为时间上的分配。在体育技能方面，由于高阶层的居民往往具有良好的文化资源，也就是说接受的教育程度远高于下层居民，与此同时他们接受的体育技能培训也好于下层居民，于是在体育技能的控制感上也会好于下层居民。

表23 各阶层居民认知控制各维度统计一览表

		人数	平均数	标准差	最小差	最大值
认知之场馆	下层	210	3.4667	.87295	1.00	5.00
	中下层	237	3.4293	.79924	1.00	5.00
	中层	384	3.5638	.78279	1.00	5.00
	中上层	244	3.4611	.83365	1.00	5.00
	上层	132	3.0871	1.05298	1.00	5.00
	总体	1207	3.4476	.85488	1.00	5.00
认知之时间	下层	210	2.7524	.63318	1.33	5.00
	中下层	237	2.7904	.61652	1.00	5.00
	中层	384	2.7474	.62639	1.00	5.00
	中上层	244	2.7527	.68116	1.00	5.00
	上层	132	2.6263	.81653	1.00	4.33
	总体	1207	2.7445	.66057	1.00	5.00
认知之技能	下层	210	2.9952	.85559	1.00	5.00
	中下层	237	3.2911	.80494	1.00	5.00
	中层	384	3.3646	.79646	1.00	5.00
	中上层	244	3.4180	.85433	2.00	5.00
	上层	132	3.3068	.86415	2.00	5.00
	总体	1207	3.2904	.83877	1.00	5.00
认知之优先	下层	210	3.0095	1.03059	1.00	5.00
	中下层	237	2.9451	.93493	1.00	5.00
	中层	384	2.8698	.95798	1.00	5.00
	中上层	244	2.7828	.89233	1.00	5.00
	上层	132	3.4290	.90933	1.00	5.00
	总体	1207	2.9525	.96450	1.00	5.00

表24 不同阶层居民认知控制感各维度方差分析

		平方和	自由度	方差	F	Sig.
认知之场馆	组间变异	24.384	4	6.096	5.821	.000
	组内变异	1258.753	1202	1.047		
	总变异	1283.138	1206			
认知之时间	组间变异	2.378	4	.595	1.364	.244
	组内变异	523.857	1202	.436		
	总变异	526.235	1206			

(续表)

		平方和	自由度	方差	F	Sig.
认知之技能	组间变异	24.419	4	6.105	8.905	.000
	组内变异	824.049	1202	.686		
	总变异	848.469	1206			
认知之优先	组间变异	40.323	4	10.081	11.203	.000
	组内变异	1081.567	1202	.900		
	总变异	1121.890	1206			

（项目编号：1203ss08021）

社区体育俱乐部运行机制研究
——以上海市为例

李明毅　陆前安　黄海燕　王岩　裴新贞　谢应喜

本研究结合对上海市社区体育俱乐部现状的调研,探究了社区体育俱乐部与政府、市场、社区之间的良性运行机制。

一、我国社区体育俱乐部与政府"新型合作伙伴"关系构建

本研究主张构建我国社区体育俱乐部与政府"新型合作伙伴"关系模式,即在社区体育俱乐部高度自治的前提条件下,围绕共同的公共服务目标,政府通过多种形式将以往不该承担的体育服务职能转交给社区体育俱乐部来承担,由社区体育俱乐部为社区居民提供多样化的体育产品和高效能的体育服务,社区体育俱乐部与政府实现互相配合、互相促进、互相监督的关系。具体来说,"新型合作伙伴"关系模式的内涵体现在四个方面(图1)。

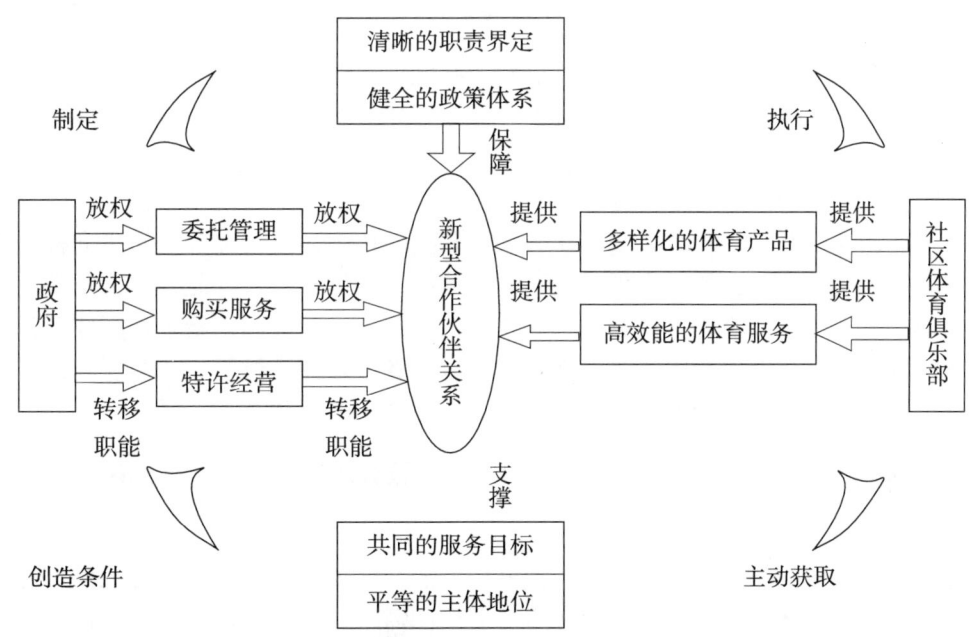

图1　社区体育俱乐部与政府"新型合作伙伴"关系示意图

(一)拥有共同的服务目标和平等的主体地位是"新型合作伙伴"关系构建的内在基础

在"新型合作伙伴"关系中,社区体育俱乐部与政府共同致力于建立面向大众的公共体育服务体系,为了满足群众多元化的体育需求而联合行动,获得群众最大程度的满意既是政府的职责所在,也是社区体育俱乐部的宗旨使命,是双方共同追求的目标。同时,社区体育俱乐部拥有独立完整的法律地位,拥有与政府平等协商的权利,并具有高度自治的能力,拥有扎实广泛的社会基础,形成成熟的运作机制和内部监督机制,能够围绕组织运行的目标自我管理、自我运作、自我发展。只有双方地位平等、目标一致时,双方才能建立健康、持久的合作关系,任何一方凌驾于另一方之上,都将会影响合作关系的可持续发展。

(二)具有清晰的职责界定和健全的政策体系是"新型合作伙伴"关系构建的重要保障

在"新型合作伙伴"关系中,社区体育俱乐部与政府的权责划分要清晰,政府是公共体育服务的购买者、社会管理政策的制定者和政策落实的监督者,而社区体育俱乐部则是公共体育服务和公共体育产品的提供者,是社会管理政策的执行者,双方围绕各自的职责、使命开展工作。同时,为了保持双方合作关系的持久性,政府要建立健全社区体育俱乐部的法律法规,制定一些配套性的政策规章,构筑全国性法律框架和政策体系,制定一系列地方性的法规和详细的实施细则,形成完善的社区体育俱乐部监督和考评机制,并逐渐走上依靠行业协会对社区体育俱乐部进行监督和管理。

(三)委托管理、购买服务、特许经营应成为政府支持社区体育俱乐部的主要方式

在"新型合作伙伴"关系中,政府仍然为社区体育俱乐部提供大量的人力、物力和财力支持,但是以间接的支持为主。特许经营、委托管理、购买服务应成为政府支持社区体育俱乐部的主要方式。政府采用委托管理的方式,将社区体质监测站、学校体育场馆、社区公共运动场、健身苑、点等部分公共体育资源委托给社区体育俱乐部管理,并支付一定委托管理费用。同时,政府作为公共利益的代表,还将出资为居民向社区体育俱乐部购买优质的体育服务,用于满足不同利益群体的体育需求。此外,为了促进社区体育俱乐部的发展,政府还要放宽对社区体育俱乐部的经营限制,给予社区体育俱乐部一部分特许经营权利,如销售彩票、举办培训班、经营体育器材等,并监督和保障俱乐部特许经营所得收益是用于促进组织的发展,而非个人的盈利。

(四)提供多样化的体育产品和高效能的体育服务是社区体育俱乐部赢得合作关系的重要手段

在"新型合作伙伴关系"中,作为关系一方的社区体育俱乐部角也要积极努力来主动争取合作伙伴关系,一方面要根据政府、居民的需求,尽量提供多样化的体育产品和服务,通过多样化的服务供给来赢得合作地位。另一方面,社区体育俱乐部要提高效能,扩大单位投入的产出,靠高效、快捷的服务来抢占合作先机,提升合作资本。总之,社区体育俱乐部应逐渐培养较强公共体育产品和服务供给能力,能够为社区居民提供多样化的体育产品和高效能的体育服务。同时,社区体育俱乐部还要拥有一定的市场竞争力和创新能力,能够通过产品和服务的新颖、优质获得社区居民的认可,从而获取更多的政府支持。

二、社区体育俱乐部市场参与机制的构建

良好的社区体育俱乐部市场运作机制包含很多相关要素，本研究根据我国社区体育俱乐部发展的状况及非营利组织市场化运作的特点，结合相关专家的建议，选取社区体育俱乐部市场运作中的几个重要部分，构筑我国社区体育俱乐部市场运作架构（图2）。它包括俱乐部内部管理的企业化、外部服务的市场化、公信评估的社会化。

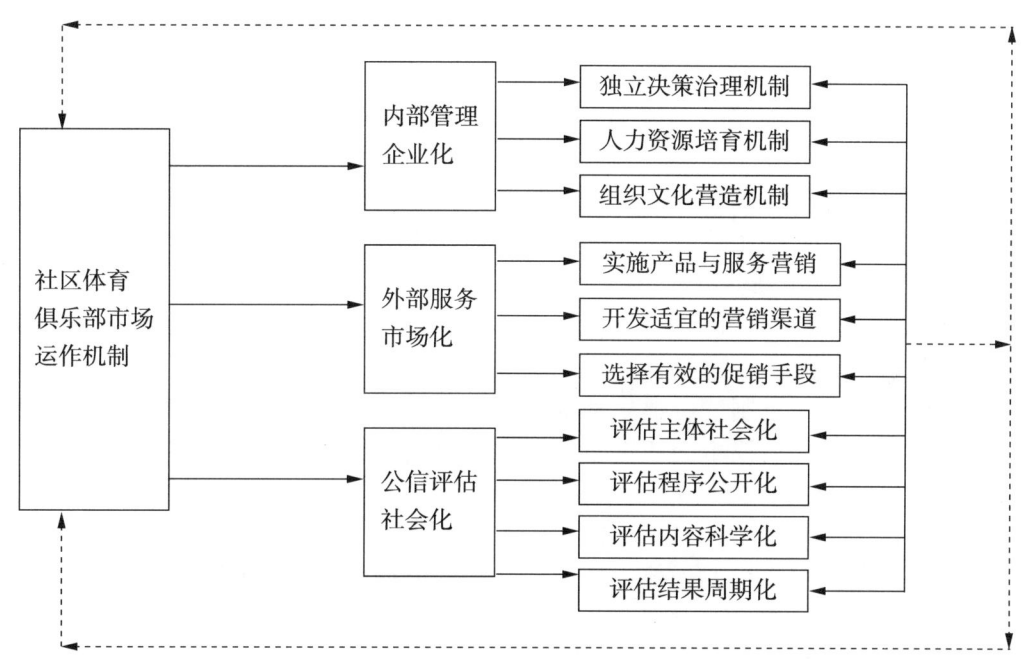

图 2 社区体育俱乐部市场运行机制结构示意图

（一）内部管理的企业化

从调研走访中发现，社区体育俱乐部内部管理沿袭行政管理的因素较多，而市场参与角色不够。俱乐部在发展中要参与市场，借助市场手段获取发展能量，必须加强内部管理，可以移植参照企业管理的成熟经验，来优化俱乐部内部管理，以提高社区体育俱乐部市场生存与竞争能力。王名教授指出，非营利组织内部管理的企业化有助于非营利组织形成一个良好的产权结构，实现财政平衡，提高治理能力，从而更好地为公益服务。对于我国社区体育俱乐部，当前急需借鉴企业管理经验的主要是以下三个方面。

首先，建立独立的决策治理机制，这是俱乐部有效参与市场的前提。现代企业管理中，公司治理的组织制度坚持决策权、执行权和监督权三权分立的原则，由此形成公司股东大会、董事会和监事会并存的组织框架。借鉴公司治理结构，本研究构筑社区体育俱乐部治理结构（图3）

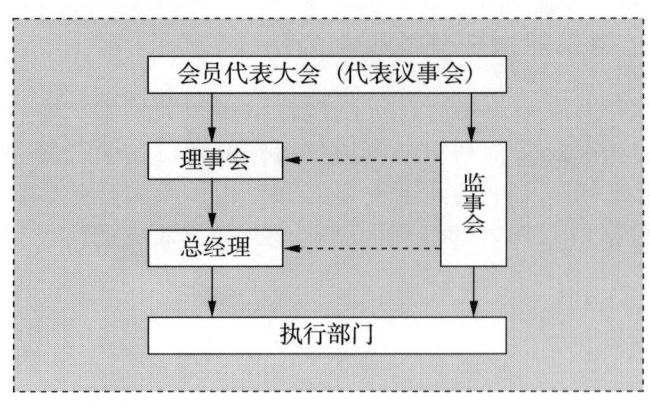

图3 社区体育俱乐部决策治理结构示意图

决策机构是会员代表大会,(当前阶段,由于俱乐部会员比例较小,可以成立由社区政府代表、业务主管部门代表、社区非会员居民代表和会员组成的代表议事会),它应是俱乐部的最高权力机构,理事会应是会员大会闭会期间的最高权力机构。决策机构应该独立行使以下权力:第一,决定权。俱乐部重大发展事项、重大资金使用决定权。第二,选举权。选举理事会及监事会。第三,审定权。审定批准俱乐部工作计划、规章制度、俱乐部章程、经费预算、董事会及监事会报告。理事会是由会员大会或代表议事会所选出的一定数目的理事组成,法定的、常设的、对内进行经营管理及决定会员大会权限以外的事务。可选举理事长负责召集理事会。总经理应是俱乐部理事会聘任的(不应由政府任命),执行会员大会和理事会决议,在理事会授权范围内进行俱乐部一切运用活动的专职负责人。监事会是俱乐部必须设立的组织管理机构之一,对理事会及总经理行政管理系统及财务状况进行审查考核的常设机构。监事会应由社区居民代表(非会员)、政府代表、俱乐部会员代表等组成。通过决策、执行和监督三权分立治理结构的建立来确保俱乐部高效地沿着组织目标发展。

其次,搭建系统的人力资源培育机制,为俱乐部参与市场提供持续潜能。现代管理大师彼得·德鲁克说过"企业只有一项真正的资源——人。管理就是充分开发人力资源以做好工作。""所谓人力资源,是指能够推动整个经济和社会发展的劳动者的能力,包括能够进行智力劳动和体力劳动的能力。"通过调研发现,俱乐部管理者大部分是政府委派,基层体育团队的指导、管理者也处于松散状态,志愿者参与也较低,社区拥有的人力资源没有被俱乐部有效开发。因此,搭建一个开放的、系统的人力资源培育机制,将会为俱乐部发展注入持续动力。第一,要组建俱乐部人力资源专门部门,进行人力资源的开发与管理。从调研中了解到,目前俱乐部大部分都组建的有场馆管理部门、技术服务部门、培训部门、市场部或活动策划部等相关执行部门,但组建专门的人力资源部门的较少。众所周知企业人力资源的部门是企业发展的核心部门,成功的企业都非常重视人力资源的开发与培育,因此借鉴企业管理经营,组建人力资源部门,是俱乐部市场化运作的当务之急。第二,借鉴企业人力资源管理流程,对俱乐部人力资源进行系统培育与管理,形成长效发展机制(图4)

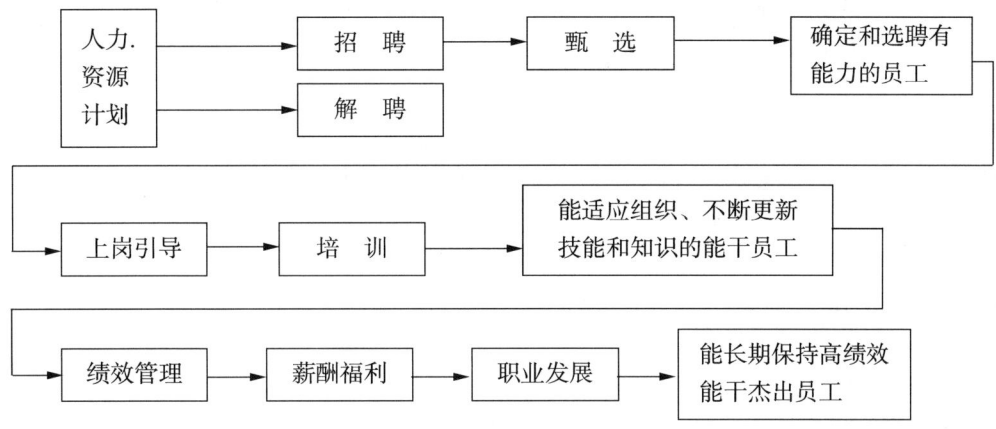

图4 人力资源管理过程示意图

在企业人力资源管理中包含八个步骤，这是组织选配到合格的员工并使之保持高绩效水平不可或缺的。前三项步骤使组织识别和选聘到有能力的员工；接下来的两项步骤使员工的技能和知识不断得到更新；最后三项活动让组织拥有长期保持高绩效水平的、能干的员工。社区体育俱乐部在借鉴企业人力资源管理时，要注意俱乐部专职管理人员、指导人员的选拔和培育与日常志愿者、兼职工作人员的吸纳与培育的区别策略。志愿者在薪酬激励和职业发展上更要关注其精神回报和奉献精神的培养。

再次，创造有效的组织文化营造机制，为俱乐部参与市场提供有力保障。

企业成功管理的另一经验就是企业文化建设，它以无形的软约束力量构成企业有效运营的内在驱动力，这种力量被称为"管理之魂"。企业文化就是企业在长期生存和发展过程中形成的，为企业多数成员所共同遵循的经营观念或价值观体系。企业文化的内容包括价值标准、企业哲学、管理制度、行为准则、道德规范、文化传统、风俗习惯、典礼仪式以及组织形象等。其中，共同的价值观念是形成企业文化的核心。企业文化包括物质层、行为层、制度层和观念层四个层次（图5）。

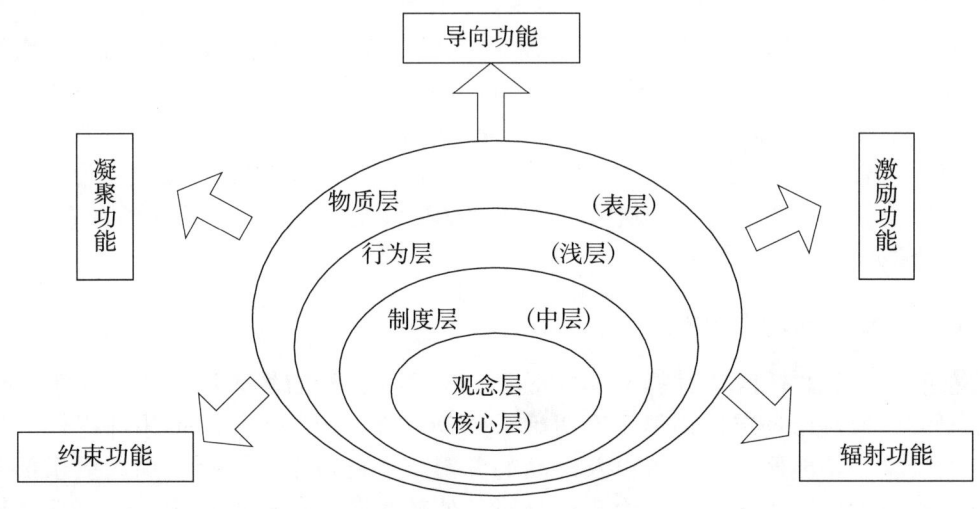

图5 组织文化结构功能示意图

其中观念层是一种隐性文化，它是企业文化的根本，主要包括企业的精神、哲学、价值观、道德规范。它存在于企业员工的观念中，对企业生产经营活动产生直接影响。物质层、行为层、制度层属于显性文化的内容，是指企业的精神以物化产品和精神行为为表现形式，能为人们直接感知到的内容，包括企业制度、企业行为、企业设施、企业形象和标识。企业文化具有对企业员工的价值取向和行为取向的导向功能，培育企业员工的自豪感和归属感的凝聚功能，激励员工士气的激励功能，约束员工日常行为的约束功能以及潜移默化地影响着社会文化的辐射功能，它对社会产生一种感应，影响社会、服务社会，成为改良社会的一个重要途径。

社区体育俱乐部吸引资源、凝聚社区，除去硬件提升外，还要在软实力上下工夫，借鉴企业文化建设的成功经验，积极创造有效的俱乐部文化营造机制，打文化牌，通过组织文化建设来凝聚志愿者、凝聚人力资源、凝聚社会力量，塑造俱乐部良好公益形象。为了有效地创建社区体育俱乐部组织文化，一方面俱乐部决策领导层要树立俱乐部组织文化建设意识，高度重视，合理规划俱乐部的组织文化建设，把俱乐部组织文化建设当做俱乐部一条重要生命线去培育、维护。另一方面，要根据俱乐部组织文化结构层次，分层抓实俱乐部组织文化建设。第一，物质层文化建设。物质层是组织员工创造的产品和各种物质设施等所构成的器物文化。物质层文化主要载体体现在生产设施及环境、组织产品、组织名称和标识上。对于社区体育俱乐部来说，物质层的文化建设可以通过对俱乐部经营和管理的场馆、设施进行整体宣传设计，布置文化氛围，让参与者和志愿者感受到浓烈的组织文化氛围，也让工作于其中的工作者产生自豪感。同时在俱乐部举办的各种赛事、活动及培训中注重物质层组织文化的营造。第二，行为层组织文化建设。行为层是指员工在生产经营、学习娱乐中产生的活动文化，它包括组织业务开展、宣传教育、人际关系等活动。行为层文化主要通过员工的行为来体现。在行为层文化建设上，俱乐部要抓好俱乐部管理者、指导员以及志愿队伍的行为教育与规范，工作队伍群体行为的塑造将是俱乐部组织文化建设的重要内容。第三，制度层组织文化建设。制度层文化是一个组织的制度文化体系，涵盖规章制度、道德规范和职工行为准则等。制度建设是文化建设中的中间层，对其他层文化建设起到固定、传递作用。因此，俱乐部在组织文化建设中要结合俱乐部实际制定一整套完整的制度体系，以此规范俱乐部的运营和队伍的行为。第四，观念层组织文化建设。它是组织文化建设的核心层，它是指组织在生产经营中形成的独具组织特征的意识形态和文化观念。它包括精神、伦理、价值观念、目标等。观念层具有组织本质特征，它需要组织在运营过程中逐步培养。因此俱乐部在观念层文化建设中要注重对俱乐部公益目标的塑造、奉献精神的培育以及以人为本、服务社区的理念的坚持，逐渐打造俱乐部观念层文化。

（二）外部服务的市场化

在前面章节对社区体育俱乐部的形象、产品、目标市场，以及竞争对手定位进行了研究，通过市场定位使俱乐部明确了服务对象，产品定位对俱乐部提供产品或服务的价格、功能属性、品牌以及产品的分销渠道进行定位选择。那么俱乐部参与市场，进行市场化运作的重要内容就是对其外部服务进行市场化运作，也就是说俱乐部要进行一定的市场营销。在非营利组织研究领域，学者们也逐渐接受非营利组织营销的理念,认为"营销管理是非营利组织管理的核心环节之一,只有建立起面向需求、面向受益者、面向市场的健全的营销体制,实施积极创新的策略性营销管理,在组织运作和管理的全过程中坚持营销导向,非营利组织才能在不断变化和充满竞争的社会现实中立于不败之地。""非营利组织营销意味着对组织的受益群体及其需求进行分析,把服务推向市场。""营销的核心是所谓的4P,即产品、价格、推广、场所(渠道)。"依据非营利组织营销理论,社区体育俱乐部在对外服务进行市场化运作时,也要从"4P"着手实施营销。基于在俱乐部产品定位中,已对价格定位进行建议性阐释,这里将从以下三个方面对社区体育俱乐部对外服务营销进行研究。

第一,实施产品和服务营销。

产品和服务营销是社区体育俱乐部进行营销的核心和基础。"产品是指任何可以通过有形的形式输送到市场上满足消费者需要的物品。""服务是指任何一个组织向另外一个组织提供的活动或好处,从本质上说服务是无形的,不会产生所有权的形式。服务可能也可能不与有形产品相联系。"从当前阶段看,社区体育俱乐部所提供的主要是体育服务,而真正意义的体育产品还不多。所以俱乐部的供给营销主要是体育服务的营销。体育服务可以通过俱乐部工作人员、社区体育指导员,社区志愿者借助一定的物质手段和体育场地设施来实现。在营销时要注意以下几方面:首先服务内容多样化。社区体育需求的多样化、动态性就要求俱乐部在服务内容上要尽可能多样化。要了解目标市场的需求,设计尽可能多的服务以满足政府、社区、企业的不同需求。其次,创新体育服务的形式,使无形的服务有形化。如对健身指导、场地服务、体制监测等进行服务细化,内容公布、承诺服务结果以方便居民参与和监督;对政府和企业的服务实施菜单式提供,以方便其选择。再次,以消费者为导向。社区体育俱乐部所提供的体育服务都是由人创造的,因此服务与提供服务的人具有不可分割性。这就要求俱乐部服务的提供者要时刻以消费者为导向,以树立俱乐部良好形象,确保一线服务人员能够采取必要的行动满足消费者的需求和欲望。第四,提升服务质量。服务质量是营销者最为关心的一个中心话题。要对员工、指导员、志愿者进行系统培训以提高其服务意识和服务水平,对俱乐部的各项服务要拟定一定服务流程与标准,使各项服务尽量规范化、系统化。同时,要建立消费者满意的监督系统,接受用户信息反馈、进行消费者调查等。第五,引导消费者参与。营销者最有效的办法是使自己所提供的服务尽可能地适应个体消费者的消费能力,并使消费者满意。消费者参与到服务中来能够提高市场需求质量以及消费者的满意程度。因此俱乐部要努力创造各种亲民、便民以及居民乐于参与的服务项目来吸引消费者,并通过适当形式对消费者进行培训,来指导居民的体育消费行为,如开展体育健身方面的专题讲座,来培养居民体育意识,扩大体育人口。同时也可以通过一系列的人文关怀活动来与消费者建立长久的联系,使其既成为俱乐部的参与者,又成为俱乐部的拥护者与合作者。

第二,开发适宜的营销渠道。

在有了服务后,社区体育俱乐部营销就是要考虑通过何种途径,与消费者完成服务供给交易,这就意味着营销者必须与消费者进行直接和间接的接触。"营销渠道是建立在营销者和消费者之间的一条管道,这条管道把营销者和消费者拉近到同一时间和空间,其目的是为了实现交易。"社区体育俱乐部服务提供的渠道主要是室内外体育场馆和社区健身点。因此俱乐部在渠道上要进行时空拓展，在空间上积极争取，逐渐扩大健身场所的"绝对增量"，使困扰社区体育供给的瓶颈逐渐缩小，另一方面要通过各种途径，盘活可利用的体育场馆"存量资源"，使社区内的体育场地设施都能成为体育服务供给的渠道。同时，延长各体育场所开放时间、增加各体育服务项目提供频率，使营销者与消费者在更广阔的时空中接触，以确保服务交易完成。另外，为更便捷满足整个社区不同地方的居民需求，可以根据社区内体育场馆设施的布局或居委分布，建立俱乐部服务分布或销售分支机构，以使俱乐部营销渠道保持科学的长度。

第三，选择有效的促销手段。

促销也是营销中的重要环节，有了服务、有了渠道，如何让服务在渠道中实现交易，这必须借助促销手段。利用促销，营销者向消费者提供了选择行为的种类、选择的积极效果，以及某种程度上的行为动机。促销职责不仅限于对目标消费者的传播，还要对公众和公共部门进行传播，同时也要对内部成员、管理者、专家及志愿者进行传播。根据俱乐部提供服务的特性，俱乐部可以选择多种手段进行促销。首先，利用固定的场地设施进行静态平面广告宣传，也可借助公共媒体和大众媒体进行宣传，如借助社区网络资源等；其次，利用各种赛事和活动进行俱乐部全方位的展示和宣传；再次，专职人员推销，可以聘请专职人员与潜在的消费群体进行接触，挖掘其消费潜能，使潜在的消费群体变为现实消费群体。

（三）公信评估社会化

社区体育俱乐部进行市场化运作的关键是要有一定的公信度，能被市场主体接受。因此要加强对俱乐部运营的监督考评，以促进其健康发展，提升其被社会的认可度。在对俱乐部走访调研中发现，社区体育俱乐部普遍存在使命感不强、自主性弱、效率较低、组织能力不足、公信力不高的状况。目前，上海市在社区体育俱乐部评估方面已做了很好的探索，成立由专家组成的考评小组，对初创俱乐部资助前进行认定评估，取得了一定的效果。但该项评估更侧重专业性评估，且仅对资助期间的俱乐部进行，而过了扶植期的俱乐部监督评价依旧空白。所以，借助权威机构对俱乐部作出客观、公证、可信的评估，将有助于提升政府和社区居民对俱乐部的认可与信心，引导公众的选择和志愿奉献的方向。"评估是一种对评估客体的价值评价和判断活动。""评估的核心内容是对评估客体的价值进行判断和评价，或是对社会干预的效果进行考察和研究。"本研究认为，社区体育俱乐部的公信评估是一种对社区体育俱乐部运营的综合评价，是对俱乐部公信力的综合考量和判断。为使俱乐部评估真正取得实效，在社区体育俱乐部的公信评估中应注重以下几个方面。

首先，评估主体社会化。目前国内对非营利组织的评估主体，学术界看法不一，有主张业务主管部门的考评、有主张主管登记部门考评，有主张社会第三方企业或非营利组织实施考评。清华大学公共管理学院邓国胜教授主张实行政府部门授权、政府财政支持下的相对独立的、非营利性的评估机构对非营利组织进行评估。本研究倾向于邓教授的观点，在社区体育俱乐部评估的主体上走社会化道路。借鉴上海市专家组考评的做法，并在此基础上进行优化，由省、市体育局牵头发起成立社区体育俱乐部协会或联盟，拟定综合评估指标体系，经相关方面人员进行听证，然后定期对俱乐部公信力进行评估。在对俱乐部管理者的调研中，当问及是否需要成立俱乐部协会或联盟，协调、促进、规范俱乐部发展，91%的受访者都认为需要。其中52%的受访者认为很需要，25%受访者认为需要，14%认为较需要，只有6%认为较不需要，3%认为不需要（见图）。这说明成立社区体育俱乐部协会已具备一定的社会基础。对省（市）级俱乐部协会、由对应的体育主管部门给予一定的经费支持，并适当给予授权。俱乐部协会牵头成立由业务主管部门、登记主管部门代表、业内专家、财务审计人员、社区代表等组成的评估小组，对俱乐部进行定期的评估。

其次，评估程序公开化。为了使俱乐部公信评估公开透明，在对俱乐部进行评估的过程要固定、公开，接受社会监督。俱乐部评估可借鉴以下流程，见图6。在评估过程中，由俱乐部协会下发通知，俱乐部在一定时间内先期进行自我评估，并上报材料，由评估小组进行材料分析，再对俱乐部进行现场评估，可以进行走访，实地察看，小组成员根据结果进行分值评定，再下发到各俱乐部，给出一定期限，接受俱乐部自由申诉，申诉结束可通过报纸、网络等媒体进行公示，接受社会监督，最后结果无异议再下发书面或匾牌证件确认结果。

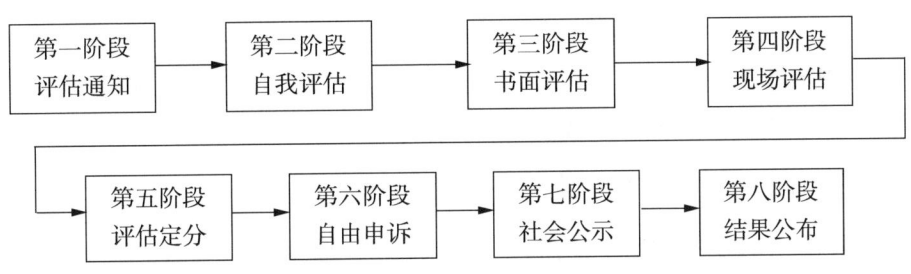

图6　社区体育俱乐部公信评估流程图

再次，评估内容科学化。根据上海市社区体育俱乐部调研的情况看，目前政府开展的评估只是在扶植期内进行，更偏重于俱乐部达标性的专业评估。而俱乐部公信度评估既不同于业务主管部门的专业评估，又不同于企业部门的信用等级评价，与民政部门的民非单位年审也应有实质性的区别。本研究根据俱乐部发展的理论与实践，参照非营利组织评估相关理论，构筑我国社区体育俱乐部公信评估内容架构，见上图。评估涵盖俱乐部活动宗旨与活动、治理结构、组织管理与能力建设、信息透明、相关利益群体的权益、社会影响六个方面。宗旨与活动主要考察俱乐部是否偏离宗旨，宗旨是否广泛被员工、志愿者和社区居民理解接受；治理结构主要考察俱乐部管理层架构、决策流程是否独立科学、理事会及监事会代表性是否合理，是否按章程履行权、责；组织管理能力是考察俱乐部工作的计划性、制度体系的建设、财会审计以及其他日常规范；组织信息透明主要考察俱乐部开展的服务已被服务对象的知晓情况、重大活动公开、受捐资金使用公开等；相关利益群体权益保障是考察俱乐部对被服务对象的利益维护渠道情况，捐赠人及政府购买服务的反馈情况；社会影响是考察俱乐部在社区居民中的满意度、会员认可度、政府相关部门的评价、俱乐部工作人员的满意情况。在实际考核中，各地可根据俱乐部发展的实际情况细化对社区体育俱乐部的公信考评指标体系。

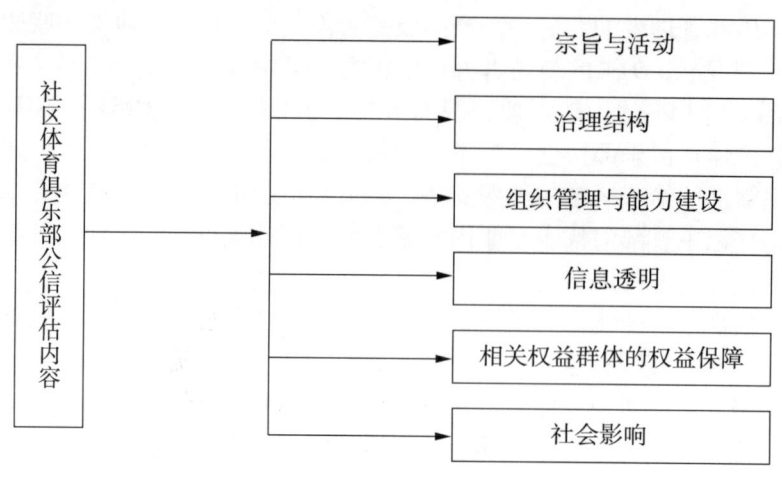

图 7 社区体育俱乐部公信评估框架图

最后，评估结果周期化。对于俱乐部的评估一定要形成常态化机制，开展定期评估。各地可根据实际情况，以 2~3 年为一周期，对俱乐部进行公信评估，并在相关媒体发布，以扩大评估的影响力和对俱乐部的感召力。对俱乐部考评结果，根据所得分值，可借鉴旅游行业的星级酒店做法，对俱乐部进行授星。对于考评结果不理想，但希望获取更高公信度的俱乐部可以给予一年整改期，对有实质性改进的俱乐部，可以根据其主动申请，给予再度评估，对其公信等级重新确定。

三、社区体育俱乐部社区融入关系的构建

社区体育俱乐部根植于社区，需要与社区建立起紧密的关系，全面融入社区发展中，才能使俱乐部获得良好的发展土壤。如前文所述，俱乐部的社区融入主要体现在俱乐部对社区资源整合开发程度、对社区居民的吸引感召力以及与社区其他组织的聚合力上。目前，提高社区体育俱乐部的社区融入度，建立俱乐部与社区的良性互动关系显得十分重要。应构建社区体育俱乐部社区融入关系架构，通过融入关系架构的搭建，来营造社区体育俱乐部的社区融入新局面，促进社区体育俱乐部与社区的共生发展（图 8）。

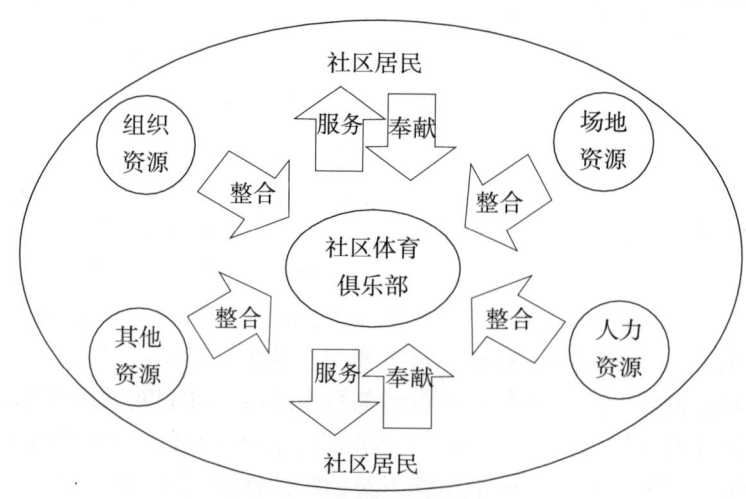

图 8 社区体育俱乐部社区融入关系示意图

（一）社区场地资源的开发机制

社区体育场馆是社区体育俱乐部开展活动的阵地，社区内的体育场馆主要有学校体育场馆、公共体育场馆和其他企事业单位场馆以及公共健身苑点、体质监测站等。（经营性体育场馆资源以利润最大化为目标，难以整合用于公共服务，本研究不作为俱乐部开发的资源讨论）。社区体育俱乐部作为社区体育服务组织的一项重要职能就是有效开发社区内体育场馆资源，为社区居民创造便捷、低廉的健身场所。社区体育俱乐部作为非营利的法人实体，要借助政府和市场的双重手段，积极整合社区内所有体育场馆资源，为俱乐部开展活动提供平台。俱乐部可以通过代理管理、承包经营、项目开发等形式与场馆产权所有者建立长效的场馆开发使用机制，把社区内的场馆真正融通为俱乐部发展资源，从而为俱乐部服务社区、融入社区打下物质基础。

（二）社区志愿队伍的培育机制

志愿者参与将是社区体育俱乐部低成本运转的重要保障，也是解决社区体育俱乐部人力资源短缺的重要途径。俱乐部要加大对社区志愿者吸纳与使用力度，构建志愿者培育机制。首先要对社区体育志愿指导员队伍进行梳理、培训，提高其社区指导的参与率和服务水平。建立社区体育志愿指导员档案，加强对社区体育志愿指导员的管理，建立社区体育指导员考评机制，来激励指导员积极服务社区。同时，挖掘区域内体育专业人力资源如体育教师、体育教练，通过宣传发动和一定的经济补偿的办法来促使他们提供志愿服务，加入到社区体育指导行列，确保广大居民的科学健身，并且积极发挥他们的项目指导优势，引导这些专技人才参与青少年体育指导、项目开发和活动组织，从而为社区内青少年体育氛围营造和青少年体育主体意识的唤醒提供保障；其次是通过宣传、发动，营造氛围来吸纳社区内的管理人员、服务人员参与到俱乐部的日常管理、活动策划和项目运作，建立志愿者使用激励机制，以不同形式给予志愿者的志愿服务予以表彰、公示、认定，从而培养志愿者的归属感和荣誉感，以打造相对稳定的志愿者队伍。

（三）社区组织资源的聚合机制

社区内除去拥有俱乐部发展所需的场地资源、人力资源，还有一定的组织资源，有效整合这些组织资源，既可以为社区体育俱乐部增添发展动力，又会使社区体育俱乐部的社区融入更密切、和谐。

第一，与社区学校的合作。很多社区都拥有一定的中小学校，俱乐部要加强与学校的沟通与联系，与学校建立密切的合作关系，构筑场地活用、人才兼用、项目共建、青少年闲暇活动共同缔造的聚合机制，为俱乐部更好地服务社区、融入社区创造条件。

第二，与社区企业的合作。俱乐部要利用自身特有的资源条件积极渗透到社区企业，与企业建立合作共赢的合作机制，通过技术服务、活动策划、场地服务来赢得社区企业对俱乐部发展的关注与支持，为俱乐部开辟市场财源。

第三，与其他非营利体育组织的合作发展，除了社区体育俱乐部之外，社区还存在着一些非营利性质的体育组织，为社区居民的体育参与提供相应的服务。社区体育俱乐部要全面融入社区，应注意建立与这些相关组织的合作关系，通过信息互通、资源共享，更好地为社区居民提供体育服务。

目前，除了社区体育俱乐部以外，社区中常见的非营利性质的体育组织有街道社区体育协会、辖区各单位体协、人群或项目体育协会、晨晚练活动站、体育指导站、体育服务中心、居委体育小组、社区体育团队等组织。其中，街道社区体育协会属于上位管理型组织，对其他体育组织，包括社区体育俱乐部起到一定的领导作用。这些社区体育组织是实现各种关系的结构实体，是社区体育氛围、体育文化存在与发展的基础和保证。它们在结构上表现为一定的目标、规章、成员及相应的设备，是一种精神文化与物质文化的双重结合。

生态学家研究了生物界的生态社区，发现了生物之间存在着共生性和竞争性两种关系。城市社会学家们研究了人类城市社区之后发现，城市中的人们和各类组织之间同样存在着共生性和竞争性两种关系。从共生性的角度来看，不同的社区体育组织满足了社区居民不同的体育需求，共同提高社区居民的生活质量，各组织面临的环境和问题具有相似性，具有相互补充的功能；从竞争性的角度来看，不同的社区体育组织为了自身的生存和发展会相互竞争有限的资源。目前，社区中这些非营利性质的体育组织存在着对资源（场地、设施、经费）、市场（赞助、活动开发）、技术（指导员）、服务对象（会员）等的竞争。领导人、资源、竞争策略等的不同，最终会使得一些组织逐渐衰弱至自然消失，另一部分组织蓬勃发展，有声有色。若社区体育俱乐部与社区其他非营利体育组织能合作共生，避免恶性竞争的情况出现，有助于其为更有效地社区居民提供优质的体育服务，更好地融入社区。

在与上位管理型组织街道社区体育协会的关系中，社区体育俱乐部应积极扮演好全心全意为社区居民服务的角色。由于街道社区体协具有一定的行政色彩，俱乐部应对街道社区体协提出的要求、下派的任务给予重视，在做好俱乐部份内事的同时，也为社区体协带来一定的社会效益与影响力。社区体育俱乐部也要积极与社区体协保持着互动的关系，及时反馈俱乐部的建设与服务情况，以及所遇到的人力、物力、财力的困难，以争取获得社区体协对俱乐部的支持，获取更多的社区资源。

通过与它们之间的沟通、协调与互动，形成一种共生的关系，使组织间相互依存，共同发展，达到各自不同的利益诉求。为了更有效地开展工作，俱乐部要通过资源的互补与共享，协调好与社区其他群众性体育组织的关系，与这些组织一起构成社区体育生活的"共同体"，从而使社区体育俱乐部最大程度地发挥其应有的作用，服务于居民的体育生活。

在上下互动、互利互惠、合作共赢的前提下，社区体育俱乐部与各社区非营利性体育组织共同开发社区体育服务资源，共同推进社区体育服务进程，进而共享工作成果。在这个合作发展的过程中，社区体育俱乐部与社区其他非营利体育组织建立起了紧密的联系，成为社区不可缺少的一份子。

（项目编号：1360ss09049）

"从体育大国到体育强国"进程中青少年体育发展研究

冉强辉　郭修金　平杰　张业安　刘文华

学校体育是青少年体育的主体,本课题通过走访上海市教委体卫处的行政管理人员、教研室的专家和学校第一线的领导、教师,并随机选择了城区和郊区的34所初、高中学校进行问卷调查,旨在找出上海市青少年体育工作存在的突出矛盾和问题,分析矛盾和问题的主要根源和瓶颈,为切实提高青少年的身体素质,发展青少年体育提供科学的决策依据;同时剖析政府、学校、家庭和社会应承担的责任,构建青少年体育发展的理论框架体系,实现我国"由体育大国向体育强国迈进"的目标。

一、"阳光体育运动"认知与参与情况

(一)"阳光体育运动"的认知

调查显示,上海市青少年学生对于"阳光体育运动"的认知基本上处于"模糊"和"仅仅知道"的浅显了解层面(占59.8%),对于"阳光体育运动""比较清楚"和"非常清楚"者仅占23.4%,另有16.9%的青少年"从未听说过阳光体育运动"(表1)。此状况存在于"阳光体育运动"开展的第4年,应引起政府与社会层面的高度重视。

表1　青少年对于"阳光体育运动"的认知状况

类别	频次	%	有效%	累计%
从未听说过	349	16.9	16.9	16.9
比较模糊	465	22.5	22.5	39.3
知道	772	37.3	37.3	76.6
比较清楚	224	10.8	10.8	87.4
非常清楚	260	12.6	12.6	100.0
总计	2070	100.0	100.0	

(二)"阳光体育运动"的参与

"阳光体育运动"的目标及《学校体育工作条例》均要求各级学校和社会应保证青少年学生每天至少锻炼1小时。为贯彻"阳光体育运动"精神,切实增强青少年体质,上海市教委在《上海市中小学2007学年度课程计划》中要求,从2007学年起,上海市中小学校调整并增加体育活动课时,实行"三课、两操、两活动"。平时在每天下午课后至下午5:00前,应积极创造条件组织学生开展多种形式的课外教育活动和校园体育活动。调查结果显示(表2),绝大部分青少年每天用于体育活动的时间在40分钟以

内（占79.7%），甚至有9.4%的学生每天无体育活动时间，而接近或超过1小时的仅占20.2%。由此可见，"每天锻炼1小时"还没有得到真正落实，青少年学生的体育锻炼没有得到时间上的保证。

表2 青少年每天用于体育活动的时间

时间（min）	频次	%	有效%	累计%
0	195	9.4	9.4	9.4
<20	758	36.6	36.6	46.0
20~40	697	33.7	33.7	79.7
41~60	280	13.5	13.5	93.2
>60	140	6.7	6.7	100.0
总计	2070	100.0	100.0	

（三）运动项目的选择

调查显示，绝大多数青少年均掌握了自行进行体育锻炼的项目，且青少年掌握的体育锻炼项目呈多元化发展趋势，掌握两项及以上体育锻炼项目的青少年占82.3%，没有掌握体育锻炼项目的还有7.1%（表3）。青少年平时较喜爱的体育项目主要集中在羽毛球、篮球、乒乓球、游泳等对场地要求不高的体育锻炼项目上（表4）。

表3 青少年掌握的体育锻炼项目状况

类别	频次	%	有效%	累计%
没有	146	7.1	7.1	7.1
1项	219	10.6	10.6	17.6
2项	476	23.0	23.0	40.6
3项	312	15.1	15.1	55.7
3项以上	917	44.3	44.3	100.0
总计	2070	100.0	100.0	

表4 青少年平时最喜爱的体育锻炼项目（可选2项）

类别	频次	%	排序
足球	306	14.8	6
篮球	855	41.3	2
乒乓球	349	16.9	3
游泳	337	16.3	4
羽毛球	1007	48.6	1
跑步	319	15.4	5
健美操	103	5.0	7
总计	2070	100.0	

（四）体育比赛的参与

青少年体育比赛的参与主要由学校组织实施，现实情况下，由校外组织的青少年体育比赛比较少，甚至是一片空白。因此，青少年的体育比赛参与主要应由学校来予以保证。衡量一所学校体育工作主要是全体学生的体质水平、体育普及程度、体育管理和体育设施，以及参加各级体育竞赛的成绩。学校运动竞赛的重点，应该是面向全体学生，抓好普及工作，通过系统的体育教学、辅导训练，大力开展课外体育竞赛，有效地全面发展学生的身体素质和运动技能。真正使体育比赛成为学生参见体育活动的天地，全面推动"阳光体育运动"的广泛开展。青少年参加学校体育组织的各种体育比赛情况，不仅能反映学校体育的开展状况，也是青少年学生体育价值观的体现，更是对奥林匹克格言——"参与比获胜更重要"践行程度的反映。调查显示，青少年参加学校体育比赛的状况不容乐观，经常参加者仅占 24.3%（表 5）。

表 5 青少年参加学校体育比赛的状况

类 别	频次	%	有效%	累计 %
从未参加	374	18.1	18.1	18.1
偶尔参加	1191	57.5	57.5	75.6
经常参加	505	24.3	24.3	100.0
总 计	2070	100.0	100.0	

（五）影响因素分析

调查结果显示，如今"应试教育"制度下造成的青少年"学习压力大"仍然是制约其参加体育活动的最主要因素（占 42.8%），"缺乏场地设施"（占 26.9%）、"没有兴趣"（占 25.5%）也是制约青少年参加体育活动的重要因素（表 6）。值得警醒的是，以上 3 项制约青少年参加体育活动的因素皆与学校体育教育关系密切。从此三方面出发，凸显学校体育在学校教育中的重要地位，改革"应试教育"制度，缓解青少年学生的学习压力；增加学校体育投入，增加适合青少年体育锻炼的场地设施；提升学校体育课质量，丰富课外体育活动与竞赛，提升青少年体育兴趣，学校体育教育责无旁贷。

表 6 影响青少年参加体育活动的主要因素

因 素	频次	%	有效%	排 序
学习压力大	875	42.8	42.8	1
家长反对	100	4.8	4.8	4
没有兴趣	527	25.5	25.5	3
缺乏场地设施	558	26.9	26.9	2
总 计	2070	100.0	100.0	

二、基于学校体育视角的青少年体育现状

（一）体育教学能力与教学内容评价

调查表明，学生认为有 20.8% 的体育老师基本胜任或不能胜任，而学校领导的态度则有高达 30.9%（表 7）。从体育教师的数量来看，能够满足体育教学训练的需要，较短缺的仅占 1.8%（表 8）。

表 7　对体育教师教学训练能力的评价

评 价	频 次		%		有效%		累计 %	
	学生	领导	学生	领导	学生	领导	学生	领导
不能胜任	67	0	3.2	0	3.2	0	3.2	0
基本胜任	365	17	17.6	30.9	17.6	30.9	20.9	30.9
一 般	493	5	23.8	9.1	23.8	9.1	44.7	40.0
能够胜任	816	30	39.4	54.5	39.4	54.5	84.1	94.5
非常胜任	329	3	15.8	5.5	15.8	5.5	100.0	100.0
总 计	2070	55	100.0	100.0	100.0	100.0		

表 8　学校领导对学校体育教师充裕程度的评价

程 度	频 次	%	有效%	累计 %
较短缺	1	1.8	1.8	1.8
基本满足	32	58.2	58.2	60.0
较充裕	20	36.4	36.4	96.4
非常充裕	2	3.6	3.6	100.0
总 计	55	100.0	100.0	

调查显示，体育教师的"质"不容乐观，有 41.4% 的学生和 40% 的学校领导对体育教师教学能力的评价仅维持在"一般"和"基本胜任"的水平（表 7）；体育教师的"量"比较充裕，仅有 1.8% 的学校领导表示体育教师"较短缺"。随着科技的进步和知识的不断更新，社会对体育教师提出了更高的要求。由于信息源急剧增多，学生视野开阔、思维活跃、知识面广，体育教师如果仅靠有限的体育知识或权威地位，很难驾驭现今的体育课堂。因此，加强体育教师的职前、职中、职后培养和培训，提升其多方面素质和能力，在我国迈向体育强国的社会背景下，已显得迫在眉睫。

学校是开展青少年体育活动的主阵地，学校体育对青少年体质健康的影响、终身体

育意识的形成、终身体育技能的获得具有非同寻常的意义。体育课是实现学校体育教学目标的重要手段,其内容的丰富程度是衡量学校体育教学成功与否的重要标志。调查结果显示,对目前学校体育课教学内容的评价认为"非常单一""比较单一"和"一般"的累积达66.6%（表9）,说明当前学校体育课教学内容尚不能满足学生多元化的体育需求。学生大多喜欢羽毛球、篮球、乒乓球等球类项目,而限于《教学大纲》项目学时的规定和场地器材的特殊要求,一些球类项目只能浅尝辄止,而一些学生较为喜欢的时尚项目还没有进入体育课堂。

表9　学校体育课教学内容的评价

评价	频次	%	有效%	累计%
非常单一	144	7.0	7.0	7.0
比较单一	370	17.9	17.9	24.8
一般	864	41.7	41.7	66.6
比较丰富	518	25.0	25.0	91.6
非常丰富	174	8.4	8.4	100.0
总计	2070	100.0	100.0	

（二）"三课、两操、两活动"落实情况

根据上海市教委在《上海市小学2007学年度课程计划》中要求,自2007学年起,上海市中小学校调整并增加体育活动课时,实行"三课、两操、两活动",即各年级每周安排3节体育课时、2节体育活动课时,每天安排广播操或健身操（不少于1遍）、眼保健操（不少于2遍）。调查显示,多数学校领导对本校执行"三课、两操、两活动"情况较为满意（评价"很好"和"较好"的比例为78.2%）,但有相当一部分学生反映学校"三课、两操、两活动"执行情况"一般"（占37.1%）（表10）。

表10　调查对象对学校"三课、两操、两活动"执行情况的评价

评价	频次		%		有效%		累计%	
	学生	领导	学生	领导	学生	领导	学生	领导
很好	393	16	19.0	29.1	19.0	29.1	3.2	29.1
较好	639	27	30.9	49.1	30.9	49.1	49.9	78.2
一般	769	10	37.1	18.2	37.1	18.2	87.0	96.4
比较差	177	2	8.6	3.6	8.6	3.6	95.6	100.0
很差	92	0	4.4	0	4.4	0	100.0	100.0
总计	2070	55	100.0	100.0	100.0	100.0		

（三）体育场馆开放情况

体育场馆是学校进行正常体育教学和学生进行课外体育活动的基础性条件，充裕的体育场馆数量、适时地对学生开放，并为学生提供科学的健身指导，也是学校体育教学先进性的集中反映。调查显示，被调查学校体育场馆器材基本能满足需求（60%的被调查学校领导表示"基本满足"和"完全满足"需求）（表11）；学校体育场馆在双休日、节假日也基本能对学生开放（70.2%的学生和87.3%的学校领导表示学校体育场馆在双休日、节假日能"偶尔开放"和"经常开放"）（表12）。同时，60%的学生表示学校能为其提供3项及以上的体育专业指导（表13）。近年来随着经济的发展及政府和社会对学校体育的重视，学校体育教学的硬件和软件条件得以进一步提升。

表11 学校领导对学校体育场地器材情况的评价

类别	频次	%	有效%	累计%
较缺乏	9	16.4	16.4	16.4
一般	13	23.6	23.6	40.0
基本满足	24	43.6	43.6	83.6
完全满足	9	16.4	16.4	100.0
总计	55	100.0	100.0	

表12 学校体育场馆在双休日、节假日向学生开放情况

类别	频次		%		有效%		累计%	
	学生	领导	学生	领导	学生	领导	学生	领导
不开放	616		29.8		29.8		29.8	
偶尔开放	625	7	30.2	12.7	30.2	12.7	60.0	12.7
经常开放	829	11	40.0	20.0	40.0	20.0	100.0	32.7
总计	2070	37	100.0	67.3	100.0	67.3		100.0
		55		100.0		100.0		

表13 学校能为学生提供体育专业指导的项目数量

数量（项）	频次	%	有效%	累计%
0	6	10.9	10.9	10.9
1	7	12.7	12.7	23.6
2	9	16.4	16.4	40.0
3	6	10.9	10.9	50.9
3以上	27	49.1	49.1	100.0
总计	55	100.0	100.0	

（四）体育比赛情况

调查显示，多数学校能保持每年举办1次运动会（学生认可度达66.6%，学校领导认可度达61.8%）（表14）。但访谈发现，学校运动会依然存在诸多问题，如项目设制以田径为主，竞技性强、参与面窄；个人项目多，集体项目、趣味性项目少，比赛形式单调；评奖方式单一，忽视对绝大多数学生的鼓励性和过程性奖励。

表14 学校每年举办运动会情况

举办频率（次）	频次		%		有效%		累计%	
	学生	领导	学生	领导	学生	领导	学生	领导
0	79	4	3.8	7.3	3.8	7.3	3.8	7.3
1	1378	34	66.6	61.8	66.6	61.8	70.4	69.1
2	546	14	26.4	25.5	26.4	25.5	96.8	94.5
2次以上	67	3	3.2	5.5	3.2	5.5	100.0	100.0
总计	2070	55	100.0	100.0	100.0	100.0		

（五）体育中考情况

调查显示，青少年学生对"体育中考"的意义的认识比较模糊，40.5%的青少年选择"无所谓"（表15）；而学校领导对"体育中考"意义的认识较为清晰，"赞同"和"非常赞同"者达78.2%（表16）。

表15 青少年学生对"体育中考"的态度

态度	频次	%	有效%	累计%
非常反对	161	7.8	7.8	7.8
不支持	201	9.7	9.7	17.5
无所谓	838	40.5	40.5	58.0
比较支持	502	24.3	24.3	82.3
非常支持	368	17.7	17.7	100.0
总计	2070	100.0	100.0	

表 16　学校领导对"体育中考"的态度

态 度	频 次	%	有效%	累计 %
反 对	4	7.3	7.3	7.3
无所谓	8	14.5	14.5	21.8
赞 同	34	61.8	61.8	83.6
非常赞同	9	16.4	16.4	100.0
总 计	55	100.0	100.0	

从2008年起，上海市初中毕业升学体育考试总分值为30分，由日常锻炼和统一考试两个部分组成，日常锻炼为20分，统一考试为10分。2010年中考体育总分和组成不变，但200 m游泳项目被首次纳入可选的中考体育耐力测试项目，20分的平时成绩认定也首次从初三"延伸"到了初二，还将向初一和预备班扩展。其实，急功近利的强化体育突击，不仅效果不好，也可能对学生的身体造成损害。中考体育的日常考核向初三年级外延伸，有助于减少功利化的体育锻炼。调查表明，有49.1%的学校领导建议"体育中考"在中考总分中应占30分（表17），而且应该全部进行统一测试，日常锻炼20分在实际操作中往往是"满分""人情分"。不利于激起学生的体育学习、锻炼兴趣。

表 17　学校领导对"体育中考"分数占中考总分的建议

分 数	频 次	%	有效%	累计 %
不计分	7	12.7	12.7	12.7
10	8	14.5	14.5	27.3
20	5	9.1	9.1	36.4
30	27	49.1	49.1	85.5
30以上	8	14.5	14.5	100.0
总 计	55	100.0	100.0	

（六）《学生体质健康标准》执行情况

调查显示，多数青少年反映其仅能"偶尔"参与学校组织的《学生体质健康标准》测试（占53.0%），尚不能做到"常态化"（表18），但多数学校领导对其学校组织的《学生体质健康标准》测试、报告和公布制度评价较好（67.3%的学校领导认为能做到"常态化"）（表19）。表明，学校对《学生体质健康标准》测试功能、意义的宣传教育有待加强，同时对《学生体质健康标准》测试的普及化、个性化和可操作化改革势在必行。

表 18　学生参加《学生体质健康标准》测试情况

类 别	频 次	%	有效%	累计 %
没 有	406	19.6	19.6	19.6
偶 尔	1098	53.0	53.0	72.7
常态化	566	27.3	27.3	100.0
总 计	2070	100.0	100.0	

表 19 《学生体质健康标准》测试、报告和公布制度健全程度的评价

类别	频次	%	有效%	累计%
偶尔	18	32.7	32.7	32.7
常态化	37	67.3	67.3	100.0
总计	55	100.0	100.0	

调查显示，青少年对学校是否为自己建立了健康档案不甚了解（58.0%的学生选择"不知道"）（表20）。表明，学校除了要坚持为每个学生建立健康档案外，还应及时反馈学生的健康状况，定期与学生、家长沟通，使学生及其家长了解其健康动态，以配合学校和家长作出科学决策。

表 20 对学校建立健康档案情况的认知

类别	频次	%	有效%	累计%
没有	92	4.4	4.4	4.4
不知道	1200	58.0	58.0	62.4
已建立	778	37.6	37.6	100.0
总计	2070	100.0	100.0	

（七）体育专项督察情况

在制定相关学校体育制度、政策和规划的同时，教育监督部门应不断与学校取得信息沟通和联系，及时掌握学校体育发生的新情况、青少年体质发生的新问题，为及时修正相关制度和决策提供依据。调查显示，上级教育监督部门对学校体育工作的监督频率相对不足，每年监督2次以上仅为14.5%（表21）。

表 21 上级教育主管部门对学校体育工作的督导情况

类别	频次	%	有效%	累计%
没有	5	9.1	9.1	9.1
每年1次	25	45.5	45.5	54.5
每年2次	17	30.9	30.9	85.5
2次以上	8	14.5	14.5	100.0
总计	55	100.0	100.0	

（八）运动队建设情况

调查显示，近一半的被调查学校建立2支以上的运动队（表22）；同时，学校领导对建立"校运动队"持"赞同"和"非常赞同"意见的达85.5%（表23）。说明不管在客观实践还是在主观态度上，被调查学校在建立运动队方面均做了积极的工作。

表 22 被调查学校建立的运动队数量情况

运动队数量（支）	频次	%	有效%	累计 %
0	6	10.9	10.9	10.9
1	13	23.6	23.6	34.5
2	13	23.6	23.6	58.2
2 以上	23	41.8	41.8	100.0
总 计	55	100.0	100.0	

表 23 学校领导对建立"校运动队"的态度

态 度	频 次	%	有效%	累计 %
反 对	1	1.8	1.8	1.8
无所谓	7	12.7	12.7	14.5
赞 同	33	60.0	60.0	74.5
非常赞同	14	25.5	25.5	100.0
总 计	55	100.0	100.0	

自我国施行"体教结合"，在高校试办高水平运动队以来，由于举国体制的强势主导以及其他体制、机制原因，"体教结合"并未达到预期的目标，小学—中学—大学"一条龙"竞技体育培养体制没有真正确立，学训赛矛盾突出，教练员水平不高，真正由教育系统培养的国际高水平运动员寥寥无几。因此，从调查结果也可看出，学校领导关于学校体育对体育后备人才培养作用的认识仍然持模棱两可和部分否定态度（表示"说不清"和"作用不明显"的占 63.6%）（表 24）；同时，对当前"体教结合"培养体育后备人才的具体运行机制也存有疑虑，认为其是"体教两家的权宜之计"者高居第一位（占 87.3%）（表 25）。

表 24 学校领导关于学校体育对体育后备人才培养作用的认识

类 别	频 次	%	有效%	累计 %
不起任何作用	2	3.6	3.6	3.6
说不清楚	11	20.0	20.0	23.6
作用不明显	24	43.6	43.6	67.3
作用非常大	18	32.7	32.7	100.0
总 计	55	100.0	100.0	

表 25 学校领导对当前"体教结合"培养体育后备人才的看法

类 别	频 次	%	有效%	排序
解决运动员文化教育问题	37	67.3	67.3	3
吸引更多学生参加运动队	42	76.4	76.4	2
体教两家的权宜之计	48	87.3	87.3	1
运动员培养的理想模式	29	52.7	52.7	4
学生全面发展的需要	9	16.4	16.4	5

（九）体育伤害事故处理情况

在问卷调查中，有占80%的学校领导表示：如发生学校体育伤害事故应按照《学生伤害事故处理办法》进行处理（表26）。

表26 学校领导对于学校体育伤害事故处理办法的态度

类　别	频　次	%	有效%	累计 %
学校和体育教师共同负责	4	7.3	7.3	7.3
有伤害事故专项资金予以保障	7	12.7	12.7	20.0
按照《学生伤害事故处理办法》处理	44	80.0	80.0	100.0
总　计	55	100.0	100.0	

三、基于社区体育视角的青少年体育现状

（一）社区体育场地情况

虽然本调查的样本取样于经济发展水平较高的上海，但青少年认为其所在社区体育场地设施"一般""短缺"和"严重不足"的总比例高达73.5%（表27），说明城市社区体育场地设施不足仍是社区体育发展的主要障碍。同时，现行城市社区体育场地设施多为成年人设计，专门为社区青少年提供的场地设施几乎为零，使得青少年在社区进行体育锻炼的基础性条件严重缺乏。

表27 青少年所在社区体育场地设施情况

类　别	频　次	%	有效%	累计 %
严重不足	247	11.9	11.9	11.9
短　缺	409	19.8	19.8	31.7
一　般	866	41.8	41.8	73.5
比较充足	428	20.7	20.7	94.2
非常充足	120	5.8	5.8	100.0
总　计	2070	100.0	100.0	

（二）社区青少年体育活动组织情况

中共中央国务院《关于进一步加强和改进新时期体育工作的意见》中指出，努力构建群众性的多元化体育服务体系，根据不同区域、不同人群的不同要求，坚持体育服务的多元化，适应各方面的体育健身需要；健全群众体育活动组织，建立社会体育指导员队伍和社会化的群众体育网络，完善国民体质监测系统。对照《意见》的相关要求，调查发现，社区青少年体育活动的组织情况不容乐观，多数社区青少年体育活动处于"放任自流"的自发阶段，仅有8.7%的青少年表示其社区经常组织各种体育活动，有41.8%的社区偶尔组织，有49.5%的社区根本就没有组织过青少年体育活动（表28）。

建立社会体育指导员评估和培养体系，壮大社会体育指导员队伍，特别应加强具有青少年体育活动开展、组织、领导能力的社会体育指导员的培养力度，努力为社区青少年体育活动的开展提供组织和技术支持。

表28 社区青少年体育活动的组织情况

类别	频次	%	有效%	累计%
无人组织	1025	49.5	49.5	49.5
偶尔组织	855	41.8	41.8	91.3
经常组织	180	8.7	8.7	100.0
总 计	2070	100.0	100.0	

（三）青少年社区体育活动参与情况

基于当前社区缺乏专门针对青少年体育锻炼的场地器材、缺少专门针对青少年体育锻炼的科学指导、尚未建立专门为青少年服务的体育组织的现实状况，以及部分学校体育教学和家庭体育观念的影响，青少年参与社区体育活动的状况不佳，仅有8.9%的青少年"经常参与"社区体育活动，有36.3%的青少年"偶尔参与"，有54.7%的青少年"从未参与过"（表29）。

表29 青少年社区体育活动的参与情况

类别	频次	%	有效%	累计%
从未参与	1132	54.7	54.7	54.7
偶尔参与	753	36.3	36.3	91.0
经常参与	185	8.9	8.9	100.0
总 计	2070	100.0	100.0	

青少年群体应纳入社区体育视野，社区体育要把目光投向青少年。《全民健身计划纲要》明确指出："全民健身计划以全国人民为实施对象，以青少年儿童为重点。"过去青少年体育的责任更多地放在学校，没有形成全社会共同关注青少年体育的氛围。青少年体育场地、设施在社区体育工作中是个薄弱环节，目前社区体育设施定位主要针对老年人，而新设施的建设则涉及方方面面的利益和责任分担。青少年始终是全民健身工作的重点人群，应该把青少年体育活动列为全民健身计划的工作重点。在社区体育活动中，要创造条件，在青少年中大力推进全民健身运动，增强学生体质，帮助他们养成终身参加体育锻炼的习惯。

四、基于家庭体育视角的青少年体育现状

（一）家长对青少年参加体育活动的态度

调查显示，家长对青少年参与体育活动的态度总体上较为积极，"比较支持"和"非常支持"青少年参加体育活动的家长占59.6%，有32.5%态度模糊，有7.9%的家长

不支持、甚至是非常反对（表30）。这说明家长对青少年学生参加体育锻炼还没有科学的认识，而且应该有个更为明确的支持态度，促进青少年学生从小养成参加体育锻炼的兴趣和习惯。

表30 青少年家长对其参加体育活动的态度

态度	频次	%	有效%	累计%
非常反对	48	2.3	2.3	2.3
不支持	115	5.6	5.6	7.9
一般	672	32.5	32.5	40.3
比较支持	717	34.6	34.6	75.0
非常支持	518	25.0	25.0	100.0
总计	2070	100.0	100.0	

（二）家长对青少年参加运动队训练的态度

调查结果显示，家长对青少年参加学校运动队训练支持率一般，"比较支持"和"非常支持"的仅占37.4%（表31）。访谈结果显示，家长反对青少年参加学校运动队训练的原因主要集中于：青少年参加校队训练会耽误文化课学习、体育专业成材率低、易造成伤病、训练太苦、不利于青少年个性成长等。因此，只有改革现行的人才选拔制度和体育培养模式，才能从根本上消除家长的顾虑。

表31 青少年家长对其参加学校运动队训练的态度

态度	频次	%	有效%	累计%
非常反对	76	3.7	3.7	3.7
不支持	214	10.3	10.3	14.0
一般	1007	48.6	48.6	62.7
比较支持	506	24.4	24.4	87.1
非常支持	267	13.0	13.0	100.0
总计	2070	100.0	100.0	

（三）青少年假日期间体育活动时间

2007年新修订的《全国年节及纪念日放假办法》增加清明、端午、中秋3个传统节日，使国家法定节假日总天数增加到11天，全年休假增加到115天。加上寒、暑假及双休日青少年学生的休假时间占全年时间的一半以上。然而，青少年在假日的大部分时间是在家庭渡过的，家庭体育氛围和家长的体育价值观念决定了青少年进行假日体育活动的状况。青少年假日体育活动的有效开展，不仅对其增强体质、愉悦身心、恢复疲劳、和谐家庭氛围有积极的作用，而且能促使其充分运用在学校学习的体育技能，拓展学校体育功能，积极实践终身体育思想。如前调查数据一致，绝大部分青少年（占93.2%）不仅在学校没有达到"每天锻炼1小时"的要求，而且在假日也未能达到"每天锻炼1小时"的标准（占69.6%）（表32）。

表32 青少年在假日平均每天用于体育活动的时间

时间（min）	频次	%	有效%	累计%
10～20	701	33.9	33.9	33.9
20～40	696	33.6	33.6	67.5
40～60	44	2.1	2.1	69.6
60以上	330	15.9	15.9	85.6
0	298	14.4	14.4	100.0
总计	2070	100.0		

（四）青少年课外体育学习的渠道

青少年时代，应该是学习体育技能的最佳时机，养成习惯将终身受益。除了在学校体育课堂中学习体育基本技术和基本技能以外，通过一定的媒体了解、学习体育技术和技能也成为现实。在国外，青少年的体育锻炼普遍受到重视。英国前首相布莱尔曾指出，体育教育影响到英国青少年一代的竞争力。英国国家教学大纲中将体育列为"核心课程"，学生也没把体育锻炼看做任务，而是一件很愉悦的事，体育好、学习好的学生才备受同学们的推崇。从表33可以看出，电视仍是青少年学生了解体育知识、欣赏体育竞赛的第一大媒体（占61.8%），同时，由于网络媒体的日渐强大，其也逐渐成为青少年了解体育资讯的主要渠道（占28.7）。由于青少年的收视习惯与成年人不同，所以其报纸和广播了解体育资讯的比例较低。

表33 青少年课外体育学习的渠道

类别	频次	%	有效%	累计%
电视	1280	61.8	61.8	61.8
报纸	135	6.5	6.5	68.4
网络	594	28.7	28.7	97.1
广播	61	2.9	2.9	100.0
总计	2070	100.0	100.0	

（项目编号：1379ss09068）

县域体育发展战略研究

周克臣　李　舜　刘德佩　梁晓龙　于善旭　古　柏
陈正培　傅黎明　张昀焕　王　晁　金育强　张外安
匡淑平　刘爱平　骆先鸣　邹笃亲　罗立新　杨智勇
邹　师　彭劲松　龚德贵　陈志薄　吴明华　张正中
李军华　陈立勇　王志刚　刘模明　季谋芳　吴　亮
旷　怡　范　亮　夏　洪　黄小平　黄中柱

"县域"是一个地理概念。但它在本课题中不是一个自然地理概念，也不是经济地理概念，而主要是行政区划的属地。县域体育所指的是相当于县的行政区划(县、县级市、和市辖县级区)属地内的体育。由于人口分布、所占面积、人口总量和县域在国民经济结构中的特殊地位等，县域在国家和社会发展中有举足轻重的意义。体育事业当无例外。县域体育涉及学校体育、社会体育、竞技体育和体育产业诸多领域。

一、县域体育发展存在的主要问题

(一) 弱势群体的体育活动处于弱势

县域群众体育健身活动发展的差异性十分明显。体育主要流行于"优势"群体，弱势群体的体育活动明显处于弱势。

1. 机关及经济强势行业体育活跃，普通居民的体育活动缺失

调查中发现，县域体育发展与经济状况密切相关。烟草、电力、税务、通讯、银行等经济强势部门，经费与场地能得到保证，参加体育活动的人数多，活动较为频繁。湖南省邵东县的篮球比赛以俱乐部形式参加，俱乐部成员大都来自民营企业，2008年每队每次报名费上升到3000元，最多时有15个队参加。机关工作人员是工薪族，时间安排有规律，体育锻炼坚持较好。而普通居民区以及经济发展处于窘境的单位，体育活动显得冷清。

2. 体育竞赛活动多，群众性的体育健身活动不经常

各地都热心于一定规模的体育竞赛活动。竞赛活动影响大，能吸引舆论关注，吸引资金流入，能提高体育的社会地位，体育行政部门对举办竞赛活动比较感兴趣，努力调动各方面积极性，采取多种形式办竞赛，促使体育赛事逐步向社会化、多样化、制度化发展。各县（市、区）几乎都持续举办了学生运动会、大众运动会、老年人运动会、机关干部运动会等。这些活动与上一级体育行政部门的计划联系紧密，大多数县（市、区）以政府名义发文，自上而下层层发动，精心组织，群众响应积极，参与广泛。机关干部（有些地方称领导干部）运动会则大都由各地自己安排，伴有提高参与者体育兴趣、发挥社会示范作用等多种功能，项目不多，以普及型、趣味型为主。但是，经常性的群众性体育健身活动，却缺乏宣传发动，持续组织，任其自主自由发展。

3. 城镇和亚城镇体育活动呈发展趋势,僻远山区居民不知体育为何物

随着文化生活的日趋丰富及文化素质的不断提高,亚城区乡镇、富裕乡镇农村居民的锻炼意识增强明显,努力享受体育健美乐多功能效益,提高生活质量,根据自己的习惯坚持锻炼的兴趣越来越浓。参加各类健身操、舞蹈、走步活动的人群不断扩展;以兴趣为纽带而自愿组成的各类体育协会活跃,尤以老年体协突出,几乎都有固定锻炼场所,体育活动按计划开展。澧县兰江公园是一个不足300亩的空间,傍晚跳舞散步者有三四千人之多。在一些亚城镇区域里还建有体育运动队伍,平时有活动,农闲、节假日有比赛。涟源市斗笠山镇、伏口镇等经济强镇约40%的村有体育活动场地,两镇有两个篮球俱乐部、三个乒乓球俱乐部,镇与镇之间经常打交流赛,经费自筹。

(二)体育被边缘化,管理缺位

在"人治"占主导地位的今天,干部是决定的因素。"重视体育的县里领导加工作得力的体育局长",是县域体育持续发展的关键条件。一些县(市、区)体育持续发展,分析其原因,几乎都和这两个因素有关。领导重视,能给政策,能协调,能支持经费,能亲自参与体育产生社会影响,如果再加上体育局长得力,能干事、会干事、肯干事,便能干出一个体育好局面。湖南安乡县从2006年以来,对党中央、国务院和省政府有关体育的方针政策认真贯彻落实。把体育纳入县域经济和社会发展议事日程,政府办公会议每年专题研究几次体育工作;动员各部门各单位都来重视体育,支持创建"乒乓球之乡",并将其连续三年载入《政府工作报告》中,给予政策保障、经费支持,以此带动全民健身运动发展。体育局长懂业务,有激情,会办事,群众体育参与率持续上升。邵东县是湖南各县体育场地建设最好的县之一。多届领导一如既往支持体育发展,每年安排的体育事业费(不含专项经费)超过100万元;体育局长在任15年任劳任怨。经过多年努力,建成了一流的体育中心。

湖南省大多数县(市、区)体育发展并不乐观。领导主要精力放在社会稳定经济发展上,对体育发展在建设和谐社会中的独特作用,以及人民群众的身体健康是经济建设、国家强盛的基础等基本理论来不及研究,对群众体育、全民健身来不及关心与支持。而县(市、区)体育局心有余力不足,体育工作举步维艰。出现"群众心里热,领导头脑冷,体育局在中间急"的尴尬局面。

县级体育行政部门是县级职能部门中的弱势局,不少地方的县级体育管理部门长期处于无权无钱境地,号召力不强。"不想干事可以不干事,干与不干事都没人叫你干事"。舆论关心少,权力边缘化。大部分体育局努力开展活动是要向领导和社会表明:"体育局还存在"。在这样的境况下,真正想在体育局安心工作的不多。不安心就干不出成绩,干不出成绩就得不到领导重视和其他部门及社会的认可,得不到认可就更不安心,进入恶性循环,致使县市体育局长来来去去更换频繁,体育管理干部队伍不稳定。有相当多的县(市、区)体育局变为当地干部"安置局":一是"安放"失意官员;二是"安排"拟提拔人员;三是"安置"退伍军人。某县体育局三年内安排了9个退伍军人;还有一个县级市体育局现有职工41人,有退伍军人11人,占1/4强。相当一部分县的体育工作开展困难,欠账多。在许多地方,全民健身计划只是一句口号,缺少相应政策资金保障和措施驱动,全凭群众自力更生、自主发展;"体育规划"长年留在纸上和领导报告中。人民群众体育锻炼空间紧张,活动经费严

重不足，居民体育锻炼缺失等现象普遍存在。

（三）体育场馆被破坏侵占速度快于建设速度

多数县将体育设施建设纳入城镇建设规划，进入县（市）人大会议决议和政府工作报告。湖南澧县、长沙、新化等县的体育中心建设已进入或选址或设计或筹建阶段；涟源市体育馆2006年建成，投资3000万，有3000个座位；邵东县体育中心功能齐全，集健身、训练、竞赛、娱乐为一体。农民健身工程建设成为改善农村体育设施的"历史性功德"，"健身路径"设置成为城镇社区崭新风景线。但是，绝大多数地方的体育设施建设规划都停留在政府的文件里和领导的嘴巴上，限于决策者意识及经济条件等因素的制约，规划往往很难实现，其建设速度大大慢于破坏速度。在上世纪七八十年代，湖南各县城的机关厂矿企事业单位及乡镇机关，几乎都建有篮球场，有些还配有灯光，如今所存无几，大都被楼房占用了。

创建全国体育先进县时，体育场馆四大件"二场一池一房"（标准田径足球场、带看台灯光球场、游泳池、训练房）是硬件，缺少一件便不能达标。当时，各地都选择最佳地段予以建设，对促进城镇建设、满足人民群众健身需求、开展体育训练，起到了不可替代的作用。由于城镇体育场馆地处黄金地带而成为"唐僧肉"，人人想吃，或划归学校（单位），或挪作他用，或被侵占建商品房，或被改造为广场，致使公共体育活动场地丢失现象不同程度地普遍存在。据对湖南26个全国体育先进县的统计，"四大件"俱存的只有宁乡、茶陵、耒阳、慈利、洪江五县区，仅占19%；田径场只存14个，仅占53.8%；游泳池只存10个，仅占38%；训练房只存6个，仅占23%；篮球场只存11个，仅占42%。桃源县1987年被评为全国第一批先进县，被湖南省政府授予"乒乓球之乡"，"四大件"一应俱全。现在，原体育场早被开发为商贸城，现有的体育场为后来搬建，场地里杂草丛生，看台已成危险建筑，一间简易训练馆下雨即漏，其他场馆消失殆尽，更无配套设施。新化县系"全国体育先进县""国家举重高水平后备人才基地"和"全国武术之乡"，800个座位的县体育馆建于1973年，历经36年风雨，已成危房还在使用。长沙县是经济500强县，称"三湘第一县"，县城所在地星沙镇是国家级长沙经济开发区，10万人口，现有公共体育活动场地仅为不足500㎡的老年活动中心，是一个既为门球场又为羽毛球场的"多功能"简易运动场。铺上毯子打羽毛球，卷起毯子打门球，每天都卷、都铺，"一地多用"。

非体育先进县公共健身场地更不乐观。娄底市娄星区1995年建的训练房弃置多年，没有维护，窗户、墙体斑驳，屋顶漏雨；紧临训练房的游泳池，半池死水，杂物飘浮其上，零乱不堪，均不可用。双峰县一个县没有游泳池，没有塑胶跑道，仅有炉渣广场一个。该县沙塘中学（初中）学生560人，没有操场，学生体育锻炼及课间操时，就在学校周围的山上"跑操"；该县青树坪中心学校6000余名学生，体育器材总值不足1万元。

体育活动场地紧张是各县"通病"。据对湖南70个县市（含全国体育先进县26个）的统计，人均公共体育场地面积仅0.07㎡。汨罗市篮球协会长期因找不到场地而困惑，每年的篮球联赛想尽一切办法借场地。一是到下属球队单位打球；二是向学校说好话去县一中、二中打球；三是去有球场的单位如汨罗市人民医院打球。医院最大的不便就是经常碰上重病人逝世，要用球场办丧事。"活人不敢与死人争地盘",联赛不得不中断。

(四) 体育经费短缺

经费匮乏是县域体育发展的最大瓶颈。据统计,2001—2003年,湖南省57个县市区平均年度体育经费财政拨款为20.72万元/县,占县市区财政收入的0.21%;居民人均体育经费为0.3476元;县市区体育局年度实际支出平均为40.13万元,负率为48.36%。2005—2007年,湖南省54个县市区平均年度体育经费财政拨款为46.16万元/县,拨款额有了较大增长。这期间,各县市区财政收入有大幅度增长,而体育事业费所占财政收入比例则呈下降趋势,可见体育事业费投入增长率与财政收入增长率不同步。期间,县市区体育局平均年度实际支出为81.9万元,负率为43.6%,较上一个时期仅下降近5个百分点,无明显差异性;居民人均体育经费0.8332元,比上个时期有大幅增长。但具体到每个县(市、区)差逆很大。以湖南邵阳市为例:邵东县是个富裕县,每年县财政安排的体育事业费超过100万元;而同属邵阳市的邵阳县,是个省级贫困县,全县人口100万人,每年县财政安排的体育事业费仅为5万元,人平5分钱。市属区体育经费更少。邵阳市大祥区,30万人,2009年财政安排的体育事业费为2500元,老年人体协经费5000元,加上市体育局补助2万元,全年体育事业费不足3万元;该市北塔区文体局(含文化、体育、文物和版权),每年财政安排的事业费仅14400元,2009年借执法检查增加了1万元。

经对38个县(市、区)的实地调查,人均体育经费达到1元/年的只有安乡、安化、绥宁三县,其他县市虽然逐年有所增加,但多数县市人均体育经费在0.3~0.6元/年不等,政府只给财政拨款人员"保工资",每年只能安排少量体育事业经费,体育专项活动经费临时申请追加,其结果能给多少一要看领导的"手指"如何盘算,二要凭体育局长的"面子"有多厚。

各县(市、区)体育产业市场沉闷。据湖南省79个县(市、区)填表统计,只有28个单位填报有体育产业经营活动,占35.44%。内容以体育彩票为主,其次是门面和场地出租;体育本体产业项目经营有游泳、羽毛球、旱冰、乒乓球、武术等;从业人员438人,总收入为1981万元,平均每人年创收入为4.5万元。可见各地体育产业发展方向不明确,市场狭窄,创收能力很弱。几乎所有体育局长都深感底气不足,成天都在为筹集经费疲于"汇报"跑关系,劳心费力。对体育有感情者尚能"苦中作乐";在岗不久业务不熟者则"苦不堪言";不愿"有损尊严""为五百元折腰"者干脆"巧妇难为无米之炊"。各县(市、区)搞的很多体育竞赛活动,目的多为借此平台"筹点钱"。县域体育行政部门本是一个带领全民健身的机构,自身却长期虚脱到争取"社会救助"和"输血"的地步。其下属的业余体校教练工资待遇低,优秀教练匮乏。湖南除新化、安化少数几个国家级训练基地外,其它县(市、区)体校教练员工资多在800~1400元/月。汨罗市是个体育环境较好的地方,市体育学校四位教练中,有一位是中学高级教练,三位是中学一级教练,月工资分别为1400元、1300元和1000元,而当下湖南农民工工资尚在80~100元/天,折合每月工资达到2400~3000元。留在县体校的教练多为中老年教练,年富力强、有专业、对体育有认识、能训练、能指导的优秀教练员大都因为体校条件差、待遇低而请不到、留不住;碰上机会想引进教练时又往往因编制限制招不进。

(五) 农村居民体育缺失

县域群众体育主要表现为"贵族娱乐",体育资源享受分配不公。体育参与人群集中表现为工薪人员、离退休人员、经济强势单位职工及财力较好的部门职工。城镇居民尚能享受城镇化建设带来的成果,可以在河堤江畔、广场公园坚持健身与休闲活动,如散步、健身操、太极拳、腰鼓乐队等健美乐运动。而农村这片广阔天地里,体育缺场地,缺组织,少意识,农民的体育活动极少。目前,大面积的农村尤其是偏远农村的农民,仍处在解决"吃""穿""用"生存基本条件或脱贫的初级物质需求阶段,尚未进入参加体育活动的享受阶段。一县之中,除了离城镇较近、经济较好的少数几个乡镇外,大部分农村仍属体育的"荒芜原野""体育空气稀薄",除电视节目中传输的体育信息外,几近"体育真空"。全民健身实施已有15年,农村"山还是那座山",农民熟悉的依然是"篱笆墙的影子",几乎不知全民健身计划为何物。多位受访人笑言:"我们天天劳动还要去跑步做操么?""麻将是我们农村推广得最好的竞技项目"!

人是管理诸要素中最活跃、最重要的因素。农村乡镇体育活动需要有人组织,否则就无法开展。但是,在乡镇,管理、组织体育活动的工作人员几乎为零,更毋论管理水平的高低了。湖南桃江县体育局一位干部说:"基层不知道我是谁,我们下基层不知道去找谁,农村体育工作没有'脚',如何行动?"目前湖南的乡镇大都配有上百个干部职工,但行政干部(公务员)少,事业站所人员多,更没有管理群众体育的干部和社会体育指导员的编制。某县一个镇政府大院,挂有53块牌子,就是没有体育牌。与乡镇的年轻干部们谈起体育,国际国内,口若悬河。一涉及农村体育,则满脸无奈。乡镇没有体育管理人员,说明体育从意识上从行为上根本没有"下农村"。农村体育盲点多,这是制约县域体育发展的关键因素。

(六) 业余训练办学艰难,体育后备人才贫乏

业余训练办学艰难,体育后备人才贫乏等现象十分严重。体育后备人才培养是体育可持续发展的重要因素,县、市两级训练网是竞技体育"举国体制"的基础,县级青少年体校处于三级训练网的基础环节,是培养高水平竞技后备人才的重要基地,是我国竞技体育重要的后备人才库,为推动我国体育事业的发展起到了不可替代的作用。近年来,青少年体校面临的生存难问题日益严重,湖南省坚持开展业余体育训练的县(市、区)已不到20%。2007年1月,湖南省人大常委会为此制订并发布了《湖南省体育后备人才培养条例》,但这部法规性文件没有得到认真落实。体育后备人才越来越缺乏。

二、县域体育发展的主要措施

(一) 提高全社会特别是决策层的体育意识

权力是主导社会结构的根本因素。无论是古代还是现代,中国社会都是权力主导型的社会,掌握权力意味着掌握其他的社会资源。在古代,所谓"溥天之下,莫非王土;率土之滨,莫非王臣"。在现代,权力精英和资本精英结成同盟。决定着社会资源的支配。因此,提高全社会特别是决策层的体育意识,是县域体育发展的关键所在。

(二) 抓住机遇,搞好农村体育工作

我国是农业大国,农村、农业、农民是国民经济建设的基础。城市是农村的延伸与集聚,只有广大农村居民的健康才是真正的全民族的健康;只有广大农村居民参与的体育健身活动才是真正意义上的全民健身。奥林匹克运动源自乡村,体育应当下农村,农民群众应当享受体育健身权益。只有将农村居民的体育积极性调动起来,并与自觉性有机结合起来,体育才会在那里生根。应当及时把握"建设社会主义新农村"这个历史机遇,加强农村体育基本建设。

(三) 加强学校体育

2009年8月,中共湖南省委省政府做出教育强省规划,其中包括,到2015年,全省建成1万所合格学校;提高学前三年教育普及程度,重点发展农村学前教育,把农村学前教育纳入新农村建设规划,确保每个乡镇创建一所示范性幼儿园,每个人口集中的行政村创办一所村级幼儿园。到2020年,学前教育基本普及,学前三年入园率达85%。教育强省规划为发展学校体育创造了前所未有的历史机遇。应当把握时机,采取措施,保证有关规划规定的落实,确保学校体育工作得到较快发展。

(四) 改善业余训练条件,加强体育后备人才培养

县、市两级体育训练网是竞技体育"举国体制"的基础。市县青少年体校处于三级训练网的基础环节,是培养高水平竞技后备人才的重要基地,是我国竞技体育重要的后备人才库,对推动我国体育事业的发展有着不可替代的作用。近年来,青少年体校面临的生存难问题日益严重,将给我国竞技体育发展产生重大影响。必须采取有力措施,改变这种局面。

湖南竞技体育从1958年成立专业运动队至今,已经走过了52年的历程。改革开放以来发展迅速,共获得过12枚奥运会金牌,70枚亚运会金牌,108枚全运会金牌。陆莉、熊倪、李小鹏、杨霞、龚智超、刘璇、龙清泉等奥运会冠军熠熠生辉,体育湘军名声远播。

在湖南竞技体育的发展中,县域体育后备人才培养与输送发挥了基础性的作用。

表1 近三届全运会赛会湖南所获金牌分布表

	第九届	第十届	第十一届	小 计
举 重	2	3	5	10
羽毛球	3	2		5
体 操	2	3		5
田 径	2.5		1	3.5
游 泳		1	2	3
皮划艇	1		1	2
跳 水	1	1		2
射 击		1	1	2
赛 艇			2	2

(续表)

	第九届	第十届	第十一届	小计
柔道		1		1
摔跤		1		1
现代五项			1	1
合计	11.5	13	13	37.5

表1反映出近三届全运会，湖南获得金牌的项目分布。湖南运动员在13个分项上获得了金牌，其中，举重、羽毛球、体操、跳水贡献突出，也是湖南在奥运会上获得了金牌的项目，被视为"精品项目"，占了三届金牌总数的58.64%，成为湖南竞技体育立足国内、冲向世界的强势项目。射击、田径、赛艇、皮划艇、柔道、摔跤为传统优势项目，游泳为湖南新兴优势项目。

表2反映的是最近三届全国运动会上，湖南来自县域的运动员所获金牌数量。在近三届全运会上，湖南获得的赛会金牌（奥运金牌除外）在11.5~13枚，来自县域的运动员所占的比重很大，分别为56.52%、69.2%、69.2%，平均率为64.97%。远远超过了城市运动员的比重。县域运动员的优势体现在举重、田径、赛艇、皮划艇、柔道、摔跤等体能类项目上，而城市运动员的优势则比较集中体现在体操、跳水、羽毛球、射击等技巧类项目中。

表2 近三届全运会赛会湖南县域运动员获金牌统计表

届数	县域运动员（项目）	比例%
第九届	覃云峰、（皮划艇）、王明娟、杨霞（举重）、龚智超、龚睿娜、黄穗（羽毛球）、向赤蓉（田径）6.5枚金牌	56.52
第十届	杨炼、李萍、李丽滢（举重）、龚智超、龚睿娜、黄穗、田卿（羽毛球）、韩冰（体操）、熊美丽（射击）、肖德强（柔道）、廖蓉（女子跤）9枚金牌	69.2
第十一届	龙清泉、扬帆、王明娟、李萍、祁希慧（举重）、刘春花（田径）、周玉（皮划艇）、张亮、史志强（赛艇）9枚金牌	69.2
合计		64.97

表3 2009年湖南运动队在训运动员城乡比率统计表

项目	总数	县域	比率%	项目	总数	县域	比率%
体操	49	1	2.04	摔跤	34	17	50
蹦床	27	5	19.04	柔道	27	13	48.15
田径	48	35	72.92	跆拳道	18	4	22.22
游泳	24	0	0	网球	11	0	0
花游	17	0	0	赛艇	27	27	100
水球	23	5	21.74	皮划艇	40	40	100
跳水	20	0	0	举重	44	39	86.36
羽毛球	67	19	28.36	射击	40	12	30
合计	516	217	42.05				

表 3 反映出 2009 年湖南运动队在训运动员城市和县域来源的依存度。总体看，湖南专业运动员城市来源大于县域，但项目的不同使城市与县域运动员来源依存度存在明显差异性。游泳、花游、跳水、网球等项目出现了对县域运动员"零"依存状况，体操项目县域运动员的依存度也仅占 2.04%；而赛艇、皮划艇项目出现了对城市运动员"零"依存的纪录；举重、田径等项目，县域运动员的依存度均超过了 70%。这种现象印证：由于项目的特点不同，决定运动员的来源各异。凡技巧类、经费投入大的项目，运动员主要来自城市；体能类、经费投入小的项目，运动员集中来自县域。

从上述分析中可以得出基本的结论：无论是优秀运动员来源，还是在全运会比赛中获得金牌的运动员数，县域都占有明显的优势，是竞技体育发展不可或缺的人力资源。

（五）加强体育社会力量建设

以下是对湖南省社会体育指导员现状的研究结果。

1994 年 6 月 10 日，国家体委颁布实施了《社会体育指导员技术等级制度》，当年 10 月 1 日湖南省出台了《湖南省社会体育指导员技术等级制度实施办法》，并成立了社会体育指导员技术等级评审委员会，开始有计划、有组织地施行。经过一年的准备，湖南省首期社会体育指导员培训班于 1996 年 2 月举行，93 名参加培训，62 名被评为一级社会体育指导员。在 1996 年里，湖南先后举办了 101 期社会体育指导员培训班，共有 1700 人获得各级各类社会体育指导员称号。经过十年多的发展，截止 2007 年 12 月，湖南公益社会体育指导员共 31628 名，其中国家级 154 名，一级 2780 名，二、三级 28694 名。如下图所示，湖南公益社会体育指导员数量在社会体育指导员实施初期（1996 年—1998 年）和北京奥运会召开前一时期（2003—2007 年）处于快速发展阶段，中期（1998—2003 年）发展较为平缓。

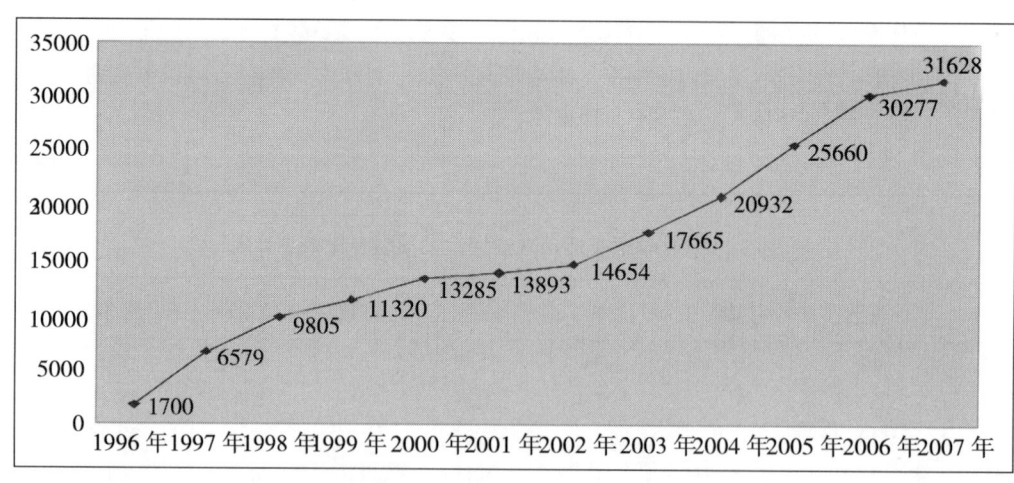

图 1　湖南省公益性社会体育指导员发展历程

湖南各级体育部门对社会体育指导员的发展给予了高度的重视。据国家公布的社会体育指导员统计（截至 2004 年底），湖南社会体育指导员总数在全国排名第八，为发展较快的省市之一。

（六）扶植民族传统体育

湖南人自古尚武精神强烈，习武者众多，各地流传的拳种49个，拳术套路860余个，具有地方独特风格的拳种有16个，流传较广的武术器械有37种，技术套路800多套。据《武林》杂志1989年第10期署名文章《拳术套路初探》介绍，分布在全国各地的武术有几十个流派，数百个拳种。除武术之外，湖南境内其他的民族民间体育项目，有各民族共有的，也有各少数民族特有的。经体育部门搜集、整理，各民族共有的项目14个；湖南主要的4个少数民族土家族、苗族、侗族、瑶族特有的项目有24个。这些项目有的已被列为少数民族传统体育运动会的竞赛项目。在湖南开展比较频繁的民族民间体育项目有：武术、跳绳、拔河、下棋、钓鱼、秧歌、腰鼓、太极拳、龙舟、舞龙、舞狮、木兰扇等。湘西地区是少数民族的聚集地，传统体育活动各具特色、丰富多彩。开展得最为普遍的项目为舞龙、舞狮、武术、龙舟和跳鼓、踢毽、高脚马、上刀梯、茅古斯、打陀螺、秋千、摆手舞、打飞棒、举石锁、举石磨、跳桌子、扭扁担、顶力等项目也开展得较为广泛，具有一定的群众基础。

20世纪80年代中期，湖南省体委曾组织人马，对全省民间传统体育进行了广泛的挖掘整理。提出农村体育以武术为重点，每年举办武术比赛，鼓励创办武术馆。旺盛时期初具规模的武术馆有数十所，每年招生总数达到数万人。

确定每四年举办一届湖南省少数民族传统体育运动会，已经举办了6届。第六届少数民族传统体育运动会在张家界举行。竞赛项目包括了高脚马、射弩、秋千、陀螺、蹴球、押加、板鞋竞速7个大项44个小项。

1995年开始，每四年举办一届湖南省农民运动会，已经举办了4届。第四届农运会有来自全省14个市州的代表团，1400多名运动员参加田径、中国象棋、舞龙、舞狮、钓鱼、秧歌、龙舟、游泳、乒乓球和篮球共10个大项70多个小项的角逐。

1998年创办的湖南省大众体育运动会设置的项目，均为民族民间传统项目。第二届所设项目如下：

表演项目：舞龙、舞狮、威风锣鼓、腰鼓、健身气功。

竞赛项目：健身秧歌、登山、拔河、跳绳、健身路径、三人篮球、趣味体育、健美操、乒乓球、飞镖、保龄球、轮滑、健美、太极拳、自行车载重。

每年农历五月初五端阳节前后，许多市县乃至乡镇都举办声势浩大的龙舟比赛，当地政府出面组织，通过举办这些具有独具民族特色的体育运动会，促进民族民间传统体育的持续发展，推动全民健身活动的广泛与普及。

（七）加强体育舆论

社会体育被重视度低的根本原因是社会体育意识差，而社会体育意识差的重要原因，是体育舆论未能有效地、更广泛地占领社会市场。从而，人们不愿意花钱办体育，不愿意在体育活动上多花钱。传统观念中，人们将体育划归上层建筑，认为它主要作用于社会效益。实际上，体育也是一个经济体，在社会主义市场经济体系中，体育如果不讲经济效益，同样不能发展。体育作为一种社会活动形式并不直接产生物质，它的经济效益主要来源于它所产生的影响。这种影响作用于社会，产生强大的社会效应，并继发出强大的经济效应。而使其影响作用于社会的传递渠道，便是新闻媒介。

(八) 加大政府对体育的支持力度

湖南省人大常委会先后发布了《湖南省体育经营活动管理条例》《湖南省全民体育健身条例》《湖南省体育后备人才培养条例》《湖南省公共游泳场所管理办法》等地方法规，对相关方面的工作进行了法律规范。

（项目编号：1050ss0700）

全国体育大会竞赛项目设置的理论与实证研究

——以第四届全国体育大会为例

盛志国　王庆伟　刘国永　贺凤翔　杨光宇

竞赛项目设置是当前全国体育大会的一个比较核心的问题，这是因为：一方面，随着全国体育大会的不断发展壮大，竞赛项目数量逐届增多；另一方面，目前我国正式立项的非奥项目有70余个，而只有其中的34个项目是全国体育大会正式竞赛项目，尚有30余个希望进入但由于条件限制未能进入，这就使得全国体育大会在竞赛项目设置问题上既要控制好数量，又要能够最大限度地普及和推广非奥项目。因此，本研究以全国体育大会竞赛项目设置为题，着力解决全国体育大会运作过程当中的实际问题。

一、第四届全国体育大会指导思想内涵分析

第四届全国体育大会明确提出了"淡化金牌、淡化锦标、重在参与、重在交流、重在健身、重在快乐"的指导思想，相比往届的全国体育大会的办赛思想，这是一种重大改革创新，它的创新在于明确了第四届全国体育大会的定位就在于突出全民的参与性、全民的沟通与共享、全民的健身性和全民的快乐性。

"两个淡化、四个重在"指导思想的提出就是要强调全国体育大会的运动员、教练员、地方代表团以及媒体不要像对待我国全国运动会那样过分关注金牌榜，甚至为了多获得奖牌而不择手段，过度地追求金牌已经导致体育比赛的畸形发展和体育运动的异化。

经调研发现，"两个淡化、四个重在"指导思想的提出，是符合全民健身实际需要的，认为是一种思想上的创新，这种提法非常好。其最大成效在于为参赛的各方主体指明了努力的方向，解放了思想，放下了包袱。

问卷调查得知，有50.27%调查者对本届全国体育大会提出的"淡化金牌、淡化锦标、重在参与、重在交流、重在健身、重在快乐"的原则持非常赞同观点，有37.10%的人持赞同观点，有9.68%的人持一般观点，当然仍有2.96%的人持否定态度。

根据调查得知，参加本届全国体育大会的主要目的按其重要性排序如下：首位是重在参与和交流（38.69%），其次是展示自己的技术水平、实现自我价值（22.95%），第三是获取奖牌（19.34%），第四是为代表团争得荣誉（19.02%）。

在调研过程中发现，在如何理解"两个淡化、四个重在"方面还需要做进一步的宣传和普及，应注意防止以下两方面的片面理解：

（一）"两个淡化、四个重在"的提出不是不要竞技水平

第四届全国体育大会提出了"淡化金牌、淡化锦标"，对运动员而言，强调的就是要淡化体育比赛奖励的形式，但不要淡化体育比赛的本质，从思想意识上不要唯金牌是

从,不要锦标主义或金牌主义至上,但却不是不要争胜。

本质上讲,无论竞技体育比赛还是群众体育比赛,只要是体育比赛,就必然会争胜负,就必然会追求"更快、更高、更强",追求最终获胜,这是体育比赛的一个客观规律,它是不以人的主观意志为转移的,无论其竞技水平高低,都是如此。

我国人为划分出了奥运项目和非奥项目,针对奥运项目设立了全国运动会,制定了一系列的奖励办法,针对非奥项目设立了全国体育大会,但在奖励方式上,为避免重复全国运动会奖励的老模式,本届全国体育大会对计奖方式进行了改革。

在本届全国体育大会计奖方式改革后,对参赛的运动员而言,就应该注意不要由于改成一、二、三等奖或获奖面扩大了就降低比赛的积极性,不认真对待比赛了,或不重视比赛了,或者将比赛演绎成为一种表演赛或友谊赛,这些都是有悖于体育道德的行为。

如果说"两个淡化"强调的是对待比赛结果不要过分看重的话,那么"四个重在"即"重在参与、重在交流、重在健身、重在快乐"其实就是从另一方面强调了要学会享受体育比赛的过程。从辩证唯物主义角度看,这是一个事物的两个方面,二者关系是辩证关系,是有机统一在一起的,并不矛盾,既要积极追求创造优异成绩,又要能够正确认识比赛,享受比赛,以一种健康的、积极乐观的心态参加比赛。

在全国体育大会的功能定位上,奥运会的经验值得借鉴。奥运会是一种完全的竞技体育,但是,奥运会一方面鼓励运动员要追求"更快、更高、更强",另一方面又提倡"重要的是参与,而不是胜利"。因此,"两个淡化、四个重在"对于运动员而言,就是要树立一种正确的认识态度,思想和行为都不要走极端,要把比赛争胜和享受比赛有机融合起来。

(二)"两个淡化、四个重在"不是不要相关利益主体(教练员、裁判员和代表团)的高度重视

第四届全国体育大会提倡"两个淡化、四个重在",但对于教练员、裁判员以及地方代表团而言,仍然需要高度重视这项工作,不能因为计奖方式的改革而就认为奖牌的含金量降低了并进而不再重视全国体育大会了,更不能因此而减少此方面的政策支持和经费投入(如减少经费投入等)。

同时,"两个淡化、四个重在"也从很大程度上强调了无论运动员、教练员、裁判员,尤其是地方代表团,不要陷入以往我国全国运动会上为争夺奖牌而过度竞争的窘境,从而导致各种问题的产生。从这个角度看,全国体育大会应该认真研究我国举办全国运动会的经验和教训,借鉴其成功经验,规避其诟病,从而突出全国体育大会与时俱进的鲜明特色。

二、第四届全国体育大会办赛方式分析

第四届全国体育大会提出的"赛、展、论、游"4个板块,这是全国体育大会自举办以来第一次明确提出这样的设计理念,不能不说是一种赛会理念的创新。经调研发现所有被访谈对象均对此办赛方式表示非常赞同,认为这是一种社会进步,更加有利于对运动项目本身的宣传与推广,对于各运动项目的发展非常有好处,尤其对于那些在国际

大赛上能够取得好成绩但在国内又不是太普及的项目,"展"的意义尤为重要。

例如,壁球项目,就特别看重"展"的作用,由于该项目在是世界运动会、亚运会、英联邦运动会、东亚运动会的项目,在国际上具有一定的影响力,但在国内却不够普及,虽然壁球在国内是体制内项目,但是,群众基础却不是很扎实,因此,该项目非常希望利用四体会的"展"的机会,充分宣传和推广壁球这项运动。

在对本届全国体育大会设"赛、展、论、游"4个板块的态度的调查发现,61.25%的被调查者认为很好,31.98%的人认为比较好,5.96%的人认为一般,0.81%的人认为不好。

据调查,有42.46%的被调查者对本届全国体育大会项目展示工作持非常赞同态度。有50.84%的人持赞同,5.03%的人持一般,1.68%的人持不赞同观点。

根据调查,对本届全国体育大会项目展示工作持肯定态度的主要原因是:第一,此项工作有利于本项目的宣传推广与普及(41.84%);第二,此项工作有利于展示本项目比赛的魅力(31.80%);第三,此项工作有利于全民健身运动的开展(24.69%);其他(1.67%)。

对本届全国体育大会项目展示工作持不认可态度的主要原因是:第一,38.12%的被调查者认为,由于此种推广方式的推广范围和推广时间有限,因此,推广效果一般;第二,18.78%的人认为"增加比赛成本";第三,18.23%的人认为"增加组织管理工作难度";第四,13.26%的人认为"出力不讨好,增加工作风险";第五,11.60%的人认为"占用时间、消耗体力、担心影响比赛"。

根据问卷调查得知,本届全国体育大会项目展示工作的作用主要体现在以下几方面:可以充分展示本项目的内在运动魅力(29.37%);可以充分展示本项目对社会的积极影响作用(21.65%);可以充分展示本项目的开展情况(21.33%);可以充分展示本项目对人体健康的积极作用(21.65%);可以充分展示本项目的丰硕成果(13.08%);其他(0.54%)。

调查发现,对本届全国体育大会项目展示工作组织管理的评价意见如下:46.41%的人认为很好,42.27%的人认为较好,11.05%的人认为一般,0.28%的人认为较差。针对本届全国体育大会项目展示实施效果的总体评价意见如下:49.18%的人认为较好,40.66%的人认为很好,9.62%的人认为一般,0.55%的人认为较差。

三、第四届全国体育大会奖励办法分析

本届全国体育大会由原来的金银铜牌颁奖形式改为一、二、三等奖颁奖形式成为本届全国体育大会改革创新的核心环节,也是淡化金牌、淡化锦标的重要举措之一。经调研发现,本届全国体育大会对运动员的奖励方式改革后对运动员、教练员、代表团、项目本身的发展以及竞赛组织管理工作等都产生了比较深刻的影响,本研究从正面积极效果和负面消极进影响两方面进行分析。

经调研发现,本届全国体育大会运动员奖励方式的改革产生了以下几方面的积极效果,具体如下:

(1)为运动员、教练员、代表团减压减负,并能够有效激励更多的运动员,尤其是中低水平的运动员积极参赛,同时,鼓励更多的代表团踊跃参赛;

(2)有利于创造团结、友谊、和谐的比赛氛围;

(3) 由于甩掉了沉重的金牌任务，凸显运动员自身价值，更有利于运动员充分发挥出自己的竞技水平、展示自我风采；

(4) 运动员、教练员和代表团之间的不正当交易大大减少了，有利于减少赛事负面宣传报道。

根据问卷调查得知，针对金银铜牌计奖方式和本届全国体育大会一、二、三等奖计奖方式，36.56%的被调查者更倾向于金银铜牌计奖方式，60.48%的人则更倾向于一、二、三等奖计奖方式，其他选择占2.96%。

在问及您认为本届全国体育大会设置一、二、三等奖计奖方式的合理性主要体现在哪些方面时，30.22%的人认为体现在"强调运动员的重在参与和重在交流的意识"，其次，27.72%的人认为其合理性体现在"扩大奖励面、重在激励"，第三，23.96%的人认为体现在"更有利于淡化金牌意识"，17.83%的人认为体现在"有利于减轻比赛心理负担、充分发挥技术水平、展示自我"，0.28%的人选择其他。

四、全国体育大会竞赛项目设置的现状调查

（一）全国体育大会竞赛项目设置回顾

第一届全国体育大会共设了17个项目，分别为：台球、高尔夫球、保龄球、门球、蹼泳、航海模型、航空模型、摩托艇、体育舞蹈、健美操、健美、技巧、中国式摔跤、围棋、中国象棋、国际象棋、桥牌。这些项目既要体现竞技性、广泛性，又要注重其观赏性和娱乐性。

第二届全国体育大会共设了22个项目、227个小项。即在第一届的基础上增加了攀岩、跳伞、龙舟、轮滑、定向和舞龙舞狮6个项目，同时，排除了摩托艇项目。

第三届全国体育大会共设28个大项、268个小项，分别为：技巧、蹼泳、航空模型、航海模型、高尔夫球、台球、围棋、国际象棋、中国象棋、健美、保龄球、桥牌、门球、舞龙舞狮、轮滑、中国式摔跤、体育舞蹈、健美操、攀岩、定向、龙舟、滑水、无线电测向、跳伞、拔河、金属地掷球、壁球和公开水域游泳（已经成为2008北京奥运会正式比赛项目）。较第2届全国体育大会所设项目，新增加了滑水、无线电测向、拔河、金属地掷球、壁球和公开水域游泳6个项目，排除了跳伞项目。

第四届全国体育大会在总结了前3届全国体育大会经验基础上，又增加为34个竞赛大项，分别为：中国式摔跤、公开水域、技巧、室内五人制足球、3人制篮球、台球、壁球、保龄球、高尔夫、围棋、象棋、国际象棋、轮滑、龙舟、体育舞蹈、蹼泳、滑水、摩托艇、救生、健美操、地掷球、跳伞、航空模型、航海模型、无线电测向、定向、桥牌、健身气功、攀岩、门球、健美、拔河、舞龙舞狮、毽球。

较第三届全国体育大会所设项目，新增加了室内五人制足球、三人制篮球、摩托艇、救生、健身气功、毽球6个项目。

（二）第四届全国体育大会竞赛项目设置相关问题调查

1. 关于第四届全国体育大会竞赛项目数量规模问题调查分析

据调查，有33.69%的被调查者认为本届全国体育大会竞赛项目设置的数量及其合理性、科学性很好，50.94%的人则认为比较好，还有12.13%的人认为一般，3.23%的人

认为不好。这种调查结果显示，本届大会竞赛项目设置仍有待进一步改进。

针对本届全国体育大会 34 个大项、318 个小项的规模问题，据调查，有 51.23% 的被调查者认为，应建立项目准入和退出机制，适度控制大会规模，保持动态平衡；有 32.33% 的被调查者认为，应继续扩大现有规模；有 14.25% 的人认为应维持现有规模；有 2.19% 的人认为，应减小现有规模。该调查结果显示，多数被调查者支持建立项目准入和退出机制，以保持动态平衡。

就本届全国体育大会项目数量规模问题，经访谈相关人员，发现此问题与全国体育大会的定位密切相关。部分被访谈的项目管理中心同志认为，如果全国体育大会的定位在于发展群众，那么目前的 34 个项目不算多，还应该继续扩大，原则就是只要是老百姓喜闻乐见的体育项目都应该放进来，这样才能体现全民健身的广泛性，从而推动全民健身运动发展。

如果全国体育大会的定位在于竞技性，那么全国体育大会项目数量就应该适度控制，并且建立项目评估机制，设定项目评估指标体系，建立准入与退出机制。

也有个别项目管理中心同志认为，全国体育大会的定位应侧重竞技性，至少应将竞技性强的项目和纯群众性的项目分开，区别对待，并且，全国体育大会的项目数量需要适度瘦身。

项目设置问题上，应将那些在我国具有广泛群众基础的传统体育项目（如武术）纳入全国体育大会当中来。

2. 竞赛项目数量规模与办赛关系问题调查分析

针对项目数量过大带来承办困难的问题，在对项目管理中心管理人员访谈中发现，相当一部分被访者认为可以从时、空两个方面着手改革。一是延长全国体育大会举办时间；二是不要集中一个城市办，可以集中和分散相结合办；三是可以分轮次办。如采取预赛和决赛相结合的赛制是一种可以兼顾普及和提高的有效办法。预赛阶段，要尽可能扩大参与面，体现全民参与性，决赛阶段，要严格控制参赛人数，从一定程度上体现出高水平的竞技性，确保比赛质量。同时，通过炒作和宣传预选赛或资格赛，既可以提前为全国体育大会造势，也可以宣传预选赛承办地，达到双赢的效果；决赛阶段很好地控制参赛人员数量，以减轻承办地接待压力。由于参赛总人数在决赛阶段可以通过严格控制总人数的方法实现，因此，全国体育大会仍然可以适当增加新的项目，扩大项目数量规模。这样的办赛方式既可以减轻承办地的压力，从一定程度上可以充分利用和发挥有限的比赛场地条件，又可以使得更多的项目进入全国体育大会中来。

例如，本届全国体育大会壁球项目和台球两个项目，就是因为场地原因太狭小而无法容纳观众观看比赛，不得已只能规定不对外卖票、不允许观众进入场地观看比赛，进而还影响了电视转播效果。如果是适度拉长比赛日程，使得不同项目之间可以轮流使用良好的场地设施，上述问题就不会发生了。

根据问卷调查得知，72.28% 的被调查者认为，全国体育大会办赛方式应为"集中为主、分散辅之"，6.79% 的人认为应该是完全分散举办，6.79% 的人认为应"分散为主，集中为辅"，14.13% 的人认为应"完全集中"。

3. 竞赛项目分类及评分标准问题分析

在针对本届大会竞赛项目分类问题上，多数被调研的总局项目管理中心同志认为把现有的 34 个大项分为 4 大类"计量类、评分类、胜负类、特殊类"是很大的改革和创新,还需要在认真总结的基础上不断完善。

在实际操作中发现计量类多数项目因受场地、气候条件的影响,很难在赛前确立一个最佳标准。有些项目在比赛中也出现了受气候变化、场地条件影响不能产生一等奖或获奖达标人数过多的问题,给奖牌制作、颁奖环节带来许多不确定性。

总结这四届全国体育大会项目设置的变化情况,不难发现,全国体育大会项目设置具有这样几个特点。

第一,项目设置数量(包括大项和小项设置)呈现增多趋势。随之全国体育大会办赛规模越来越大。第一届设置了17个大项,第二届设置了22个大项,第三届设置了28个大项,第四届设置了34个大项,每一届都较上一届增加5—6个大项,如此发展下去,全国体育大会规模势必越办越大,由此会给承办大会的城市带来巨大压力。

第二,项目设置存在反复现象。比如,摩托艇、跳伞两个项目存在反复现象。第一届有摩托艇项目,但是第二、第三届全国体育大会则没有设立此项目,第四届全国体育大会又增加了进来;跳伞项目第二届有,到了第三届则退出,第四届又成为大会正式项目。如此反复,说明在项目设置方面存在一定问题,在衡量一个项目能否成为正式比赛项目条件要求方面缺乏一个可量化的指标评估体系。同样,在一个项目是否应该从全国体育大会项目中排除出去,也缺乏一个客观的指标评估体系。

第三,就目前而言,国家体育总局正式承认的非奥运项目有70余项,现在有34项已进入全国体育大会,但是,还有40余项尚未进入,这些项目也都希望能够成为全国体育大会比赛项目,借此平台推广本项目的发展。但是,实际上,不可能让所有的(70余个)非奥项目都成为全国体育大会的比赛项目,因此,如何应对这些项目的管理机构的诉求,成为一个现实难题。

根据调研,在竞赛项目分类问题上,可以将竞赛项目分为正式比赛类项目和表演展示类项目。其中,正式类竞赛项目又可以分为正式规定比赛项目和东道主类竞赛项目(一般为1~2项)。对于那些有良好群众基础或有潜力的竞赛项目可以设为表演展示类项目,以满足广大群众的需求。此类项目一届全国体育大会可以设1~2项。

五、全国体育大会竞赛项目设置的原则与依据研究

根据调查,竞赛项目设置的依据应遵循以下原则。

第一,普及性原则

该原则主要涵盖了该竞赛项目在国内开展普及程度如何,包括项目人口、项目的赛事数量、规模和级别等。这其中包含是否是国内非奥项目综合性运动会项目。

第二,组织性原则

该原则是指项目的组织管理体制是否完善,是否有相对比较稳定的各级管理机构及相关工作人员,是否有比较完备的各项管理规章制度(包括该项目的竞赛规则是否完善、竞赛项目的基础设施条件是否完善,例如,场地质量和数量规模、裁判员队伍建设等情况)。

第三,国际性原则

该原则内涵是指该项目在国际范围内普及程度如何,是否是国际非奥项目综合性运动会项目以及在相关国际大赛上取得的历史成绩如何。

第四，可观赏性原则

该原则是指竞赛项目必须要具有较强的观赏性，因为观赏性决定了该项目是否能够吸引观众观看，即是否具有良好的市场前景。在市场经济条件下，一个不具有市场前景的项目很难长久生存发展下去。

第五，易普及推广原则

该原则是指竞赛项目容易推广和普及，其对场地设施及相关硬件要求不高，便于广大观众和爱好者学习和掌握，有利于其积极参与其中。譬如，中国式摔跤、公开水域、室内五人制足球、3人制篮球、台球、保龄球、围棋、象棋、国际象棋、轮滑、龙舟、体育舞蹈、蹼泳、救生、健美操、地掷球、航空模型、航海模型、无线电测向、定向、桥牌、健身气功、攀岩、门球、健美、拔河、舞龙舞狮、毽球等项目比较容易推广普及，原因是其对场地条件要求相对不高，而对于壁球、高尔夫、滑水、滑水、摩托艇和跳伞项目而言，就很难普及和推广。

另一类不易于推广和普及的情况是竞赛项目本身技术太难，很难大众化，例如，技巧这个项目就很难大众化，虽然具有很强的观赏性，但其不易于推广和普及。

第六，竞赛项目本身的健身性原则

第五届全国体育大会所设置的竞赛项目应具有良好的健身性特点。虽然所有的体育项目可能都对于身体健康有促进作用，但对于社会大众而言，可能更容易接受那些简单易学的健身项目，对于那些偏重于竞技性很强的项目则只能观赏，难于学习和掌握。例如，技巧、跳伞、竞技健美操等项目都很难在群众中普及和推广。这些项目却具有很强的观赏性。

第七，民族性原则

项目设置问题上，应将那些在我国具有广泛群众基础的传统体育项目（如武术以及部分少数民族体育项目）纳入到全国体育大会当中来，以体现全国体育大会的民族性特点。

第八，不重复设置的原则

首先，不要重复设置原则，原则上奥运会项目（包括大项、分项、小项）和全运会项目不再全国体育大会上出现，如高尔夫、马拉松游泳；其次，原则上在其他国内综合性运动会上出现的项目应根据实际情况酌情考虑。如，农民运动会项目、少数民族运动会项目、智力运动会项目、水上运动会项目、大学生运动会项目均存在与第四届全国体育大会项目重复设置问题，如，龙舟、舞龙舞狮以及棋类项目、水上项目等，此类情况都需要酌情考虑。

第九，区别对待原则

结合我国具体国情，针对体制内和体制外竞赛项目共存的现实情况，应采取区别对待原则。可将竞赛项目分为专业组（职业组）和业余组两大类。其中，专业组主要是指体制内体工队，业余组主要是指体制外的业余运动员。前者有政府投资做保障，后者则为民间投资。

六、竞赛项目设置的办法分析

竞赛项目的设置是一个牵一发而动全身的问题，涉及方方面面的问题，因此，如何竞赛项目需要建立在科学决策的基础上。本研究认为，至少需要从以下几方面加强建设：第一，建立项目评估专家委员会；第二，建立和完善项目评估指标体系；第三，建立和不断完善项目准入和退出机制。建立竞赛项目准入与退出机制，保持竞赛项目总量的动态平衡，为保持稳定及可持续性发展，建议对目前的 34 个大项中的少数竞赛项目进行调整。

七、全国体育大会竞赛项目的评估指标体系研究

众所周知，全国体育大会竞赛项目的遴选与退出机制的核心是如何评估竞赛项目的综合实力，这就需要建立一套比较科学的评价指标体系来衡量，据此，根据调查得知，全国体育大会竞赛项目一级评估指标体系主要包括以下几方面。

第一，普及性指标体系；第二，组织管理体制指标体系；第三，观赏性指标体系；第四，推广普及指标体系；第五，竞赛规则指标体系；第六，健身性指标体系；第七，国际性指标体系；第八，场地条件指标体系（裁判员队伍完善）第九，软件指标体系（教练员、裁判员等队伍的建设和培养）。

根据调查研究得知，判断一个项目是否可以进入全国体育大会门槛，可以参照以下指标，依照其重要程度排序如下。

(1) 该竞赛项目在国内范围内的普及程度如何；
(2) 该竞赛项目的群众体育组织的数量（俱乐部的数量）规模如何；
(3) 该竞赛项目在国际范围内的普及程度如何；
(4) 该竞赛项目的组织管理体制是否健全；
(5) 该竞赛项目的观赏性如何；
(6) 该竞赛项目在普及推广方面的难易程度如何；
(7) 该竞赛项目竞赛规则的完善程度如何；
(8) 该竞赛项目本身的健身性如何；
(9) 该竞赛项目在国际大赛上取得的历史成绩如何；
(10) 该竞赛项目是否是国际综合性运动会项目；
(11) 该竞赛项目在国内其他全国综合性运动会是否重复设置；
(12) 该竞赛项目的赛事种类、数量和规模等级如何；
(13) 该竞赛项目的活动经费来源的多少及其稳定性如何；
(14) 该竞赛项目的媒体关注度如何；
(15) 该竞赛项目场地质量和数量规模如何；
(16) 该竞赛项目裁判员队伍建设情况如何。

八、全国体育大会竞赛项目遴选与退出机制研究

在已经举办的四届全国体育大会中，竞赛项目数量分别为 17、22、28、34，有新项目进入，有项目退出，还有项目退出后又重新进入，这是因为体育大会仅仅举办了四届，办赛模式仍处于探索阶段，且竞赛项目以非奥为主，很难确定一套固定的遴选和退出机制，需要通过体育大会的持续举办来总结经验规律，待时机成熟时制订。但经过调查研究发现，以下几个因素是考察评估项目进入或退出全国体育大会的重要因素。（1）项目需要符合体育大会的赛会宗旨；（2）对于东道主，应有适当的优惠政策；（3）充分考虑我国传统体育项目的传承和发展；（4）对于肩负世界大赛争光任务，水平高、

技术要求高，难以普及的项目要给予特殊照顾；（5）进入奥运会的竞赛项目应考虑避免重复设置；（6）违背赛风赛纪和反兴奋剂问题或其他有悖体育精神的竞赛项目，要考虑退出全国体育大会比赛。

第四届全国体育大会举办期间，针对"全国体育大会竞赛项目设置是否应该建立科学合理的进入和退出机制？"问题进行了问卷调查，有76.27%的被调查者认为应该建立，仅有23.73%的人认为没有必要。该调查结果显示，多数被调查者支持建立科学合理的全国体育大会竞赛项目设置进入和退出机制。

（项目编号：1382ss09071）

竞技运动表演论

方千华　谢翊　翁兴和　汪焱　余道明　许昌　李明峰

本文运用文献资料法、逻辑法、访谈法、个案法、比较法等研究方法，以表演新视角系统研究了竞技运动，从本质论、场域论、存在论和发展论的递进维度，结合多学科知识，归纳和总结竞技运动表演本质，论述了竞技运动剧场空间和表演关系，从理论与实证两方面探讨了竞技运动表演的社会存在问题，从生命视野和和谐意蕴提出竞技运动发展观点，本研究构建了竞技运动与身体、文化、社会的联系，初步建立了竞技运动表演理论体系，同时，研究成果进一步丰富了竞技运动理论研究。

一、本质论

表演视域中对竞技运动的解读不同于其他维度的理解模式，它既凸现出竞技运动"表演"的内涵，又体现出多学科的综合诠释。在专家访谈的基础上，从身体语言、身体体验、身体呈现、身体真实、身体文化和生命确证6个维度理解竞技运动的身体表演本质（图1）。

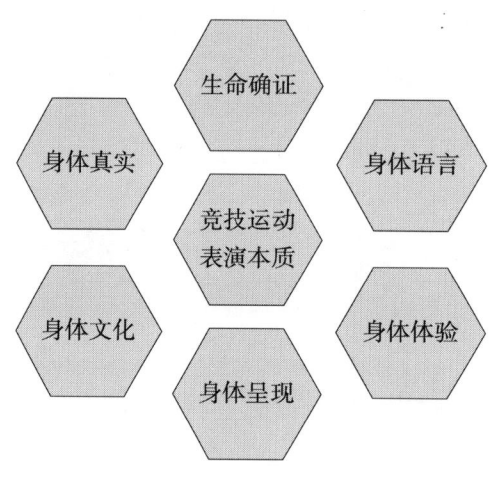

图1 竞技运动表演本质理解的身体维度

表演理解始终不能离开身体的范畴，正是由于表演的存在，使得人的肉身的躯体在"动"中呈现出生命的意义。（1）以身体语言维度，竞技运动身体语言的基本要素是运动动作，包含了运动单词、运动句子、运动段落等不同层次。竞技运动身体语言的结构规则包括身体姿势、动作轨迹、动作时间、动作速度、动作速率、动作力量和动作节奏等，使得竞技运动表达呈现有序性和合理性。竞技运动身体语言以躯体互动促进理解，强化情感与审美交流，充当了人际交往的特殊话语，实现了个人交往和民族交往的社会意义。（2）以身体体验维度，从竞技者成长的历程看，竞技者对身体语言的体验可以分为自然性体验和指导性体验两个阶段。指导性体验是竞技者成长的必不可少阶段，需要遵循教化和内化的统一的原则。身体体验具有情感性，在竞技者成长历程中感受到不同的生命情感，身体体验具有知识性，竞技者在文化知识发展中促进了技术的创新。（3）以身体真实维度，真实表演是竞技运动的社会存在根基，体现了善，表现出美，蕴含着公平竞争精神，虚假表演严重影响到竞技运动的社会生存，其消解需要回归到人的主体，确立表演者主体性。（4）以身体文化维度，竞技运动是以有组织的游戏形式出现的独特文化现象，需要把握好游戏表演的本质，按照竞技运动本身的内在规律发展。竞技运动经历了文化的锤炼，凝聚了宗教、军事、艺术等多种文化的滋养，秉承了各民族文化的特质，形成了广泛观众参与的身体表演文化，竞技者在竞技舞台上以身体表演延续和传承了竞技运动文化。（5）以身体呈现维度，公平是竞技运动竞争的基础，通过规则的权威与人的道德修养来实现身体的公平竞争。竞技者在竞技场呈现了竞争与对抗之间的张力美，其身体审美内涵表达指向观众，观众是竞技运动存在的基础，高水平的竞技比赛没有观众的参与，就不能体现其意义。（6）作为生命确证维度，竞技运动表演呈现的精神是一种文化意识和社会意识，属于人类共有的精神财富。竞技运动表演实现自我超越，作为人类一种改造自身的活动，表现出主体的人对一种更完美的存在、一种更高的价值和理性追求，在竞技运动舞台上，竞技表演者把改造的结果表达出来，证明人类自我的本质力量，确证生命的存在。

表演视域中的竞技运动不仅是一种具有一定结构层次与结构规则并能实现社会交往的身体语言，一种遵循教化和内化相统一的情感性与知识性的身体体验，也是一种保持游戏本质、凝聚多种文化滋养和秉承不同民族文化特质的身体文化，竞技者在竞技舞台上以身体表演延续和传承了竞技运动文化。竞技者需要在公平竞争的环境中呈现出最真实的身体，并将身体审美内涵表达指向观众，在不断改造自我过程中呈现竞技精神、实现自我超越、确证生命存在。

二、场域论

现代物理学在量子力学和相对论上的发展产生了"场"理论，并且迅速为移植到其他学科，有效解释了不同领域的理论问题。场思维所引起的对物思维的变革是"场"理论对现代科学思维思想的最大贡献。在20世纪60年代的经验研究和理论初创中，布尔迪厄在不断厘清与结构人类学和阿尔都塞的马克思主义结构论之间界限的过程中，发展了"习性""策略""实践"，以及"文化资本"的概念，并逐渐形成对场域问题的关注。在布尔迪厄把场域界定为"在各种位置之间存在的客观关系网络，或一个构型（connfiguration）"，场域作为不同位置的关系网，每一位置都受到它与其他位置关系和相互作用之间的界定以及影响，每一位置的变动、转换将影响到整个场域结构。

"场域"代表着各种不同的分化的社会空间，如生活、艺术、科学、宗教、经济、政治等空间，它展示的是由不同的权力（即资本）所决定的处于不同位置的行动者之间的客观关系。在布尔迪厄的论述中，场域可以从结构特征与逻辑特征进行理解。从结构特征上看，场域是一个结构化的位置空间，不同的场域共处在社会大空间中，因其力量的不同而处于社会的不同位置；从内部逻辑上看，每一个场域都遵循特别的逻辑，即规定了各自特有的价值观，拥有各自特有的调控原则，每一个场域都具有自主性，它将自己的特殊决定性强加在进入其中的所有成员身上，形成特定的逻辑关系维系着场域的正常运行。

竞技运动表演场域是一个分化的社会空间构型，具有场域的自主性特征和场域规定原则，场域中的各个元素构成的完整系统结构，各个元素之间互作用和相互依赖，维持竞技运动系统的结构和功能。探讨竞技运动表演场域问题需要从结构特征和内部逻辑进行考察，其结构特征主要探讨竞技运动表演剧场空间问题，其内部逻辑主要探讨竞技运动表演关系问题。图2可见，竞技活动中的竞技场、器材设备等物的要素和竞技者、教练员、裁判员、观众等人的要素进入到表演场域，就成为竞技运动表演剧场问题、竞技运动的表演者与导演、表演者与表演者、表演者与评价者、表演者与观众等表演关系问题，这些要素组成了竞技运动表演场域的基本构型，竞技运动表演剧场是这一基本构型的结构空间，具有物质形态与文化形态特征，竞技运动表演关系是这一基本构型的内在逻辑，以竞技者为中心形成的表演关系网络，按照场域规定的原则，在动态中相互作用，维系着整个构型的正常运行。

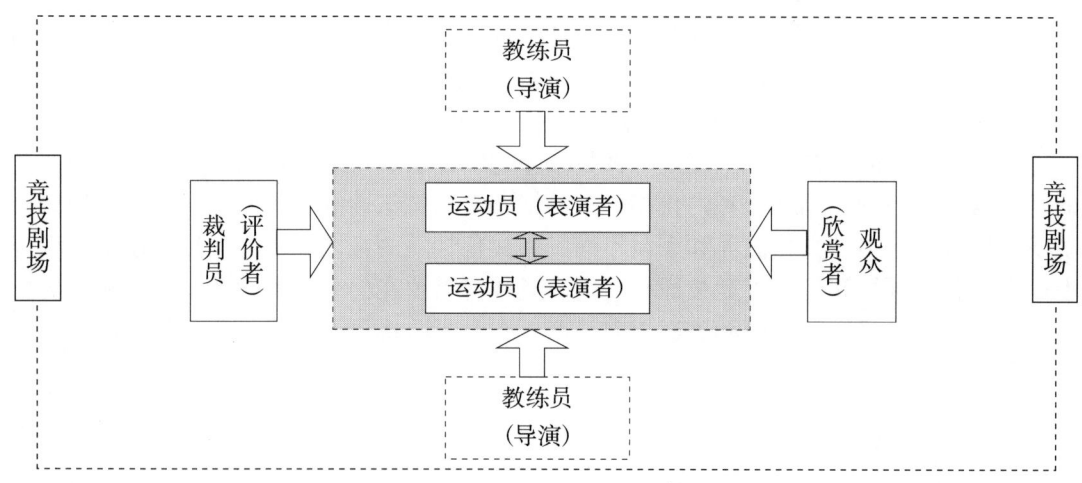

图2　竞技运动表演场域的基本构型

竞技运动表演场域是由结构空间（表演剧场）和逻辑关系（表演关系）组成的社会空间构型，以表演剧场和表演关系理解竞技运动场域问题，进一步解读竞技运动表演行为。（1）竞技运动表演剧场。竞技运动剧场包括实体空间和文化空间，实体空间是文化空间的基础，文化空间是实体空间的延伸。古代奥林匹克竞技场作为表达对神的敬意的场所，是竞技运动和宗教文化的相互融合的表演空间，形成了一个设施较为完备的竞技场。古罗马竞技场建筑独特而规模巨大，成为一种斗兽游戏的空间，失去了竞技场的文化空间本性。现代竞技场实体空间建设融入了现代建筑的新元素，体现了外在风格各异的完美设计和内部环境的合理布局，文化空间建设不断继承与创新，体现在文化艺术活动、赛场仪式行动以及赛场人文关怀等方面。竞技运动表演剧场的实体空间基本特征有设计的内涵性、建设的生态性、构造的科技性、结构的多样性和环境的多元性，文化空间基本特征有观演的文明性、赛场的人文性、艺术的融合性、主题的民族性和形式的多样性。（2）竞技运动表演关系。竞技运动表演关系是以运动员个体为中心，与其他参与者之间互动产生的关系，包括运动员与运动员构成的表演者与表演者关系、运动员与教练员构成的表演者与导演关系、运动员与观众构成的表演者与欣赏者关系、运动员与裁判员构成的表演者与评价者关系，这些表演关系维系着竞技运动的有序运行，竞技表演场域中各元素随着时间的推移发生变化，并会发生转换现象，其中最为集中和有意义的是运动员转换为教练员，即表演者转化为导演。竞技运动表演关系的失调表现在角色冲突、角色中断和角色不清等，运动员和教练员之间的冲突，运动员与裁判员之间的冲突降低了整个竞技表演的精彩程度；早期角色中断、高峰期角色中断和衰退期角色中断对竞技表演关系有不同的影响，不能一概而论。竞技运动表演关系需要人本准则、道德准则和法律准则来维系，才能够建立"以人为本"的竞技训练和竞赛环境，巩固表演关系的正常发展，保持竞技运动表演场域的和谐。

三、存在论

在人类历史发展进程中，出现了无数的文化现象，有的在历史中短暂停留后就消失了，有的却随着社会发展不断更新与完善，逐渐发展成为人类社会生活中不可缺少的文化内容。竞技运动表演作为人类追求超越自我的文化现象，就是在历史发展进程中逐渐实现自身完善而存在于社会生活中，成为对人类来说具有重要意义的文化现象。

竞技运动表演之所以能在人类社会绵延千载、生生不息，其合理的解释就是它满足了人类自身的需求，契合了社会发展的要求。一方面，竞技运动因人的需求而存在。运动员参与到竞技运动中不仅可以提高身体素质，发展运动能力，而且还可以对他们的思维意识、道德品质、心理素质、行为规范等产生重要的影响，达到教育人和完善人的目的，促进人的社会化。人们通过欣赏竞技运动不仅可以体验到竞技的美，享受竞技的快乐，而且还可以把对竞技运动的审美体验深化到社会生活中，达到追求生命的"真""善""美"的境界。另一方面，竞技运动因社会的需求而发展。竞技运动具有重要的政治和外交的价值，不仅具有振奋民族精神、唤醒民族意识、维系民族情感、增强民族凝聚力的功能，为社会前进提供重要的精神动力，而且具有加强国家交往、促进民族交流、改善民族关系、增进世界和平的功效。随着世界经济的高度发展，现代竞技运动还体现了重要的经济价值，成为推动社会经济发展的重要手段之一。同时，竞技运动对社会文化也具有重要影响，竞技运动是"庄严肃穆的仪式庆典文化、记录人类潜能的人体文化、提高社会道德水平的规范文化、提高审美意识的情感文化"，丰富了社会文化体系，影响了人们的价值观念。

正是由于竞技运动表演符合人的发展需求，因此它从简单的游戏娱乐发展成为多样的文化活动，进入社会生活视野，融入到社会文化中。以美国为例，竞技运动和美国人的生活紧密相连，深深地扎根于美国的社会文化中，从各个项目的小学、中学、社区俱乐部联赛，到轰轰烈烈的高中联赛，到举国上下共同关注的 NCAA、NFL、NBL，再到全世界为之瞩目的 NBA，运动占据了美国人很大一部分生活空间，而报刊杂志连篇累牍的体育报道和像 ESPN 这样 24 小时全天候播出的运动节目，使运动充斥着人们的视觉、听觉。"运动是美国社会制度化结构的一部分，其文化反映了大部分美国文化的内涵。该内涵为社会上大多数成员所信奉，且能在美国社会的习俗中找到。"

正是由于竞技运动表演符合社会的发展需求，因此它从狭窄的地域性活动发展成为广泛的全球性活动，并成为许多城市发展的重要载体。奥运会、足球世界杯等大型国际赛事成为国际大都市争办的重要活动，如2012年奥运会最初有28个城市提出申办申请，最终花落英国伦敦，伦敦的奥运规划强调："2012年奥运会为发展相对滞后的伦敦东区可能带来的巨大变化，不少展馆在赛后将改造缩小规模，部分比赛场地在赛后也将改为住宅，因此在规划中需要搬迁的住户不到500户，而周围区域的人口则达到了250万。整个规划首要关注的是如何解决社区的社会、经济和文化等问题，借助奥运会来提升当地的经济发展和创造良好的生活空间环境。"我国的全运会、城运会、大运会等国内赛事也成为各个城市争办的目标。可见，竞技运动对于城市发展具有重要的意义，许多城市以举办了大型赛事为契机促进了城市经济发展、文化形象提升、居民素质提高，成功地在预想范围内扩大了城市的知名度。由此可见，城市不仅需要竞技运动，同时也为竞技运动的发展提供了重要的生存土壤，促进了竞技运动与社会文化的融合，形成了城市的竞技运动表演文化。

竞技运动表演是以竞技赛事为载体形成的文化活动，因为它满足了人类自身的需求，契合了社会发展的要求，进了入人类生活视野，存在于社会生活空间。（1）从社会发展演变看，不同的社会形态具有不同的竞技运动表演内容。原始竞技表演的表演动作较为简单缺乏竞争性。古希腊竞技运动表演内容的游戏价值逐渐增强，与军事活动、社会价值观以及身体观密切相关。古罗马竞技运动表演内容褪去了文化本性。西方中世纪竞技运动表演退出历史舞台。我国古代因受到儒家文化的影响，竞技运动没有形成规模，但出现了具有中华民族特色的运动项目。现代竞技运动在奥林匹克运动的推动下，竞技表演内容不断调整和壮大，形成了丰富的内容体系。（2）竞技运动表演社会存在具有多种方式，多种方式共存、互补而展现了竞技运动社会存在的生命力。奥运会等具有重要社会影响的竞技运动表演，从最初的地域性发展到今天的全球性，在社会生活中显示出其巨大的生命力和影响力；职业联赛扎根于人们的日常生活中，就影响时间和持续强度来看，具有奥运会所不可比拟的优势；业余比赛等具有广泛社会意义的竞技运动表演，成为竞技运动最为基础的一种社会存在方式，体现出其重要的社会存在意义。（3）城市是竞技运动表演社会存在的主要空间，竞技运动表演需要城市土壤的滋养，以城市文化为依托、以城市居民体育需求为基础、以城市基础设施和体育设施为保障和以城市组织管理为条件，使得竞技运动表演与城市的融合成为可能。竞技运动表演促进城市经济的发展、城市环境的改善、城市文化的提升和城市形象的塑造。（4）在城市化的发展过程中，竞技运动表演与城市的融合趋势加强。不同的城市以自身城市发展为依据，可以选择与其相契合的竞技赛事。竞技运动表演与晋江的融合，不仅体现了竞技运动的社会存在价值，促进城市的发展，而且也为其自身存在找到了适合的生存空间，展现其社会存在的生命力。作为大城市的北京以奥运会为契机，体现了竞技运动表演对城市整体发展的巨大效应，作为中小城市的晋江加强竞技运动赛事与城市的融合，打造城市的体育品牌，实现竞技运动表演与城市的互动发展。

四、发展论

基于发展思考，从竞技运动表演的生命视野关注竞技者个体生命和竞技运动的和谐意蕴关注竞技运动整体发展。（1）竞技运动是人类重要的文化活动，竞技者在身体表演中追求人生的价值，提升生命的境界，实现生命的意义。然而，在现实发展中出现了漠视生命的现象，表现为竞技者的身体健康伤害、文化培养忽视、职业道德缺乏、人文关怀漠视和社会保障不利。竞技运动的发展需要以竞技者个体生命为基础，主要体现为：体教结合是关注竞技者生命的培养模式，基于竞技者作为"人"的生命发展为起点和归宿，将竞技者的运动训练和个体教育有效结合提升竞技者的生命价值和意义；平等对话是关注竞技者生命的成长基础，促进了师生之间的民主与自在的沟通，解开了运动技术的帷幔，获得完整的生命世界的生成；技术逻辑是关注竞技者生命的导向条件，体现竞技性与文化性的统一，将竞技运动的"更快、更高、更强"目标与"更美、更真、更善"目标相结合，关爱和呵护竞技者的生命；社会保障是关注竞技者生命的基本举措，向法制化、规范化、社会化维护运动员权益发展，既关系到竞技运动的发展与稳定，也关系到竞技者的个体生命的存在质量；激励机制是关注竞技者生命的必要补充，遵循公平与效益、物质与精神、时效与长效相结合原则，激发了运动员的生命激情，调动了运动员的生命能量；全面发展是关注竞技者生命的理想追求，表现为竞技者素质的全面提高、竞技者能力的全面发展以及竞技者自由的实现，充分展现其"人性"，使人的肉体和灵魂、思想和行动、理想和情感都得到健康和谐的全面发展，真正关注人的生命存在。（2）竞技运动表演的和谐意蕴既追求协调发展，注重竞技运动整体与系统本身的内在关系；也追求可持续发展，侧重于竞技运动发展的未来。在我国社会转型期，竞技运动和谐发展的原则及目标：遵循观众服务原则，满足观众欣赏需求，观众在欣赏竞技同时也参与享受竞技，从一个欣赏者步入表演者的世界，实现了欣赏生活化到表演生活化的转变；遵循效益平衡原则，建立双赢运作模式，防止"以物为本"和"唯社会效益中心"的思想，科学把握经济效益和社会效益的辩证关系；遵循项目均衡原则，打破优势垄断格局，全面提高所有竞技运动参与者的积极性与参与水平，加强国际间的体育资源的流动，推动现代竞技表演的均衡发展；遵循文化多样原则，形成多元表演文化，尊重和承认世界文化的多样性，提倡世界其他优质竞技文化的融合，形成多元文化的奥运生态圈；遵循多元参与原则，鼓励社会资源参与，建立一个开放、多元的国家和社会共办体育的新体制；遵循公平竞争原则，积极努力消除显在和潜在的不公平行为，维护竞技基本理念；遵循协调发展原则，解决好竞技运动与大众体育之间的关系，有效利用资源，促进其共同发展；遵循社会和谐原则，推动社会健康繁荣，竞技运动为和谐社会提供思想资源和精神动力，促进社会的和谐发展，竞技运动自身也需要不断改革，消除其自身的不和谐因素，从而更有力地促进和谐社会的建设。

（项目编号：1226ss08044）

中国竞技体育核心竞争力指标体系构建研究

邓万金　张雪芹　叶祥财　王恒同　徐国琴

本研究在如何提高中国竞技体育整体竞技水平的基础上，深入探讨目前我国竞技体育的核心竞争力、可持续竞争优势，并强调从中国竞技体育内部要素的角度出发，分析中国竞技体育外部的竞争环境，了解形成中国竞技体育核心竞争力的要素，以此建立符合中国竞技体育实际的核心竞争力指标体系。

一、中国竞技体育核心竞争力指标体系设计的依据

第一，以核心竞争力的本质属性和构建核心竞争力的相关要素为总体方向；第二，以中国竞技体育整体竞技水平的实际情况和决定中国竞技体育实力水平的相关要素为依据；第三，世界竞技体育强国的现状及其发展趋势；第四，核心竞争力指标体系实际上是对我国未来竞技体育水平发展的一种预测，而这种预测必须是建立在现实基础之上的，因此，中国竞技体育发展的现状也是设计核心竞争力指标体系的依据；第五，童利忠等学者在《企业核心竞争力—理论与案例》一书中认为，在外部环境相同、资源稀缺的条件下，企业怎样通过有效管理来获取竞争优势，使各构成要素有机融合，并指出核心竞争力包括三个层次，即内部核心层、中间支撑层和外在表现层；第六，罗超毅博士在其博士学位论文《运动训练科学化动力系统的研究》中认为，运动训练科学化动力系统大致分为三个层次，即核心动力层、基础动力层和环境动力层。核心动力层主要由教练员、运动员及直接参加运动训练实践活动的各方面人员（如科技教练、队员等）构成的运动训练实施者群体；基础动力层是指对运动训练科学化的发展进程有比较大且具有基础性支持作用的各个动力子系统，它们主要有科学技术、科学教育、科学管理和科训结合的各种物质保障条件等因素；环境动力层是指对运动训练科学有影响，其影响力一般、具有间接作用的各种动力要素子系统，主要有国家的政治形势、经济状况和文化环境等影响因素。核心竞争力的本质度量，包括三个基础的内涵识别：一是竞争力的源动力表征；二是竞争力的支撑表征；三是竞争力的环境表征。三者具有高度的逻辑统一性，只有这三条主线同时包容在中国竞技体育中，中国竞技体育才有厚实的基础，才有在世界竞技体育舞台竞争的实力。因此，本研究认为，中国竞技体育核心竞争力的内涵应包括动力层竞争力、支撑层竞争力和环境层竞争力三个基本内容，这也成为建立中国竞技体育核心竞争力指标体系的重要依据。

二、中国竞技体育核心竞争力指标体系设计的原则

科学性原则。指标体系一定要建立在科学的基础上，指标概念必须明确，并要有一定的科学内涵。核心竞争力指标体系的科学性首先表现为准确性和客观性，即能比较客

观地反映中国竞技体育实力的实际情况，能从本质上反映整体竞技水平的基本特征；其次表现为核心竞争力指标体系的合理性。

代表性原则。核心竞争力指标体系是要在众多的竞争力指标中选择具有代表性，蕴含信息量多，能够比较深入地反映中国竞技体育整体竞技水平特征的指标，从而降低误差，提高科学性和可信度。

系统性原则。中国竞技体育核心竞争力指标体系的层次和结构必须具有系统性，要求下级指标能够充分反映上级指标的内涵和本质，体现整体协调，全面客观反映出中国竞技体育核心竞争力的基本状态。

可操作性原则。中国竞技体育核心竞争力指标体系的构建既应该考虑它的高度综合性和复杂性，又应该考虑操作性，因为评价指标体系最后之目的是提供一个评价工具，对中国竞技体育整体实力的现状作出准确的评价，并对未来作出相对精确的预测。本研究在筛选指标过程中，尽最大努力使指标具有较强的可测性和可比性。考虑到未来实际调查中应用和测量的方便，筛选时尽量使用那些容易通过国家体育总局竞技体育项目管理中心、国家体育信息研究所直接获得，或者容易通过文献研究、统计资料分析、抽样调查以及典型调查中获得的指标。

定量与定性相结合原则。指标体系的构建应遵循三个原则，即定量、定性、定量与定性相结合。量化是建立指标体系的关键，量化指标体系可操作性更强，易于比较，更能准确地判断优劣、好坏，所以在本研究中以量化为主；为了客观反映某些指标的本质属性，把主观性减少到最低点，本研究同时采用了一些定性指标。根据指标的内涵和本质，科学地进行量化指标和定性指标分类，对中国竞技体育核心竞争力指标体系进行有机整合，力求全面客观反映中国竞技体育竞技实力。

完备性原则。竞争力具有复杂性和多面性，核心竞争力具有指向性。核心竞争力指标体系应该比较全面地反映各级指标的内部关系及其与整体之间的关系。当然我们不能形而上学地理解完备性原则，不能简单地认为指标越多越全面，应该对指标科学地进行取舍，选择那些代表性强和比较重要的指标。

层次分明原则。核心竞争力指标体系是由多层次的指标群组成的，它以多元系统结构，进行层次分明的逐级分解。同时，在各层次的相互关联中，实行多层次的隶属对应和分解，以形成层次分明的科学组合。

相对独立性原则。描述核心竞争力复合系统发展状况的指标往往存在指标间的重叠，尽管这是不可避免的，但在选择指标时，尽可能选择具有相对独立性的指标。在制定指标时，本研究尽可能地减少指标间信息的重叠，同类指标原则上只选取有代表性的2~3项，使得所有指标覆盖的面更广，从而提高核心竞争力评价的准确性和科学性。

三、中国竞技体育核心竞争力指标体系构建的基本方法

多指标综合评价是从多个角度选取不同的指标以反映评价对象的不同侧面，然后综合起来反映评价对象整体状况。多指标综合评价结果能否全面、真实、准确地反映评价对象的整体状况，一个重要影响因素就是评价指标的选择是否全面、真实、准确地反映评价对象的不同侧面。因此，选择什么指标来描述评价对象成为多指标综合评价必须解决的首要问题。多指标综合评价指标选取的方法主要分为定性和定量两类。

（一）定量分析选取评价指标的方法

定量分析选取评价指标的方法就是根据指标间的数量关系运用数学方法筛选出所需指标体系的方法，它包括以下三个基本步骤。

第一，建立综合评价预选指标体系。在选取评价指标之前，明确评价对象的基本概念，在定性分析的基础上，选择与评价目的相关的指标，构成预选指标集。预选指标集是定量分析的基础，涉及面比较宽，涵盖的指标比较多。定量分析就是对预选指标的数量特性进行分析，从而在预选指标集中选择特性较好的指标构成综合评价指标体系。

第二，对指标特性进行分析。这一步骤采用特定方法量化分析各个指标在多大程度上反映了评价对象的状态。常用的方法有隶属度分析、相关分析、主成分分析、因子分析和聚类分析，一般根据研究需要选取不同的量化分析方法。

第三，确定阈值，筛选指标。根据第二步采用的方法确定一个阈值，保留阈值以上的指标，即可获得一个基本反映原指标集包含的信息量，但指标数量应少于原指标集。

定量分析选取评价指标的方法的优点主要表现在以下几方面。第一方面，根据指标的客观统计值作出判断，排除了主观因素的干扰，相同的数据集、采用相同的方法能够得到相同的指标体系，具有较强的客观性；第二方面，指标筛选方法理论基础可靠，有严密的论证过程，结果可靠。

但是，这类方法也有不足之处，主要表现在：一是它需要收集庞大的初始统计指标数据；二是它对指标的筛选过分强调数据的质量；三是指标之间的逻辑关系不太明确，导致指标过于离散。

（二）定性分析选取评价指标的方法

定性分析选取评价指标的方法就是运用系统思想，根据评价目的对评价对象的结构进行深入的系统剖析，把评价对象分解成不同的侧面，在对每一个侧面的属性进行深入分析的基础上，提出反映各个侧面的衡量指标，最终将这些指标组合起来构成指标体系。

层次分析法是定性分析选取评价指标的典型代表。它的基本思想是将一个复杂问题分解成几个大的方面，然后对每个方面进一步分解成更细小的方面，层次递进，直至分解成可以用数据直接描述的层次。

定性分析选取评价指标的方法的最大优势是指标与指标之间存在逻辑关系，有利于人们全面把握指标体系的层次结构和指标的选择，达到指标体系能够完整反映评价对象的全貌的目的。其不足之处表现在由于人们掌握的知识不同、观察角度不同，导致对同一评价对象、同一评价目的有不同的分解方法。

鉴于定量和定性分析选取评价指标方法的优势和不足，结合本文的研究需要，为了达到理想的研究目的，综合考虑中国竞技体育核心竞争力指标体系是一个包含多方面、多层次内容的复合概念，其本质是结构变化的。因此，本文拟采用定量和定性相结合分析选取评价指标的方法，构建中国竞技体育核心竞争力指标体系。

四、中国竞技体育核心竞争力指标体系的步骤

根据社会学研究原理，结合中国竞技体育竞争力的本质特征，在筛选有效反映中国竞技体育整体竞技水平的指标时，应用多指标综合评价方法进行指标体系构建。在整个指标筛选和确定的过程中，各个环节紧密相连，通过反复检验和修正，不断完善并最终贴近中国竞技体育核心竞争力的本质（图1）。

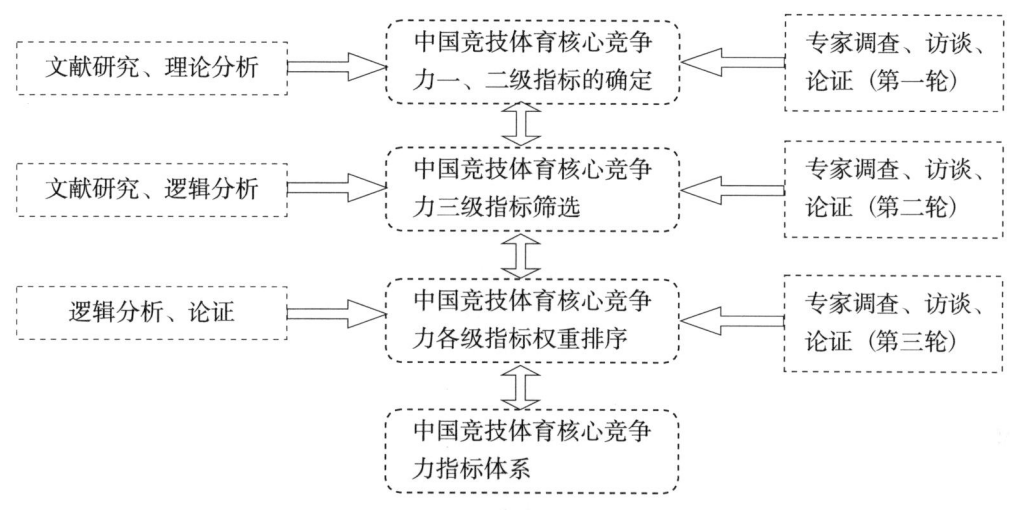

图1 中国竞技体育核心竞争力指标体系构建流程图

第一步：文献研究与经验选择相结合，进行第一轮专家咨询。在文献研读、个别访问和经验借鉴的基础上，从能够反映中国竞技体育整体竞技水平的关键内容入手，按照"理论—概念—操作化—指标"的程序，对中国竞技体育核心竞争力指标体系进行了经验选择，初步形成了一个含三项一级指标和12项二级指标的中国竞技体育核心竞争力指标体系。将通过文献参考与经验选择相结合选择出来的指标体系连同"中国竞技体育核心竞争力""动力层竞争力""支撑层竞争力""环境层竞争力"的概念等问题，向专家咨询。

第二步：进行第二轮专家咨询。在统计整理第一轮专家提出的意见和建议的基础上，修正中国竞技体育核心竞争力一、二级指标。并将设计好的中国竞技体育核心竞争力三级指标，征求专家意见和建议，对其进行筛选和补充。

第三步：将最终修正好的中国竞技体育核心竞争力指标体系，征求专家的观点，对各级指标的重要程度进行排序。

依据三轮专家的意见和建议，运用层次分析法，最终构建中国竞技体育核心竞争力指标体系。

五、中国竞技体育核心竞争力层次结构的构建

在咨询不同研究领域专家的意见基础上，根据第一轮专家和第二轮专家对中国竞技体育核心竞争力指标体系的筛选、论证，最终中国竞技体育核心竞争力指标体系由表的层次结构组成（表1）。

表 1 中国竞技体育核心竞争力指标体系层次结构

一级指标	二级指标	三级指标
中国竞技体育核心竞争力（A）		
动力层竞争力（B1）	竞技体育教练员资源竞争力（C1）	国家级竞技体育教练员人数（D1）
		高级竞技体育教练员人数（D2）
		中级竞技体育教练员人数（D3）
	竞技体育运动员资源竞争力（C2）	国际级竞技体育运动健将人数（D4）
		国家级竞技体育运动健将人数（D5）
		一级竞技体育运动员人数（D6）
	科研与训练结合程度（C3）	科研经费投入总额（D7）
		已批准的奥运攻关课题数目（D8）
		科研成果在竞技体育训练中的转化率（D9）
	参赛能力（C4）	国际级赛事中获得前八名人次（D10）
		国际级赛事中超水平发挥的人次（D11）
		国际级赛事中正常发挥水平的人次（D12）
支撑层竞争力（B2）	政府政策力度（C5）	国家政府对竞技体育项目发展的重视程度（D13）
		"122工程和奥运战略计划"的实施力度（D14）
		国家政策对竞技体育项目的影响程度（D15）
	竞技体育裁判员资源竞争力（C6）	国际级竞技体育裁判员人数（D16）
		国家级竞技体育裁判员人数（D17）
		一级竞技体育裁判员人数（D18）
	竞技体育后备力量竞争力（C7）	竞技体育后备人才总数（D19）
		设竞技体育项目的高水平后备人才基地数（D20）
		优秀竞技体育运动队数量（D21）
	后勤保障竞争力（C8）	竞技体育训练投入经费总额（D22）
		人均训练经费（D23）
		投入训练设施总额（D24）
环境层竞争力（B3）	媒体宣传力度（C9）	竞技体育新闻的报道频度（D25）
		竞技体育新闻的收视率（D26）
		竞技体育新闻在报纸版面上的位置程度（D27）
		竞技体育新闻在电视新闻报道的时间段（D28）
	竞技体育赛制竞争力（C10）	国内竞技体育赛制与国际竞技体育赛制的结合度（D29）
		国内竞技体育赛制的吸引力（D30）
		国内竞技体育赛制的绩效（D31）
	管理竞争力（C11）	竞技体育运动员管理制度与实施评价指数（D32）
		竞技体育教练员管理制度与实施评价指数（D33）
		竞技体育训练管理制度与实施评价指数（D34）
	开放竞争力（C12）	与国外相应机构联合培训教练员和运动员次数（D35）
		邀请国内外专家讲学次数（D36）
		举行全国的竞技体育训练讲座次数（D37）

（一）中国竞技体育核心竞争力一级指标判断矩阵的建立

根据层次分析法的有关原理和程序，首先对中国竞技体育核心竞争力一级指标进行两两比较，列成矩阵表。动力层竞争力、支撑层竞争力、环境层竞争力比较矩阵的构建如表2。

表2　中国竞技体育核心竞争力一级指标判断矩阵 A

中国竞技体育核心竞争力	行码	动力层竞争力	支撑层竞争力	环境层竞争力
列码	RXBX	B1	B2	B3
动力层竞争力	R1			
支撑层竞争力	R2			
环境层竞争力	R3			

按照 1~9 标度法（1–同等重要；3–稍微重要；5–明显重要；7–特别重要；9–极端重要），依据专家们对中国竞技体育核心竞争力一级指标相互之间的相对重要性综合意见，现将统计表行指标与列指标的相对重要性，统计如果如下：

R1B1:就衡量中国竞技体育核心竞争力而言，动力层竞争力与动力层竞争力相比，当然是同等重要，所以在 R1B1 中填入 1；

R1B2:就衡量中国竞技体育核心竞争力而言，动力层竞争力与支撑层竞争力相比，专家们认为动力层竞争力较之支撑层竞争力稍微重要，所以在 R1B2 中填入 3；

R1B3:就衡量中国竞技体育核心竞争力而言，动力层竞争力与环境层竞争力相比，专家们认为动力层竞争力较之环境层竞争力明显重要，所以在 R1B3 中填入 5；

R2B1:就衡量中国竞技体育核心竞争力而言，支撑层竞争力与动力层竞争力相比，专家们认为动力层竞争力较之支撑层竞争力稍微重要，所以在 R2B1 中填入 1/3；

R2B2:就衡量中国竞技体育核心竞争力而言，支撑层竞争力与支撑层竞争力相比，当然是同等重要，所以在 R2B2 中填入 1；

R2B3:就衡量中国竞技体育核心竞争力而言，支撑层竞争力与环境层竞争力相比，专家们认为支撑层竞争力较之环境层竞争力稍微重要，所以在 R2B3 中填入 3；

R3B1:就衡量中国竞技体育核心竞争力而言，环境层竞争力与动力层竞争力相比，专家们认为动力层竞争力较之环境层竞争力明显重要，所以在 R3B1 中填入 1/5；

R3B2:就衡量中国竞技体育核心竞争力而言，环境层竞争力与支撑层竞争力相比，专家们认为支撑层竞争力较之环境层竞争力稍微重要，所以在 R3B2 中填入 1/3；

R3B3:就衡量中国竞技体育核心竞争力而言，环境层竞争力与环境层竞争力相比，当然是同等重要，所以在 R3B3 中填入 1；

中国竞技体育核心竞争力一级指标判断矩阵 A 数值如表3。

表3　中国竞技体育核心竞争力一级指标判断矩阵 A 数值表

中国竞技体育核心竞争力	行码	动力层竞争力	支撑层竞争力	环境层竞争力
列码	RXBX	B1	B2	B3
动力层竞争力	R1	1	3	5
支撑层竞争力	R2	1/3	1	3
环境层竞争力	R3	1/5	1/3	1

(二) 中国竞技体育核心竞争力二级指标判断矩阵的建立

依据层次分析法的比较思路,综合专家们对中国竞技体育核心竞争力二级指标相互之间的相对重要性的意见,最后得到中国竞技体育核心竞争力二级指标判断矩阵数值。

就衡量动力层竞争力而言,竞技体育教练员资源竞争力较之竞技体育运动员资源竞争力稍微重要;竞技体育教练员资源竞争力较之科研与训练结合程度明显重要;竞技体育教练员资源竞争力较之参赛能力稍微重要。竞技体育运动员资源竞争力较之科研与训练结合程度稍微重要;竞技体育运动员资源竞争力较之参赛能力同等重要。科研与训练结合程度较之参赛能力稍微不重要。动力层竞争力 B1 判断矩阵数值如表 4。

表 4　动力层竞争力 B1 判断矩阵数值表

动力层竞争力	竞技体育教练员资源竞争力	竞技体育运动员资源竞争力	科研与训练结合程度	参赛能力
竞技体育教练员资源竞争力	1	3	5	3
竞技体育运动员资源竞争力	1/3	1	3	1
科研与训练结合程度	1/5	1/3	1	1/3
参赛能力	1/3	1	3	1

就衡量支撑层竞争力而言,政府政策力度较之竞技体育裁判员资源竞争力明显重要;政府政策力度较之竞技体育后备力量竞争力稍微重要;政府政策力度较之后勤保障竞争力明显重要。竞技体育裁判员资源竞争力较之竞技体育后备力量竞争力稍微不重要;竞技体育裁判员资源竞争力较之后勤保障竞争力同等重要。竞技体育后备力量竞争力较之后勤保障竞争力稍微重要。支撑层竞争力 B2 判断矩阵数值如表 5。

表 5　支撑层竞争力 B2 判断矩阵数值表

支撑层竞争力	政府政策力度	竞技体育裁判员资源竞争力	竞技体育后备力量竞争力	后勤保障竞争力
政府政策力度	1	5	3	5
竞技体育裁判员资源竞争力	1/5	1	1/3	1
竞技体育后备力量竞争力	1/3	3	1	3
后勤保障竞争力	1/5	1	1/3	1

就衡量环境层竞争力而言,媒体宣传力度较之竞技体育赛制竞争力同等重要;媒体宣传力度较之管理竞争力明显不重要;媒体宣传力度较之开放竞争力同等重要。竞技体育赛制竞争力较之管理竞争力明显不重要;竞技体育赛制竞争力较之开放竞

争力同等重要。管理竞争力较之开放竞争力明显重要。环境层竞争力 B3 判断矩阵数值如表 6。

表 6　环境层竞争力 B3 判断矩阵数值表

环境层竞争力	媒体宣传力度	竞技体育赛制竞争力	管理竞争力	开放竞争力
媒体宣传力度	1	1	1/5	1
竞技体育赛制竞争力	1	1	1/5	1
管理竞争力	5	5	1	5
开放竞争力	1	1	1/5	1

（三）中国竞技体育核心竞争力三级指标判断矩阵的建立

采用类似方法，综合专家们对中国竞技体育核心竞争力三级指标相互之间的相对重要性的意见，最后得到中国竞技体育核心竞争力三级指标判断矩阵数值。

就衡量竞技体育教练员资源竞争力而言，国家级竞技体育教练员人数较之高级竞技体育教练员人数稍微重要；国家级竞技体育教练员人数较之中级竞技体育教练员人数特别重要。高级竞技体育教练员人数较之中级竞技体育教练员人数明显重要。竞技体育教练员资源竞争力 C1 判断矩阵数值如表 7。

表 7　竞技体育教练员资源竞争力 C1 判断矩阵数值表

竞技体育教练员资源竞争力	国家级竞技体育教练员人数	高级竞技体育教练员人数	中级竞技体育教练员人数
国家级竞技体育教练员人数	1	3	7
高级竞技体育教练员人数	1/3	1	5
中级竞技体育教练员人数	1/7	1/5	1

就衡量竞技体育运动员资源竞争力而言，国际级竞技体育运动健将人数较之国家级竞技体育运动健将人数明显重要；国际级竞技体育运动健将人数较之一级竞技体育运动员人数极端重要。国家级竞技体育运动健将人数较之一级竞技体育运动员人数明显重要。竞技体育运动员资源竞争力 C2 判断矩阵数值如表 8。

表 8　竞技体育运动员资源竞争力 C2 判断矩阵数值表

竞技体育运动员资源竞争力	国际级竞技体育运动健将人数	国家级竞技体育运动健将人数	一级竞技体育运动员人数
国际级竞技体育运动健将人数	1	5	9
国家级竞技体育运动健将人数	1/5	1	5
一级竞技体育运动员人数	1/9	1/5	1

就衡量科研与训练结合程度而言，科研经费投入总额较之已批准的奥运攻关课题数目同等重要；科研经费投入总额较之科研成果在竞技体育训练中的转化率明显不重要。已批准的奥运攻关课题数目较之科研成果在竞技体育训练中的转化率明显不重要。科研与训练结合程度 C3 判断矩阵数值如表 9。

表 9 科研与训练结合程度 C3 判断矩阵数值表

科研与训练结合程度	科研经费投入总额	已批准的奥运攻关课题数目	科研成果在竞技体育训练中的转化率
科研经费投入总额	1	1	1/5
已批准的奥运攻关课题数目	1	1	1/5
科研成果在竞技体育训练中的转化率	5	5	1

就衡量参赛能力而言，国际级赛事中获得前八名人次较之国际级赛事中超水平发挥的人次稍微重要；国际级赛事中获得前八名人次较之国际级赛事中正常发挥水平的人次特别重要。国际级赛事中超水平发挥的人次较之国际级赛事中正常发挥水平的人次明显重要。参赛能力 C4 判断矩阵数值如表 10。

表 10 参赛能力 C4 判断矩阵数值表

参赛能力	国际级赛事中获得前八名人次	国际级赛事中超水平发挥的人次	国际级赛事中正常发挥水平的人次
国际级赛事中获得前八名人次	1	3	7
国际级赛事中超水平发挥的人次	1/3	1	5
国际级赛事中正常发挥水平的人次	1/7	1/5	1

就衡量政府政策力度而言，国家政府对竞技体育项目发展的重视程度较之"122 工程和奥运战略计划"的实施力度稍微重要；国家政府对竞技体育项目发展的重视程度较之国家政策对竞技体育项目的影响程度稍微重要。"122 工程和奥运战略计划"的实施力度较之国家政策对竞技体育项目的影响程度同等重要。政府政策力度 C5 判断矩阵数值如表 11。

表 11 政府政策力度 C5 判断矩阵数值表

政府政策力度	国家政府对竞技体育项目发展的重视程度	"122 工程和奥运战略计划"的实施力度	国家政策对竞技体育项目的影响程度
国家政府对竞技体育项目发展的重视程度	1	3	3
"122 工程和奥运战略计划"的实施力度	1/3	1	1
国家政策对竞技体育项目的影响程度	1/3	1	1

就衡量竞技体育裁判员资源竞争力而言，国际级竞技体育裁判员人数较之国家级竞技体育裁判员人数稍微重要；国际级竞技体育裁判员人数较之一级竞技体育裁判员人数特别重要。国家级竞技体育裁判员人数较之一级竞技体育裁判员人数明显重要。竞技体育裁判员资源竞争力 C6 判断矩阵数值如表 12。

表 12　竞技体育裁判员资源竞争力 C6 判断矩阵数值表

竞技体育裁判员资源竞争力	国际级竞技体育裁判员人数	国家级竞技体育裁判员人数	一级竞技体育裁判员人数
国际级竞技体育裁判员人数	1	3	7
国家级竞技体育裁判员人数	1/3	1	5
一级竞技体育裁判员人数	1/7	1/5	1

就衡量竞技体育后备力量竞争力而言，竞技体育后备人才总数较之设竞技体育项目的高水平后备人才基地数明显不重要；竞技体育后备人才总数较之优秀竞技体育运动队数量稍微不重要。设竞技体育项目的高水平后备人才基地数较之优秀竞技体育运动队数量稍微重要。竞技体育后备力量竞争力 C7 判断矩阵数值如表 13。

表 13　竞技体育后备力量竞争力 C7 判断矩阵数值表

竞技体育后备力量竞争力	竞技体育后备人才总数	设竞技体育项目的高水平后备人才基地数	优秀竞技体育运动队数量
竞技体育后备人才总数	1	1/5	1/3
设竞技体育项目的高水平后备人才基地数	5	1	3
优秀竞技体育运动队数量	3	1/3	1

就衡量后勤保障竞争力而言，竞技体育训练投入经费总额较之人均训练经费稍微重要；竞技体育训练投入经费总额较之投入训练设施总额明显重要。人均训练经费较之投入训练设施总额稍微重要。后勤保障竞争力 C8 判断矩阵数值如表 14。

表 14　后勤保障竞争力 C8 判断矩阵数值表

后勤保障竞争力	竞技体育训练投入经费总额	人均训练经费	投入训练设施总额
竞技体育训练投入经费总额	1	3	5
人均训练经费	1/3	1	3
投入训练设施总额	1/5	1/3	1

就衡量媒体宣传力度而言，竞技体育新闻的报道频度较之竞技体育新闻的收视率同等重要；竞技体育新闻的报道频度较之竞技体育新闻在报纸版面上的位置程度稍微重要；竞技体育新闻的报道频度较之竞技体育新闻在电视新闻报道的时间段稍微重要。竞

技体育新闻的收视率较之竞技体育新闻在报纸版面上的位置程度稍微重要；竞技体育新闻的收视率较之竞技体育新闻在电视新闻报道的时间段稍微重要。竞技体育新闻在报纸版面上的位置程度较之竞技体育新闻在电视新闻报道的时间段同等重要。媒体宣传力度C9判断矩阵数值如表15。

表15 媒体宣传力度C9判断矩阵数值表

媒体宣传力度	竞技体育新闻的报道频度	竞技体育新闻的收视率	竞技体育新闻在报纸版面上的位置程度	竞技体育新闻在电视新闻报道的时间段
竞技体育新闻的报道频度	1	1	3	3
竞技体育新闻的收视率	1	1	3	3
竞技体育新闻在报纸版面上的位置程度	1/3	1/3	1	1
竞技体育新闻在电视新闻报道的时间段	1/3	1/3	1	1

就衡量竞技体育赛制竞争力而言，国内竞技体育赛制与国际竞技体育赛制的结合度较之国内竞技体育赛制的吸引力明显重要；国内竞技体育赛制与国际竞技体育赛制的结合度较之国内竞技体育赛制的绩效稍微重要。国内竞技体育赛制的吸引力较之国内竞技体育赛制的绩效稍微不重要。竞技体育赛制竞争力C10判断矩阵数值如表16。

表16 竞技体育赛制竞争力C10判断矩阵数值表

竞技体育赛制竞争力	国内竞技体育赛制与国际竞技体育赛制的结合度	国内竞技体育赛制的吸引力	国内竞技体育赛制的绩效
国内竞技体育赛制与国际竞技体育赛制的结合度	1	5	3
国内竞技体育赛制的吸引力	1/5	1	1/3
国内竞技体育赛制的绩效	1/3	3	1

就衡量管理竞争力而言，竞技体育运动员管理制度与实施评价指数较之竞技体育教练员管理制度与实施评价指数明显重要；竞技体育运动员管理制度与实施评价指数较之竞技体育训练管理制度与实施评价指数明显重要。竞技体育教练员管理制度与实施评价指数较之竞技体育训练管理制度与实施评价指数同等重要。管理竞争力C11判断矩阵数值如表17。

表17 管理竞争力C11判断矩阵数值表

管理竞争力	竞技体育运动员管理制度与实施评价指数	竞技体育教练员管理制度与实施评价指数	竞技体育训练管理制度与实施评价指数
竞技体育运动员管理制度与实施评价指数	1	5	5
竞技体育教练员管理制度与实施评价指数	1/5	1	1
竞技体育训练管理制度与实施评价指数	1/5	1	1

就衡量开放竞争力而言，与国外相应机构联合培训教练员和运动员次数较之邀请国内外专家讲学次数稍微重要；与国外相应机构联合培训教练员和运动员次数较之举行全国的竞技体育训练讲座次数稍微重要。邀请国内外专家讲学次数较之举行全国的竞技体育训练讲座次数同等重要。开放竞争力 C12 判断矩阵数值如表 18。

表 18　开放竞争力 C12 判断矩阵数值表

开放竞争力	与国外相应机构联合培训教练员和运动员次数	邀请国内外专家讲学次数	举行全国的竞技体育训练讲座次数
与国外相应机构联合培训教练员和运动员次数	1	3	3
邀请国内外专家讲学次数	1/3	1	1
举行全国的竞技体育训练讲座次数	1/3	1	1

六、中国竞技体育核心竞争力指标体系的解释与说明

（一）中国竞技体育核心竞争力一级指标设置的解释与说明

动力层竞争力：对中国竞技体育核心竞争力的形成和提高起着推动作用的所有竞争力的综合体现，由竞技体育教练员资源竞争力、竞技体育运动员资源竞争力、科研与训练结合程度和参赛能力四个方面组成。

支撑层竞争力：为中国竞技体育核心竞争力提供支撑平台，对中国竞技体育核心竞争力的形成和提高起着间接作用的所有竞争力的综合体现，由政府政策力度、竞技体育裁判员资源竞争力、竞技体育后备力量竞争力和后勤保障竞争力四个方面组成。

环境层竞争力：对中国竞技体育核心竞争力的形成和提高起着影响作用的有关外部条件竞争力的综合体现，由媒体宣传力度、竞技体育赛制竞争力、管理竞争力和开放竞争力四个方面组成。

（二）中国竞技体育核心竞争力二级指标设置的解释与说明

1. 竞技体育教练员资源竞争力

竞技体育教练员资源竞争力由国家级竞技体育教练员、高级竞技体育教练员和中级竞技体育教练员构成，反映了竞技体育教练员的执教水平和状况。

竞技体育教练员是竞技体育整体链条结构中的重要一环，在竞技体育训练过程中，他是竞技体育运动员的选拔者和实施者，是训练过程的设计者和控制者，是训练计划的制定者和实施者，也是竞技体育运动员思想和生活的管理者。国家级竞技体育教练员和高级竞技体育教练员承担优秀竞技体育运动员的训练教学和比赛工作，他们对竞技体育整体竞技水平的提升起着决定性作用。

2. 竞技体育运动员资源竞争力

竞技体育运动员资源竞争力由国际级竞技体育运动健将、国家级竞技体育运动健将和一级竞技体育运动员构成。运动员是竞技体育的主体，是从事训练和比赛的生力军，

国际级竞技体育运动健将和国家级竞技体育运动健将直接影响我国竞技体育的比赛成绩和国际体坛地位。

国际级竞技体育运动健将是我国竞技体育向世界顶尖水平冲击的主要依靠力量，这支队伍的数量和质量直接影响我国竞技体育在国际体坛上的形象和地位。国家级竞技体育运动健将是我国高水平竞技体育队参与国际竞技体育大赛的主力队伍，是国际级竞技体育运动健将的后援和基础，这支队伍的数量和质量反映我国竞技体育的基本实力和水平。

3. 科学研究与竞技体育运动训练结合度

科学研究在推动我国竞技体育运动训练科学化水平的提高发挥了重要的作用。科学研究与竞技体育运动训练的结合一般要经过三个基本的环节：一是科学技术研究活动，这是竞技体育运动训练科学化的前提条件；二是科学技术成果的转化，这是科学技术从研究活动向现实生产力转移的一个关键环节；三是经过转化后的科技成果在竞技体育运动训练中推广应用，产生社会效益和经济效益。

科学研究与竞技体育运动训练结合度由投入到竞技体育运动训练的科研经费总额、已批准的竞技体育项目奥运攻关课题数和科研成果在竞技体育运动训练中的转化率构成。

4. 参赛能力

参赛能力由具有不同表现形式和不同作用的体能、技能、战术能力、运动智能以及心理能力所构成，并综合地在比赛过程中所表现出来的一种能力。参赛能力的高低反映在比赛过程中运动成绩的发挥程度。

竞技体育运动整体竞技水平依赖于全体竞技体育运动员的参赛能力。参赛能力由国际级竞技体育赛事中获得前八名人次、国际级竞技体育赛事中超水平发挥的人次和国际级竞技体育赛事中正常发挥水平的人次构成。

5. 政府政策力度

政府政策力度由国家政府对竞技体育项目发展的重视程度、"122工程和奥运战略计划"的实施力度和国家政策对竞技体育项目的影响程度构成。

政府政策是实现竞技体育运动快速发展的最有力的支撑和保障，其力度直接影响中国竞技体育运动水平提高的进程。政府政策应与我国竞技体育项目发展目标相适应，集中有限的人力、物力和财力，最大限度地调动各方面的积极性，有效配置全国的竞技体育资源，上下形成合力，努力提高我国竞技体育运动水平，创造优异运动成绩。当前我国的竞技体育举国体制是我国竞技体育在国际竞争中取得胜利的制胜法宝和最宝贵经验之一。

6. 竞技体育裁判员资源竞争力

竞技体育裁判员是竞技体育比赛的监督者和评判者，他们为竞技体育运动员创造优异成绩提供了有力的保障，他们的水平直接影响竞技体育比赛的公正性和合理性。竞技体育裁判员资源竞争力由国际级竞技体育裁判员人数、国家级竞技体育裁判员人数和一级竞技体育裁判员人数构成。竞技体育裁判员的数量和质量间接影响我国竞技体育运动的开展和竞技体育运动水平的提高。

7. 竞技体育后备力量竞争力

竞技体育后备力量竞争力由竞技体育后备人才总数、设竞技体育项目的高水平后备人才基地数和优秀竞技体育运动队数量构成,它反映中国竞技体育后备力量的基础和优秀竞技体育运动员成长的走势。

竞技体育后备力量是我国竞技体育未来发展的主力军,是在未来创造优异运动成绩、提高我国竞技体育竞技水平和整体实力的实践者。因此,保证充足数量的竞技体育后备力量是我国竞技体育发展的基本条件,尤其形成一支质量过硬、梯队结构合理的竞技体育后备力量队伍是我国竞技体育可持续快速发展的基本保证。

8. 后勤保障竞争力

后勤保障是竞技体育运动训练的前提,没有后勤保障,竞技体育运动训练根本无从谈起。正因为中国竞技体育有了国家政府的财政保障、社会力量的供给,才使得中国竞技体育运动能全身心投入训练中去。

后勤保障竞争力由竞技体育训练投入经费总额、人均训练经费和投入训练设施总额构成。

9. 媒体宣传力度

媒体是连接现场和受众的纽带。竞技体育赛事具有强烈的视觉冲击力,与报纸、互联网和广播等媒体相比,电视是最能够体现赛事特征的媒体,它从视觉和听觉等方面向受众提供了最新的信息,满足了受众对于赛事信息全方位多角度的需求。

媒体宣传力度由竞技体育新闻的报道频度、竞技体育新闻的收视率、竞技体育新闻在报纸版面上的位置程度和竞技体育新闻在电视新闻报道的时间段构成。

10. 竞技体育赛制竞争力

竞技体育赛制是组织和实施竞技体育比赛的依据和指南,是一切竞技体育活动所要遵循的一个中心原则。竞技体育赛制的先进与否直接影响竞技体育运动水平发展。因此,竞技体育赛制必须符合竞技体育运动的发展规律,必须服务于竞技体育运动员和教练员,必须与国际竞技体育赛制接轨。

竞技体育赛制是竞技体育运动员进行比赛的载体,是多年来根据社会的需要和竞技体育运动水平的发展逐渐形成的比赛制度。中国1995年以后竞技体育赛制逐渐改变为现在的由室内竞技体育锦标赛系列赛、大奖赛系列赛、全国竞技体育锦标赛为主的赛事安排和由此而产生的新的规章制度和组织措施。

竞技体育赛制竞争力是由国内竞技体育赛制与国际竞技体育赛制的结合度、国内竞技体育赛制的吸引力和国内赛制的绩效三项组成。竞技体育赛事安排要以培养和锻炼我国优秀竞技体育运动员稳定发挥自己的竞技水平,克服成绩起伏过大为主,使国内竞技体育赛事与国际竞技体育赛制逐渐接轨,为我国优秀竞技体育运动员提供接近和赶超世界优秀竞技体育运动员的比赛场次和机会。

11. 管理竞争力

管理决定一切,管理工作是一项系统、细致、烦琐的工程,管理效果的好坏直接决定最终运动成绩的好坏,竞技体育运动管理的对象不仅包括对运动员的管理,还包括对教练员的管理、科研人员的管理。

管理竞争力由竞技体育运动员管理制度与实施评价指数、竞技体育教练员管理制度与实施评价指数和竞技体育训练管理制度与实施评价指数构成。

12. 开放竞争力

当今社会是一个开放、信息的社会,体育界的竞争不仅仅是运动成绩本身的竞争,更是竞技信息之间的交流、合作与竞争。

  开放竞争力由与国外相应机构联合培训教练员和运动员次数、邀请国内外专家讲学次数和举行全国的竞技体育训练讲座次数构成。

（项目编号：1294ss08112）

我国优势运动项目布局重构对策研究

余 银 胡亦海 沈丽芬 郑 强 李保存 高 平 胡海旭

在推动"体育强国"目标建设的重要背景下，本课题对我国国际国内优势项目的总体特征及分布特点进行分析，揭示我国优势项目发展及结构格局中存在的严重问题，为拓展优势空间，缩小地域差距，促进区域平衡发展及各项目协调并进等提供理论支持，为建立良性竞争、优势互补、各"竞"其能的全国竞技体育新格局提供参考依据，更为我国继续在国际竞技舞台上大放异彩，发挥竞技体育在"提升我国国际地位和声望的作用"提供理论参考和帮助。

一、我国奥运优势项目布局重构思路分析

随着北京奥运会的结束，新一轮奥运会的备战工作已经开始，面对我国目前奥运优势项目仍然存在的突出问题及未来"体育强国"的发展目标，必须对我国现阶段优势运动项目进行调整和重构，以继续保持优势，扭转薄弱，达到全面发展的目的。现以北京奥运会成绩为主要参考，以之前两届奥运会成绩为辅助，制定出竞技项目的一级布局结构——主优势项目、潜优势项目、弱优势项目及非优势项目。

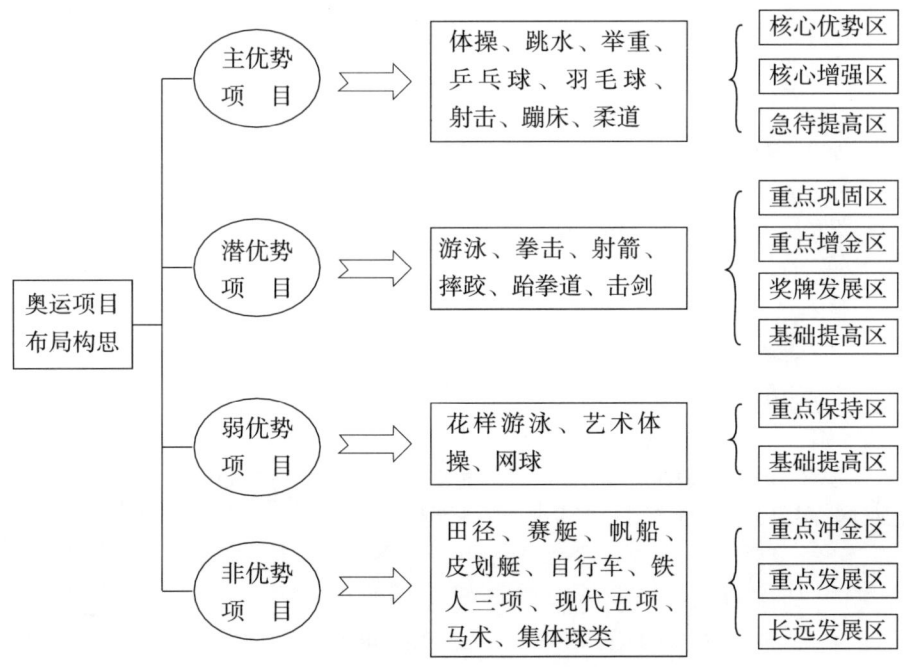

图1 我国优势项目整体布局结构示意图

（一）主优势项目

"主优势项目"指北京奥运会能达到 3 枚金牌或能包揽金牌的项目，主要包括我国的传统优势项目体操、跳水、举重、乒乓球、羽毛球、射击，以及本届奥运会取得较大突破的蹦床和柔道项目，共 8 项。其中体操、跳水、举重、乒乓球、羽毛球、蹦床是绝对优势项目。主优势项目的夺金数量相对较多，整体优势明显，必将是我国下届奥运战略中的核心及重点。

主优势项目是我国未来几届奥运保证奖牌优势的主要力量所在。目前有利因素是这些项目的整体优势较大，其中的体操、跳水、举重、乒乓球、羽毛球、蹦床是绝对优势；不利因素是，绝对优势的金牌空间已经接近饱和。面对世界日益激烈的竞争格局，以及竞技体育比赛的不可预知性特征，增加主优势项目的整体金牌数已非常困难，特别是绝对优势项目，能够保持目前的金牌数量都有较大难度。

布局思路：在巩固现有优势单项国际领先地位的基础上，提升优势群体中弱势单项的冲金实力；对于射击和柔道两项剩余夺金空间较大的项目，积极拓展其优势空间；最后，充实优势项目的银、铜牌数量，做好对金牌的支撑。据此，将主优势项目的二级布局结构分解为三个层次：核心优势区、核心增强区、急待提高区。见表1。

表 1　我国"主优势项目"二级布局结构

主优势项目	核心优势区	优势增强区	急待提高区
体操	男子：团体、全能、自由操、吊环、鞍马、单杠、双杠 女子：团体、高低杠、平衡木、跳马	男子：跳马 女子：全能、女子自由体操	
跳水	整体		
举重	女子：各级别（48、53、58、63、69、75、75 以上 kg 级） 男子：中、小级别（56、62、69、77、85kg 级）	男子大级别（94、105、105 以上 kg 级）	
乒乓球	整体		
羽毛球	男子：单打 女子：单打、双打、混合双打	男子双打	
蹦床	整体		
射击	男子：10 米、50 米三姿 女子：10 米、25 米、50 米	男子：飞碟双多向、50 米手枪慢射； 女子：飞碟（多向、双向、双多向）	男子：25 米手枪速射、50 米步枪卧射、飞碟双向、多向
柔道	女子：52、78、78 以上 kg 级	女子：48 以下、57、63、70kg 级	男子：（60、66、73、81、90、100、100 以上 kg 级）

"核心优势区"的单项在近三届奥运会中都曾获得金牌,新周期的主要任务是牢固树立目前的夺金优势,继续发挥核心领军作用。

"核心增强区"的单项在近三届奥运会都没有获得金牌,但凭借主优势项目的整体实力,这些项目也应该具备夺冠的实力,新周期主要任务是争取夺得冠军。

"急待提高区"各单项近三届奥运成绩相对较低,未获奖牌,其新周期主要任务是大力提高基础实力,争取取得奖牌或突破以往成绩。

(二)潜优势项目

"潜优势项目"主要指整体优势并不明显,但近三届奥运会能够在1到2个单项中取得金牌的项目。主要包括:游泳、拳击、射箭、摔跤、跆拳道、击剑6项。这些项目虽不具备整体冲金优势,但在少数单项上达到世界领先水平,特别是北京奥运会也取得了较大的突破,是我国潜优势项目扩大突破与长远发展的"箭头"领军项目。

面对主优势项目的金牌接近饱和,潜优势项目就担当起了新的金牌增长点的重要角色。总体来看,我国潜优势项目虽然目前冲金点不多,但许多单项在北京奥运会都取得了较大的突破,只要在新周期加以重点培养,定能成为新的金牌点,为我国奥运军团分担一定的金牌任务。

布局思路:大力巩固目前夺金优势的基础上,确立一批具备冲金实力的单项,集中力量重点提高;同时开发一批具备冲击奖牌的小项,积极提高;其他单项,同样不能放松基础实力的培养,争取取得突破。据此将潜优势项目的二级布局结构分解为四个层次:重点巩固区、重点增金区、奖牌发展区和基础提高区。详见表2。

"重点巩固区"各单项近三届奥运会也都曾获得金牌,是潜优势项目的核心所在,新周期主要任务是继续保持世界领先水平,带领潜优势项目开辟新的增金点,努力再创佳绩。

表2 我国"潜优势项目"二级布局结构

潜优势项目	重点巩固区	重点增金区	奖牌发展区	基础提高区
体操	女子:100米蛙、200米蝶	女子:4×200米自、4×100米混、200米自 男子:400米自	女子:100米自(*六)、800米自(*五)、50米自(A)、100米仰(A)、100米蝶(A)、200米仰(A)、200米蛙(A)、400米自(A)、400米混(A) 男子:200米蝶(*五)、100米自(A)、100米蝶(A)、200米仰(A)、200米自(A)	男子:跳马 女子:全能、女子自由体操

(续表)

潜优势项目	重点巩固区	重点增金区	奖牌发展区	基础提高区
拳击	48kg、81kg级	60kg级、91kg以上级	小、中级别	大级别
射箭	女子个人	女子团体、男子团体	男子个人	
摔跤	女子：自由式72kg级	女子：自由式55kg级；男子：自由式小级别（55kg、60kg）	男子：古典式66kg级（*前八）、60kg级（*四）；女子：自由式63kg级（*前八）	女子：自由式48kg级；男子：自由式中、大级别（74~120kg各级别），古典式各级别（55~120kg各级别）
跆拳道	女子：49kg级、67kg级、67kg以上级	男子：80kg级	男子：80kg以上级（*前八）	女子：57kg级 男子：58kg级、68kg级
击剑	男子：佩剑个人	男子：重剑个人、花剑团体 女子：佩剑个人、佩剑团体、重剑团体	男子：重剑团体（*四）、佩剑团体（*六） 女子：花剑团体（*六）	女子花剑个人

注："A"表示达到北京奥运会 A 标，"*"表示北京奥运会最高排名，数据来源于奥运官方网站。

"重点增金区"各单项在近三届奥运会都曾进入前三名或有较好表现，新周期主要任务是在大力提升竞争实力，争取完成冲金任务，成为新的金牌增长点。

"奖牌发展区"的主要项目在北京奥运会都取得了较好的成绩（前八）或达到奥运 A 标，是潜优势项目发展奖牌主要区域，新周期主要任务是努力提高，争取取得奖牌或较大突破。

"基础提高区"各单项近几届奥运会均未取得较好成绩，新周期的主要任务是加强基础实力的提高，争取取得较大突破。

（三）弱优势项目

"弱优势项目"主要指近三届奥运会上虽然未获金牌，但能够在少数单项上获得奖牌的项目。主要包括：花样游泳、艺术体操和网球 3 项。虽然此三项整体实力仍然较低，但近期也取得了较大的突破，能够拿到奥运奖牌，甚至金牌，具备进一步提高的可能。

布局思路：考虑到此部分较弱单项的水平仍然较低，与世界强者差距较大，故发展重点主要集中在目前奖牌单项上，落后项目主要是做好基础发展，争取取得较大突破。据此,将弱优势项目二级布局结构分解为两个层次:重点冲金区和基础提高区。详见表3。

"重点冲金区"是近两届奥运会上取得了奖牌的项目,新周期主要任务是作为弱优势项目发展的重点,努力保持奖牌优势,争取取得突破。

"基础提高区"主要任务是努力提高基础实力,争取取得较大突破。

表3 我国"弱势项目"二级布局结构

弱优势项目	重点冲金区	基础提高区
花样游泳	双人项目	集体项目
艺术体操	集体全能	个人全能
网球	女子双人	女子单人;男子单人、双人

(四) 非优势项目

"非优势项目"主要指近三届奥运会均未获得奥运奖牌,或者虽在个别单项上获得过奖牌,但目前整体实力仍然不够强大的项目。主要包括:田径、赛艇、帆船、皮划艇、自行车、铁人三项、现代五项、马术、集体球类项目(篮球、足球、排球、沙滩排球、曲棍球、手球、水球、棒球、垒球),共17项。非优势项目是我国竞技实力提高的巨大瓶颈,是未来竞技体育发展的重要任务所在。

田径、赛艇、帆船、皮划艇、自行车项目虽然在近三届奥运会上获得少数奖牌,但获奖比例非常少,并且整体仍然较差,故将其列入"非优势项目";考虑到篮球、足球、排球、沙滩排球、曲棍球、手球、水球、棒球、垒球9个项目均只设1个男、女单项(棒球只设男子一项、垒球只设女子一项),设项较少,且都属于集体性的球类项目,故将其统一列为"集体球类"项目,并根据现实实力将其列入"非优势项目"。

非优势项目的整体实力较弱,与世界强国相比差距较大,特别是田径、水上和集体球类项目,一直是我国的主要薄弱所在。考虑到各方面因素,这些项目要想在短期内整体迅速提高,是不太现实的,但是却更要加紧对该部分项目的大力发展和布局规划,争取早日改变这些项目长期落后的局面,近两届奥运会上一些单项所取得的巨大突破已经证明,我们在这些项目上是能够有所作为的。

布局思路:非优势项目要做好整体长远发展的打算,近期主要任务是在保持现有少数单项冲金实力的基础上,充分挖掘其他国际成绩较为突出的单项,重点投入,大力发展,争取奥运名次大幅提高,早日具备奖牌实力,对于成绩较差单项,要做好基础发展。据此,将非优势项目二级布局结构分解为三个层次:重点冲金区、重点提高区和长远发展区。详见表4。

"重点冲金区"的各单项近三届奥运会都曾获得金牌或奖牌,是非优势项目中少数具备冲金实力的区域,新周期主要任务是继续提高单项优势,争取再次夺冠。

"重点提高区"的主要单项北京奥运会取得了较好成绩(前八),田径项目中汇总了北京奥运会运动员水平达到"A标"水平的单项,也是我国田径项目目前成绩较好的单项,新周期主要任务是集中精力大力发展,争取取得更好的名次,甚至奖牌。"长远发展区"主要为各项目目前水平较低，名次较差，以及达不到奥运参赛资格的项目，新周期主要任务是继续做好基础发展工作，争取取得较大突破。

表4 我国"非优势项目"二级布局结构

非优势项目	重点冲金区	重点提高区	长远发展区
田径	男子： 110米跨栏 女子： 10000米、20公里竞走、链球、马拉松	男子： 4×100米（*前八）、马拉松(A)、20公里竞走(A)、50公里竞走(A)、跳远(A)、三级跳远(A)、跳高(A)、撑竿跳高(A) 女子： 铅球(A*五)、5000米(A)、10000米(A)、马拉松(A)、20KM竞走(A)、撑竿跳高(A)、铁饼(A)、链球(A)、标枪(A)、400米栏(A)、3000米障碍(A)	其余各项
赛艇	女子：四人双桨、双人单桨无舵手	男子：轻量级双人双桨（五） 女子：轻量级双人双桨（五）、单人双桨（四）、双人双桨（四）	其余各项
帆船	女子帆板RS:X级、女子单人艇	男子：帆板RS:X级（*七） 女子：女子龙骨船英凌级（*九）	其余各项
皮划艇	静水：男子双人划艇500米	静水：男子单人划艇500米（*六）、男子双人划艇1000米（*五）、男子四人皮艇1000米（*七）、女子单人皮艇500米（*五）、四人皮艇500米（*九） 激流：男子单人划艇（*四）、男子双人划艇（*四）、女子单人皮艇（*四）	其余各项
自行车	女子： 场地争先赛、计分赛	男子：场地团体（*九） 女子：山地越野（*五） 公路个人（*十六）	其余各项
铁人三项			男、女单项
现代五项		男子个人（*四） 女子个人（*五）	
马术			所有单项
集体球类	女子：排球、曲棍球、沙滩排球 男子：沙滩排球	女子：篮球（*四）、足球（*五）、水球（*五）、垒球（*五）、手球（*六） 男子：篮球（*八）、排球（*五）、足球	男子：棒球、曲棍球、手球、水球

注："A"表示北京奥运会达A标，"*"表示北京奥运会最高排名；数据来源于北京奥运官方网站。

二、我国优势项目布局重构对策研究

(一) 以"体育强国"发展目标为总体要求,做好竞技体育的宏观规划与部署

"推动我国由体育大国向体育强国迈进"是胡锦涛主席在《北京奥运会残奥会总结表彰大会》上对我国体育事业发展作出的重要指示,为我国体育事业的未来发展确定了宏伟目标与总体要求,也为我国竞技体育的发展指明了新的前进方向。"体育强国"目标的最终实现需要体育甚至全社会各个行业领域的大力支持与推进,竞技体育作为我国体育事业中的一个关键部分,必须首先承担起建立"体育强国"的重任。面对目前我国竞技体育发展中存在的优势项目金牌空间接近饱和、弱势项目仍较多、社会关注高的项目(主要为篮球、足球、排球)水平不高、基础性项目(主要为田径、游泳)发展缓慢,东、中、西地域发展不平衡等问题,要实现"体育强国"目标,竞技体育的发展任重而道远。优势项目作为竞技体育发展的核心和重点,应该作为竞技体育发展中首先要做好的环节。因此竞技体育的长远发展要做好宏观规划与部署,必须以"体育强国"为总体目标,深入分析自身现存的重要问题和矛盾,将扩大优势项目势力范围,提升社会普遍关注的项目成绩,增加基础性项目金牌数量,缩小东、中、西地域间优势差距等作为重要的工作指导,合理而准确地建立我国奥运与全运战略发展中各个项目及地域上优势布局结构,以推动我国竞技体育的健康长远发展及"体育强国"目标的实现。

(二) 坚持和完善举国体制,继续发挥其在优势重构及竞技发展中的重要作用

北京奥运会是中国竞技体育发展的一个里程碑。毋庸置疑,中国能在奥运赛场的成绩不断提升,并在北京奥运会成功超越美国站上世界之巅,得益于我国在竞技体育的举国体制。胡锦涛总书记在北京奥运会表彰大会上提出,北京奥运会取得的巨大成功主要得益于举国体制,今后还将继续保持和完善举国体制,充分发挥竞技体育在提升我国国际地位和声望的作用。我国优势项目的合理布局与重构同样离不开举国体制的关键支持与带动,特别是目前一些潜优势及弱势项目更加需要国家在政策、环境、资源等方面的大力支持与帮助。因此应该根据目前优势布局结构,在继续巩固现有优势项目的同时,加大对潜优势项目及弱势项目的扶持,加大对中、西部地区竞技体育发展的支持等。随着我国竞技体育的日益发展,特别是"体育强国"目标的确立,举国体制也同样需要进一步发展与完善。随着我国体育事业的不断壮大及商业化、职业化、社会化、市场化趋势的逐渐加大,竞技体育将面临更多更复杂的问题。未来举国体制的发展与完善必须与我国国情相结合,与竞技发展现状及趋势相结合,与我国未来体育发展模式、人才培养机制、竞技体育结构特征等相结合,才能使我国优势项目的布局结构得到实现和发挥作用,也才能适应我国体育事业发展的时代需要。

(三) 巩固并拓展奥运优势项目区域,逐步实现潜优势及弱势项目发展与壮大

优势项目是我国竞技体育发展的重点与核心,必将是我国竞技体育发展的中坚力量,但是面对优势项目"金牌空间接近饱和",与美、俄优势"错位明显"等现状,我国必须开发新型优势项目,要加快潜优势项目和弱势项目的发展速度,拓展我国金牌范围及领域。首先,对于那些已具备夺金实力的项目,如游泳、拳击、射箭、摔跤、跆拳

道、击剑等，必须加快发展速度，努力扩大夺金单项数量；其次要继续加大对以田径、游泳为首的"重金项目"（还有水上、自行车、摔跤项目），以及篮球、足球、排球等社会普遍关注的项目的发展力度，继续推进"119"工程，继续推进篮球、足球等的商业化、职业化发展力度；再次，对于具备奖牌实力的项目，如网球、曲棍球、沙滩排球、艺术体操、花样游泳等，要加大投入，提高该项目训练及研究水平，推动该项目朝世界顶尖水平前进。潜优势项目与弱势项目必须快速提高，以形成对我国优势项目的强大支持，才能继续巩固我国竞技体育强大的实力地位。

（四）加大对中、西部地区竞技体育发展的支持力度，有效控制地域发展差距

我国竞技体育现实发展中明显存在"东强、中次、西（北）弱"的地域差距，长期以来这种差距严重制约着我国多个省份优势实力的进一步发展与壮大，对我国整体竞技实力的发展也形成不利；并且，地域不平衡性发展与我国"体育强国"发展目标与要求差距甚远，与我国建设和谐社会的发展目标与要求差距甚远。当然，发展中存在差距是必然也是必须的，这对竞争机制的形成，提高发展主动性是必须条件，但一旦差距过大，必然对落后地区的发展积极性、人才流动、体育凝聚力等形成不利影响。另外，中、西（北）部地区本身经济、资源等落后于东部地区，对体育的支持与帮助有限，如再不重视中、西（北）地区的支持力度，最终可能导致差距继续扩大，强者更强、弱者更弱的局面。因此，要提高缩小东、中、西（北）的发展差距，除了中、西（北）地区各省（市、区）要全力做好自身的发展与提高外，国家在政策、体制、资源、人才等方面必须给与一定的支持和帮助，缩小与东部地区的差距。

（五）减小优势项目结构层次上的不平衡性，促进优势运动项目健康合理发展

我国优势运动项目结构层次上的不平衡性主要表现在：优势项目布局与美、俄形成反差；优势项目的金、银、铜牌比例"倒三角"式分布明显；社会关注度高的项目成绩较低；基础性项目缺乏优势；弱势项目范围仍然较大等。这些不平衡性，已经对我国竞技体育的发展产生了许多不利影响，主要表现在：我国与美、俄目前的优势仍然难以抗衡，特别是田径、游泳、集体球类等社会关注度参与度较高的项目，我国在国际赛场上明显处于劣势；由于奖牌"倒三角"结构明显，使金牌的项目基础受到限制，若干项目一旦发挥不利，金牌数量难以保障；弱势项目的发展速度缓慢，导致我国只能继续开发优势项目的金牌空间，导致目前多个项目（乒乓球、羽毛球、跳水、体操、蹦床等）金牌空间接近饱和；社会关注高的项目（特别是足球、篮球）水平增长不多，与社会期望有一定差距等。因此，在未来运动项目的布局及重构中，要充分认识到我国优势项目在以上各个方面存在的重要问题，有策略、有针对性地加以解决或改善，才能保证我国优势项目未来布局结构的合理与有效，也才能在推动我国优势运动项目继续壮大并健康合理发展中发挥积极作用。

（六）协调国家奥运战略与各省全运战略的关系，促进奥运与全运的共同进步

各省（市、区）竞技体育的发展不仅要为自身竞技实力的提高服务，更要为国家整体竞技实力的提高服务，因此各省（市、区）的全运发展战略必须与国家奥运发展战略相协调，为国家优势项目的发展壮大提供支持。总体来看，我国各省项目发展在全运战略和国家奥运战略是比较协调的，但也有一些在成绩上出现奥运与全运"落差"较大的现象，其中问题是多方面原因造成的。我国优势项目的发展要继续贯彻"全国一盘棋"的发展思路，继续发挥各个省（市、区）在推动国家竞技体育发展中重要作用，不仅重视全运成绩的提高，也要重视奥运成绩的获得；不仅重视优势项目优秀运动员的向上输送，又要抓好全运后备力量的培养；不仅重视自身优势项目的规划，也要结合国情，为国家优势项目的壮大做出积极的贡献。总之，我国奥运优势的建立，离不开各省（市、区）的支持，各省（市、区）优势项目的发展同样需要国家的扶持与鼓励。因此，我国优势项目的发展必须协调好奥运全运两大战略，国家奥运战略的布局规划中要考虑到优势项目的地区分布，体现出各地区合理协调发展的目的；各省（市、区）也要以奥运战略部署为指导，促进全运成绩与奥运成绩共同进步。

（七）各省（市、区）要做好优势项目的规划与布局，确立发展的对策与措施

优势项目是各省（市、区）竞技体育发展的重点与核心，是保证各省在国际、国内大赛中取得优异成绩的关键所在，也同样是带动各省整个竞技体育发展的领军力量，对于各省乃至国家竞技体育优势项目的发展都起到至关重要的作用。针对各地区优势运动项目发展层次结构的不同特征，全国各省（市、区）一定要做好自身优势项目的发展规划与结构布局，巩固现有优势，开发新型优势。在优势项目的规划布局中，要注意与国家"奥运战略"协调统一；要注意结合本省经济、地域、资源、利弊因素等环境的基本省情，不脱离实际，不急于求成；在开发新型优势项目时，要研究各个项目发展的地理因素、人文因素、训练因素等多方面的区别，结合本省情况有选择性地进行；要研究各个项目在全国的发展态势及竞争格局，寻求突破及有利因素，集中有限的资源投入到重点项目中去。同时要在提高项目科学训练水平、加大科研投入、增大财力支持、重视后备力量培养、优化结构调整、优化运动队管理等方面制定出有效的对策与措施。做好各省（市、区）优势项目的发展规划，建立合理完善的优势项目的结构布局，是保证各省（市、区）竞技体育长远发展的关键决策因素，是实现我国各地区竞技体育协调发展的重要保证。

（项目编号：1295ss08113）

我国竞技体育女性参与的研究

卢 玲 项贤林 孟范生 张忠新 林盛红

妇女体育，是一个重大的社会问题，它不仅关系到妇女与体育，而且关系到妇女与社会、妇女地位、妇女价值观等问题。本研究主要采用文献资料法、问卷调查法、访谈法等方法，以国内部分省市的一线队伍和体育组织中的管理人员作为调查对象，以参与过和正在参与我国竞技体育的女性运动员、女性教练员以及女性管理人员为访谈对象，试图研究与分析女性在竞技体育中的参与现状、影响因素以及性质特征，探讨女性参与竞技体育的途径、方式和机制，为制订性别敏感的政策提供理论基础和相关政策建议，以促进我国竞技体育可持续发展。

一、运动参与量的考察

随着社会文化的巨大进步，越来越多的中国妇女积极投入到各种各样的体育活动中，涌现出大量的优秀人才，创造了辉煌的成绩。

新中国成立以来至 2005 年，我国共举办了 10 届全国运动会，除第七届与第八届数据不详以外，女性的参加人数一直保持着较高的比例，几乎都在 40% 以上（表 1）。这是国际上一些国家难以达到的，就连世界上最具影响力的体育赛事——奥运会，到 2004 年雅典奥运会时，女性的参加人数才首次达到 40.7%（国际奥委会网站）。

表 1 历届全运会女性参赛情况

届数	时间	运动员总人数	女运动员数	%
1	1959	7707	3232	41.3
2	1965	5014	2011	40.1
3	1975	7302	3087	42.3
4	1979	3824	1672	43.7
5	1983	3697	1272	34.4
6	1987	7518	3060	40.7
9	2001	8608	3656	42.5
10	2005	9986	4503	45.1

注：资料整理于《中国体育年鉴》《中国体育百科全书》、体育总局网站，缺第七、第八届全运会的数据。运动员总数和女性运动员数是参加全运会决赛阶段的数据。

女子项目的情况更是令人侧目，在前七届全运会中，女子项目数几乎与男子项目平起平坐（表 2）。从八运会开始，女子项目数量虽有下降，但仍与奥运会女子项目数量相当。女子项目之所以出现这种变化，这与中国体育事业的不断发展以力求与世界体育相接轨有很大的关系。早在新中国成立十周年之际，为响应毛泽东主席"发展体育运动，增强人民体质"的号召，我国政府于1959年9月13日至10月3日在北京举办了第一届全运会。在此届全运会上，普及面广的群众体育项目成为了全运会的主要比赛项目，比如中国象棋、围棋等。另外，由于新中国成立初期，军事在国家中还占有比较重的分量，因而，军事训练性质的比赛项目也成为全运会中重要的比赛内容，比如其中的无线电收发报、伞塔跳伞、航海等项目。同时，为充分体现社会主义制度优越性，除因为生理差异女性当时不能开展的运动项目外，如摔跤、足球等，其余的项目基本上男女都有。第二届和第三届全运会在比赛的项目上要比第一届全运会有所发展，增设了很多少数民族体育项目，比如在第三届全运会中就出现了中国象棋、民族摔跤等项目。1979年，正值十一届三中全会之后，第四届全运会在北京召开。那时，中国的国力不断增强，竞技体育水平也在迅猛发展。在这届全运会上，项目的设置越来越重视竞技性，越来越接近国际大型比赛。虽然以前的军事性项目还有所保留，但手球、击剑等国际重要项目都开始进入全运会。在第五届全国运动会上，国际上流行的项目如柔道、帆板、曲棍球和艺术体操第一次被列为比赛项目。因此可以看到这两届全运会上，女子项目数量有小幅度的下滑。第六届全国运动会是历届全运会中设比赛项目最多的一次，共设有44个正式比赛项目，3个表演项目。女子项目随即也有了提升。从1993年七运会开始，为实现奥运争光计划、为集中力量发展奥运会项目，全运会项目设置进行了较大幅度的调整，项目基本上保留的是奥运会项目。1997年10月在上海举办的第八届全运会，所设28个比赛项目中，武术是唯一的非奥运项目。后面的两届更是坚决地贯彻了该思路，因此，女子项目的数量与奥运会女子项目的比例基本趋于一致。

总的来说，从量进行考察，新中国成立后，我国女性竞技体育无论从参与人数还是从参与的项目来看，都取得了快速的发展，这充分说明了我国女性比较全面地参与了竞技体育运动。

表2 历届全运会女子比赛项目数量

届数	时间	总项目数	女子项目数	%
1	1959	244	117	47.9
2	1965	174	97	55.7
3	1975	179	95	53.1
4	1979	257	124	48.2
5	1983	207	91	43.9
6	1987	242	121	50
7	1993	232	125	53.9
8	1997	319	128	40.1
9	2001	345	146	42.3
10	2005	357	150	42

注：资料整理于历年来《中国体育年鉴》

二、运动参与质的探询

从新中国成立至 2006 年底,在我国运动员获得的 2040 个世界冠军中,女性占 1190 个,占总数的 58.3%;在中国创 730 项世界纪录中,女子有 500 项,占 68.5%;在已参加的六届奥运会中,我国健儿共获得 163 枚金牌,其中女运动员获得 92 枚,占总数的 56.4%(图 1),显示了中华女儿"巾帼不让须眉"的勃勃英姿。

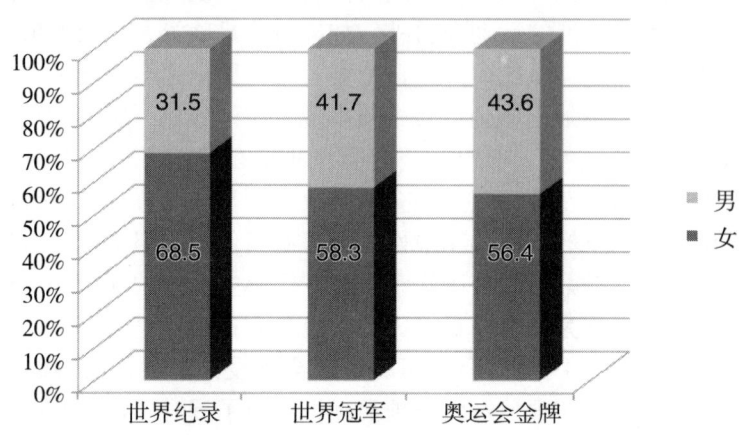

图 1　新中国成立以来女运动员所获成绩

注:数据整理于《中国体育年鉴》(1949–2007 年)

经过近 60 年的艰苦奋斗,我国竞技体育取得了辉煌业绩。特别是在改革开放以后,我国竞技体育总体成绩更是取得突破性发展。以我国运动员获得的世界冠军数为例,改革开放后 30 年所获得的世界冠军总数为 1998 个,而改革开放前 30 年仅获得 42 个,相差 47 倍之多。可见,我国竞技体育的发展是随着社会的进步与变迁呈现出阶段性发展趋势特点。同样,我国的女子竞技体育与男子竞技体育的发展也是随社会环境的变化呈波浪形交替上升(图 2)。从图 2 我们可以发现,我国女子竞技体育成绩最初与男子成

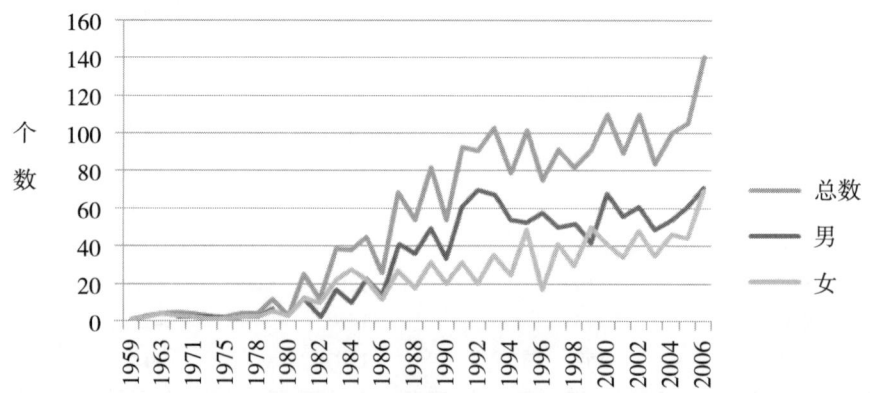

图 2　新中国成立以来男女运动员所获世界冠军数

注:数据整理于《中国体育年鉴》(1949–2007 年)

绩相比开始并不占优势,从 80 年代中期才开始崭露头脚,令世人瞩目。到 90 年代后期开始,这种优势现象已没有先前那么明显,逐渐呈现出男女并齐发展的局面。因此,在看待我国女性竞技体育运动成绩时,如果跟我国社会发展阶段相结合,将会更好地把握我国女性竞技体育发展的脉络。

新中国成立以来,我国的社会主义建设并不是一帆风顺,社会经历了曲折的发展过程。在不同的历史时期,社会政治、经济和文化环境有着较大的区别。根据新中国历史的发展阶段以及我国竞技体育发展情况,本研究主要从四个不同时期对我国女性竞技体育的运动参与进行分析。同样以我国男女运动员获得的世界冠军数为例,从图 3 可以看出,我国女子运动员的竞技成绩在不同的历史时期有着不同的表现。

1965 年以前阶段,这是共和国成立之初,百废待兴。在这个时期我们刚刚完成社会主义改造不久却随即遭遇了"大跃进"、人民公社化运动和三年自然灾害,加上旧中国留下来的体育基础薄,因此这个时候我国发展体育运动的能力是非常有限的。从图 3 可以看到,我国运动员这个时期一共才获得 13 个世界冠军,其中女子占 3 个,占总数的 23.1%。虽然,我们女子竞技体育在这个时期优势并不明显,但在旧中国被推翻短短十五年后,我国女性就能在世界比赛中夺取冠军,这对于在旧中国封建社会处于社会底层的女性来说,是不可想象的飞跃。最重要的是,这些女性,如第一个打破世界记录的女运动员郑凤荣、登上当时最高峰的藏族姑娘潘多、我国第一位成为世界冠军的女选手邱钟惠、在 1961 年至 1965 年内先后 26 次打破世界纪录的以李淑兰、王锡华为代表的女射手们,她们的成就在新中国造成了巨大的影响,大大提高了中国妇女发挥体育才能的信心和决心。加上这个时期政府积极支持,使得中国女性生理和心理的双重禁锢被彻底解除,为后来女子体育的发展奠定了基础。

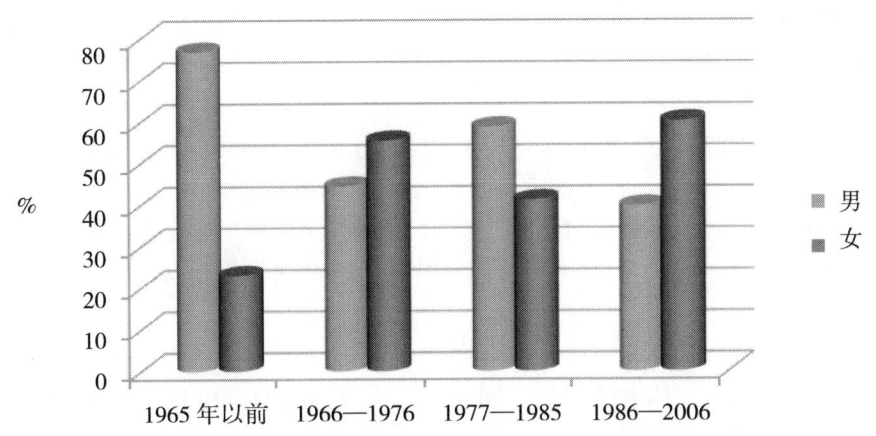

图 3 新中国成立以来不同时期男女运动员所获世界冠军数

注:数据整理于《中国体育年鉴》(1949-2007 年)

1966—1976 年文化大革命阶段,从图 3 可以看出,这个时期我国女运动员所获得的世界冠军数就超过了男运动员。在十年浩劫期间,我国的各行各业都受到了巨大的冲击,体育领域也不例外。体育水平严重下降,体育各战线基本上处于瘫痪状态。这个期间男女运动员获得的世界冠军总数 9 个,比 1965 年之前的新中国成立之初少了 4 个,其中男子更是从原先的10个下降到4个，少了32.5%，而与此相反的是女子却上升了31.5%。董进霞教授的相关研究也指出，在"文化大革命"期间，我国竞技体育女运动员数量从1965年的34.9%在1970年时上升到37.5%，到1975年时上升到39.8%，同时，女教练员的数量也由原来的17.1%上升到18.7%。这表明在"文化大革命"非常时期，我国竞技体育的发展虽然遭受到了巨大的破坏，但是女子竞技体育却在这个艰难的环境中坚持了下来，并且得到了一定的发展。出现这样的情况，可以说这与当时的环境不无关系。一是性别环境。在"文化大革命"年代，人权观念被看成是资产阶级的意识形态而被彻底批判和践踏，主流政治和意识形态的性别沿着"极左"的方向推到极致——以阶级斗争为纲、以男性为标准。"男同志能干的事情，女同志也能干"，在当时，女性总是以男性样板塑造自己、强化自己，以为事事像男人、样样超过男人就是"翻身""解放""成功"。在这种意识形态下，女飞行员、女拖拉机手、女劳模等纷纷出现，涌现出许多的"铁姑娘"。这种精神在体育中得到了淋漓尽致的展现，世界上第一个登上世界最高峰珠穆朗玛的女运动员潘多当时已经36岁，并且刚刚生下第三个孩子。她主动请战征服珠峰。她说："旧社会，妇女没有立足之地。今天，我们站起来了，我决心和男运动员一起，登上地球之巅。"二是文化环境，"文化大革命"开始，许多学生参加红卫兵运动，忙着造反闹革命，许多中小学被迫停课，文化教育一度停滞。读书无用论充斥着当时地社会。加上1966年，高考在"文化大革命"的影响下停止，许多中学毕业生既无法进入大学，又无法被安排工作。1968年毛主席发表"知识青年到农村去，接受贫下中农的再教育。"于是，大批年轻人下乡进入了农村，全国也开始有组织地将中学毕业生分配到农村去。这就是著名的上山下乡运动。在这些因素的综合下，许多家长（农村，城里的知识份子等）都纷纷支持孩子参加体育，因为城里的孩子不仅可以避免下到偏远的乡村，农村的孩子可以到城里来，而且待遇还不错，有固定的收入。有资料显示，1972年在体校的学生有121732人，到1976年时就增加到了305516人。我们虽然没有找到当时性别的具体数据，但是女孩的数量不会少是不置可否的。三是外交环境，70年代初，由于"乒乓外交"的成功，政府看到了体育运动的政治功能。1971年，周恩来总理在第一次全国体育工作会议上发表了重要讲话，肯定了体育的成绩，体育工作逐渐恢复正常。社会主义革命的成果之一的、国家引以为豪的——解放了的广大妇女，更是体育运动中显示了非凡的实力，据统计，在"文化大革命"最后几年间（1974—1976年），我国共创世界纪录15项，均由女运动员所创造。

1977—1985年，中国迎来了新的春天，"四人帮"的粉碎，祖国的建设全面走向的正轨，特别是1978年党的十一届三中全会的召开，开创了中国改革开放的新纪元，实现了社会主义中国历史上伟大的转折。同样，这次全会的召开也将共和国的体育事业带入了一个前所未有的改革发展阶段。根据十一届三中全会的精神，国家体委召开了全国体育工会议，提出必须及时、果断地从过去集中精力抓政治运动转到抓体育业务工作上来。特别是1979年我国重返国际奥林匹克大家庭后，中国体育界骤然面对了国内其他行业部门所没有的一种巨大挑战与压力。在党中央的领导和支持下，中国的体育界勇敢而坚定地迎接了这一巨大的挑战和压力，迅速调整和制定了自己的发展战略重点，制定了以奥运会为核心的体育发展大战略。为了保证这一目标和任务的完成，体育界确定了"在1979年和1980年，国家体委和省一级体委要在普及和提高相结合的前提下，侧重抓提高"的方针，确定了"国内练兵，一致对外"的原则，国家体委调整了全运会的设项，与奥运会接轨。如第五届全运会所设 22 个项目中奥运项目就占了 20 项。可见，我们当时的战略决策和方针、一系的措施都是为将我国体育的战略重心转移到了高水平竞技优先的奥运战略方向。这个期间，我国竞技体育得到了迅猛发展，男女运动员共获得 182 个世界冠军，打破并创造了 75 项世界纪录。其中女子获得 75 项世界冠军和创造 24 项世界纪录，分别占总数的 42.2%和 32%。1984 年在我国参加的第一届奥运会上，我国体育健儿共获得 15 枚金牌，女选手获得了其中的 4 枚。这个时期，我国男女运动员虽然都取得了较大进步，但男选手的成绩要优于女选手，究其原因主要是当时国际上女性竞技体育发展有限。虽然当时在女性主义的推动下，西方女性得到了体育参与的权利，但是发展依然缓慢，以 1980 年和 1984 年的奥运会为例，1980 年和 1984 年的奥运会总项目数有 203 项和 221 项，但女子项目只有 50 项和 62 项，分别只占到其中的 24.6%和 28.1%。世界大赛上女性项目的开展不够广泛，这在一定程度上阻碍了当时的我国女子竞技体育的发展。

表 3 我国参加的夏季、冬季奥运会项目设置情况

夏季	1984	1988	1992		1996		2000		2004
冬季				1994		1998		2002	
总数	221	237	257	61	271	68	300	78	301
女性	62	86	98	27	108	31	132	37	135
%	28.1	36.3	38.1	44.3	39.9	45.6	44	47.4	44.9

注：数据整理于历年来的《中国体育年鉴》

1986 年至现在。之所以以 1986 年为一个起点，考虑主要是 1976 年"文化大革命"结束，党的十一届三中全会确定党和国家的工作重心转移到经济建设方面后，体育工作开始一边调整、一边改革，这被体育界称之为进行改革的起步阶段。1986 年 4 月下发《国家体委关于体育体制改革的决定》后，确立了以社会化为突破口、以竞赛和训练改革为重点的新的改革思路以及"以革命化为灵魂，以社会化和科学化为两翼，实现体育腾飞"的新的战略指导思想。这就是后来在实践中形成的奥运争光计划。在这之后，我国又先后于 90 年代中期与 2000 年两次对奥运争光计划进行了修改。1992 年在小平同志南巡讲话精神指导下，中国的改革开放事业由此掀起了新一轮高潮，促使体育界重新认识和思考体育体制的改革深化问题。1986 年以后无论从社会大环境还是从竞技体育发展小环境来说都有了重大的改变，1986 年是我国竞技体育一个重要的转折点，因此，对这一阶段进行分析，有利于我们更好地把握女性竞技体育发展的规律。

从图 3 看出，这一阶段女子竞技体育成绩明显优于男子。很大一部分原因是由于国际环境有变化，而我们国家对这种变化有着正确的判断，并且做出了正确的决定。我国 80 年代中期体育工作重心就已经确立以奥运为核心的体育发展战略，对奥运各方面保持着高度的关注度，并随时准备调整自己的战略部署。前国际奥委会主席萨马兰奇是一名坚定地提倡发展女性体育的支持者，从 80 年代中期开始在国际奥组委进行了一系列的改革，包括呼吁增加女子比赛项目、鼓励各国委员会和各国际单项体育联合会培训女

性教练员和管理人员等措施。在这样的情况下，奥运会的女子项目数量得到大幅度的增长（表3）。1988年汉城奥运会时，女子项目数占总数的36.3%，比前一届奥运会提升了近10个百分点。1992—2004年的夏季奥运会与1994—2006年的冬季奥运会女子项目数量都呈稳步上升趋势，几乎接近男子项目。对于这种趋势，我国体育界及时做出反应，调整了奥运战略，突出女子项目的发展，取得了良好的效果（图4）。正是从1988年奥运会开始，我国女子竞技体育取得了飞跃性的发展，一举超过男子，开始扮演中国竞技体育重要角色。这其中，中国体育发展战略研究会发挥着不可估量的作用。原国家体委副主任张彩珍在回顾80年代体育改革中几个问题时提到过中国体育发展战略研究会，认为正是该研究会广纳群贤，聚集了一批学者、专家等智囊人物，对中国体育战线起到了重要的"思想库"的作用。

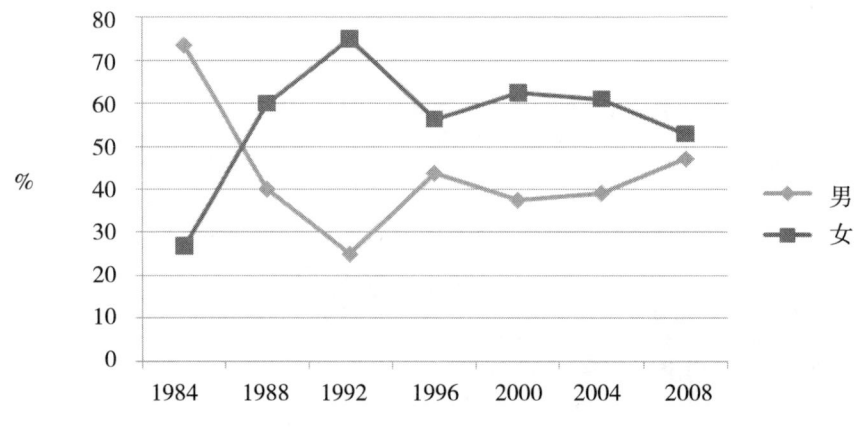

图4 中国参加奥运会男女所得金牌

同时，我们还发现，自1992年奥运会后，我国女运动员的优势有所减弱，2008年北京奥运会时男女金牌数已经趋于平衡。在分析其中原因时，我们应紧密联系当时的社会大背景。1992年，小平同志南巡讲话，中国的改革开放事业由此掀起了新一轮高潮，体育界也重新认识和思考体育体制的改革深化问题。1994年，在中央领导同志的亲自干预下，开始了以足球改革为突破口的新一轮改革发展战略，并由此揭开了90年代中国体育改革发展的序幕。而且使整个90年代体育改革形势为之一变，带动了篮球、排球、围棋等一批竞技项目在管理体制上和运行机制上逐步向市场化、产业化、职业化和商业化转轨。国家逐渐从一些社会领域撤退、市场经济在社会领域逐渐扩张等，对女性产生了较大的影响，既有积极的也有消极的。一方面，它们为女性用自己的声音传播自己的观点提供了物质与文化资源，女性的再现越来越多样化，暗示着性别反思的开始。另一方面，国家减少了对女性的支持，因为这时经济发展是首要任务，所以就很少考虑公平和平等这样的社会和政治要求。一些隐性的性别歧视又开始浮出水面，如一些大众媒体经常把女性再现为温柔、甜美和在家庭范围内活动等。社会上观念的改变使人们对女子竞技体育的看法也发生了变化，比如人们对一些女子项目的不理解，欣赏观看都不愿意，更不要说支持自己的小孩从事这方面的运动了。现在一些女子项目举步为艰，随着改革的力度加大,如果市场跟不上来,长久以往,一些女子项目的优势可能就会消失。可见,在市场经济下,女性所受的影响要大于男子,竞技体育也不例外。在当前环境下,怎样使女子竞技体育继续发展,确实是我们有待解决的一个课题。

三、当代中国女性竞技体育参与的作用

(一) 我国女性竞技体育参与是推动国际女性竞技体育发展的重要力量

西方女权主义运动从启蒙阶段至今已有 200 多年的历史,全世界广大女性经过长期艰苦的斗争,取得了相应的政治权利和社会地位,同样也争取到平等的体育权利,打破男子在体育运动中一统的局面。在现代体育运动中,广大女性不仅取得了优异的运动成绩,而且进入到体育组织的领导层和决策层,改变了人们传统的性别观念。世界范围女性体育的迅猛发展,给全球女性平等参与竞技体育带来了更多的机会,其中我国女性体育的发展更是突出,彰显了中国女性体育的实力和巨大潜能。尤其是 1979 年以后,中国奥林匹克运动委员会在国际奥林匹克委员会的合法席位得到恢复,这大大促进了奥林匹克运动在中国的发展。有越来越多的女性运动员出现在奥运会赛场上。据统计,从第 23 届到第 29 届奥运会上,中国女运动员获得 119 枚,占金牌总数的 55.6%。近年来,不仅中国优秀女运动员在世界上崭露头脚,一些杰出的中国妇女也开始走进国际体育组织的领导机构。1993 年,中国体育官员吕圣荣被选为国际羽联成立以来的第一个女主席。到目前为止,我国先后有 20 余位女性在奥林匹克运动的 30 多个管理机构中担任过职务,为体育运动的发展做出了重要的贡献。国际上女性积极参与竞技体育给与中国女性带来更多机会的同时,中国女性们也通过自身不断的努力不断给世界女子竞技体育创造新的价值,从提升奥运会女性运动员参赛人数和促进奥委会项目改革更趋于男女平等两方面为世界女性竞技体育的发展做出了巨大的贡献。

并且,我国女性竞技体育与国际上女性竞技体育由于各自的特点,在交流过程中在某些方面存在着一定的互补。中西方妇女体育发展不同道路:西方发达国家的妇女体育发展深深地植根于个人主义文化传统之中,在女性主义理论的启蒙与支撑下,经历了一个在器物、制度、价值三个层面充分展开的历史过程,是一种"从萌芽到成熟的完整新陈代谢的过程",形成了一种从个体启蒙到群体意识并上升为国家意志的体育文化结构。而我国的妇女体育缺失了女性主义文化底层充分展开和演进的历史条件,形成了"妇女体育与国家命运的紧密结合,妇女体育与群体文化精神相互纽结"的发展道路。可见,中国的妇女由于从未经历过女权主义大潮的洗礼和冲击,她们缺乏女性自醒的思想历程,我们是否可以从西方女性体育发展道路中得到某些启迪,以此激发我国女性主体自主自立的觉悟和勇气。反过来,我国女性竞技体育发展的成功经验在一定程度上对西方妇女体育在"妇女与国家关系"的实践盲点有一定的弥补作用。

(二) 我国女性竞技体育的参与是我国竞技体育发展的重要内容

新中国成立以来,女性竞技体育一直在我国竞技体育发展中扮演着重要的角色。从成绩上来看,据统计从 1949—2006 年,我国女子运动员共获得 1190 个世界冠军,占我国男女世界冠军总数 2040 的 58.3%;女子运动员共创造和超过 500 项世界纪录,占我国男女运动员创造世界纪录 730 项的 68.5%。在我国运动员参加过的第 23 至第 29 七届

奥运会中，女选手共获得119枚金牌，占我国男女运动员所获金牌总数的55.6%。女性运动员在国际大赛上发挥得好坏是我国竞技体育成绩的关键已成为当今一个不争的事实。

从政策上来看，竞技体育是一个国家体育的核心竞争力。自1979年重返国际奥林匹克大家庭后，我国体育界迅速调整和制定了自己的发展战略重点，体育工作逐步向发展竞技体育方面倾斜，制定了以奥运会为核心的体育发展大战略。到现在为止，我国已经三次制定了奥运战略。第一次是80年代中期以"有利于在奥运会上取得好成绩的原则，对运动项目的布局进行调整，集中优势、突出重点、优化结构、分类管理，力图发挥制度和体制上的优势，在很短的时间内集中力量把若干项目搞上去。"为主要内容。此举主要目的是为将"文革"中遭受破坏的体育训练体制重新恢复和建立起来，勇敢攀登世界体育高峰，实现"在本世纪（20世纪）内成为世界上体育最发达国家之一"的奋斗目标。90年代中期颁布的《奥运争光计划纲要》进一步强调了第一次的奥运战略。进入90年代以后，由于体育职业化、商业化以及电视媒体广泛介入的影响，国际竞技体育从管理、竞赛、训练等各方面都发生了重大变化，对各国的竞技体育政策也带来深刻影响。马铁在1999年谈到国际竞技体育的发展趋势时就指出"女子项目将成为未来国际体坛和奥运会增项的最主要来源。"由于从80年代开始，我国女子竞技体育开始在国际舞台上崭露头脚，90年代更是大放异彩。奥运会新项目的不断增加，特别是女子项目的增加，为我国在奥运会上夺取奖牌带来了更多的契机。目前我国男子除传统优势项目以外，只有个别项目达到世界水平，多数项目与世界先进水平差距大，短期很难突破。而女子潜优势项目多，突出发展女子项目，应是我国拓展新优势项目的主要方向。我国顺应国际竞技体育发展趋势以及自身的发展要求于2000年第三次制定了阶段性《奥运争光计划纲要》。在这次《纲要》的"优化项目布局结构，拓展新的'金牌增长点'"的战略措施中专门指出"巩固和加强乒乓球、羽毛球、跳水、举重、射击、体操才女子柔道等优势项目，保证投入，挖掘潜力，扩大优势""水上项目侧重发展女子项目""以女排、女足、女垒、女篮、女曲、女手为重点，在2008年奥运会上争取好名次"等具体措施。由于措施得力、战略正确，成效非常明显。在雅典奥运会新设置的比赛项目中，我国获得7枚金牌，其中女子夺得6枚金牌。以上说明发展女性竞技体育已是我国制定竞技体育发展战略的重要和正确的内容之一。

（三）我国女性竞技体育的参与对构建我国和谐社会有着基础性作用

进入21世纪以来，中国的社会主义现代化建设进入了一个全新时期。一方面，经济发展和社会进步沿着既定的方向持续稳定地前进；另一方面，发展中存在的固有矛盾和冲突也日益凸显出来，贫富差距的加大以及由此引起的利益分化，在一定程度上对社会稳定和社会管理的有效性提出挑战。因此，如何建设社会主义和谐社会正是在这个背景下成为了时代的主题。胡锦涛在阐述社会主义和谐社会的基本特征时说："我们所要建设的社会主义和谐社会，应该是民主法制、公平正义、诚信友爱、充满活力、安定有序、人与自然和谐相处的社会。"社会主义和谐社会的内涵非常丰富，主要包括社会发展的整体性、公平性、协调性、可持续性。其中，"以人为本"的科学发展观是构建和谐社会的重要方面。在此，坚持以人为本，理所当然地要尊重和保障占人口半数的女性在政治经济文化等方面的平等权利。实现人的全面发展，理所当然地包括占人口半数的女性的发展。只有确实保障女性平等发展的权利，女性才能与男性一起全面推动社会地政治经济文化建设，实现经济发展和社会全面进步，实现全面、协调、可持续发展。

一方面，女性的充分参与是构建我国和谐社会的必不可少的条件，和谐社会的构建需要女性的参与。社会发展是人类追求的一个永恒主题。人们对发展本身的理解经历了由浅到深、由单一到综合的过程。由一度单纯追求经济指标到将发展工农业生产与人口、资源、环境进行综合考虑，由急功近利的眼前利益转向长远利益的发展。在这个变革的过程中，女性作为重要的人力资源，在人类的和谐社会的构建中的地位和作用越来越受到人们的重视。1995年1月，联合国《秘书长关于第二次审查和评价〈提高妇女地位内罗毕前瞻性战略〉执行情况的报告概述》中说："妇女在发展中的作用不再被认为几乎只同诸如营养、子女抚养和计划生育等公共卫生和人口政策大问题相联系，妇女现在被认为是变化的动因，她们本身就是一支经济力量，而且是一种宝贵的资源，如果没有这种资源，发展的进程将受到限制。"正是在这样的背景下，在由英国体育理事会主办的首届妇女与体育国际大会上，来自82个国家的280位代表就如何迅速改变妇女在体育运动中的地位展开了热烈的讨论后，最终签署了世界妇女体育运动的重要文献——《布赖顿妇女与体育宣言》，《宣言》宣布："为促进妇女全方位参与体育运动，发挥自身作用提出了行动纲领。会议同意制定和研究跨洲国际妇女体育战略。此战略应得到政府和非政府有关体育发展组织的签署和支持并通过国际战略的途径在各国和各体育组织间分享模式计划和成功经验，以加速世界性地朝更公平的体育文化转变的进程。"可见，世界上许多国家与组织认识到妇女是发展中强大的人力资源，她们的活动在社会生产和再生产中起着不可替代的作用。

另一方面，女性全面地参与竞技体育对和谐社会的构建也有很大的推动作用。其一，可以促进人的全面发展。女性积极地参与体育运动，不仅可以促进身体与心理的健康，而且还能促进女性在德、智、美方面的协调发展。更重要的是，现代女性背负家庭和事业的双重责任，生活节奏紧张、竞争激烈、压力巨大，女性积极参与体育运动，对提高女性的社会适应能力和社会化程度有着巨大的帮助。其二，能促进两性平等与社会公平。性别平等即指两性平等地参与社会地经济、政治和文化发展活动，同时平等地分享社会发展地成果。当今国际社会已经把性别平等作为人类最大的人权问题加以思考。在当今社会生活中，女性与男性虽有着同等的权利，但由于历史文化的原因，加上我国正处于社会的转型期，历史上形成的男女两性之间的差异不仅没有缩小，而且在一定范围内还不断地被放大。在体育领域，我国现代女性所取得的性别平等和地位远远高于在政治和经济领域的地位和成就，进而深刻而广泛地传播了男女平等的社会理念。正如联合国秘书长体育促进发展与和平办公室特别顾问迪亚罗在《体育与发展》的主题报告中指出："几乎在所有的国家，女性都受到了一定程度的性别歧视。要改变这样的现状，体育是最有效的方式之一。"

（项目编号：1296ss08114）

中国足球后备人才"多元化"培养路径研究

何志林　朱和元　董众鸣　龚　波　唐　峰　颜中杰
孙克诚　邹　勇　陶然成　毛　钰　李　震

　　本研究以科学发展观为指导思想，从坚持和完善"举国体制"的视角，运用系统论、制度经济学理论、训练学及可持续发展等相关理论，全面、深入地剖析我国足球后备人才培养现状及存在的问题，通过不同培养路径之间的纵向与横向比较，梳理各种路径的发展历史及其产生的内在机制和原因，挖掘出具有规律性的特征，借鉴国外足球强国特别是韩、日的成功培养经验，结合我国的具体实际，探索我国足球后备人才"多元化"培养路径的理想模式，并从理论和实证的角度探讨如何整合各种资源，统筹兼顾，构建新时期足球后备人才"多元化"培养理论，以期能够指导我国足球后备人才培养的科学、健康发展，提高我国足球后备人才培养的质量和效益。从发展战略上为国家体育总局、足协和教育部门从长远出发，统揽全局，系统地考虑我国足球青少年的培养，为制定科学的决策提供理论依据和参考。

一、我国足球后备人才"多元化"培养路径发展目标模式

（一）相关概念界定

1. 足球后备人才

　　《现代汉语词典》中对"人才"一词的解释是："德才兼备的人；有某种特长的人"；《现代汉语大词典》的定义是："有才学的人"；《辞海》解释为"有才识学问的人"。

　　当前，学界比较公认的是学者叶忠海的界定，人才是指在一定社会条件下，具有一定知识和技能，能以其创造性劳动，对社会或社会某方面的发展，作出某种较大贡献的人。该定义中，一是强调"创造性"，即规定人才劳动的性质——"创造性"，是开拓、创新之意；二是强调"贡献"，即规定人才劳动的方向性——"进步性"，人才的贡献，既有全领域的，也有专门领域的，大量是某领域的某种贡献；三是强调"在一定社会条件下"，即规定人才劳动的社会历史性。

　　竞技体育后备人才，是指具有一定的体育天赋，经过系统的训练后，可能对竞技体育的发展做出贡献的青少年运动员。一般来说，参加业余体育训练的学生，可以称为竞技体育后备人才。竞技体育后备人才是人力资源的一部分，是人力资源中的特殊群体。只有那些喜爱体育活动，并加入业余训练队伍中长年坚持训练的群体，才能称为竞技体育后备人才资源。通常体育界把二三线的青少年运动员作为后备人才。

　　对于足球后备人才概念的界定较少，多是依据竞技体育后备人才概念的内涵给予界定。如足球后备人才是指足球运动竞技后备人才；具备一定足球运动天赋，经过系统训

练后，可能对足球运动发展做出贡献的青少年运动员。

依据科学发展观以人为本的理念，青少年全面发展的教育理论和足球运动后备人才培养的规律，本研究认为，足球后备人才是指接受正常的文化科学教育，具备相应的文化科学教育水平，同时具有一定的足球运动天赋、知识和技能，从事足球运动训练并具有一定足球发展潜力的青少年特殊群体。

2."多元化"培养路径

《辞海》对"路径"的解释为：①道路、行径。②到达目的地的路线。③办事的门路、办法。青少年后备人才培养路径是指能够将有体育天赋的青少年，培养成为对竞技运动发展做出贡献的人的途径或方法。

"多元"是相对于"一元"，"多元"路径是相对于"一元"路径。是指青少年后备人才培养路径或方法的多少与数量。"多元化"培养路径是指由多个路径或方法，共同承担青少年后备人才培养的工作。

依据科学发展观以人为本，统筹兼顾，与时俱进，持续发展的理念，以及青少年全面发展的教育理论和足球运动后备人才培养的规律，本研究认为，我国青少年足球后备人才"多元化"培养路径是指：以学校为依托，构建以教育系统培养路径为主渠道，职业俱乐部后备梯队、体育系统体校、社会力量办足球学校和业余青少年足球俱乐部为辅助的，主辅明确，资源整合，统筹兼顾，优势互补，良性互动的青少年足球后备人才培养路径。

表1 专家对"多元化"培养路径概念认知统计表

	同意	基本同意	一般	基本不同意	不同意	合计
频数	8	4	0	0	0	12
百分比（%）	66.7	33.3	0	0	0	0

从上表可知，有8位专家和领导同意我们给出的概念，占66.7%；4位专家和领导基本同意，占33.3%。因此，我们认为此定义基本上得到了专家和领导的认可。

（二）我国足球后备人才"多元化"培养路径的目标模式

我国经济社会的飞速发展，要求不断提升公民的文化科学知识水平。足球运动"高、精、尖"的发展趋势，也要求足球运动员不断提升以文化科学知识为基础的足球专项智能能力与水平。

《国家中长期教育改革和发展规划纲要（2010-2020）》中指出，2020年要普及高中阶段教育，高中毛入学率要达到90%。

新形势下，足球后备人才培养必须走全面发展基础上的专门化培养道路。这是科学发展观的要求，是对广大青少年足球后备人才负责的要求，是足球运动后备人才培养规律的要求，是适应足球运动发展趋势的要求，是切实提高我国足球运动发展水平的要求。因此，构建以教育系统为主渠道，其他系统为辅助的，并且在高中毕业之后才可分流的新型"多元化"培养路径模式，是新形势下我国足球后备人才培养的必由之路。如图1。

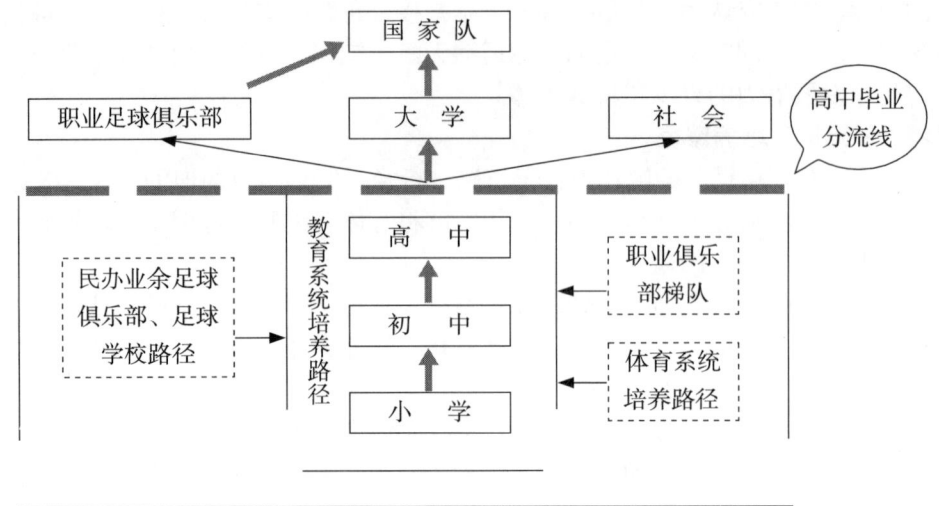

图1 我国足球后备人才"多元化"培养路径目标模式

1. 建立以政府为主导，教育系统为主渠道的"多元化"培养体系

在国家、省、市、区各级，建立由政府主管领导牵头的，联合教育和体育等相关部门的青少年足球后备人才"多元化"培养指导委员会，下设由教育部门为主导的办事机构，配备专职工作人员。

指导委员会实行联系会议制度，定期研究、分析本辖区青少年足球后备人才"多元化"培养的开展情况与存在问题，制定发展政策与具体措施。

办公室将联合教育和体育的相关职能部门，贯彻联系会议精神，落实联系会议决议，制定具体实施办法与措施，监督、检查执行情况。

体育部门应主动、积极配合教育部门，足球管理中心组建督导室，专人包点包片，切实发挥专业职能。在专项资金支持、场地设施，特别是师资培训、专业督导、能力与水平诊断、选材评定、组织竞赛等方面发挥专业优势。

制定、颁布促进、发展青少年足球后备人才"多元化"培养相关政策和法规。建立重点学校评估、校长考核、教师晋升、学生升学等方面激励、保障与评估机制。在组织、制度、人力、财力、物力等方面切实发挥政府的主导作用。

建立以重点高中为龙头的"一条龙多元化"培养体系。每个重点高中应该有5~7所输送初中，每个重点初中也应该有5~7所输送小学。

2. "各元"培养路径在"多元化"培养路径中的地位与作用

教育系统培养路径处于全面发展教育的主导地位，是优秀青少年足球后备人才培养的主渠道。经过小学、初中、高中的层次选拔、培训，高中毕业之后，大部分的后备人才将进入大学，一边进行学业深造，一边继续接受足球专项的培训。少部分学生可以进入职业足球俱乐部，签约正式的劳动合同。还有少部分学生进入社会，谋求其他发展。大学毕业后，青少年足球后备人才的佼佼者可以进入职业足球俱乐部，大部分进入社会工作。

民办业余足球俱乐部、民办足球学校，在不干扰学校正常教育教学秩序、不影响学生正常文化学习和学校生活的前提下，可以依托学校，与小学、初中、高中合作，开展业余青少年足球后备人才培养。

职业足球俱乐部自己举办后备梯队足球学校，必须是经当地教育行政管理部门正式审核、批准成立的学校，或挂靠教育系统学校。也可以与小学、初中、高中合作，建立俱乐部梯队培训网点，开展业余青少年足球后备人才培养。

体育系统（足球协会）自己举办的专业体校足球班，必须是经当地教育行政管理部门正式审核、批准成立的学校，或挂靠教育系统学校。

青少年足球后备人才培养体系中"多元"培养路径中所有青少年学生，必须接受规范、平等的小学、初中、高中教育，参加相应的毕业考试，取得正规的毕业证书。"各元"路径必须参加由教育和体育管理部门共同认定的联合综合追踪注册，加入以教育系统为主导的青少年足球后备人才"多元化"培养体系。

通过其他路径（国外留学等）培养的足球后备人才，也必须取得正规的高中毕业证书，才能加入职业足球俱乐部，签约正式的劳动合同。

（三）构建我国足球后备人才"多元化"培养路径的依据

1. 贯彻、落实科学发展观，培养全面发展的新型足球后备人才

科学发展观的核心要务是以人为本。就是要尊重人的价值，重视人的社会发展，把人的全面发展作为出发点和落脚点。竞技体育"金字塔"式的选拔、培养模式，注定能够登上"塔顶"的是极少数人。加强青少年足球后备人才培养建设，振兴、发展中国足球运动，既要考虑中国足球的可持续发展，更要考虑到广大的青少年足球后备人才的可持续发展。那就是要走全面发展基础上的专门化培养道路，培养、造就一大批既有一定的文化科学知识教育水平，又有一定的足球专项竞技能力的全面发展的青少年足球后备人才。

构建新型的以学校为依托，以教育系统培养路径为主渠道，体育系统培养路径、职业足球俱乐部培养路径、民办业余青少年足球培养路径为辅助的"多元化"培养路径，就是为了贯彻《国家中长期教育改革和发展规划纲要》要求，落实科学发展观，以培养全面发展的青少年足球后备人才为目标，依据青少年全面发展的理论和足球运动后备人才培养的规律，依托中小学校，以文化教育学习为主线，高中毕业之前必须保证他们接受到正规、平等的学校教育，首先使他们具备继续升学、进入社会生活的基本文化科学知识水平与能力。同时，利用课余时间，参加学校内外各种形式的业余训练，使具有一定足球运动天赋的青少年，学习、掌握基本的足球运动知识和技能，开发其竞技能力潜力，使之成为具备相应的文化科学教育水平，同时具有一定的足球运动专门技能的青少年足球后备人才。

2. 我国青少年足球后备人才培养经验和教训的总结

无论是计划经济时代传统的"三级"培养体制，还是足球职业化改革之后的市场化、社会化培养模式，最大的弊病之一就是忽视青少年足球后备人才的文化科学教育问题。"重武轻文"的错误理念"三集中"和"早期专门化"的培养模式，使广大的青少年足球后备人才从小脱离正常的学校环境，弱化或者干脆放弃了青少年的文化教育学习，"养活一棵树，毁掉一片林"的做法，不仅培养了一批"先天畸形"的足球人才，而且毁掉一大批青少年足球后备人才的发展前途，更为重要的是失去了广大青少年和社会参加、投入足球运动的信心和希望，枯竭了我国足球运动可持续发展的基础动力。

目前存在的青少年足球后备人才"多元"培养路径，是当前我国足球后备人才培养路径的现实，是中国足球历史发展的客观产物。虽然"体教结合"的要求已经多年，但各培养路径之间还没有真正形成实质性的协作与结合。必须要在政府主导下，发挥教育系统、体育系统、社会系统各自的优势，合理配置资源，教育系统承担全面发展的基础教育，体育系统、职业足球俱乐承担资金、足球专业支持，社会系统提供必要的补充，形成优势互补、和谐共生的"多元化"人才培养格局，才能培养全面发展的新型青少年足球后备人才。

3. 足球发达国家，特别是新兴足球强国成功经验的启示

足球发达国家，特别是新兴足球强国在青少年足球后备人才培养方面主要的启示。

一是倡导文武兼备，注重青少年足球后备人才的全面发展。对足球后备人才的培养，不仅只关注技能，也非常重视青少年球员的文化学习及性格的完善。

在英格兰的中小学中，足球就是一种单纯的体育教育手段，主要目的是将足球作为媒介来实现学生在身心和道德等方面的全面发展；要求青少年学生每周上课不能少于16小时。德国人才培养的指导思想是足球训练与文化知识学习兼顾。日本是一个非常注重国民文化教育的国家，青少年球员的文化学习并不特殊，有一定的文化课时和成绩的要求。韩国青少年培养的指导思想是培养学习的足球运动员，训练与比赛不能影响学生足球运动员的文化课学习。

二是根据具体国情，培养路径"多元化"，注重不同培养路径之间的合作，解决运动员的分流问题。韩国在2003年建立了青少年业余足球俱乐部，主要任务是扩大足球人口，为学校足球提供生源，实行小学—中学—高中—大学的四级培养体系与实业俱乐部、职业俱乐部的有效衔接。韩国职业俱乐部梯队建设是与各级学校建立伙伴关系，俱乐部提供资金、技术力量、场地等方面支持。

日本职业足球俱乐部不仅为本职业队的梯队提供训练设施和服务，为了促进普及，也为社会和各业余足球俱乐部所使用，所有设施面向小、中、高校学生，由日本足球协会派出有资格的教练员进行指导。日本职业俱乐部强化与中小学校的联系，俱乐部球员分散在俱乐部附近的学校学习，日常的训练、比赛由教练员与各学校进行协调。大学与一些中小学业余俱乐部建立对口联系，大学生足球运动员定期到中小学进行指导训练。

我国"多元化"后备人才培养中，要实现人才培养的涌现性效应，必需以学校为依托，注重青少年球员的全面发展，提高运动员的文化知识水平，在组织机构上以教育部门为主导，调动教育部门的积极性，各级足协、职业俱乐部、体育系统培养路径及民办足球学校加强与中小学的联系，保证"各元"之间有效的衔接。

（四）我国足球后备人才"多元化"培养路径模式的特征

1. 发挥政府主导作用，教育、体育系统主辅分明，职责到位

历史已经证明，单靠体育系统自身内部资源，无法实现培养全面发展的青少年足球后备人才的目标；而市场化与社会化的"各元"培养路径都有着无法避免的"失灵"现象。

青少年学生的培养、教育关乎国家的未来，关乎社会主义事业的发展，政府有着义不容辞、不可推卸的责任和义务。同样，青少年足球后备人才的培养关乎中国足球的未来，是中国足球重新崛起的基础和希望，政府也有着义不容辞、不可推卸的责任和义务。

在国家、省、市、区，应该建立由政府主管领导牵头的，联合教育和体育等相关部门的，以教育部门为主导的足球后备人才培养联合组织领导体制，组建专门管理机构，配备专职工作人员，制定、颁布相关激励、保障政策和法规。在组织、制度、人力、财力、物力等方面切实发挥政府的主导作用。

明确教育部门在足球后备人才"多元化"培养路径中的主体地位与主导作用，建立学校评估、校长考核、教师晋升、学生升学等方面的奖励、考核与评估机制。

体育管理部门应主动、积极配合教育管理部门，切实发挥足球专业职能。在专项资金支持、场地设施建设，特别是师资培训、专业督导、能力与水平诊断、选材评定、组织竞赛等方面发挥专业优势。

2. "各元"优势互补，和谐共生，呈现系统整体涌现性效应

建立教育和体育管理部门联合综合追踪注册制度，就是依据我国管理体制的现实，构建我国青少年足球后备人才"多元化"全面发展基础上的专门化培养路径的需要，是能够充分发挥教育系统在思想品德养成、文化科学知识教育和体育系统在足球专项培训两方面各自的专业优势的制度保证。

3. 高中毕业之后才可人才分流

建立高中毕业之后再进行人才分流的制度，就是依据《国家中长期教育改革和发展规划纲要（2010—2020）》的精神，是青少年足球后备人才能够主动、积极适应我国经济、社会飞速发展的需要，是紧跟世界足球运动"高、精、尖"发展趋势的要求，是振兴、提高我国足球运动水平的基础，更是培养、造就全面发展的青少年足球后备人才的制度保证。

4. 依托学校，教育系统成为培养优秀青少年足球后备人才的主渠道

新形势下，我国社会、经济的飞速发展，世界足球运动的发展趋势，都对新一代的青少年足球后备人才提出了新的规格和要求，那就是既有健全思想道德品质，相应的文化科学知识水平，能够适应现代社会生存与发展，同时具有一定足球专项竞技能力与水平的特殊人才。走以学校为依托的发展道路，走"学院化"的发展道路，走全面发展基础上的专门化培养道路，已经成为许多竞技体育发达国家、足球发达国家的必然选择，特别是新兴足球强国日本和韩国的成功经验，更加昭示了这一理念和指导方针的科学性。

科学发展观的核心就是以人为本，尊重人的生存价值，关注人的全面发展，追求人的发展潜力。学校是培养全面发展青少年学生的主阵地，全面发展的教育方针，思想道德品质的养成，文化科学知识的教育，公民行为的规范，是培养全面发展青少年学生的可靠保证。因此，培养优秀的青少年足球后备人才，必须要走全面发展基础上的专门化培养道路，必须依托学校，把教育系统培养路径建设成为培养优秀的青少年足球后备人才的主渠道，这是中国足球重新崛起的希望，也是中国足球可持续发展的基础。

二、我国足球后备人才"多元化"培养路径发展对策

（一）树立以科学发展观为指导的全面发展的足球后备人才培养理念

科学发展观不仅是振兴、发展我国足球运动的指导思想，也是解决我国足球后备人才培养问题，构建我国青少年足球后备人才"多元化"培养路径的指导思想。科学发展观的核心要务是以人为本，新型"多元化"培养路径，是全面发展基础上的专门化培养道路，着眼于青少年足球后备人才的全面发展，着眼于青少年足球后备人才培养的持续发展；着眼于我国足球运动的重新崛起与振兴。目标是培养思想道德品质优良，适应社会发展需求，既有一定文化科学经验水平，又有一定足球专项竞技能力的全面发展的新型青少年足球后备人才，以实现青少年人的发展与我国足球运动发展的全面协调与可持续发展。

（二）依托学校，构建以教育系统培养路径为主渠道，其他"各元"为辅助的"多元化"足球后备人才培养模式

落实科学发展观，培养新型的全面发展的青少年足球后备人才，必须依托教育系统各级学校，构建以教育系统培养路径为主体，其他"各元"培养路径为辅助的"多元化"人才培养模式，走全面发展基础上的专门化培养道路。

学校是全面发展教育的主阵地，有着优质的教育资源，有着规范、成熟的教育管理经验与水平，有着适合青少年成长的人文环境。但是，中小学校教育是一种基础教育，而不是专门教育，使具有一定足球运动天赋的青少年，学习、掌握基本的足球运动知识和技能，开发其竞技能力潜力，势必具有一定的局限性。培养既有相应的文化科学教育水平，又有一定的足球运动发展潜力的青少年足球后备人才，单靠中小学校教育不行，完全脱离中小学校教育，走早期专门化培养道路已经被历史证明更不行。因此，在政府主导下，使足球真正回归校园，做到"体教结合"，发挥教育系统、体育系统、职业俱乐部、社会系统各自的优势，合理配置资源，教育系统承担全面发展的基础教育，体育系统承担资金、足球专业支持，社会系统提供必要的补充，形成优势互补、和谐共生的人才培养格局，是构建以学校为主渠道的新型"多元化"培养路径模式的必备条件。

（三）坚持政府在构建青少年足球后备人才"多元化"培养路径中的主导地位

全面发展的新型青少年足球后备人才，关乎中国足球的振兴和未来的可持续发展，更关乎到广大青少年的发展与未来，政府有着义不容辞的责任与义务。构建新型的青少年足球后备人才"多元化"培养路径，涉及政府的教育、体育管理部门，涉及市场化的职业足球俱乐部，涉及社会力量的民间组织。不明确政府在其中的主导地位，不发挥政府的主导作用，是难以实现的。

结合我国具体国情，成立由教育、体育部门、足球协会、职业足球俱乐部共同组建的国家、省、市各级青少年足球后备人才"多元化"培养指导委员会。突破了原有职能划分的界限，树立"全面发展、依托学校、资源共享、特色共建、责任共担、人才共育"的理念，形成齐抓共管的局面。将涉及青少年足球后备人才"多元化"培养的相关职能机构组织、协调起来，共同提出青少年足球后备人才"多元化"培养、发展的方向

与目标,共同制定青少年足球后备人才"多元化"培养、发展的政策、法规,共同研究、探讨青少年足球后备人才"多元化"培养过程中的有关问题,共同组织、实施青少年足球后备人才"多元化"培养的重大举措,使"体教结合"真正变成"体教合一"。

在国家一级,以国务院负责教育、体育工作的主管领导为首,组建包括教育部、体育总局、足球协会、职业足球俱乐部参加的全国青少年足球后备人才"多元化"培养指导委员会。使之成为国家发展、管理青少年足球后备人才"多元化"培养的最高决策与指导机构。指导委员会以虚拟组织形式,采用联席会议机制,每年定期或遇重大事宜时,研究、解决、协调、审查青少年足球后备人才"多元化"培养中的有关问题。

指导委员会下,组建全国青少年足球后备人才"多元化"培养联合办公室。它是委员会的办事机构,必须设在教育部。主任由教育部主管学校体育工作的副部长担任。在全国青少年足球后备人才"多元化"培养联合办公室下,组建政策研究、发展规划、"一条龙"人才培养、学生运动员招生、学习与学籍管理、科学训练、竞赛组织、奖学金、科学研究、财政支持等若干专门委员会。是指导委员会的制定政策、规划、调查、监督执行、落实情况的咨询机构。

(四)延长足球后备人才教育年限,高中毕业再进行分流

从小放弃学业,进行早期专门化的足球训练,是一种思维定势上的误区,这种做法已被事实证明是行不通的,违背了人的成长规律,违背了足球后备人才培养的规律,导致青少年足球后备人才发展后继无力。日本、韩国等新兴足球强国的成功经验已经证明,在青少年阶段,足球后备人才的文化学习不可忽视。

经济社会的快速发展,对青少年人才的要求越来越高。对于足球后备人才的培养,必须清醒地认识到,九年义务教育水平已不能适应经济社会飞速发展的需要,不能适应世界足球运动的发展趋势,不能提供足球后备人才可持续发展的潜力和基础,更不能解决退役之后的出路问题。增强足球后备人才的可持续发展的能力,必须加强青少年足球后备人才的文化教育,提高其文化科学知识素养和水平,以主动积极地应对社会发展的需要和世界足球运动发展的挑战。

依据《国家中长期教育改革和发展规划纲要》的要求,体育部门应联合教育部门,延长青少年足球后备人才教育年限,从九年义务教育延长至高中,高中毕业之后再进行分流,可以根据个人的具体情况和意愿,或进入高校,或进入职业俱乐部,或走向社会,以减少人才的浪费,提高后备人才培养的成材率,拓展青少年足球后备人才的出路。

(五)完善相关配套政策,为构建"多元化"培养路径提供制度保证

政策是一种制度上的支持和保证,积极性的政策有利于事业的健康、可持续发展。构建以学校为依托的"多元化"青少年足球后备人才培养路径,政府发挥主导作用的积极手段就是制订相关激励、扶持的配套政策。

制定构建依托学校的"多元化"青少年足球后备人才培养路径的发展政策,单靠体育部门一家不行,应该是在教育部门主导下,联合体育系统相关职能部门共同制定。

政策必须着眼于培养目标的实现,必须有效协调"各元"培训主体的责、权、利,必须有利于"多元化"青少年足球后备人才培养路径的建立,特别是要保护和激发作为

路径主体的各级足球传统项目学校的积极性,在学校评估、校长考核,教师职称晋升、学生升学等方面,给予优惠的政策倾斜。

(六)建立"联合综合追踪注册"和青少年后备人才转会办法

依托各级足球传统项目学校构建的新型"多元化"培养路径,走全面发展基础上的专门化培养道路,目标是培养全面发展的新型青少年足球后备人才。因此,在原有各级足球协会青少年足球后备人才培养注册制度基础上,增加思想品德、文化学习、社会适应评定的"教育学"内容。

从小学高年级、初中阶段开始,必须对参加培训的少年儿童进行包括思想品德、文化学习、社会适应、专项技能在内的综合评定、诊断与选材,建立从小学至高中的青少年足球后备人才培养"联合、综合、追踪"注册档案制度,以保证全面发展的新型青少年足球后备人才培养目标的实现,防止和避免在年龄、身份等方面的弄虚作假现象。

联合注册,是指必须由教育和体育管理部门共同认定,进行注册。为保证培养目标的实现,教育部门和学校负责学生的思想品德、文化学习、社会适应的成绩评定,不合格、不及格者不予注册。体育部门(足球协会)负责学生足球专项竞技水平的评定,不合格者应及时劝退,不予继续注册。

教育和体育部门(足球协会)共同建立青少年足球后备人才培养注册信息共享平台,各负其责,分别把关,相互监督,连续(每年)注册,缺一不可。没有教育和体育部门(足球协会)共同认定注册,不能具有青少年足球后备人才资格,不能参加相关的竞赛和培训活动,不能享受青少年足球后备人才在升学等方面的优惠政策。

正本存放在各级教育行政管理职能部门,副本分别由各级足球协会、学校、相关培训机构(职业俱乐部、体育系统体校、民办校、民办俱乐部)、培训学生分别保存。

综合注册,不只是学生单一个人的选材、足球培训、逐级技能诊断、参加竞赛等专项培养信息,还必须包括学生父母、家庭,学校校长、班主任,学生思想品德、文化学习水平、社会适应能力、学习成长等教育内容的信息。以全面评测参加培训的青少年学生的全面发展的水平与进程。

追踪注册,一是指青少年学生自进入青少年足球后备人才注册档案库,随着年级的上升,每年都要在相应的教育和体育管理部门进行相关内容的综合注册,直至高中毕业。没有正规的高中(同等)学历,没有正规的高中毕业证书,不得进入职业足球俱乐部,签约正式的劳动合同。二是参加各级(区、市、省、国家)校园足球、足球传统项目学校、二线学校,以及小学、初中、高中的联赛,必须进行申报登记。三是指随着年级的上升,足球训练水平的提高,同时还参加了青少年业余足球学校(俱乐部)、职业足球俱乐部梯队(网校)、体育系统体校(全运会代表队)的选拔、集训、参赛等活动都要进行申报登记。四是学生遇转学、休学、训练中断等情况,必须进行申报登记,恢复训练也应该进行连续的恢复申报登记。

人才的合理流动可以提高效率,人才资源的流动包括运动员和教练员的流动。人才的流动有助于青少年后备人才获得理想的发展条件,同时,也可通过人才的流动促进人才交流双方的共同发展。但是,人才合理流动绝不同于自由流动。因此,需要在有关交流法规、协议等约束下合理流动,避免人才资源的闲置和浪费,形成最佳的人才结构。

为此，各地区及各人才培养部门必须转变传统的人才观，由教育部门、体育部门，以及户籍管理部门联合制定人才交流制度，建立人才信息资源库，构建相关青少年足球后备人才转会补偿标准，通过人才的借出、协议或转会的方式进行交流，通过有效转会机制的建立，确保人才之间的流通，有效地解决利益的纷争，解除人才流通的制约，打破限制人才流通的瓶颈，使区域之间、部门及各培养主体之间实现总体利益基础上的共赢。

（七）构建以学校为主渠道的新型"多元化"培养路径模式，必须发挥"各元"优势，优化配置资源

中小学校是培养全面发展的青少年的主阵地，有着优质的教育资源，有着规范、成熟的教育管理经验与水平，有着适合青少年成长的人文环境。但是，中小学校教育是一种基础教育，而不是专门教育，使具有一定足球运动天赋的青少年，学习、掌握基本的足球运动知识和技能，开发其竞技能力潜力，势必具有一定的局限性。培养既有相应的文化科学教育水平，又有一定的足球运动发展潜力的青少年足球后备人才，单靠中小学校教育不行，完全脱离中小学校教育，走早期专门化培养道路已经被历史证明更不行。因此，在政府主导下，发挥教育系统、体育系统、社会系统各自的优势，合理配置资源，教育系统承担全面发展的基础教育，体育系统承担资金、足球专业支持，社会系统提供必要的补充，形成优势互补、和谐共生的人才培养格局，是构建以学校为主渠道的新型"多元化"培养路径模式的必备条件。

（八）建立并完善"多元化"培养路径的竞赛体系

竞赛是训练的杠杆，也是训练的一种手段，对于足球后备人才成长和成才而言是不可或缺的，有助于后备人才训练质量的提高以及对足球比赛的理解，也只有通过竞赛，才能将训练提高的竞技水平经受检验并得以提升。要实现"多元化"培养路径的整体涌现性效应，必需建立健全与之相适应的训练和竞赛体系，在"多元化"后备人才培养中，打破原来普及与提高的竞赛系列，恢复"萌芽杯""幼苗杯"和"希望杯"，建立与"小—初—高"三级训练体系相适应的竞赛体系，与我国U19、U17、U15、U11、U9年龄段的比赛相连接。同时，在年龄段的设置上，应每一个年龄段都设置球队，在地区的竞赛中，做到每一个年龄段都有相应的竞赛安排，做到与教育部门6-3-3学制相适应，进一步细化、完善"多元化"培养路径的竞赛体系。

发挥竞赛的杠杆作用，中国足协及地方省市足协应积极主动与教育部及地方教育局联系，丰富足球后备人才的比赛种类，增加比赛场次，多给足球后备人才锻炼的机会，使赛练结合紧密，充分发挥竞赛对训练的指导促进作用。应充分考虑足球后备人才的身心特点，年龄越小，竞赛的时间越短，可采取5人制、7人制、9人制、11人制等多种竞赛形式；此外，应考虑竞赛的组织形式，根据竞赛规模和范围的大小以及青少年足球后备人才的年龄，采取分区域比赛，基本做到小学比赛不出市（区），初中比赛不出省（直辖市）；采取赛会制和联赛制等不同形式，地区比赛可以采取联赛制和赛会制结合的形式进行，省级以上的比赛主要以赛会制为主。同时，必须考虑青少年足球后备人才的学习问题，尽量安排在节假日和暑寒假，减少对文化学习的冲击。

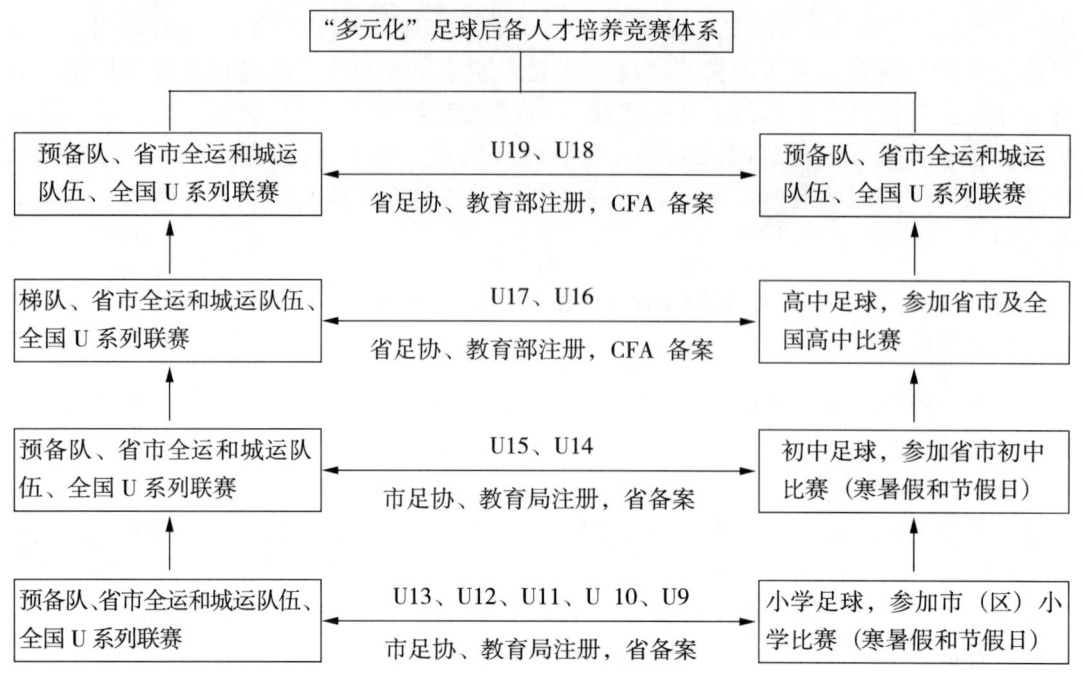

图2 "多元化"培养路径竞赛框架

（项目编号：1341ss09030）

基于要素分析的职业体育治理结构研究

郑 芳 丛湖平 金祥荣 李建琴 王奕全
杜林颖 邓 波 徐 钊 陈伟明

面对正处于起步期的我国职业体育，借鉴和模仿西方职业体育的发展模式能够有效地降低制度变迁成本、缩短职业体育的演进过程。然而，任何一种发育成熟的治理结构，必然与其外部环境相匹配，且其内部组织各要素之间的配置也必然满足一致性和互补性原则，因此，最优的治理结构可能是多样化的，每个模式内部自成一体，但如果只从一个最优组织中抽取某些要素嫁接到另一个优化组织，则可能损害组织的一致性，从而降低组织的绩效。有鉴于此，本研究以中国男子足球顶级联赛为例，运用系统科学理论，对我国我国职业体育治理结构进行了相关的探讨，以期为各个运动项目的职业化发展提供启示和参考。

一、职业体育治理主体与治理客体

治理主体是治理的行为主体，治理主体的作用贯穿了治理活动的全过程，集中表现在确定治理目标、制定治理计划和采取治理行为的各个环节中，通过对治理客体的控制来确立和实现自己的主体地位。本研究将研究视角置于竞赛组织层面。主要考察竞赛组织是如何激励职业体育俱乐部的生产动机和投资动机，以及竞赛组织是如何激励运动员的努力动机方面。

（一）足球协会

与国外主要采纳职业体育联盟治理模式不同，我国职业体育主要采纳协会治理模式。从《中国足球协会章程》可知，足球协会主要通过三个方面实施职业足球的治理。首先，通过构建规章制度，以规范和约束职业足球市场；其次，通过各种激励机制的制定，以促进职业体育俱乐部的投资动机和投资努力；第三，从协会层面进行职业足球联赛的统一营销与管理，实现联赛收益的最大化和推进足球运动的普及化。然而，由于足球协会与足球运动项目管理中心是"两块牌子，一套人马"，国家体育总局对项目管理中心直接领导，并决定其组织结构、内部制度和人事调整；国内单项运动协会作为社团法人，行使国家体育总局赋予的各运动项目的管理权。而足协没有经历自下而上的民主选举过程而成为自律性民间社团，因此足协与各俱乐部及球员、教练员之间的关系不是隶属关系，而是非内部的管理者与被管理者之间的不平等关系。

（二）职业足球俱乐部

从俱乐部层面看，职业化改革初期，新体制还尚未形成，在这一时期的俱乐部中，球队仍是体委下属的体工队，接受体委的管理；企业只出钱冠名，没有球队的管理权。两者在政府这一中间人的作用下相互结合，将体工队换上俱乐部的牌子。俱乐部内部采取行政管理，只作为联赛生产者出现，在联赛治理活动中则体现了体育行政管理部门的治理目的，赞助企业则借俱乐部和联赛进行自我宣传，扩大企业知名度。甲A联赛开始后，一些企业非常关注联赛的经济价值与社会影响，投资俱乐部并获得部分管理权，出现了合办型的俱乐部。1998年中国足球协会制定的《中国职业足球俱乐部的基本条件》要求在一定时期内中国职业足球俱乐部必须在工商行政机关注册登记，并领取《企业法人营业执照》，即成为企业法人。因此，之后大部分俱乐部采用了企业买断俱乐部全部产权的形式，小部分俱乐部采用几个企业或联合买断的形式。2003年《中超足球俱乐部标准》颁布后，国内职业足球俱乐部向公司制进一步转化。职业俱乐部不再隶属于体育行政部门，成为自主经营、自负盈亏、自我发展的独立经营实体。随着职业足球俱乐部公司制的建立，职业足球俱乐部的治理主体地位也逐渐在强化。

（三）地方政府

从足球甲A到中超，地方政府一度成为职业足球的治理主体。甲A联赛初期，地方政府是体委下属运动队与赞助企业间"拉郎配"的中间人，通过给予赞助企业税收优惠政策或资金支持（以奖金形式），支持其办俱乐部。地方政府及下属的垄断企业支持甚至直接介入足球，是由于在地方政府领导人看来，当地球队的成绩好坏直接关系到政府的政绩与地方政府的荣誉，打造职业足球俱乐部成为"政绩工程"，以此获得上级领导的认可与肯定。此外，在经济发达地区，一些政府官员出于本人对足球的兴趣，或者意识到足球对于现代社会的意义，代表政府关注或参与俱乐部事务，为俱乐部及赞助或投资企业提供优惠政策。因此，俱乐部与政府之间产生了利益上的紧密联系，出现俱乐部"官化"现象，中超联赛时期，地方政府较少直接介入职业体育俱乐部内部管理，而是通过公安、交通等政府部门，为联赛的良好运作提供保障。职业足球俱乐部对于所在主场城市而言，能够带动与赛事相关的其他产业，如餐饮、住宿、娱乐等，产生巨大的经济效益，还具有提升城市形象的名片效应。同时，职业体育联赛以市场化与商业化为主要特征，也具有公益性这一外部效应，政府支持联赛，为联赛的开展提供良好环境，最终联赛会产生巨大的社会效应。

（四）职业运动员

随着我国社会经济体制的演化与变迁，球员的身份与性质也逐渐发生了变化。上世纪50年代以后，在计划经济体制背景下，国内各地在行业体协的管理下成立了体训班，竞技体育普遍采用"专业队"形式展开。这一时期，建立了国家和省（直辖市、自治区）两级"优秀运动队"，运动员从小开始，其训练、比赛、生活一切经费由国家统一划拨，队员隶属于各省、市体委。因此，运动员之间的流动是非常困难的。1992年北京红山口会议后，在改革开放背景下，国内以足球作为突破口，开始进行体育职业化改革。原来的体工队"翻牌"成为俱乐部，球员的身份与性质也由此开始改变。当俱乐部投资方出资买断球员的归属权后，球员脱离体工队，作为人力资本在联赛市场中流动，球员个人收入则由市场决定。

二、职业体育联赛治理机制

职业体育联赛治理机制是指职业体育联赛所有者所作出的联赛制度安排，目的是对各联赛治理主体进行激励与约束，以使联赛治理活动按照联赛治理目的进行。职业体育联赛治理机制包括了职业体育联赛收入分配制度、职业体育俱乐部准入制度、职业体育联赛升降级制度、职业运动员转会制度、职业运动员薪酬制度与职业体育联赛监督制度等具体制度。

（一）职业体育联赛收入分享制度

国内职业体育联赛收入分享制度是指：在单项运动协会（单项运动项目管理中心）与职业体育俱乐部之间，根据一定标准对联赛收益进行分配的制度。收入分享制度对于职业体育联赛的各利益主体而言，具有激励其进行的竞争与合作，将联赛"蛋糕"做大，以获取更多利益。

甲A联赛酝酿时期，足协组织了第一次"中国足球俱乐部锦标赛"，各参赛队参与门票收入的分享。1994年首届甲A联赛开始时，国际管理集团（IMG）与中国足协合作，IMG以1000万元人民币购买了为期五年甲A联赛的部分商务开发权。该年联赛中，每家俱乐部以在主场让出14块广告牌为交换，从足协获得70万人民币的收入。这对于当时多数内部经营机制尚不健全、联赛市场运作尚不成熟的俱乐部而言是非常重要的。5年合同期满后，IMG通过对联赛的市场开发获得大量收益，在1998年底IMG以每年1亿元的价格与足协续约。对于这1亿元，足协获得4000多万，各俱乐部平分余下5600多万。随着甲A联赛的结束，IMG退出中国市场；2004年中超联赛启动，足协下属的福特宝公司获得中超联赛的商务开发代理权。

从甲A到中超，足协（中心）与其下属的联赛委员会负责进行联赛冠名权与电视转播权的商业开发，并有权选择与确定联赛的主要赞助商，获得大部分的联赛经营权，对联赛的市场运作处于支配地位；俱乐部经营内容则限于俱乐部冠名权、广告赞助、地方性电视转播权、门票与俱乐部球队标志产品开发等。与两者在联赛经营权上地位相对应的是，足协决定了联赛收益的分配，俱乐部则只是这一分配行为的被动接受者。协会（中心）掌管着联赛经营权，并将具体事宜交给联赛委员会，而联赛委员会又将联赛经营权以合同承包的方式转授予中介公司，中介公司依据合同将收益上缴给协会（中心）（联赛委员会），协会（中心）再将收益在自身与各俱乐部之间进行分配，联赛整体营销的收益被分割成了三部分——协会（中心）、中介机构和俱乐部。

（二）职业体育俱乐部准入制度

职业体育俱乐部准入制度指的是职业体育俱乐部进入职业体育联赛时所需达到的条件标准。准入制度是俱乐部进入联赛的"门槛"，对此现任国家体育总局足球运动项目管理中心主任韦迪认为："作为中国足球职业联赛这个角度，不外乎一要规范俱乐部的运行机制，从规范来讲，首先把住入门关，不是哪个企业都可以玩，你必须达到一定的标准。"根据中超联赛规程的规定，国内职业体育俱乐部派出球队参加职业体育联赛时，除了俱乐部达到《中超足球俱乐部标准》外，还需符合以下三个条件：拥有一支达到中超联赛水平的足球队；成为中超委员会的会员；在中国足球协会会员协会注册，并通过中超委员会在中国足球协会注册。

国内职业体育俱乐部准入制度的出台，与国内联赛的发展与俱乐部职业化的演进具有紧密的联系。国内体育职业化改革初期，对俱乐部制进行了探索。当时在政府的作用下，体工队与赞助企业合作，翻牌组建非职业或半职业性质的俱乐部。1994年足球甲A联赛开始后，足协并未出台相应的俱乐部准入制度，这与职业化改革的步伐是一致的，即在渐进式改革过程中，俱乐部的职业化是无法一步到位的。由于俱乐部内部经营不规范，政府减少了优惠政策，俱乐部投资者无法回收投资成本、俱乐部出现亏损现象时有发生，这从客观上对俱乐部内部实行现代企业制度、加速自身的职业化与市场化提出了要求。1999年中国足协颁发的《中国职业足球俱乐部的基本条件》中指出："职业足球俱乐部的性质是具有法人资格的俱乐部公司"，俱乐部的企业性质在逐步明确，建立标准与运行机制逐渐与企业制度接轨。从国内职业足球的历史演进看，甲A时期对联赛职业化所做的探索，为职业俱乐部准入标准的酝酿与实行做了充分准备。

2001年1月13日，中国足协常务副主席阎世铎在全国足球工作会议上作了工作报告，首次提出"中国足球超级联赛"的概念，并谈到中国足协今后要"修定职业俱乐部特别是参加超级联赛职业俱乐部基本标准和管理办法，严格职业俱乐部审批和管理，实行职业俱乐部资格证制度和参赛证制度，建立职业俱乐部的进入机制和退出机制，规范职业俱乐部的行为。"这一内容反映出在新联赛推出前，足协对参赛俱乐部的职业化性质提出明确要求，自上而下地推动了联赛的职业化进程。同一时期，郎效农提出在现有职业联赛（即当时的甲A联赛）的基础上，创立一个新的更高层次、更高规格、更高标准的超级联赛，以此为契机，为足球职业化改革建立一个新的发展平台：制定《超级联赛俱乐部标准》，全面规范俱乐部建设，建立超级联赛的进入和退出机制，转换中国足球协会职能，改进超级联赛管理体制和经营体制；完善足球市场体系建设，开拓更广阔的市场。

2002年11月13日，中国足协颁布了《中超足球俱乐部标准（试行）》，对之后进入中超联赛的俱乐部提出了明确的要求。这一标准借鉴了国外职业体育发展的经验，或者说参考了国外职业体育联赛的俱乐部准入制度，并结合国内企业改革的经验与职业体育改革的实际情况，相对其他项目而言是较为完备与详细的。该标准分为五个部分，共18条。第一部分为"实行俱乐部公司制、健全法人治理结构"，第1条至第6条涉及俱乐部的公司制，反映了《公司法》的要求，第7、第8条则对俱乐部内部的基本组织以及党组织设置提出了要求；第二部分是俱乐部在球队建设与训练设施等方面所需符合的标准；第三部分涉及俱乐部的财务状况，"俱乐部年度营业收入3000万元以上（不计球员转会收入）；俱乐部所有者权益5000万元以上；俱乐部不得连续三年亏损，在申请加入中超联赛的当年度必须盈利"，对俱乐部财务状况的提出了明确的量化要求，同时第14条"俱乐部必须遵守国家财务、税务制度，执行中国足球协会《关于职业足球俱乐部执行"企业会计制度"的规定》，接受法定机构的审计，按时向中超委员会（或筹备组织）提交会计报告和审计报告"对俱乐部的财务审计方面进行了相应规定；第四和第五部分分别为"遵守中国足协章程"与"附则"。从标准自身看，无论是俱乐部公司制、财务状况，还是球队建设与训练设施，都体现了对于俱乐部实行公司制进而实现职业化的认同。然而，也存在这样的质疑：标准的制度是否真正符合国内职业足球改革的现实，俱乐部进入联赛时是否完全符合准入标准。有学者认为，"准入标准"最早是2002年制定初稿，在2003年又进行了修改，之前和此后俱乐部的财务都未达标，标准出来后，仍旧与现实相距甚远。

2009年中超中甲联赛总结会上，讨论通过了《职业足球俱乐部标准》，由2003年

18 条升级为 54 条，由于该标准目前尚未正式颁布与实施，未来中超联赛内俱乐部分布格局的走向仍变幻莫测。不难推测，国内职业足球联赛在俱乐部准入标准的制定上会更趋于实际，实行上会更严格，因为这是保证联赛高质量水平的第一步。

（三）职业体育联赛升降级制度

职业体育联赛升降级制度是指根据职业体育俱乐部球队在某一层级水平联赛中成绩好坏，决定其球队获得更高层级水平联赛资格（升级）或退至次一层级水平联赛（降级）的制度。在中国职业足球联赛的发展过程中，升降级制度几次暂停实行，引起了人们对联赛赛制变化的关注、不解与困惑。

1994 年，国内足球甲级联赛中实行了升降级制度，在国内职业体育联赛中是为首次。此后直至 2000 年赛季，联赛出现了一些不良现象。2000 年 8 月，在全国甲级俱乐部负责人座谈上，各方对是否继续执行原先的升降级制度进行了讨论。主要观点分两种：一种认为取消甲级联赛的升降级会影响联赛球队竞争程度和联赛投资与开发的吸引力；另一种认为暂停升降级有助于减轻俱乐部压力，使社会浮躁情绪降温，矛盾缓和，使中国足球及时进行调整与整顿。当时的中国足协竞赛部部长郎效农认为，竞争机制是竞赛的一个必不可少的要素，暂停升降级就等于取消了中国足球的竞争。2000 年 11 月，中国足协就升降级向国家体育总局发送公函。其中，足协建议 2001 甲 A 联赛暂缓升降级，其理由是：实行升降级后，甲 A 各俱乐部为保证比赛成绩以求保级投入大量资金，导致基础设施建设因投入较少而滞后；由于 2001 年第九届全国运动会和 2002 年世界杯外围赛预赛、决赛，联赛需为此"让路"，故暂停升降级以使各队较放松地参与联赛；为了在 2001 年大赛多、时间较紧张情况下，保持或提高联赛的竞争性、观赏性、娱乐性。

2000 年 12 月 13 日，在全国足球联赛赛制调整联席会议上，足协正式提出调整全国足球甲级联赛赛制的步骤：2001 年"只升不降"，2002 年"只降不升"，2003 年恢复升降级。2001 年甲 A 联赛暂停升降级。根据"只升不降"的赛制，当年获甲 B 联赛前两名的球队可升至甲 A，甲 B 联赛亚军长春亚泰因涉入"甲 B 五鼠事件"被取消升级资格，假球现象并未随着升降级的暂停而消失。

根据《2002 年全国足球甲级队联赛规程》与《2003 年全国足球甲级队联赛规程》的相关规定，2002 年与 2003 年联赛名次将进行"捆绑"，2003 年赛季结束后"综合名次"列甲 B 联赛最后一名的球队降级，综合名次"捆绑"计算方法如下：2002—2003 年联赛综合名次分值＝（2002 年名次×0.5）+2003 年名次；2002—2003 年联赛综合名次按"综合名次分值"排列，分值小的列前；2002 年赛季结束后，从乙级联赛升入甲 B 联赛的两支球队，其名次排列同 2002 年甲 B 联赛的最后两名；"综合名次分值"相同，2003 年名次列前的列前。由于这一规则制度存在漏洞，导致 2003 年甲 A 联赛末轮中重庆力帆俱乐部球队需通过输球来保级的怪事。

2004 年，首届中超联赛开始。根据 2004 年中超联赛规程的规定，当年联赛结束后最后一名的球队参加次年中甲联赛，当年中甲联赛前两名的球队参加次年中超联赛，即"升二降一"，2005 赛季仍继续实行这一制度；2006 年恢复原先甲 A 时期实行的升降级制度，即中超联赛与中甲联赛分别对应原来的甲 A 联赛和甲 B 联赛。2006 年四川冠城俱乐部球队解散，2007 年上海申花与联城两家俱乐部合并，以及 2008 年武汉光谷俱乐部退出中超联赛,这三个赛季中由于参赛球队都仅为 15 支,为保证参加中超联赛的球队数量,俱乐部实际上是"升二降一"。

任何事物都具有两面性,升降级制度同样是一把"双刃剑"。除对升降级制度本身缺乏深入了解外,协会为世界杯、奥运会等大赛年暂停升降级、频繁更改联赛赛程,出现联赛频频为国家队"让路"的现象,体现了"金牌"对于体育行政管理部门的重要意义,对于联赛的长期稳定发展则是非常不利的。对于职业体育俱乐部而言,实行升降级制度,实际上是联赛中的一种竞争机制,它能够激励俱乐部在竞争过程中积极投入,并对动力不足的俱乐部产生约束;对于职业联赛而言,升降级能使球赛的竞争性更强,比赛的观赏性更高,对观众的吸引力就会越大,从而促进联赛球迷市场的发展。至于"假球""黑哨"现象的产生,其根本原因是联赛缺乏有效的监督机制与法律约束,而非实行升降级制度所引起的。

(四) 职业运动员转会制度

转会是指运动员从一家俱乐部转出后,转入另一家俱乐部的行为。转会的目的在于在市场机制的作用下,促进运动员人才流动,有利于运动员的成长,使运动员这一人才资源得到充分利用,保证联赛中各俱乐部竞争实力的平衡,从而提高联赛的竞争性与观赏性。为保证职业运动员转会的正常有序进行,国内外职业体育联赛中都实行了相应的转会制度。不过,由于仍处于职业化改革进程中,目前国内的职业运动员转会制度尚待完善,与国际通用的运动员转会制度相比具有很大的差异,影响了运动员、俱乐部与联赛的发展,也反映出国内体育职业化水平。

体育职业化改革之前,运动员由各级体委下属体工队培养,高水平运动员人才数量少,加之地方保护盛行,运动员人才的相互流动非常困难。1993 年 10 月,在大连召开了全国足球工作会议,中国足协颁布了关于球员人才流动的相关规定。1994 年,首届足球甲 A 联赛启动。中国足协根据《中国足球协会章程》《中国足球协会俱乐部章程》《中国足球协会关于人才交流的若干规定》《中国足球协会运动员转会细则》规定,决定自 1994 年 12 月 15 日起,在中国足协管理范围内,全面实行运动员转会制度。这是国内首次实行运动员转会制度。1994—1997 年,国内足球运动借鉴国外经验,尝试实行自由转会。1995 年足协颁布的《中国足球协会运动员转会规则》,涉及运动员转会资格、运动员转会费的俱乐部协议、违约申诉和裁决及责任、成交转会费的分配等方面。各俱乐部可自由选择球员,足协只提供转会费参考数,运动员转会价格最终可由转会双方俱乐部协商决定。在实现转会制度后,国内球员转会人数逐年增长,一定程度上打破属地和人才壁垒,运动员人才流动性得到提高。由于缺乏转会费计算参考的相关规定,球员转会市场出现了高额"签字费""见面费"、球员与俱乐部私下交易等不良现象,到 1997 年,这些现象已非常普遍。由于转会制度不完善,俱乐部与地方体委逐渐意识到并且开始重视职业运动员人力资源的价值,制度上的真空使得地方保护与行政干预再次兴起,出现了如"上海市将李晓、陈伟及申思在 1996 年转会范围限制在上海的球队内交流;武钢俱乐部 7 名符合转会条件的运动员也未能流动到外区域等"事件,影响了地区间的运动员流动,转会呈现出停滞状态。

1998 年,中国足协推出新的转会制度——顺序申报制,转会的具体形式为:由各俱乐部上报当年度转会的运动员名单,经中国足协审核后公布,而后各俱乐部申报欲转入运动员名单,中国足协根据各俱乐部申报的先后顺序办理运动员转会手续,它是摘牌制的前身。这一制度针对前一阶段国内球员转会出现的不良现象而出台,"签字费""私下交易"等行为得到抑制。

1999—2000年,足协又改实行"顺序摘牌制"(也称"上榜摘牌制度")和转会费计价制,即俱乐部按照上赛季甲级联赛的名次由高到低依次摘取转会的球员,转会球员则分批上榜。在这一制度下,球员递交转会申请提出转会意向后,想接受的俱乐部不一定能"摘牌",球员的自由转会受到制约,俱乐部也常常无法选择自己想要的球员,摘牌大会上出现"强摘""截杀"等现象,如当年的青岛海牛队"抢摘"曹限东事件,便是转会制度存在缺陷所导致的。从竞争均衡角度看,顺摘牌制度也在一定程度上扩大了俱乐部间的实力差距,联赛的竞争性程度下降。

2001—2002年,国内职业足球运动员转会改实行倒摘牌制。它与顺摘牌制的不同之处在于,各俱乐部在转会摘牌会上,依据上一年联赛名次由低到高以此摘取球员。国内实行的倒摘牌制在形式上与NBA选修制度相仿,对国内联赛的"竞争均衡"有一定影响,但由于球员流动大多在国内各甲级俱乐部间进行,制度安排上违背球员与俱乐部交易的自愿原则,运动员的基本权益难以得到有效保障,转会成功率逐年下降。

2003年,足协推出自由摘牌与倒摘牌相结合的球员转会制度,即球员转会名单公布后,各俱乐部先自由摘取1名球员,随后在转会摘牌会议上依"倒摘牌"摘取4名球员;2004年各俱乐部自由摘取与"倒摘"得球员名额分别改为3名与2名。转会制度的这一变化,一定程度上解决了过去球员与俱乐部双方选择错位的问题。由于一流球员数量较少,球员转会市场需大于求,俱乐部对于球员的争夺非常激烈,"签字费"现象再次出现。

2005年,足协取消倒摘牌制度,球员转会实行自由摘牌制。根据新的转会规定,俱乐部可直接决定球员的转会申请,球员转会时仍需支付转会费,客观上导致了国内球员转会的不自由,在最大程度保证俱乐部利益的同时,球员在转会谈判中处于弱势地位,球员的权益得不到根本的保障。从转会情况看,球员挂牌后陷于"被动"状态,转会选择无法完全得到满足。

从国内职业运动员转会制度的变迁看,目前转会制度仍处于初级阶段,无法与国际接轨,例如周海滨"私奔"引发的"自由转会事件",戴琳曲线转会申花等,说明中国足协的球员转会规则尚待完善。转会制度的不完善,与现阶段国内球员、足球经纪人等人力资源市场尚不发达,职业体育的市场机制尚未完全形成,法制不够完善等状况是密切相关的。

(五)职业运动员薪酬制度

企业薪酬制度是规范企业成员获得合同报酬和剩余索取权的方式、内容和结构的一项基础性制度。在职业体育联赛中,职业体育俱乐部作为独立的法人实体,内部管理实行现代企业制度。职业运动员在职业体育联赛产品生产过程中直接投入体力、精力和时间,"是人力资本的所有者和承担者,俱乐部必须选择设计合理的激励合同,以获得运动员合理的投入"。职业运动员薪酬制度是职业体育联赛各利益相关者(协会、俱乐部、运动员等)之间利益博弈的结果,合理的薪酬制度在联赛治理中可以有效激励职业运动员进行投入,同时由于运动员作为一种具有专用性特点的人力资本,能够对俱乐部和联赛产生重要影响，薪酬制度通过对运动员的工资进行限定，发挥约束机制的作用。

1994年首届甲A联赛中，国内甲A俱乐部球员的年平均收入5~6万元，约是中国工薪阶层的5~8倍；1996年，各俱乐部在球员薪酬上更是不惜成本地高额支出；1997年是甲A历年来球员收入增长最快的一年；1998年的增长则显得略微平稳，但仍不低于20%。国内实行球员转会制度后，运动员人才流动程度进一步提高，转会市场上一流球员数量少，供小于求，优秀球员成为各俱乐部争夺的对象。因此，一旦俱乐部拥有了高水平的球员，便给予球员以高薪酬与优厚待遇，针对球员欲转会其他俱乐部，则开出天价"转会费"，"签字费""见面费"等现象便由此产生。

对于球员的高薪问题，1996年中国足协制定《中国足球俱乐部工资制度》，提出职业足球俱乐部实行通过市场行为，将收入与效益工资挂钩制，工资结构由基础工资、训练津贴、比赛奖金三部分构成。基础工资由工作合同反映，训练津贴与比赛奖金分别为俱乐部市场收入的20%、12.5%。照此计算，俱乐部的工资支出约为市场收入的40%。对此，俱乐部与球员签订两份合同，一份完全符合足协规定，以备中国足协审查；另一份则以补贴、补助等名目增加球员收入。这样既规避了足协的处罚，又维持了球员的高收入，因此1996年工资限额规定出台后，各俱乐部并未真正执行，球员收入仍居高不下。国内球员薪金支出占俱乐部开支的比例非常大，已经影响到俱乐部在其他方面的支出。

受1997年亚洲金融危机影响以及球员工资的高成本支出，国内职业足球俱乐部的生存环境进一步恶化。1998年底，中国足协出台了《关于甲级足球俱乐部拒绝运动员签字费，统一最高工资及出场费限额的规定》，规定甲A俱乐部运动员和教练员个人月工资最高限额分别为1.2万元和1.8万元；胜场次和平场次全队出场费最高限额分别为40万元和15万元。这一限薪令的出台，对于有巨大财力支出的俱乐部而言，并未起到太大的作用，球员薪酬的高支出状况仍普遍存在。这为之后俱乐部出现财务危机、球员收入差距悬殊埋下伏笔。

2003年，在首届中超联赛开始前，中国足协出台了《中超俱乐部一线球队工资奖金管理规定》，规定年满22周岁的国内球员每月最低工资5000元，但并未对最高工资作出限定，这实际上变相取消了原先的限薪令。同时，"俱乐部每年支付的一线球队教练员、运动员工资奖金的总额，不宜超过俱乐部年营业收入的55%"，并规定冠名费用的上限为4000万元，并制定了监督和处罚措施。由于自甲A以来，国内职业足球联赛中出现了各种不良现象，联赛水平每况愈下，球迷市场持续低迷，特别是2008年全球爆发经济危机，长期持续的高成本，也使俱乐部连年亏损、不堪重负；部分俱乐部的投资者减少了在足球上的投入甚至退出联赛，转会市场上球员供大于求，俱乐部与球员签订"低薪"合同，直接影响球员的收入；俱乐部"欠薪"事件的发生，使得球员权益保障问题日益突出，也造成了球员间收入的巨大差距。

可以说，足协出台这一系列的限薪措施，并未起到约束俱乐部治理行为的效果。除了缺乏与限薪令相匹配的监督机制外，根本原因在于一流球员人才缺乏，难以满足职业俱乐部与联赛发展的需要。薪酬制度具有激励与约束的双重作用，如何制定合理的薪酬制度，同时在其他制度的支持下有效实施，都是职业体育联赛治理中所要解决的重要问题。

(六) 职业体育联赛监督机制

职业体育联赛监督机制是指职业体育联赛治理主体为了有效监控联赛经营管理活动而设计的一系列监督制度。建立合理的监督机制，并在联赛中得到有效实施，对于保证职业体育联赛的良性发展有着重要意义。

根据《中国足球协会超级联赛委员会章程》，中超联赛中发生的违规、违纪行为或事件，由中国足球协会纪律委员会处理。实际上，足协下设的纪律委员会在联赛执行了监督职能，"依据《中国足球协会章程》及有关规定，对在比赛中违纪或失职的会员协会及下属协会、俱乐部、教练员、运动员、工作人员作出处罚"。中国足协的会员根据章程规定享有决定权，但由于国家体育总局掌握足协的人员任免权，实际上会员并未真正地行使这一权利，无法对足协进行约束与监督。此外，章程中规定协会会员不得将争议诉诸法院，排斥了司法救济，会员通过司法救济这一手段监督足协也无法实现。国家体育总局对足协的重大事务可直接决策，两者的利益一致，使得自上而下的权力制约失去效力。同时，"由于我国行业协会发展起步较晚，目前对行业协会的管理和监督主要是靠政策来支持，至今还没有出台一部调整行业协会的法律法规"，职业体育的相关法律法规立法不完善，导致监督过程中出现了法律依据缺失的问题。"甲B五鼠"案中，司法部门首次介入，以裁判龚建平获刑告终，但联赛中的假、赌、黑现象仍然较为严重，这反映出当时司法监督对于联赛并未真正发挥作用；2009年底，司法介入国内足坛的反赌打黑，大量球员、教练员以及相关人员都牵涉其中，并被列入调查范围，反映出这次反赌行动涉入足坛之深、范围之大，司法监督于职业体育的重要性之强。

除了行政监督与司法监督以外，职业体育联赛的利益相关者，如媒体和球迷，也是重要监督参与者。在国内体育职业化初期，媒体能够形成关于职业体育的良好舆论导向，从而为职业体育联赛的展开创造良好环境，促进联赛的市场培育与发展。新闻舆论是一种借助于新闻传媒所传播的事实而形成的公共舆论，他在整个监督体系中有着不容置疑的重要地位，具有一种超乎法律和行政力量的权威性、威慑力、感召力和约束力。由于媒体具有自己的利益目标，新闻舆论未必能够正确有效地对联赛中的活动发挥监督作用；媒体与足协之间的利益矛盾，则进一步影响了媒体的报道行为。球迷作为职业体育联赛重要的利益相关体，应以一定形式参与到监督中去。目前国内球迷形成了一些民间组织团体，球迷的素质也参差不齐，还不足以成为较为强大的监督力量。

三、职业体育治理结构耦合分析

治理结构并非是一成不变的，随着社会文化、制度环境、市场发育条件的变化，治理主体发生了相应的变化，由改革初期足球协会是职业足球主要的治理主体逐渐演变为协会、俱乐部、赞助企业、地方政府等多个利益主体成为职业治理主体，治理主体的变更导致治理结构行为、以及耦合程度的变更，在一定的时期表现出独特的治理特征。本研究根据我国职业足球治理主体的变迁历史，将职业足球治理结构变迁分为两个阶段：甲A和中超时期。

（一）职业足球甲A时期（1994—2003年）

从1994年推行足球的职业化，到2003年决定推行中超联赛，实质上是治理主体的变迁过程。在甲A时期，足球协会和地方政府俨然是职业足球的主要治理主体，职业足球俱乐部的治理主体地位尚未形成，到2004年中超联赛的成立，一定程度上意味着职业足球俱乐部成为职业足球的治理主体地位得到展现。在治理行为方面，由于我国的职业体育改革采取自上而下的摸着石头过河的改革方式，在改革初期，作为职业足球的基本生产的单位职业足球俱乐部作为治理主体的缺弱和协会实体化仍然兼顾的政府利益格局的固化，以及政府推行该给所固有的制度安排方面的策略优势，而国外良好的职业体育治理模式无疑为摸着石头过河的我国，提供了参考的依据。但由于欧美等发达国家的治理模式存在一定的差异，而我们在拿来的过程中又未曾本土化，使得在国外屡试不爽的各种治理行为，到了中国国土之后，在经历了短暂的辉煌之后呈现了快速的下降。以下我们对其具体特征进行分析。

1. 转会制度频繁改变

俱乐部所拥有球星的数量和质量直接导致球队的竞技水平，因此，无论是何种运动项目，无论是哪国职业体育治理模式，制定一个合理的球员转会制度，是提升职业体育治理绩效的核心所在。

1994年，对于刚推行职业化的足球而言，自由转会制度，使得国内球员转会人数迅速递增，1995年甲A联赛首度开始实行转会制度后，国内球员转会人数逐年增长，一定程度上打破属地和人才壁垒，运动员人才流动性得到提高。由于转会制度不完善，俱乐部与地方体委逐渐意识到并且开始重视职业运动员人力资源的价值，制度上的真空使得地方保护与行政干预再次兴起，出现了如"上海市将李晓、陈伟及申思在1996年转会范围限制在上海的球队内交流；武钢俱乐部7名符合转会条件的运动员也未能流动到外区域等"事件，影响了地区间的运动员流动，转会呈现出停滞状态。此外，由于缺乏转会费计算参考的相关规定，俱乐部具有对球员自由定价的权力，球员转会市场出现了高额"签字费""见面费"、球员与俱乐部私下交易等不良现象，到1997年这些现象已非常普遍，本质上属于由制度的约束不足与利益驱动下的"负外部行为"。实行球员自由转会制度，其收益在于提高了运动员流动性，推进了国内联赛的职业化进程。不过，当时国内职业体育市场机制尚不完善，在联赛治理中实行完全的自由转会，市场交易处于"软约束"状态，引起球员转会市场"失灵"问题。1998年针对前一阶段国内球员转会出现的不良现象，实行了新的球员转会制度——"顺序申报制"，"签字费""私下交易"等行为得到一定的抑制。1999年开始实行顺摘牌制度，这在一定程度上扩大了俱乐部间的实力差距，联赛的竞争性程度下降。从表1可以看出，1994—1999年，历届甲A联赛球员转会"身价"呈现逐年增长的趋势，说明转会制度的频繁调整，并未对球员转会费价格产生影响，治理过程中存在对天价"转会费"现象规制不足这一制度真空，进一步反映出足协这一主体在球员转会市场发展过程中的缺位。

表1 国内历届甲A联赛球员转会"标王"

赛季	姓名	价格（万元）
1995	黎 兵	64
1996	王 涛	66
1997	高洪波	120
1998	郝海东	220
1999	彭伟国	235
2000	区楚良	497
2001	曲圣卿	550
2002	祁 宏	950
2003	吴承瑛	1300

资料来源：根据搜狐网相关资料整理所得 http://sports.sohu.com/

2. 俱乐部产权变动

从国内职业体育俱乐部的发展看，联赛初期的俱乐部是由体委下的体工队与企业合办的，球员的人事关系在体工队，隶属于各级体委，地区间球员流动较为困难，俱乐部赞助者只是借联赛和俱乐部进行企业自身宣传，由于未获得俱乐部的经营权，赞助者并不关心俱乐部的经营效益，俱乐部内部运营并未以利润最大化为目标，而是由地方体育行政管理部门对俱乐部实行管理，重视"金牌"效应。当时，足协负责对甲A联赛统一进行商务开发，避免了俱乐部市场运作不成熟带来的高成本，对联赛和俱乐部的发展起到了保护作用。从图1可以看出，1994—1996年赛季，甲A联赛场均现场观众数不断增长，1996年达到顶峰为2.43万人，甲A联赛市场的良好发展态势，说明这一时期制度调整获得正收益，足协作为治理主体实行的一系列治理行为，基本符合联赛收益最大化的治理目的，取得了较好的治理效果，这与当时国内对于足球热情高涨的氛围和各方支持职业足球发展的外环境有着重要关系。

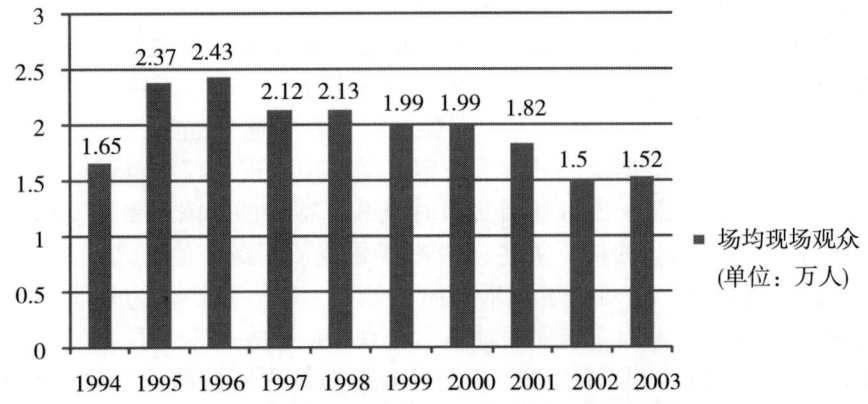

图1 1994—2003中国足球甲A联赛场均现场观众数
资料来源：根据中国足球协会历年公布数据整理所得

随着一些企业对联赛的关注并对俱乐部进行投资，合办型俱乐部开始出现。此时，投资者开始获得俱乐部的部分管理权，但在联赛治理中尚难获得话语权；同时地方体育局对俱乐部的行政管理并未结束，地方政府涉入职业足球甚至直接干预俱乐部内部事务，在"政绩工程"目标下，急功近利行为带来诸多问题，联赛的公众印象逐渐变差。由于在渐进式改革过程中，俱乐部的职业化是无法一步到位的，同时联赛中尚未正式实行的俱乐部准入制度，转会制度与当时国内联赛发展相适应，出现俱乐部内部经营不规范现象，说明此时足协在联赛治理过程中的主体缺位，其治理行为未体现制度安排的有效性，联赛激励机制扭曲，监督约束机制缺失。由于这一时期国内联赛职业化水平与市场化程度并不高，俱乐部内部产权不清，投资者目标各异，尚不能达成一致，俱乐部间还难以形成共同的利益体，造成俱乐部在联赛治理活动中治理主体地位的缺失。此外，政府减少了优惠政策，球员高价转会则引起俱乐部成本的迅速上升，俱乐部投资者无法回收投资成本、俱乐部出现亏损现象时有发生，客观上对俱乐部内部实行现代企业制度、加速自身的职业化与市场化提出了要求，进而明确了俱乐部产权归属清晰化的改革方向和收益最大化经营目标，俱乐部对于联赛日益增长的利益诉求，推动了俱乐部的成长，对于其在联赛治理中尽快获得主体地位而言起得了促进作用。在这样的背景下，1998年出台《中国职业足球俱乐部的基本条件》，是国内职业足球俱乐部准入制度的雏形。职业体育俱乐部作为职业体育联赛的生产者，随着自身商务开发与市场经营能力的不断提升，表现出对联赛经营权的更多诉求。然而，无论是在联赛经营还是收入分配上，俱乐部始终处于被动地位。随着俱乐部投资者逐渐介入俱乐部的经营活动，俱乐部产权归属发生了变化，其经营目标也在逐渐改变。

政府作为体育职业化改革的主导者，在国内联赛的前期尝试与探索过程中扮演着重要角色，除了通过颁布法令，以命令这一强制性方式推动改革的开始，还以其他形式为联赛的开展与运行给予了一定程度的支持。协会或项目管理中心作为行政力量的体现，自上而下地对联赛进行组织和管理，在当时职业体育市场尚未形成、资源流动极不充分的条件下，对于中国职业体育的发展而言，起到了较好的引导作用，即实现了职业体育联赛的从"无"到"有"。不过，从经济学角度看，这样的资源支配方式带有计划经济的明显特征，难以适应社会主义市场经济发展的需要，也不符合职业体育的本质。在联赛治理中，由于其他利益主体的力量在不断地发生变化，协会独揽联赛主要权益的局面不可能一成不变。从联赛市场角度看，1996年后甲A联赛场均观众数逐年下降，1999年已降至1.99万人，市场发展过程中遇到挫折，这与当时联赛的假球传闻有着内在联系。根据足协的有关规定，联赛中出现争议不得诉诸法院，而是由足协下属纪律委员会处理。1998年后足协对甲B联赛中的"隋波事件"调查未果，但假球现象已开始引起社会的广泛关注；1999年饱受质疑的"渝沈之战"，足协最后只将其定性为"消极比赛"，对涉事俱乐部简单处罚了事。足协作为争议裁决者，实际上具有联赛监督职能，但由于未对假球从严处理，联赛在公众心目中的消极形象直接影响到球迷市场，足协的监督不利与联赛监督机制缺失则使假球现象变得更为猖獗。这说明治理行为能够影响治理环境；反之，治理环境则又进一步制约治理行为的开展。足协作为治理主体，并未针对联赛出现的问题及时提出应对策略并予以有效解决；俱乐部参与假球，为"保级""升级"不择手段，是治理行为扭曲的表现，对联赛发展直接产生不利影响。

3. 升降级制度的变更

国内职业足球联赛在前一阶段的发展过程中，初期获得正收益，随后成本逐渐上升，收益逐渐减小，这是由自上而下、渐进式的制度变迁方式的内在特点决定的，也反映出联赛这一系统中各治理要素耦合程度的动态变化。2000—2003年，甲A联赛接近末期，期间国内足坛发生了一系列具有重大变革意义的事件，如暂停升降级、俱乐部准入制度的实施、甲B五鼠事件、裁判龚建平"受贿"案等。在这一阶段，升降级制度的变更与准入制度的实行是国内职业足球联赛治理活动的主要特征。

联赛中实行升降级制度，对各俱乐部具有激励与约束双重作用。任何事物都具有两面性，升降级制度同样是一把"双刃剑"。由于足球这一项目具有较高的竞争性与对抗性特点，这也是足球比赛魅力所在，升降级能够促进球队间的竞争，但一定程度上也引起俱乐部间的实力差距（不均衡），总体上仍利大于弊。1994—2000年，甲A联赛一直实行"升二降二"的升降级制度；2000年，全国甲级俱乐部负责人座谈上各方就是否暂停这一升降级制度进行了探讨，其焦点是升降级制度对于国内职业联赛的利弊，支持者与反对者各自提出了自己的看法。当时的中国足协竞赛部部长郎效农认为，竞争机制是竞赛的一个必不可少的要素，暂停升降级就等于取消了中国足球的竞争。2000年底，足协以甲A联赛为全运会和世界杯让路为理由，建议暂停升降级，随后正式提出联赛赛制的调整步骤。2001—2003年，联赛赛制经历了三次变更，制度的频繁调整必然会引起成本的上升。表2中显示了甲A联赛时期赛制（升降级）的变化。

表2 历届甲A联赛的赛制变更情况

赛季	赛制
1994-2000年	"升二降二"制度
2001年	"只升不降"制度
2002年	"只降不升"制度
2003年	恢复"升二降二"制度

合理的赛制是联赛良性发展的重要前提，赛制的任意更改则会使联赛在运转过程中缺乏稳定的制度环境。此外，足协除对升降级制度缺乏深入了解，提出的球队综合名次计算方法存在漏洞，使得2003年甲A联赛中出现重庆力帆俱乐部球队需输球保级的怪现象。协会为世界杯、奥运会等大赛年任意更改联赛赛程，出现联赛频频为国家队"让路"的现象，对于联赛的长期稳定发展则是非常不利的。任意改变升降级制度与联赛赛程，充分地说明了足协作为治理主体，其治理行为围绕"以国家队为中心"这一目标，与联赛收益最大化的目标相左，治理行为与治理目的两者间耦合程度较低。

4. 准入制度的出台

准入制度的实行是2000—2003年这一时期治理活动另一重要特征。准入制度是俱乐部进入联赛的"门槛"，现任国家体育总局足球运动项目管理中心主任韦迪认为："作为中国足球职业联赛这个角度，不外乎一要规范俱乐部的运行机制，从规范来讲，首先把住入门关，不是哪个企业都可以玩，你必须达到一定的标准。"前一阶段中俱乐部内部产权不断变革，俱乐部运营不规范问题与联赛治理中出现的诸多不良现象，对于俱乐部进一步的职业化提出了要求，足协就俱乐部准入标准进行了一些探索。在此基础上，2002年足协颁布了《中超足球俱乐部标准（试行）》，这一标准借鉴了国外职业体育发展的经验，或者说参考了国外职业体育联赛的俱乐部准入制度，并结合国内企业改革的经验与职业体育改革的实际情况，相对国内其他运动项目而言是较为完备与详细的。从标准自身看，无论是俱乐部公司制、财务状况，还是球队建设与训练设施，都体现了对于俱乐部实行公司制进而实现职业化的认同。然而存在这样的质疑：标准的制度是否真正符合国内职业足球改革的现实，俱乐部进入联赛时是否完全符合准入标准。有学者认为，"准入标准"最早是2002年制定初稿，在2003年又进行了修改，之前和此后俱乐部的财务都未达标，标准出来后，仍旧与现实相距甚远。从职业体育联赛发展规律看，俱乐部准入制度是联赛职业化的必要条件，俱乐部准入是保证高质量联赛的第一步。国内俱乐部准入制度的出台，则意味着俱乐部内部产权归属将更趋于明晰。俱乐部准入制度作为联赛的制度安排之一，其制定和实施是联赛治理行为的具体体现。准入制度实施的有效性问题，本质上是由治理行为与治理环境的耦合程度决定的。

2001年甲B五鼠事件是国内职业足球联赛假球现象的典型案例，假球已不仅仅是俱乐部的个别行为，而是发展为有组织、有预谋的集体事件。这一时期球员转会先后实行倒摘牌制、自由摘牌与倒摘牌相结合的制度，由于一流球员数量较少，球员转会市场需大于求，俱乐部对于球员的争夺非常激烈，"签字费"现象再次出现，联赛的竞技水平仍停滞不前。足协出台一系列的限薪措施，并未起到约束俱乐部治理行为的效果。除了缺乏与限薪令相匹配的监督机制外，根本原因在于一流球员人才缺乏，难以满足职业俱乐部与联赛发展的需要。2003年裁判龚建平以"受贿"罪被判刑，这是国内足球联赛中首次司法介入，但各方对本案的争议颇多。联赛中"假球""黑哨"现象的蔓延，使得联赛的水平迅速下降。对于球迷而言，花费了时间与金钱，却无法享受到应有的服务。作为消费者，球迷的利益难以得到保障。从俱乐部与球迷两者的关系看，俱乐部离开球迷就是无源之水、无本之木，俱乐部的发展离不开球迷的支持；同时球迷需要的精神食粮也由俱乐部来提供，俱乐部是球迷的强大精神支柱，二者相互依存，共同发展，形成了稳定的"荣辱"共同体。可见，球迷对于职业体育联赛的良好运作与职业体育俱乐部的长期发展都具有极其重要的地位。此外，我国的电视媒体习惯性地把无偿转播是为一种惯例，缺乏购买电视转播权的意识。国内媒体一方面对于推动职业体育联赛的发展、监督联赛运行、提高赛事知名度起到了一定的作用，另一方面过多地宣传与报道联赛的负面新闻，也使联赛不良的治理环境雪上加霜，对联赛质量的提升产生一定的消极影响。人们对体育文化娱乐产品的需求，暗示职业体育联赛的巨大潜在市场，同时球员劳动力市场刚刚形成，而联赛的具体治理行为并未充分考虑市场这一外部环境的制约，忽视了联赛的市场培养与后备人才的培育，反映出治理行为与治理环境两者间的不协调。从利益角度看，协会以行政垄断地位控制联赛大部分的权益，意味着俱乐部很难享受到联赛的权益。在职业体育俱乐部以经营收益最大化为目标的前提下，联赛收益的多少对俱乐部产生重要影响，经营权的缺失与联赛收益较少也是造成俱乐部亏损的主要原因之一。此阶段中联赛治理主体间目标不一致，尚未形成共同的治理目的——联赛收益最大化，或者说各利益主体未形成利益共同体。

(二) 职业足球中超时期（2004—2010年）

2004年，甲A联赛经历十年风雨之后正式谢幕，首届中国足球超级联赛启动。随着《中超足球俱乐部标准》的实施，参加中超联赛的俱乐部内部多采取公司制，收益最大化的经验目标进一步明确，投资者对联赛利益提出更多诉求。在这一时期国内职业足球联赛治理过程中，协会与俱乐部之间联赛利益争夺加剧，2009年底足坛的"打假""打黑"行为，则暗示着联赛治理环境未来的变化趋势。

1. 俱乐部治理主体地位凸显

国内职业足球俱乐部采取公司制，投资者的目标则逐渐转向收益最大化，对于联赛表现出更多利益诉求。俱乐部作为联赛的投资主体和联赛产品的生产者，但各项经营权益仍受到行政管理权的制约，投资人的主体地位无法充分发挥。俱乐部拥有部分电视转播权和冠名权，由于经济环境及联赛市场开发等因素的制约，经营所得的收益无法得到保障。实际上，国内职业体育俱乐部只是名义上的治理主体，失去了根本的决策权，只能在治理过程中处于被支配的地位。当然，联赛治理主体除了在逻辑上具有可能性，还须在实际的治理活动中具备可行性。

就联赛所有权安排而言，协会依靠其行政垄断地位，将所有权紧紧抓在手中。协会与俱乐部两者均为法人，在法律上是对等的经济实体，两者之间只应就联赛经营而相互协调与合作，而非管理与被管理的关系。俱乐部的不平等地位及其对于联赛决策权和收益权的缺失，正是联赛所有权安排不合理的表现。根据不完全合同理论，协会实际上拥有了职业联赛的剩余控制权，通过联赛广告收入获得部分收益权，但并不承担联赛的经营风险；俱乐部作为联赛风险的主要承担者，却并未获得对联赛的控制权，而其收益权是与协会共享的。在这样的产权关系下，俱乐部只拥有部分联赛的收益权，其行为则具有正的外部性。可以想象，如果俱乐部所有者努力参与联赛和俱乐部的日常经营，而未获得相应比例的回报，最终俱乐部将失去积极性；协会由于不承担经营风险，在决策时更可能损害各俱乐部的利益，导致非效率结果的产生。

2004年，以大连实德为首的七家中超俱乐部发起了所谓的"G7革命"，提议仿效国外职业体育联赛，由各俱乐部成立职业体育联盟，该事件以俱乐部承认足协拥有联赛的财产权和管理权、足协满足俱乐部的部分利益要求告终。"G7革命"是足协与俱乐部两大主体争夺联赛权益的具体表现，也说明俱乐部已经成长为推动职业体育制度变迁的新力量。

2005年中超公司成立，足协占36%股份，其余16家俱乐部各占4%，股权的获得是国内俱乐部治理主体地位凸显的重要标志，但协会仍控制着联赛的决策权。协会是社会团体，俱乐部是企业法人，两者均为法人，在法律上是对等的经济实体，就联赛经营而言，两者之间只有协调与合作的问题，而非管理与被管理。在职业体育联赛治理过程中，职业体育俱乐部处于不平等地位，失去了联赛决策权，获得较少的收益权。

2. 联赛治理环境剧变

在国内市场经济体制改革大环境下，市场理念渗透到社会的各个领域。随着职业体育的市场化，职业体育联赛治理的经济环境已发生了渐变。特别是2008年全球爆发经济危机，长期持续的高成本，也使俱乐部连年亏损、不堪重负；部分俱乐部的投资者减少了在足球上的投入甚至退出联赛，转会市场上球员供大于求，俱乐部与球员签订"低薪"合同，直接影响球员的收入；俱乐部"欠薪"事件的发生。图2为2004—2009年中超联赛场均现场观众数，一方面，与甲A联赛时期相比，场均现场观众数绝对数相对较低,说明职业体育联赛市场低迷的状况;另一方面,场均现场观众数的波动,与联赛治理环境的变化是同步的。

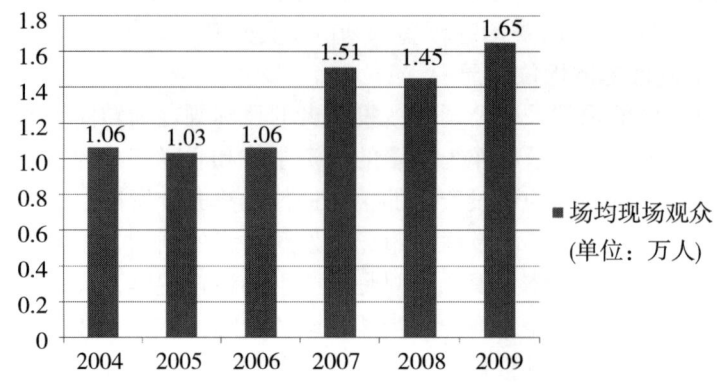

图2 2004—2009中超联赛场均现场观众数

政府、赞助企业和球迷作为联赛的利益相关体,除了作为治理主体直接作用于联赛治理外,还可能通过影响治理环境的改变,进而影响联赛治理活动。政府对于联赛从体制、制度、法律和政策上提供支持和保证,对联赛治理的政治环境产生重要影响,不过目前国内职业体育的发展仍缺乏相应政策和法律法规的支持。对于联赛市场中出现的"假""黑""赌"问题,反映了联赛治理环境中存在监督机制缺失的问题。2009年底,国内足坛掀起打假风暴,公安机关与司法机关同时介入,说明联赛"假""赌""黑"问题已经发展到非常严重的程度,打假则是解决问题的开始,意在重塑联赛在社会公众的形象,为联赛创造良好社会环境,以促进联赛的良性发展。

2008年北京奥运会上,中国竞技体育达到了新的顶峰,举国体制与"唯金牌论"再度引发了国人的关注与思考。在我国从体育大国迈向体育强国的过程中,如何处理竞技体育与职业体育的关系,成为急需解决的重要问题。从国外职业体育发展历史看,国家队球员在联赛中不断提高竞技水平,联赛对于提高国家队水平而言是重要的平台;联赛水平提高后,才会产生高水平的国家队。职业联赛是以市场化为发展目标的,目的在于通过向消费者提供竞赛产品,满足社会需求,获得联赛整体利益最大化。国家队的水平不是衡量职业联赛成败的标准,足球项目的绝对发展水平与职业联赛的市场发展水平也没有必然联系。中超时期,体育行政管理部门以服从国家利益的名义任意征调俱乐部的球员、改变联赛赛程的行为,对俱乐部球队管理和建设以及球队水平产生负面影响,伤害了俱乐部对于培养优秀球员的积极性,也损害了俱乐部的利益。

随着我国社会主义市场经济体制的发展,职业体育的发展必然会打破目前的行政垄断,而市场在对职业体育的资源支配中将逐渐占据主导地位。随着各职业体育联赛治理主体间的不断博弈,互相之间既合作又竞争,在共同利益目标下形成明确的联赛治理目的,联赛所有权安排趋于合理化,治理机制进一步完善,最终实现联赛各治理要素间的匹配,将是未来国内职业体育联赛发展的必然要求,也是保证联赛治理行为有效性的关键所在。

(项目编号:1426ss09115)

中美竞技体育管理体制与运行机制的比较研究

张晓琳 陈元欣 李启迪 姚 远 龚茂富
阳煜华 郭 潇 王 静 刘 峥

本研究通过文献资料、调查访问、比较研究等方法，对中美两国的竞技体育管理体制和运行机制进行分类、比较，并从中提炼具有共性与规律性的内容，比较中国与美国在体育管理体制和运行机制上的共同点与差异，学习、借鉴美国竞技体育管理体制和运行机制的成功经验，为建立适合我国国情的竞技体育管理体制和运行机制提供有益的借鉴。

一、美国竞技体育管理体制与运行机制的特征

(一) 政府间接参与，以宏观调控为主

美国国会颁布的《业余体育法》（1998年改名为《奥林匹克和业余体育法》）明确阐明，政府不介入竞技体育的管理。美国政府没有专门的体育主管部门，也没有单一、垂直指挥的权威机构来负责全国的体育协调工作，政府对于体育事务很少介入和干预，即使介入和干预，也是采用立法或经济补贴等方式间接地进行。在联邦政府体系找不到一个直接管理体育事务的部门，内政部（Department of Interior）可能是参与体育管理事务最多的部门，但是内政部不认为他们承担管理与发展体育事业的职责，亦不认为有义务与其他部门合作促进体育发展。这说明在美国将体育管理工作对应于某个政府部门具有一定的难度。而美国联邦政府的体育与健身总统委员会（其实质是一个由11位专家组成的运动与健康专家组，专家的研究领域主要有运动健康与评价、体育社会学、老年体育、少数族裔体育等）只是一个咨询机构，在竞技体育的组织或筹资上不起实质性作用。

由于美国人根深蒂固自立和有限政府的观念，他们抵制政府在社会福利上担当更为重要的角色，国会竞选中也经常就控制联邦政府支出和政府机构规模的问题进行辩论。本着"小政府"的治国理念，政府希望避免参与体育的政策制定。不过，联邦政府的一些部门却关注与体育相关的服务业，这种关注虽然是不明显的、非直接的，但是对体育发展仍然产生一定影响。20世纪30—40年代，政府干预体育的目的是为军队服务，提高军人的身体素质。二战结束后，政府对体育在体质健康方面的功能产生兴趣，体育偶尔出现在政府的议案中。20世纪60年代以前，美国政府对体育的干预是零星的。"20世纪50年代，国会'不重视'体育。不过，在后来30年里，仅职业体育这一块就有近300项议案提交国会"，但是只有个别议案成为法律条文。但是，对职业体育的管理，其目的却是为了让俱乐部获得更大的自由，如确保公平竞争、反垄断等。近年来，久坐少动的生活方式产生的负面影响引起政府的注意，以及体育对休闲消费的影响，体育又

重新得到政府的关注。

由于体育具有潜在的补贴性质，所以体育始终未能激发美国政府的兴趣。此外，美国民众通常认为政府管理会导致官僚作风，并且会出现过度管理的现象，因此联邦政府对体育的干预属于间接性和阶段性也就不足为奇，修建体育设施是美国政府参与体育管理的主要方式。体育所具有的经济功能是政府参与体育管理的原因之一。长期以来，美国、加拿大等国用公共财政修建体育场地设施，并且以此作为应对失业和刺激经济的手段之一（尤其是20世纪30年代）。由于认识到国际体育赛事对经济的影响以及近年来体育场馆建设费用不断增加，联邦政府的资金主要用于国际体育赛事的场馆建设，如奥运会、世界杯等。如果没有联邦政府的支持，主办城市和主办州无力承办国际赛事。例如，1996年亚特兰大奥运会，3.5亿美元财政投入中有1亿来自联邦政府。尽管在某一时段，政府发挥了重要作用，但总体而言，联邦政府在场地设施的修建过程中只发挥辅助作用，如提供起动资金。

尽管美国体育不由国家机器掌管，美国政府在管理体育方面不起直接或重要的作用，但这并不意味着政府忽视体育的作用，忽略体育对民族特点和美国文化的意义。美国政府对竞技体育的管理主要通过制定相关法律法规对竞技体育进行规划，具体的管理工作交由相关的社会组织去做。如美国在1976年蒙特利尔奥运会失利后，是全美奥委会通过了科技推动竞技运动提高的决议，并列入全美业余体育发展条例。另一方面，由于体育功能的不断变化，政府对体育的关注点亦不断变化。此外，其他领域的政策会涉及体育。例如从人权角度通过的法案为体育发展创造了条件，其中有1972年通过的教育修正法案（Title IX）为女性平等参与竞技体育开启新篇章，1990年通过的残疾人法案，为残疾人参与体育活动提供保障。

（二）市场成为竞技体育资源配置的主要手段

美国竞技体育的管理模式是典型的社会管理型，市场机制的充分调节始终是促进竞技体育发展的基本动因，在组织管理、经费投入、经营运转等各方面，市场的功效都得到充分的展现和发挥。

1. 美国职业体育联盟

美国职业体育联盟（职业篮球、橄榄球、棒球和职业冰球联盟等）是商业化程度最高的体育组织，为了获得最大的经济利益，在所有权、经营代理权、经营措施、比赛制度等方面都围绕市场的要求作了一些特殊规定。如多数职业体育联盟采用的并不是共同管理模式，而是在共同联盟模式下，球队老板们组成董事会，总裁是首席执行官。这种模式使得总裁的权利凌驾于董事会的老板之上，而不是将作为首席执行官的总裁置于组成董事会的老板的监控之下，这样就有效保证了全联盟利益的最大化。另外，他们在经营代理权、所有权规则、竞赛制度、选秀与转会、规则的修改、收入的分配等方面，都围绕市场的要求作了一些特殊的规定，以保证整个联盟的最大利益。这些特殊规定对保证职业体育的长期健康发展是非常重要的。如，NBA的选秀规则有效地保证了各支队伍的实力均衡，使比赛对抗更加激烈，充满悬念；不许采用联防规则使比赛更加刺激，富有观赏性。这些特殊规定对美国职业篮球技战术的提高，甚至对美国的篮球风格都有着不可估量的作用，是美国篮球遥遥领先于世界各国的重要原因。

2. 美国奥委会

美国政府对竞技体育的财政资助非常有限，美国国家一级奥林匹克体育项目的资金来源主要是通过私人捐赠，但地方一级的项目的资金主要靠公共资金的投入。例如学校和公共娱乐管理部门的税收资金，用于建设和维护体育设施以及体育计划的开展。美国政府也并不是向有关文献上说的对奥林匹克体育项目没有任何的资金支持。实施《业余体育法》后，美国奥委会曾有两次获得联邦政府的资助：其一，是一次性拨款120万美元（1980年7月8日）；其二，是奥林匹克币的销售收入。前一项资金早已用完，而后一项则占美国奥委会收入的不到7%。美国奥委会收入的绝大部分还是来自私人筹集资金、注册费用和赞助协议（图1）。在这之后，美国国会又通过决议，确定商务部长有权拨款给美国奥委会资助美国业余体育运动的发展。此后，政府对体育的投资在国家预算中的比重越来越大。美国奥委会的主要开支是资助奥委会的成员组织，资助运动员开展奥运集训、出国参加比赛等。美国奥委会及其成员组织的财务全部是对外公开的，在他们网站上可以下载每年的税务报表和年度报告，从中可以很清楚地看到他们的收入和支出情况。

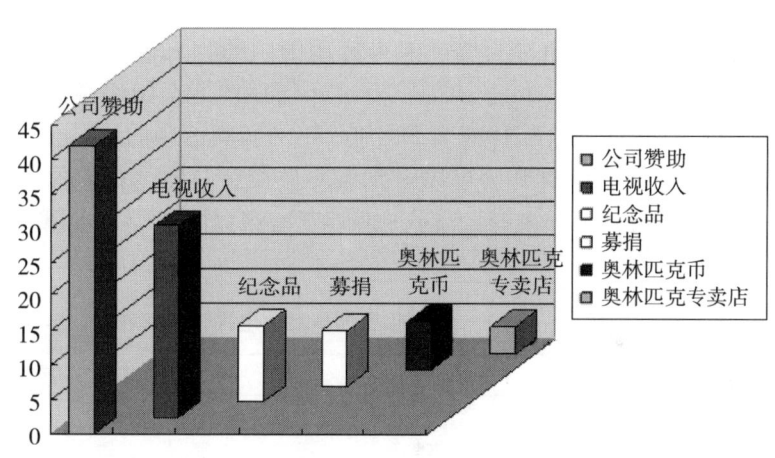

图1 美国奥委会收入来源分布图

（1）公司的赞助收入

公司赞助是美国奥委会市场开发工作的重要方式。美国奥委会现在仍然有大约35%的财政收入是通过赞助合同获得的。例如像美国最大的啤酒制造商安海斯—希尔和美国银行等。美国奥委会的市场部设有专职的销售人员，负责与企业和公司的联系、寻求合作机会、征集特许产品企业服务等工作。美国奥委会的赞助公司主要有以下三类。

①TOP合作伙伴。TOP合作伙伴是国际奥委会市场开发的主要方式之一，但美国奥委会却成为其中的最大赢家。如，在美国奥委会与国际奥委会签署的第四期TOP协议中成为美国奥委会的TOP合作伙伴的跨国公司就多达11家。从与这些公司签订的合同中美国奥委会就能获得相当可观的一大笔收入。2008年成为TOP合作伙伴的公司有16

个：Coca-Cola, AT&T, Atos Origin, Bank of America, Anheuser-Busch, GE, GM, Home Depot, John Hancock, Johnson& Johnson, Lenovo, McDonalds, Omega, Panasonic, Samsung, and Visa。这些公司每家都要付给美国奥委会约一千万美元的费用，由此可见美国奥委会通过这种形成获得的收益之高。

②美国奥委会与国际奥运代表团赞助商（供应商）。美国奥委会根据公司的赞助额度把赞助商分为五个级别：一级赞助商（2000万美元以上）、二级赞助商（1000万美元以上）、三级赞助商（800万美元以上）、二级供应商（500万美元以上）和三级供应商（300万美元以上）。

③特许产品。奥运特许产品的出售也成为美国奥委会资金筹集的一种方式。

美国奥委会的特许产品生产销售收入主要包括：邮票、纪念品、纪念币、彩票等。具有纪念意义的产品的特许生产许可证出售以及产品的销售收入。特许产品的销售收入也已成为美国奥委会运作资金的一个稳定来源。

（2）电视转播权的出售收入

国际奥委会前任主席萨马兰奇指出："电视是一种让世界亲身感受奥运会的传播媒介。"电视已经与奥林匹克运动紧密地联系在一起，成了"推动奥林匹克运动发展的发动机"。奥运会电视转播权收入是迄今为止奥林匹克运动最大的一笔单项收入来源。据统计，1993—1996年间，电视为奥林匹克运动提供的收入占其总收入的48%，其中绝大部分是电视转播收入。表1是1980—2008年历届奥运会组委会的电视转播权出售收入情况，其中美国奥委会作为1984年和1996年两届奥运会的组委会。按照国际奥委会的分配比例，1984年美国奥委会可以得到国际奥委会总收入的70%，合计为2.009亿美元；1996年可以得到国际奥委会总收入的37%，合计为3.312亿美元。

表1　1980—2008年历届奥运会电视转播权收入

时间	地点	单位：亿美元
1980	莫斯科	1.01
1984	洛杉矶	2.87
1988	汉城	4.03
1992	巴塞罗那	6.36
1996	亚特兰大	8.95
2000	悉尼	13.18
2004	雅典	14.94
2008	北京	17

当然这只是美国奥委会作为组委会时从电视转播权出售收入中获得的分成。即使不作为奥运会的组委会，美国奥委会一刻也没停止过施展其商业运作才能。例如，美国奥委会曾经就与美国国家广播公司（NBC）签署了一份1998—2008年的长达10年的合作协议。这份协议规定，在这10年之中NBC将作为五次奥运会的转播总代理，为美国奥委会提供转播服务。根据这项协议，美国奥委会将获得高达4.18亿美元的收益。此外，美国奥委会还制定了两档专题节目："奥林匹克环"和"奥林匹克精英"，都由NBC和

ESPN进行转播，而且都获得了极高的收视率，这样又为奥委会增加了大笔的经济收入。美国奥委会同时还与国际奥委会签署了一份附带协议，获得了1000多个小时的历届奥运会历史镜头的准入和分配权，美国奥委会借此也获得了大量的资金。可见，稳定的电视转播权收入已经成为美国奥委会资金来源的主体部分之一，为保证美国奥委会的正常运转提供了重要的资金保障。

(3) 募捐与奥运会特许商品销售收入

美国奥委会的募捐与奥运会特许商品的销售收入主要通过两种方式获得：一是通过团体和私人的捐赠获得，另一个通过奥运特许商品的零售获得。例如，美国奥委会每年都会通过向全美的家庭发送捐赠函来募集运转资金，平均每年要向48万名捐赠者发送7封捐赠函。其中1998年美国奥委会就获得了高达700多万美元的捐赠资金。同时，美国奥委会通过各地的奥林匹克专卖店销售诸如奥林匹克服装、奥林匹克纪念币、奥林匹克体育用品以及奥林匹克纪念品等特许商品来获得运转资金，并已经形成了一个独立的销售体系，使之成为美国奥委会运转资金的一个稳定的来源。其中，1998年一年的净收益就超过了400万美元。现在，美国奥委会拥有设在科罗拉多斯普林斯、普莱西德湖、盐湖城、帕克城、圣地亚哥五个城市的7家"奥林匹克专卖店"，同时还与一家连锁商店联合销售相关商品。通过这种方式，美国奥委会不仅筹到了一定数量的资金，同时又把奥林匹克的形象和精神推广到千家万户，既获得了经济效益，又获得了社会效益。通过上面的分析可以看出，美国奥委会可以通过多种途径获得运作资金，但美国奥委会花在管理上的费用仅占其预算的16%左右，其余大部分都赞助给运动员和运动项目协会了。

(4) 其他方面的收入

①美国奥运基金会收入。美国奥运基金会（U.S. Olympic Foundation）是一个非营利性的社会机构，成立于1984年洛杉矶奥运会以后，旨在促进奥运项目和美国的业余体育运动。该基金会的起始资金约为1.15亿美元，包括美国政府发行的奥运纪念币收入和1984年洛杉矶奥运会运营预算的盈余。美国奥运基金会的计划是将不超过50%的投资收入用于再投资，把另外的50%作为赠款颁发给美国奥委会的成员组织，用于进一步发展美国的体育运动。美国奥运基金会的收入也是美国奥委会收入一部分。

②互联网资产的开发收入。随着网络技术的迅猛发展，互联网资产已经成为网络时代的重要开发资源。美国奥委会从1997年8月开始在国际互联网上建立了自己的网站——美国奥委会在线，其主要功能就是提供每周的电子邮件通讯、与奥运选手聊天、每日新闻、电子商务等网络服务，并在线征集一些奥运特许产品，为美国奥委会增加资金来源。随着网络技术的进一步发展，现在在线视频已经成为人们了解奥运信息的最佳途径之一。尽管现阶段在线视频还无法取代电视，但是却正在改变长久以来以文字和图片为主的门户。在美国，美国全国广播公司（NBC）正在试图颠覆长久以来以点击量衡量互联网广告价值的模式，他们希望向广告客户证明在线视频的商业价值，并尝试以此发掘新的在线广告商业模式。NBC网站向用户提供的在线视频既包括大量事先录制好的视频内容，也包含了奥运赛事的现场直播。NBC透露，目前已经有超过1000万个独立用户浏览了这些内容，这一数据是2004年雅典奥运会视频访问量的20倍。美国e-Marketer分析师大卫·哈勒曼预计，2008年在线视频广告将增长55.9%，达到5.05亿美元，这得益于奥运网络视频备受追捧。

资金是一个组织能否成功运转的基础，美国奥委会成功的资金筹措模式，也使得它成为世界上运转比较成功的国家奥委会之一，这也是美国在历届奥运会上取得优异成绩的保证。

3. 美国单项体育联合会

美国单项体育联合会种类众多，规模也不一致，经营状况亦有差别，所以其资金来源也存在不同之处，但归纳起来主要还是包括以下几方面：美国奥委会的资助、市场开发以及私人和社会团体的捐助等。

4. 美国大学生体育联合会

NCAA 是一个非盈利性的业余竞技体育组织，其管理运作和竞赛计划实施的财政支持资金不依赖于联邦政府或地方政府的拨款，完全是自筹方式。NCAA 每年的财政支持预算金额数目是非常巨大的，但他们还是很好地做到了收支平衡。NCAA 的财政支持经费收入主要来源于四个方面：会员缴纳的会费、出售比赛电视转播权和相关产品市场开发权收入、比赛门票收入、投资和相关服务收入。表 2 为 NCAA2002 年 8 月 31 日—2003 年 8 月 31 日的财政收入预算，通过对这个表的分析，可以看出 NCAA 在资金方面的主要来源方向。

表 2　NCAA 2002 年 8 月 31 日—2003 年 8 月 31 日财政收入预算表

收入	2002-2003 年财政预算（美元）	占总收入的比例（%）
电视转播	370000000	87.63
锦标赛		
I 级男子篮球	25400000	6.02
I 级其他项目	12128000	2.87
II 级锦标赛	4400000	0.10
III 级锦标赛	265000	0.06
锦标赛总收入	38233000	9.05
授权或转让	3300000	0.78
调查	7240000	1.71
销售、服务、相关费用	3460000	0.82
NCAA 总收入	4222233000	100

（三）社会体育组织占主导地位

美国竞技体育管理体制是典型的社会主导型，其特点是竞技体育主要由社会体育组织进行管理。

自由结社的美国社会为非政府体育组织的发展提供了条件。法国著名学者托克维尔在 19 世纪初发现"美国人不论年龄多大，不论处于什么地位，不论志趣是什么，无不时时在组织社团"。结社是美国人为了实现自己所追求的各种目的的通用方式。只要出现一种新的需要，人们就会立即想到结社。与其他国家相比，美国人不仅积极参与政治，他们加入政治团体的比率也比其他国家高。

美国的竞技体育在业余体育的三大组织（美国奥委会、单项体育联合会、大学生体育联合会）和职业体育的体育联盟共同努力下，形成了一个庞大的组织网络（图2），促使美国竞技体育取得辉煌的成绩，并能够持续不断的发展、进步。美国竞技体育中绝大多数优秀运动员都是高校竞技体育系统发现和培养的，而且各职业俱乐部的后备人才基本上都是从高校选拔出来的，可以说高等学校是绝大多数美国运动员攀登世界体育高峰的必由之路。美国高校竞技体育系统与整个美国竞技体育系统在运动员衔接上是顺畅有效的。美国高校竞技体育的运动员主要来自于中学代表队，所有高校都可以在体育法律制度许可范围之内提供条件优厚的奖学金，以吸引有运动天赋的中学生报考。学生运动员在校期间，能够在高质量完成学业的情况下，发挥个人的兴趣爱好，进行有组织（俱乐部、校队）的科学训练，其运动成绩的提高是人性化的、自然的。

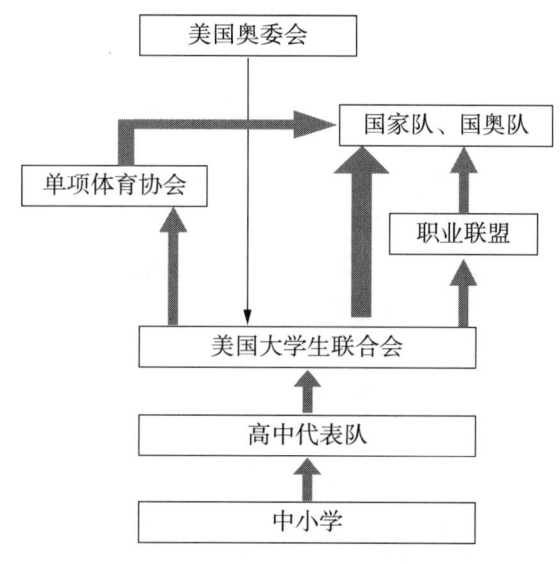

图2　美国竞技体育组织关系

美国已形成了以奥委会为主导层，以各单项体育联合会为执行层，以美国大学生体育联合会为操作层的三位一体的竞技体育的组织体系。

美国三大业余竞技体育组织之间在长期的发展过程中以及对美国竞技体育事务的处理过程中，形成了一种既是相互牵制又是相互协作的关系，三个组织在合作中相互制约，在制约中相互合作。

以法律作为组织管理的依据，是美国三大业余竞技体育组织——美国奥委会、美国单项体育联合会以及美国大学生体育联合会取得成功和顺利发展的一大主要因素。在《业余体育法》的规定下，在处理美国竞技体育事务的过程中，形成了一种既相互协作又相互牵制的密切关系。《业余体育法》成为三大体育组织联系的纽带，在美国三大竞技体育组织发展的过程中起着宏观调控的重要作用。

美国的《业余体育法》已经比较成熟，其不仅对三大组织各自的组织职能、组织目标等都有所界定，而且对三个组织发展过程中可能出现的相关问题都有相关的案例法和相关法律条文规定。三大竞技体育组织在组织管理的过程中无不遵照此法行事，因此，可以说美国《业余体育法》就像一条红线，把原本互不干预、各自为政的三个竞技体育组织紧密地联系在了一起，很好地发挥出了它们对美国竞技体育发展的重要作用。在这个体系中，各种问题的解决可以找到其法律依据。这种依靠法律为准绳的业余竞技体育组织的运营和管理模式不仅提高了组织的办事效率，而且非常有利于组织职能的发挥。

美国奥委会与国内各单项体育联合会以及大学生体育联合会之间经过长期的发展，通过参加奥运会比赛、其他各种世界性大赛以及处理国内的各种竞技体育事务的过程中彼此之间已经形成了较为密切的协作关系。

美国奥委会主要负责对每届奥运会参赛选手的选拔和组团参加比赛。对运动员的选拔使奥委会与国内各单项体育联合会以及大学生体育联合会紧密地结合在一起。大学生运动员是奥委会运动员选手的主要来源，而具体选拔工作还得依靠各单项体育联合会去执行。

美国奥委会在每届奥运会之前还会从各单项体育联合会以及大学生体育联合会中选拔一些官员和教练员组成奥运代表团。奥运代表团的主要任务就是负责对参赛运动员的组织和生活方面的安排，以保证他们在比赛中发挥出最佳竞技状态。这就需要各单项体育联合会与大学生体育联合会能派出熟悉运动员特点、习惯的官员和教练员协助奥委会的工作。此外，在每届奥运会之前，美国奥委会都会对所选的运动员进行集中的训练和科学指导工作，以帮助他们在较短的时间内提高运动成绩。如，美国奥委会下属的四个训练中心主要就是负责这些工作。

美国三大竞技体育组织除了在参加奥运会比赛的过程中存在着相互协作的关系以外，在参加其他各种国际性和美国国内的竞技体育比赛的过程中也存在着一定程度上的协作关系。

这些比赛主要包括：残奥会、泛美运动会、世界锦标赛、世界杯赛以及在美国本土举办的各种大型的竞技体育比赛。这些比赛中，美国奥委会除了对于参加残奥会和泛美运动会的运动员选拔和组团参赛负有职责外，对于其他一些赛事，像世界锦标赛和世界杯赛，美国奥委会主要是与国内各单项体育联合会以及世界单项体育联合会配合，对参赛的来自国内各单项体育联合会以及大学生体育联合会的运动员进行资格审查和兴奋剂检测等工作。对于在美国国内举办的各种大型的单项体育赛事，美国奥委会则会为主办赛事的单项体育联合会提供一定的资金、器材、场地等方面的资助。

另外，美国三大竞技体育组织在培养竞技体育运动员的过程中各司其职，发挥着不同的作用，它们在美国竞技体育人才的培养机制中占有重要的地位。

美国奥委会每年的财政预算中都有不小一部分是原来发展国内各种竞技体育运动，使得这些项目的运动得以普及和不断向前发展，其中的大部分资金被用在运动员的培养上。例如，美国奥委会对各单项体育联合会和大学生体育联合会中具有培养前途的优秀运动员，美国奥委会除帮助提供训练场地和设备外，每人每月还给1200美元的生活费，以资助他们的训练和比赛，免除其生活上的后顾之忧。美国奥委会每年还有几千万美元的经费用于支持学校和单项运动协会，帮助他们推广在美国还不普及的奥运会体育项目，如乒乓球。而且奥委会还会在场馆建设、器材提供、科学指导等方面投入大量资金，以保证运动员训练和比赛等活动的顺利开展。

美国各单项体育联合会和大学生体育联合会则负责对运动员的选拔、训练和比赛等活动的开展。美国各单项体育联合会以及大学生体育联合会都有自身的体育赛事，大量的优秀运动员通过比赛不断地提高着自己的竞技技术水平，为参加像奥运会这样的重大的国际性体育比赛以及进入职业体育联盟做准备。

美国竞技体育水平较高的一个原因就是它的职业体育非常发达，可以说美国已经成为当今世界上职业体育最为发达的国家之一。美国国内现有的20多个职业体育联盟，它们的竞技水平都非常高。如著名的NFL、MLB、NBA、NHL四大职业体育联盟，它们中的运动员的水平可以说都是世界上这个项目运动员中顶尖的。而这些运动员的来源主要就是美国国内的各种单项体育联合会以及大学生体育联合会等体育组织中的优秀运动员。各单项体育联合会与大学生体育联合会在向职业体育联盟输送优秀运动员的过程中不仅提高了运动员的竞技水平，还增强了组织自身的竞争力。而美国各职业体育联盟也因此获得了大批优秀的运动员，为提高竞技体育表演的观赏性奠定了基础。

在奥运会向职业体育选手敞开大门之后，美国奥委会与职业体育联盟的联系也日益密切起来，如从NBA中挑选优秀篮球运动员组成"梦之队"参加奥运会比赛，已经成为美国奥委会在奥运会上争夺奖牌的一个非常具有优势的项目。拥有高水平的职业体育联盟做后盾，已经成为美国三大竞技体育组织快速发展和获得成功的重要原因之一，也是美国竞技体育强大的重要原因之一。正是拥有了高水平的职业体育联盟，使得美国竞技体育的链接层更加完善，大大增强了美国竞技体育的整体竞争力。

二、中国竞技体育管理体制与运行机制的特征

（一）政府直接参与，以微观管理为主

新中国成立后，为了使中国的竞技体育水平在短时间内迅速提高，在国际体育比赛中获得优异成绩，我国在借鉴苏联和东欧等社会主义国家发展竞技体育成功经验的基础上，形成了与计划经济体制相适应的高度集中的竞技体育管理体制，后来人们称这一体制为"竞技体育举国体制"。有研究将竞技体育举国体制的特点概括为："政府以行政手段管理体育事务，以计划手段配置体育资源，在管理、训练、竞赛等各个方面形成全国一体化……，形成了一个由各级体委为中心的管理体制、以专业运动队为中心的训练体制、以全运会为中心的国内竞赛体制三足鼎立的刚性结构。"这种体制的最大优势是，通过政府的行政手段动员和调配国家资源，集中力量重点发展国家急需的重要领域或重大项目。也就是我们通常说的"集中力量，办大事"。

竞技体育举国体制的构成主要包括以下几个方面：一是党中央、国务院领导下的从中央到地方的各级体育行政部门；二是在国家和地方体育行政部门领导下的各级竞技体育的专业训练系统和业余训练网络系统；三是以全运会、城运会为主要表现形式的各级各类国内竞技体育竞赛系统；四是各级政府稳定的财政预算和资金投入。从竞技体育举国体制各组成部分之间的关系看，其实际运行情况主要表现如下。

第一，作为国务院直属机构的国家体育总局和地方体育行政部门是竞技体育举国体制的权利机构和管理主体，它们主要通过贯彻、制定、颁布有关体育的政策、方针、计划来领导、监督全国的竞技体育事业发展。按照国家体育总局目前的机构设置，竞技体育司是专门设立的竞技体育工作的管理机构，在国家体育总局的统筹规划下具体负责竞

赛、训练、后备人才培养等竞技体育事务。除此之外，各运动项目管理中心既作为体育总局的事业单位，又作为行政部门，是国家体育总局管理运动项目的常设办事机构，主要负责本中心所含运动项目的普及与提高工作。有研究认为，目前运动项目管理中心具有的行政职能是"政府运行机制进一步延伸的最显著表现，也是政府运行机制在竞技体育具体事务管理中的具体表现。"

第二，作为隶属于各级体育行政部门的专业运动队、重点业余体校是竞技体育举国体制下，竞技体育人才培养的主体。这些专业运动队、业余体校形成层层衔接的，包括专业和业余的训练系统。这一训练系统的最高层次是国家队，国家队是实现我国竞技体育发展目标，尤其是实现"为国争光"首当其冲的力量；中坚力量是各省、区、市的优秀运动队，优秀运动队主要从事专业的、高水平的运动训练，并参加国内外体育竞赛；后备力量是基层的业余体校，主要充实早期的运动训练，为竞技体育发展培养、挖掘优秀人才。

第三，作为调动各级政府办竞技体育积极性的有效手段，国内各级各类竞赛对于检验和提高我国竞技体育发展水平起着重要的作用，同时它还是调节竞技体育利益主体之间矛盾的政策杠杆。目前，我国的竞赛系统主要以全运会为龙头，形成了多种形式、多种层次、多种类型的竞赛网络。

第四，政府的投入是我国发展竞技体育资金来源的主要渠道，政府的财政预算是相对稳定和持续的资金来源，通过政府的财政预算能够保持竞技体育稳定和可持续发展。

（二）市场化的竞技体育管理体制逐步形成

1993年，国家体委根据经济体制改革的要求和体育实际发展的需要，出台了《关于深化体育改革的意见》，提出了"建立具有中国特色的社会主义体育新体制。"的改革目标和"六化六转变"的改革方向。"六化六转变"的内容包括：（1）生活化，即个人体育活动费用从福利型向消费型转变；（2）大众化，即体育活动从"一家办"向"大家办"转变；（3）社会化，即体育组织形式从行政型向社会型转变；（4）科学化，即体育活动由经验型向科学型转变；（5）产业化，即体育活动要从事业型向经营型转变；（6）法制化，即体育工作要由"人治"向"法制"转变。总体来看，深化体育改革的主要方向是按照市场经济体制改革的要求，通过市场配置发展体育的资源的方式，构建适应市场经济体制下的体育运行机制。

1993年开始启动的深化体育改革，从两个方面对竞技体育的发展与改革提出了新的要求与目标。一方面是训练体制的改革，要求"建立集中与分散相结合的多强对抗的体制与机制。"另一方面是竞赛体制改革，要求"建立和社会主义市场经济相适应的竞赛体制，推动体育竞赛的社会化、制度化、多样化。"按照这样的目标和要求，经过十几年的改革实践，我国的竞技体育体制在原有的竞技体育举国体制的基础上，逐步建立了与社会主义市场经济体制相适应的竞技体育发展框架，初步形成了市场化的竞技体育运行机制。这一运行机制在竞技体育发展实践中主要表现在以下几个方面。

第一，通过利益驱动来调节竞技体育参与主体的行为。利益是指"人所从事的一切活动的客观的和最普遍的主体动机。"在市场经济出现以后，人类的社会制度就开始从一种调节伦理道德动机的制度向发展到一种调节利益关系的制度转变。在市场经济条件下，人类社会关系更是建立在利益关系基础之上的，一切社会的、政治的、思想文化的、关系都决定于这种利益关系。由此,"追求各自利益就成为影响参与竞技体育发展的多元参与主体的一个基本目标。"长期以来,行政命令是国家协调竞技体育参与主体行为的重要手段,社会主义市场经济体制改革以后,虽然政府体育行政部门的行政命令仍然在调节竞技体育参与主体的行为方面起着重要的作用,但是由于竞技体育参与主体逐渐呈现多元化的趋势,参与动机也更加多样化,受利益驱动的空间和领域也逐渐的扩大。尤其是在一些已经实行职业化改革的项目中,这种情况更加突出。例如,在足球职业化联赛的发展中,由于投资主体的不同,足球俱乐部自身的利益往往会与国家队利益相冲突,而计划经济体制下竞赛的开展,在"国内练兵,一致对外"的原则下,各省、市、区足球队与国家队的利益是一致的或者可以说是一元的。因此,新的社会背景下,随着利益空间的扩大,如何协调、保护竞技体育发展中不同主体的利益,是竞技体育发展需要重视的一个问题。在市场经济条件下,以往通过计划指令、行政命令配置资源的方式正在逐渐被独立运作、政府授权、委托生产等市场化的方式所取代。这种方式的主要优势就是确保不同参与主体的利益最大化。

第二,以市场为主要调节手段的竞技体育资源配置方式的初步形成。我国社会主义市场经济体制的初步建立与不断完善,为市场化的竞技体育资源配置方式的实施提供了前提。在社会主义市场经济体制下,以价格机制、供求机制和竞争机制为要素的市场配置机制已经开始逐步取代以行政命令和计划调节为核心的计划配置机制。在竞技体育领域,市场化配置资源带来的最大变化是竞技体育人才的合理流动。运动员和教练员是竞技体育可持续发展的核心要素,在计划经济体制下,受户籍制度、人事和劳动制度的约束,通过计划配置的方式配置人才资源,运动员和教练员是不能够自由流动的,由此,造成了大量的人才滞留、人才外流等现象的发生。通过市场化的方式配置竞技体育人才资源,最大的变化就是对人才竞争的日益激烈,在激烈的人才竞争下,不仅有利于竞技体育人才的合理流动,而且增强了竞技体育人才的危机意识,使运动员和教练员更能够发挥主观能动性,从而创造更高的竞技体育价值。

第三,以法律手段维护竞技体育的发展秩序。1993年深化体育改革以后,国家提出了"法制化"的改革方向,即体育工作要由"人治"向"法制"转变,此后,我国体育法制化进程明显加快,1995年颁布了《中华人民共和国体育法》,结束了体育工作长期没有专门体育法律可依的历史。与此同时,竞技体育的法制化建设也日趋完善,出台了种各样的规章制度,例如单项体育协会的管理制度、职业俱乐部发展的规章制度、运动项目管理中心的规章制度、竞赛的仲裁制度等。这些政策法规的颁布与实施实现了竞技体育发展的"有法可依",是竞技体育工作由"人治"向"法制"转变的重要步骤。市场经济是法制经济,法律和制度是调节市场主体相互关系、规范主体行为、保障主体利益的基本手段,也是维持市场经济顺利运行的基础。竞技体育法规的建立和完善对于维护竞技体育发展秩序,形成公平、公正,良性竞争的竞赛环境起到了重要的作用。尤其是解决竞技体育发展中运动队之间、运动队与运动员之间、运动员与教练员之间的矛盾纠纷,维护利益主体的合法利益中发挥了不可替代的作用。

(三) 社会组织较少参与

长期以来,我国对运动项目的管理基本上是实行由体育行政部门直接管理的方式。这种管理方式在计划经济体制下,有效地推动了各运动项目的发展,使我国运动技术水平得到了迅速提高，许多项目达到了世界先进水平。但是，随着我国体育事业的发展，特别是国家经济体制改革的不断深化和社会主义市场经济体制的逐步建立，原有的运动项目管理体制已难以适应体育事业发展的要求。为了探索新的运动项目管理体制，国家体委从1988年开始陆续对足球、武术、登山等运动项目进行协会实体化改革试点。1993年正式把运动项目协会实体化作为深化体育体制改革的任务之一，并提出"进一步改革现有运动项目管理办法，扩大协会实体化试点，使运动项目协会成为责权利统一、全面负责项目管理的实体，逐步形成以单项运动协会为主的运动项目管理体制。"截至1997年，"我国所有68个运动项目已全部实行向协会实体化转变，按照'有核心、有层次、有依托'的原则建立了20个运动项目管理中心，成为各全国性运动协会的办事机构。"项目协会不仅在我国竞技体育改革过程中发挥了实质性的作用，而且已经成为竞技体育社会化改革和运行的基本组织依托和保障。运动项目管理中心的成立，使政府正逐步从竞技体育具体事务中解脱出来，把大量的具体事务交由协会管理。由于运动项目管理中心具有一定的行政职能，在其按照社会机制运作的同时，总是不同程度地显现出政府运行机制的痕迹。这也在一定程度上影响了社会运行机制作用的发挥，造成了政府、社会两种机制在运行中产生了些矛盾。

（项目编号：1444ss09133）

国际足球争议仲裁的实证研究

黄世席　刘雪芹　相福军　周勇　迟德强

作为解决国际体育争议的一种最主要和最重要的方式，仲裁在国际足球争议的解决过程中也占据着非常重要的地位。虽然严格意义上的国际体育仲裁仅仅是由国际体育仲裁院（CAS）进行的仲裁活动，但是在国际足球争议的裁决过程中，国际足联的球员身份委员会（PSC）和争议解决委员会（DRC）仍然具有很大的话语权，尤其是后者的裁决几乎成为国际职业足球领域当事人从事有关活动时加以参考的主要依据。因此，从广义的角度来讲，国际足球争议仲裁也应当包括国际足联的仲裁活动。

一、中国足球的争议解决机制现状

当前，随着我国社会主义市场经济的发展，包括足球事业在内的体育事业也在蓬勃发展，各种足球关系越来越复杂，足球利益带来的矛盾日益增多。再加上足球运动竞赛的日趋激烈，发生在足球运动中的各种争议和纠纷也越来越多。在健全足球管理组织内部争议解决机制的同时，为更好地保护足球运动员、教练员、管理人员以及足球俱乐部和管理组织的合法权益，还须探索和建立有效的足球争议解决途径，包括采用仲裁、调解以及诉讼的方式解决有关的体育争议。尤其是随着我国在世界体育运动中的地位越来越重要，也有必要对我国目前的足球争议的解决机制进行探讨。我国现行的足球争议解决机制与我国特殊情况下的政治体制有关，但是又与国际通行的足球争议解决方法有些不同，故在目前足球运动日益全球化和商业化的世界，需要对其中的某些制度进行改革，尤其是对其中的争议解决机制需要进行公平的评估并采取措施使之不断完善。

（一）我国足球争议的主要类型

与其他国家以及国际足球运动中的争议类似的是，我国足球运动中的争议类型也主要包括以下几种。

1. 因有关参赛资格问题而引起的体育争议，包括足球协会、俱乐部、球员、教练员等相互之间因为是否在年龄、身份、品质、代表权、运动水平等方面具备参加足协组织的资格以及是否具备参赛资格而引起的争议；是否给予注册资格、代表哪一个单位参加比赛和记载成绩而引起的资格争议；是否因辞退、解聘、除名等发生的变更而取消参赛资格争议；其他参赛选拔资格争议和举办比赛资格等争议。比如在2005年第十届全运会足球比赛期间，代表山东出场的周海滨就被其原"东家"辽宁队怀疑其参赛资格有问题，主要原因是其身份证的出生日期有假。对于在鲁能、国青已经崭露头角的核心周海滨，中国足协显然没有挥泪斩马谡的动力和欲望。仅仅是出于对奥运会的过高期望和憧憬，手软的足协选择了姑息。

2. 因对处罚不服而引起的争议，包括俱乐部、运动员、教练员等和有关足球协会之间因对赛场内外的违纪处分不服而引起的争议,以及其他因违反行为准则和纪律规定处罚而引起的争议,譬如因对违反组织章程和纪律、违反日常训练和生活纪律、在赛场上给他人造成伤害、不服从裁判并带来严重后果、罢赛和无辜弃权、比赛中弄虚作假、裁判不公、不按规定着装等行为的处罚不服而引起的争议。2008年中超联赛第十八轮北京国安队和武汉光谷南益队的比赛中,武汉光谷队球员李玮锋和北京国安队球员路姜在场上发生暴力犯规行为。中国足协纪律委员会经过认真研究和讨论,作出了对北京国安队路姜、武汉光谷南益队李玮锋的处罚决定。武汉职业足球俱乐部以此为由,于10月2日下午通过湖北赛区组委会正式提出退出2008年中超联赛的报告。在上诉没有得到满意的答复后,俱乐部最后选择退出中国足协。

3. 因有关非处罚的行为和决定引起的争议,包括足球协会、主办单位等和运动员、运动队、俱乐部等之间因认为比赛成绩、名次不公而引起的争议;足球俱乐部和运动员、教练员之间因是否按规定支付薪水以及兑现比赛奖励以及其他待遇而引起的争议;以及主办单位、承办单位和足球协会、俱乐部、其他有利害关系的单位等之间因对比赛门票分配、比赛门票收入的分配是否公平引起的争议等。这些争议中,最为明显的就是俱乐部欠薪争议,其中有数起涉及外籍球员的案例已经上诉至国际足联甚至CAS。

4. 因足球运动中的有关经济活动引起的争议,包括体育比赛广告争议、体育赞助争议、体育电视转播争议、体育经纪活动争议、体育保险争议以及其他体育经济活动争议。比如,2006年盈方公司以5年5000万美元拿下"中国之队"项目之后,看上去市场机遇不错,因为这一合同期跨越了2007亚洲杯、女足世界杯、2008奥运会以及2010世界杯等一系列大赛。但是从2006年开始,"中国之队"无论是男足、女足还是国奥队都屡战屡败,早早地就无缘世界杯预选赛和北京奥运会,使得主赞助商明基电脑和可口可乐等品牌纷纷不再续约,为此盈方2007年扣了足协一半左右(500万美金)的赞助费。2008年,盈方以中国队在世界杯预选赛提前出局为由,依据合同向足协提出扣除合同款项1000万元左右的申请,并提前两年终止与中国足协就"中国之队"项目的合作关系。对此足协表示,希望盈方尽快结清还未付的赞助费款项,再谈下一步的问题。2009年初,盈方公司正式通知中国足协,终止双方在"中国之队"项目的合作。双方在协商无法解决的情况下,2009年8月,中国足协和福特宝把盈方告上法庭,索赔拖欠款项和原有资产近1.3亿元人民币,至今没有下文。

按照不同的标准来区分,足球争议的种类也就不同。但是不管怎样,作者认为足球争议还是可以分为足球运动内部的纯粹技术性足球争议以及与商事活动有关的商事性足球争议。这后一种争议无论是通过调解、仲裁还是诉讼来解决一般不会引起太大的麻烦,公众比较关注的是前一种类型的足球争议,也即这种纯粹技术性的足球争议能否在我国提起仲裁、调解或者诉讼的问题。

(二)我国足球争议的解决方法

由于我国传统的计划经济体制以及政治体育的影响,公诸于世的足球争议不是太多,更多的足球争议是由有关的足球组织内部解决的。即使有些涉及纪律处罚性质的争议被当事人起诉到法院,最终的结果还是法院不受理。不过,我国法院还是处理了一些与足球俱乐部或者球员有关的商事以及侵权争议。

1. **足球协会内部解决体育争议**

目前中国足协的内部纠纷处理机制（包括纪律处罚制度）主要规定在《中国足球协会章程》第五章（罚则）、第十一章（争议处理），以及《中国足球协会纪律准则及处罚办法（试行）》以及《中国足球协会仲裁委员会工作规则》等行业规章中。正是由于这些行业规则本身存在的一些问题，导致在实践中引发了许多问题，例如俱乐部、球员不服中国足协纪律处罚，诉诸法院的事件层出不穷，根本不考虑《中国足协章程》的实际规定。比如《中国足协章程》（2005）第62条规定："一、会员协会、注册俱乐部及其成员，应保证不得将他们与本会、其他会员协会、会员俱乐部及其成员的业内争议提交法院，而只能向本会的仲裁委员会提出申诉；二、仲裁委员会在《仲裁委员会工作条例》规定的范围内，作出的最终决定，对各方均具有约束力；三、仲裁委员会作出的上述范围外的裁决，可以向执行委员会申诉，执行委员会的裁决是最终裁决。"

2. **法院解决体育争议**

尽管有中国足协的章程规定，但法院原则上有权受理因对体育组织的裁决不服而提起的诉讼。不过从目前已有的案例可以看出，对有些属于体育协会内部管辖的因为管理问题而引起的争议，法院的态度是基本上不愿意行使管辖权。譬如2001年中国足协对涉嫌打假球以及严重违规的几个甲B俱乐部进行处罚，其中的两个俱乐部广州吉利与长春亚泰不服处罚，分别于2001年底与2002年初向法院起诉。在长春亚泰诉中国足协一案中，亚泰足球俱乐部的诉讼请求被北京第二中级人民法院驳回。后来发生的广州吉利足球俱乐部诉中国足协一案，中国足协认为自己是依法负责管理全国足球竞赛活动的全国性单项体育协会，而广州吉利足球俱乐部是属于足协管理的足球俱乐部，两者并非平等的民事主体，两者之间的关系既不是平等主体之间的财产关系，也不是人身关系，而是管理与被管理的关系。中国足协依照有关规定对违规的广州吉利足球俱乐部作出的处罚行为完全是在行使自己的管理权，两者之间的争议不属于人民法院的受案范围。尽管受理两案的法院最终都驳回了起诉，但给中国足球界乃至体育界带来了极大的冲击，引发了司法能否介入体育行业内部纠纷救济的问题的讨论。

不过在其他的涉及体育争议的案件中，也有法院行使管辖权的例子。譬如原北京奥神篮球俱乐部球员马健和该俱乐部之间的争议就是通过法院来解决的。这类争议通常涉及的不是因为体育管理或者体育运动规范的适用而引起的争议，更多的情况下是这些争议具有民商事的性质，譬如合同、侵权等。

3. **ADR方法解决体育争议**

这种方法主要包括仲裁、调解、和解和协商等方法。这几种解决争议的方法都是我国目前比较流行的争议解决方法，在解决体育争议的时候当然也可以运用这几种方法。需要注意的是，中国足协仲裁委员会仅仅是足协内部的一个裁决机构，不是真正意义上的独立的仲裁组织，我国还没有出现真正意义上的体育仲裁机构或者可以受理体育争议的仲裁组织。另外，尽管我国的体育仲裁制度没有建立，但在我国国内出现的具有涉外因素的职业体育争议，已经有几个争议提交到国际体育仲裁院进行仲裁。

（三）我国司法部门介入体育争议（足球争议）的必要性

前述亚泰案和吉利案曾在我国学界引起了广泛的争议，争议的焦点集中在我国司法部门是否应当受理这两类基于中国足协的处罚而引起的体育争议。法院拒绝受理也表明我国法院不愿意涉足体育组织的内部处罚性争议，而我国又没有一个可以仲裁体育组织内部争议的机构，在这样的情况下，被处罚的当事人应当到什么地方来维护自己的权益呢？看起来似乎是只有在体育组织内部进行申诉才是最终的选择，体育组织内部的裁决是否能够公平也就成为问题。

　　国外的实践也表明，体育争议的当事人除了利用有关体育组织的内部争议解决机制外，还可以向外部的仲裁机构提起仲裁及至于向法院提起诉讼。法院对包括体育组织内部的裁决在内的所有的有关体育争议仲裁的裁决都有司法审查权，主要是审查有关裁决的作出是否遵守了正当法律程序、公共政策等问题。法院通常会尊重体育争议的当事人选择通过仲裁或者其他非诉讼的替代性解决方法来解决体育争议，并且在当事人之间有明确地将争议提交仲裁或者调解的契约性协议的时候会延期进行的有关程序。只有在当事人之间没有达成一个庭外解决争议的方法或者其他非常有限的情况下，法院才会对有关的体育争议进行审理并作出裁决。不过国家法院对体育组织裁决的审查不应当仅仅限于实质性问题的审查，对于体育组织内部有关的纪律性处罚的程序性规范也应当进行审查，否则就不可能真正做到遵守了自然正义的基本要求。

　　而在我国，尽管体育运动得到了很大程度的发展，但是前述案例也表明体育主管部门也不希望法院涉足有关的争议，也没有哪一个法院敢于开创这方面的先例，至少在目前的情况下应当如此。尤其是单项体育协会在作出了有关的处罚措施后，相对方在用尽有关体育协会的内部救济途径后能否就单项体育协会的裁定到法院起诉的问题。在我国目前尚无体育仲裁的基本规定的前提下，将类似的争议诉诸法院似乎是唯一的选择。不过由于单项体育协会的垄断性，如果相对方感觉不公而又没有诉诸法院的法律依据的话，自己的相关权利就得不到保护。我国宪法规定"任何组织或者个人都不得有超越宪法和法律的特权。"单项体育协会自然不能排除在司法审查管辖之外。坚持人民法院对单项体育协会的司法审查，有利于防止有关权力的滥用和保护协会成员的合法权益，也有利于维护国家法制的统一和尊严。

　　中国目前司法不介入绝大多数体育组织内部争议的现实以及体育主管组织自己不接受法院管辖的现状是中国特定体制下的产物，是计划经济的残余，也是政治体育所导致的产物，其结果只会阻碍我国体育运动的发展以及与国际接轨，也是与市场经济的要求不相适应的，可以说在很大程度上阻碍了体育运动的正常发展。在西方一些主要国家普遍接受司法介入体育争议的情势下，我国的这种做法只会阻碍有关争议的当事人更好地维护自己的权益。因此，为了促进我国体育运动的发展以及国际体育交流，那种认为体育争议由体育组织内部解决以及法院不应当涉足体育争议的观点应该加以摒弃，这是与体育运动较为发达国家的普遍做法是一致的，也是体育运动全球化、商业化的发展所应当得到的必然结果。囿于体育组织内部解决有关体育争议而排斥法院的涉足只会在某种程度上阻碍体育运动的发展，也不利于争议的友好解决。当然，这需要有关部门之间的合作，需要体育组织放弃那种对所有争议享有专属管辖的绝对主张。只不过法院的涉足也应当主要限制在程序上的事项，对于运动场上的裁决行为原则上不得干涉，除非这些行为明显是恶意为之，或者违反了公平或者正当原则。而且即使将来我国制定了自己的体育仲裁制度，也不能排除法院在某些情况下可以实行一定程度的干涉。

二、关涉中国当事人的国际足球争议仲裁裁决评析

及至目前,从国际足联网站上查到已经公开的有关中国足球俱乐部的 DRC 裁决只有 4 起,另外当事人不服国际足联裁决而又上诉至 CAS 的足球争议达 2 起,有关的俱乐部分别是上海申花和天津泰达俱乐部,争议发生时这些俱乐部的投资人是中国国有公司或者民营公司。了解这些争议发生的背景以及解决过程,对于避免以后再发生类似的争议具有非常重要的意义。

(一) 瑞士球员和力帆俱乐部之间的劳动合同争议

2003 年 11 月 21 日,国际足联 DRC 裁决部分支持瑞士球员提出的向中国俱乐部索取薪水赔偿的请求。2003 年 1 月 5 日,球员和中国俱乐部签订了到 2003 年 12 月 31 日终止的雇用合同,其第 13 条规定在无合理理由单方面终止合同的情况下,违约一方要赔偿另一方当事人相当于三个月薪水的数额。同一天,当事人签署了另一份"薪水支付协议"(Payment Agreement)。在 2003 年 2 月中旬的比赛受伤后,球员仍然经常参加俱乐部的训练,包括俱乐部季前赛的训练。在球员受伤并且没有得到薪水、提出警告无果后,球员在 2003 年 4 月 24 日声称有合理理由终止合同,并于当天离开俱乐部,并随后向国际足联上诉要求俱乐部赔偿。而俱乐部认为当事人在 2003 年 1 月 5 日缔结的两份合同都是无效的。在国际足联调查期间,似乎当事人都认为合同已经结束,国际足联临时允许一些球员在另一家俱乐部注册。

国际足联 DRC 需要裁定的问题是,当事人一方是否无正当理由违约;如果是,另一方当事人能否要求得到赔偿,赔偿的数额是多少以及是否能向该当事人施加体育竞技处罚措施。因此,DRC 首先需要裁定的问题是当事人在 2003 年 1 月 5 日签订的雇用合同和薪水支付协议是否无效。2001 年 RSTP 规则明确规定了雇用合同的生效与体格检查之间的关系,因为雇用合同第 11 条规定把球员通过体格检查作为合同生效的条件,因此该条款无效,但是有关的合同是有效的。对于在签署协议之前能否进行体检的问题,事实上,根据 RSTP 规则第 30 条第 2 款的规定,俱乐部应当在签署协议之前进行一切必要的体格检查,其应当在 2003 年 1 月对球员进行体检。有关事实是,在球员离开俱乐部时,俱乐部有近 4 个月没有支付球员的薪水。俱乐部违反了与球员签订的协议,球员有正当理由单独终止与球员的合同。因此球员有权得到离开俱乐部之前的薪水,以及其和其家人的旅行费用;中国俱乐部不能从球员注册的新俱乐部获得任何赔偿;禁止俱乐部在下一个转会期满之前注册任何新的国内外球员。

而根据中国媒体的报道,该争议案情似乎有些不同。具体情况如下:瑞士球员菲利浦是力帆队 2003 赛季初引进的外援,然而他在首轮足协杯赛上大腿拉伤,而伤愈后他依然不参加训练,但队医并未查出他有伤病。后来才知道菲利浦在来中国之前曾经动过疝气手术,而常规体检根本查不出来,菲利浦对力帆俱乐部隐瞒了他的病史。俱乐部曾建议菲利浦去预备队,被他拒绝。在这种情况下,力帆俱乐部决定和他终止合同。由于菲利浦隐瞒伤病,力帆方面不同意按照合同的全额支付其在中国期间的薪水,而菲利浦坚持要拿到 18 万美元的全额,这就成了双方的最大分歧。最终,菲利浦离开时没能拿到力帆俱乐部一分钱。回国后,菲利浦将力帆俱乐部告到了国际足联,理由是力帆违反了《职业球员劳工法》,要求赔偿其来华期间的全部损失。在国际足联调查期间,力帆

俱乐部强调，菲利浦签约力帆时隐瞒了自己曾经做了疝气手术的情况，并坚称自己有伤不能踢球，根据中国足协的规定，他们有权利中止合同。但国际足联认为，力帆处理这样的劳资合同采用的是中国足协的"土办法"，在国际足联是行不通的。几个月后，力帆俱乐部接到国际足联通过中国足协转来的处罚令：因拖欠瑞士籍外援菲利浦的薪水，在一年内停止其引进内外援的权利，并赔偿菲利浦4.5万美元。

（二）巴西球员和中国俱乐部有关雇用合同巨额赔偿的争议

2005年7月28日，国际足联DRC裁决完全同意球员向中国俱乐部所提出的支付薪水和奖金的请求。2003年7月17日，巴西球员X和中国Y俱乐部签署了到赛季末终止的雇用合同，俱乐部支付月薪1万美元以及签字费4万美元，后者分两次分别在合同开始和结束时支付。另外，球员有权获得和中国球员类似的赛事奖金，但没有规定具体数额。2004年11月29日，球员上诉国际足联，指出第二笔签字费2万美元以及2003年10月份的奖金4000美元没有支付，因此要求俱乐部支付2.4万美元。国际足联向中国足协递交了所有有关的材料并要求转交俱乐部后，俱乐部既没有发出任何声明，也没有支付有关的款项。因此，俱乐部放弃了自己抗辩的权利，实际上承认了球员的薪水支付请求。

DRC认为，需要澄清的是，尽管有关的雇用合同并没有规定奖金的具体数额，但是俱乐部并没有对球员所做的请求数额提出任何的反对意见。考虑到以上事实，DRC认为俱乐部应当向球员支付2.4万美元，因此承认申请人的请求。

（三）北京国安与外援的合同争议

在1997年签入巴拉圭19岁的球员罗曼（Rauman）引发争议并被国际体育仲裁院仲裁赔偿之后，国安队在外援的引入方面更加谨慎。尽管如此，还有一个争议被外籍球员诉至国际足联。2004年北京国安俱乐部将阿莱克斯永久性买断，并且与其签订了一份长期的合同。2005年末，即当年赛季结束后，阿莱克斯擅自离开北京国安队，在合同未到期的情况下，在罗马尼亚国内代表布加勒斯特迪纳摩俱乐部参赛。此后，罗马尼亚迪纳摩俱乐部将有关争议提到了国际足联专门负责球员国际转会事务的部门，并专门聘请了该部门的前负责人帮助其解决该争议。国安俱乐部重金邀请皇马大律师胡安·克雷斯波助阵，将应诉文件递交到国际足联。在探听到国安俱乐部采取的行动后，实际上没有等到国际足联的判决，阿莱克斯以及其东家罗马尼亚布加勒斯特迪那摩俱乐部就向国安俱乐部提出了庭外调解的请求，最终赔偿国安20万美元。2006年3月中旬，北京国安足球俱乐部收到了国际足联关于阿莱克斯一案的最终裁决书，裁定阿莱克斯按照合同应赔偿国安20万欧元。虽然国安最终赢得了这场官司，但整个事件最吃亏的还是国安，用700万元人民币的代价签下的阿莱克斯，罗马尼亚迪纳摩只支付了20万美元的违约金就带走阿莱克斯，国安并未要足此前提出的50万美元的赔偿金。

（四）上海申花与塞尔维亚球员佩特科维奇之间的合同争议

2003年3月，申花引进塞黑外援佩特科维奇，双方签订到2006年2月28日终止的合同。合同第8条指出，"如果佩特一个赛季首发出场率不超过70%（只有首发或者全部出场时间占到45分钟以上的比赛才能算数），申花有权单方面解除合同并将球员转会至其他俱乐部,除非由俱乐部指定的医生或者医院确认该球员生病。"第 12 条指出"球员获得国际转会证明后合同生效"。在合同签订后,由于佩特单方面终止与巴西达伽马俱乐部签订的本应在 2003 年 6 月 20 日到期的合同而被国际足联禁赛。因此,巴西俱乐部将其告上国际足联,国际足联随后作出决定,在佩特科维奇转会纠纷解决前,他将被无限期停赛。因此佩特科维奇在华期间,一直不能代表申花队上场比赛。直到 2003 年 6 月 20 日,国际足联才签发了国际许可证,但是因为国际足联禁赛的结果,该球员已经错过了 2003 赛季的 5 场比赛。他的第一场比赛是在 2003 年 7 月 2 日,并且在 3 月至 6 月期间没有收到任何薪资。

2004 年 3 月,申花通知佩特解除合同。根据俱乐部统计,申花俱乐部在 2003 赛季共打了 28 场比赛。其中,佩特因为禁赛有 5 场比赛没有参加,另外还有 5 场比赛因为出场时间不足 45 分钟而不算数,因此佩特实际出场 18 次,约占 2003 赛季全部 28 场比赛的 64%,不符合合同的要求。以此为由,申花解雇了佩特。在与申花沟通未果后,佩特于 2004 年 5 月将申花诉至国际足联,理由是其出场率已经超过 70%,申花终止雇用合同的行为是违约,并要求其赔偿 2004 和 2005 赛季的合同总额 220 万美元。离开申花后,球员先后到达伽马(2004 年 5—12 月)、伊蒂哈德俱乐部(2005 年 1—8 月)和 Fluminense 俱乐部(2005 年 8 月起)。

2005 年 2 月 4 日,国际足联 DRC 裁决拒绝了球员的请求。根据 DRC 裁决,球员合同第 8 条第 1 款终止条款的适用必须考虑不同赛季的情况。另外,第 8 条第 1 款的第 2 句"by his own will"应当被解释为俱乐部的"will",比如教练的决定。DRC 认为,如果将其解释为球员的"will"该条也就没有什么意义了,因为如果球员违背自己"will"不参加比赛,俱乐部有权采取纪律处罚措施。基于以上考虑,国际足联裁决球员参加了 2003 赛季的 28 场比赛中的 18 场赛事,因此只有 64% 的出场率。在国际足联的裁决中并没有明确指出这些内容,其是从 2005 年 2 月 4 日的裁决理由中推断出的。

2005 年 3 月 4 日,球员将国际足联的裁决上诉至 CAS。CAS 仲裁庭的分析主要有以下几个方面:

第一,球员合同中有关"中国足协职业联盟顶级赛事"的用语应当被解释为球员合同生效期间每一个单独的赛季,而不是球员合同生效的三年期间。前者是该条的自然解释,并没有任何证据或者其他的提示特别指出是 3 年的期间。

第二,根据球员合同第 12 条规定,合同直到 2003 年 6 月 20 日国际足联发放国际许可证后才生效。当事人似乎对此达成了共识,因为球员并没有对在此之前的薪资问题提出异议。从合同生效也即 2003 年 6 月 20 日起至 2003 赛季结束俱乐部共有 23 场赛事,即使忽略因为教练安排问题而没有上场的 5 场比赛,该球员也已经参加了 18 场应当计算在内的比赛,已经达到 78%,这和终止合同的第 8 条第 1 款的规定不一致。

第三,根据 CAS 仲裁实践,以及根据《瑞士债法典》第 337 条规定,由于一方当事人过分和提前终止雇用合同,另一方当事人有权根据合同规定对将要获得的合同到期的薪资收入要求获得赔偿;如果此类合同没有终止,其也有减轻损失的责任。因此根据国际足联 2001 年版《球员身份和转会条例》第 22 条规定、《瑞士债法典》第 337 条 C 款规定以及 CAS 仲裁实践,球员有权要求获得合同到期时应当获得的薪资收入 220 万美元作为赔偿。因此球员要求的赔偿为赔偿请求(220 万美元)减去离开中国俱乐部后实际获得的收入（从达伽马获得 18.76 万美元，从伊蒂哈德获得 83.3322 万美元）以及到与中国俱乐部合同结束时将要获得的收入（到 2006 年 2 月 28 日从 Fluminense 俱乐部获得 12 万美元）。因此，球员有权获得的赔偿为 104.9068 万美元。

（五）天津泰达与外教之间的争议

2002 年 12 月，意大利籍的外教 M 和 O 与天津泰达俱乐部签订了为期 3 年、到 2005 年 12 月 14 日终止的雇用合同，M 被聘任为球队一线队的主教练，O 是助理教练。合同对根据球队成绩规定的年薪以及俱乐部终止合同时应给予教练的赔偿作了规定。在履行将近一年合同之后，2003 年 11 月 10 日底俱乐部告知 M 取消其一线队的教练职务，但在 2003 赛季仍然留在教练组，新任主教练为一个中国籍人士担任。因此 M 被取消了指挥权，但要求俱乐部给予书面的中文和意大利文的确认证明。自那以后，教练再也没有和球员联系过。俱乐部举行了一个新闻发布会公布了此事，一个中国的网站也发表了有关的文章。考虑到自 2003 年 11 月 10 日起俱乐部的态度和已经公开发表的有关文章，M 于 2003 年 11 月 18 日向俱乐部主席去信要求确认 2003 年 11 月 10 的信函是解约函，但却没有收到任何答复。在 11 月 20 日的第二封信中，M 指出俱乐部没有对其解释作出确认性的答复，俱乐部把其从最主要的位置上驱除并解雇的行为事实上等同于不合理的单方面违约和终止合同的行为，但是俱乐部对此仍然没有答复。2003 年 12 月 8 日，M 的律师要求根据合同获得 130 万美元的赔偿。教练组自 2003 年 12 月起就没有领到薪水，也没有收到开始 2004 赛季工作的信息。相反，俱乐部却公开了一个 2004 赛季的新任主教练。2003 年 12 月 4 日，M 和 O 等教练组被迫离开中国。

2004 年 2 月 2 日，教练组将有关争议提交国际足联。国际足联独任仲裁员认为俱乐部在 2003 赛季末终止了合同。考虑到该俱乐部在联赛中排名第 7，应当适用雇用合同第 10.4 条有关经济后果的条款规定。2005 年 6 月，M 和 O 教练都对独任仲裁员的裁决提出异议，向 CAS 提起上诉（CAS/A/909 and 910）。俱乐部也针对国际足联的裁决向 CAS 提起上诉请求（CAS/A/911 and 912）。当事人并不反对将有关程序合并受理，因此仲裁庭对这几个请求合并审理。

仲裁庭认为，根据有关事实，即使俱乐部要求这两个教练参加球队的训练，他们也不能再与球员进行沟通，因为没有翻译。他们实际上已经被停止了一切活动。这在新闻报道中得到了证实，有关报道明确指出教练不能再训练球队或者在指挥方面没有任何发言权，但是仍然要在最后的四场比赛中坐在板凳上。教练实际上已经被降格成为一个旁观者。2004 赛季俱乐部也没有召集这两个教练并宣布任命了一个新教练，俱乐部的意思就是和教练分手。另外，俱乐部对教练发出的询问信函置之不理，这明显违反中国足协的教练管理条例第 8 条规定，表明俱乐部的意思是明确剥夺了教练的活动。

基于这些考虑，仲裁庭认为俱乐部所采取的决定性行为可以被解释为较早终止雇用合同。球员也明白其被驱逐是确定性的，其雇用合同实际上已经终止。鉴于当事人已经在雇用合同的第 10.3 条中规定了俱乐部无正当理由直接终止合同的后果，因此俱乐部应当根据该合同条款规定对教练予以赔偿。最后，仲裁庭裁决俱乐部赔偿该队前意大利籍教练 M 和 O 共 150 万美元（违约金 120 万、工资 30 万）。这是中国职业俱乐部有史以来受到的最高罚金。

(六) 球员 B 和 H 俱乐部的劳动合同争议

2006年2月21日，DRC 就中国 H 俱乐部和球员 B 之间的合同争议裁决部分维持球员的请求。2004年2月21日，球员 B 和 H 俱乐部签订月薪2万美元的雇用合同，终止日期是2004年11月31日，也即当年的中国职业足球赛季结束之日。由于俱乐部欠薪，球员上诉国际足联，要求俱乐部支付4万美金薪水以及律师费用。俱乐部声称由于中国法律规定不能将球员薪水存在其在外国银行开立的账户，并且自己有优先扣税的权利，因此不能付款。2005年下半年，国际足联 DRC 分三次联系 H 俱乐部，均未得到任何答复。DRC 裁决由于俱乐部承认球员在2004年11月27日参加了最后一场比赛，因此完全履行了合同义务。DRC 推定球员的有关请求已经告知俱乐部，俱乐部仅仅向球员的西班牙银行账户支付了部分薪水（6.35万美元），因此俱乐部的行为可以解释为默示承认球员请求的有效性。

对于俱乐部提出的根据国内法有直接从球员薪水中扣税的义务，DRC 认为俱乐部应当承担举证责任。因此俱乐部有责任提供充分和准确的证据（比如有关法律的复印件、扣税的例子等）。但是在这方面，俱乐部并没有提供任何的证据以支持自己的主张。另外，即使雇用合同第7条规定俱乐部可以从球员的薪水中扣税的义务，但是向球员支付部分薪水（6.35万美元）以及国际足联连续3次信函均没有得到任何答复的事实明确表明俱乐部承认球员的请求是有效的。鉴于此，DRC 裁决球员的薪水请求是合理的，俱乐部明确承认该请求，因此应当支付4万美元薪水给球员。另外，根据 DRC 仲裁实践，其不会对球员主张的法律费用问题进行裁决。最后，DRC 裁定俱乐部在收到本裁决之日起30日内支付有关费用，如果对裁决有异议可以在收到裁决之日起21日内向 CAS 提起上诉。

三、完善中国足球（体育）争议解决机制的建议

除了前述有关国际性因素的足球争议外，在中国足球运动领域还存在很多纯粹国内性质的足球争议，尤其是足球圈内比较常见的欠薪、终止合同、球迷骚乱、俱乐部不服处罚等争议更是困扰中国足球界的几个常见的难题。这些争议有的由中国足球纪律委员会处罚（当事人不服的可以上诉至仲裁委员会），有的由仲裁委员会受理，尤其是后者处理了大多数的足球争议。不过该仲裁委员会毕竟是中国足协内设的一个裁决机构，当事人不服该裁决的，有关规则并没有规定可以上诉的其他组织，因此其仅仅是足球行业内部的裁决机构，不是真正独立的仲裁组织。鉴于此，笔者认为解决我国境内的足球争议应尽快做到以下几点。

(一) 完善我国体育仲裁的相关立法和行业规章

到目前为止，我国还没有处理体育争端的专门立法。我国现有体育争议的解决，除了当事人自行和解和体育社团组织内部解决外，还多采取行政部门调解和裁决的方式。由于体育争议的某些特殊专业性和技术性，直接诉诸法院的为数极少。一方面，现有的体育争议法律解决的途径还不够多，特别是与社会以及国际的接轨差距较大；另一方面，我国在体育争议解决的方法方面还基本是个空白，现行争议的体育组织内部解决和行政部门解决普遍缺少明确的法规依据，致使处理结果的法律能力和强制力不足。因

此，当前首先应根据《体育法》中对竞技体育争议进行调解仲裁的规定，抓紧出台体育仲裁的行政法规，建立符合体育社会化和法制化方向并与国际惯例相协调的，能够快速、简捷、方便、经济地解决争议并纳入国家统一仲裁法律体系的体育仲裁制度。要依照民间仲裁的一般规定，针对体育争议的特殊要求、对体育仲裁的性质范围、机构协议、程序和涉外事项等，作出具有较强操作性的明确规定，确保公正、及时地解决体育争议，有效地保护当事人的合法权益。同时，还要统一规范全国性体育社会团体对体育争议的内部解决机制与程序，以与体育仲裁制度实行有效的衔接。有了一个比较健全的体育仲裁法律制度，对我国体育事业的发展以及进行国际体育交流都是非常有利的。

另外，为了促进以仲裁方式解决足球争议，中国足协和职业联赛管理部门也应当完善自己内部的裁决机构，制定符合一般法律原则和公平精神的仲裁规则，对现行的仲裁规则进行修改和完善，尤其是要尊重双方当事人的公平听证权以及仲裁员的独立性，保障仲裁员能够独立依照有关规则甚至按照公允及善良原则处理有关的足球争议，而不是仅仅只听一方当事人的陈述就作出裁决。

（二）建立我国独立的体育仲裁机构

对于行业体协内部的裁决机构，比如中国足协仲裁委员会，虽然其名称上类似于解决争议的仲裁机构，但是其由中国足协设立的性质使其不能完全摆脱中国足协的约束，以至于在中国足协作为当事人的争议中，仲裁委员会裁决的公正性就会受到质疑。此外，我国还没有成立能够仲裁体育争议的独立仲裁机构，现有的仲裁组织不宜受理体育争议，尤其是竞技和处罚类的体育争议不适宜交给外部的仲裁机构解决。虽然某些涉及商事性质的足球争议也有由地方仲裁委员会受理的先例，但是大多数的争议并没有提交外部的仲裁组织。其原因一方面是足球管理组织尤其是中国足协明确规定不允许当事人将有关争议提交行业外的组织受理；另一方面就是由于体育争议的特殊性，不具有体育专业知识的外部仲裁员也许不能够很恰当地处理有关的体育争议，由独立的体育仲裁机构受理这些争议则可以解决前述问题。

另外，某些体育发达国家体育主管部门以及国际体育组织建立有自己的体育仲裁机构，或由国内仲裁机构仲裁体育争端。而在我国，尽管某些国内体育协会在其章程中也有仲裁解决体育争端的规定（比如中国足协），但是，我国至今为止，还没有设立过专门的体育仲裁机构。大多数国内体育协会或没有设立相应的体育仲裁机构，或相应的争端裁决机构的组成透明度不够，使该协会的成员或分支机构对其公正及公平性缺乏信任感，以致于在某些情况下不得不将争端诉至法院以求解决。笔者认为，当前国内体育协会应根据仲裁法的规定组建自己的内部仲裁机构，以使其成为一个真正的仲裁机构。或建立相对独立的中国体育仲裁委员会，可先作为中华体育总会或中国奥委会的内设机构，自主办案，争取成为或逐步发展成为独立的社会机构。在大型体育竞赛期间可设立临时派出机构，体育仲裁员聘请公道正派的体育和法律专家担任。另外，中国国际经济贸易仲裁委员会（中国国际商会仲裁院）以及一些较大城市的仲裁委员会也应将体育争端纳入自己的管辖范围，不应仅仅局限于原有的范围，而应根据时势有所发展。

（三）允许司法机关在一定程度上介入体育争议

虽然体育争议的特殊性以及体育行业规则的排外性使得体育组织排斥法院介入有关的体育争议，但是国外体育争议解决的实践以及维护当事人权益的必要性要求我们应当允许法院可以在一定程度上介入体育争议，尤其是在有关体育行业内的裁决侵犯了当事人的基本权益、违反了程序公正、仲裁员有腐败行为等情况时，法院的介入是必要的。

另外，由于体育争议的特殊性，体育争议如果是纯商业性的平等主体之间的争议，当事人可以缔结仲裁协议，将争议提交仲裁，或向有管辖权的法院起诉要求司法审查，而不应由体育主管部门裁决。如争议涉及体育竞赛管理问题或被管理问题或上下级问题，这些争议涉及公共权力的行使则首先应由体育主管部门的内部裁决或仲裁机构裁决，另一方当事人如果对体育主管部门的裁决不服，则可以与体育主管部门缔结仲裁协议向其他中立的仲裁机构申请仲裁，但因此也就排除了相关法院的管辖权，或直接向有管辖权的法院起诉请求对体育主管部门的裁决进行司法审查，也即应或向其他中立的仲裁机构申请仲裁，或向法院起诉，两者只能选择其一。但在目前我国没有专门的体育仲裁机构以及仲裁委员会暂不受理体育争端的情况下，涉及一方当事人为全国性体育协会的体育竞赛的管理或权力行使之类的争端，法院有审查体育主管部门的处罚是否合法的权力，也即不服裁决的一方当事人应有权向法院起诉请求司法审查。

（项目编号：1341ss09038）

优秀运动员退役角色转换模式及二次职业生涯设计心理指导体系研究

胡咏梅　姚家新　徐　红　刘树华
王　健　依惠琴　陈淑慧　王芳婷

运动员退役后再就业问题是长期困惑中国体育的一大难题。据统计，全国在役运动员约14000人，按照优秀运动队15%~20%的年更新率，平均每年有近3000名运动员退役。计划经济时期运动员通过政策性安置实现再就业的做法遇到了前所未有的困难，加上运动员自身文化水平过低，专业技能有限，很难在社会上找到合适的位置。如何保障这些优秀运动员顺利完成退役后的过渡，全面提高他们的综合素质和就业竞争力，在二次职业生涯中重塑辉煌，这对建设和谐体育、和谐社会均具有重要的理论和现实意义。

一、优秀运动员退役顺利角色转换诱发模式

优秀运动员退役顺利角色转换是高自我认同、面对退役的准备、退役转型积极应对策略、运动职业生涯中出现的退役意识、退役后的社会支持、退役后的多重个人角色和内部动机运动七个诱发因素影响的结果。本研究归纳的七个诱发因素之间是紧密联系、相互配合的，但它们在顺利角色转换的过程中又各自扮演着不同的角色。七个总维度代表诱发因素的七个方面，其排列顺序是按照运动员引证这些维度的频率来确定的，由高到低排列的顺序排列。前三个顺利角色转换诱发维度运动员引证的频率均达到50%以上，超过其他六个维度的引证率。本研究将前三个维度作为退役运动员顺利角色转换得主要诱发因素，其余四个维度的引证率虽没有达到50%，但它们的重要性也得到很多运动员的认可，故列为次要因素。

（一）"高自我认同"维度重要性被排在首位

运动员的引证率达到64.29%。很明显，高自我认同是退役运动员成功转型的金钥匙。高自我认同，又包括对运动员优秀心理品质的认同和高自我效能两个维度。对运动员优秀心理品质的认同其中"认真、刻苦训练""勤于思考"两条被多次提到，具有很高的引证率。"我有这方面的天赋""我自认为自身条件非常好"在高自我效能中被多次提到。

自我认同也即个人的内部状态与外部环境的整合和协调一致。自我认同是一个人对自我价值的衡量。一个人若不能拥有令自己满意的自我评价，他的能力必不能充分发挥；而一个满意自己的人，也对人生保持着正面且积极的态度，也能信心十足地接受任何挑战，并勇于面对自己。高自我认同感的退役运动员的行为更加独立，会为自己决定许多生活细节；承担责任，主动负担一些工作，甚至安慰有烦恼的朋友，乐于接受挑战；能承受失败。自我认同高的运动员会对退役后的新生活持积极的态度，敢于面对自

己的不足,激发自己主动采取策略去解决问题,对克服困难充满信心。高自我认同作为运动员整个转型过程中的心理核心能量,是一切适应性行为开始的关键。这也符合近期的一项研究的结果,即运动员沉浸于运动中的自我认同的程度是影响职业终止调整的一种重要发展性因素。

无论是应用性的还是研究性的工作背景,心理学家都已经证明,运动员在退役期间不仅仅面临自己运动员角色的丧失,而且也面临着现实世界中重新整合新角色的挑战。现存的文献一致认为,在某些案例中,运动员认为运动生涯的终止体验为非常漫长而且极度痛苦的。这一时期的调整困难依次是从低自我效能、不断升高的焦虑、不规则的饮食到临床抑郁、滥用药物,甚至是企图自杀。本研究验证了自我认同在运动员退役后顺利角色转型中的重要性。

(二)"面对退役的准备"诱发维度

这一维度下的二级维度有自我情绪调节、对未来生活的规划、对未来生活的资源重建。这一维度的引证率为54.76%,仅次于高自我认同。在访谈中,被提到最多的是对未来生活的规划和资源重建。很多运动员想要重新充实自己、塑造自己来适应社会,得到社会的认可和获得一席之地。

最近的研究认为,社会生理心理状态(PsychobiosocialState)可以解释运动职业积极过渡的准备状态,其结构由认知的准备、情感的准备、动机的准备、生理的准备、行为的准备、操作的准备和交流的准备7个方面组成,是一个长期的动态过程。具体地说,认知的准备状态包括接受运动职业终止的事实、面对现状有控制感、计划退役等;情感方面的准备状态包括积极乐观的情绪反应;动机的准备状态包含积极探索新的职业、对新生活产生兴趣、改变主观的生活价值标准等;生理方面的准备状态反映在保持健康的身体状态和充沛旺盛的精力,开始新的生活;行为方面的准备状态主要反映在改变生活的方式,包括日常生活和家庭活动等;操作准备状态包括积极参与培训、用积极的心理态度对待退役、知识、技能和新生活的质量等;交流方面的准备状态主要指改变社会关系,建立和适应新的社会网络关系。所有这些方面被作为过渡期的资源,会作用于准备状态的形成,并动态地积极影响退役过渡阶段。

本研究中成功转型的运动员正是从对退役的积极认知、情绪调节的有效方法、行为和操作等多个方面为退役后的新的职业生活作了充分的准备。这些因素将直接影响退役后生活的质量。从这两个维度的排列可以看出高自我认同是退役顺利转型的心理准备,在这种心理准备的前提下,转型适应的实际行动就可以开展了。

(三)"退役转型积极应对策略"维度排在第三

这个维度引证率较高的一项为51.24%。这也证明了运动员退役更为核心的研究是应对策略的研究结果。Grove(1997)的研究表明,退役运动员采用了情感定向、问题定向和逃避定向结合的策略,例如,接受、积极的重新释义、计划、积极的应对、精神解脱和寻求社会支持。Alferman(2000)的研究揭示,可以将应对策略的采用看做是退役本质的一种功能。被迫退役的运动员更通常采用防御性机制、被动策略和寻求社会支持。而自愿退役的运动员则更愿意采用积极的策略。

在大维度下包括重新的角色定位、积极的心理适应、建立新的生活方式、运动员品质的迁移、运动技能的迁移五个二级维度。其中，重新的角色定位是被成功角色转换的运动员提及最多的。这也符合我们前面高自我认同的维度。即自我概念的清晰程度和坚持是运动员顺利角色转换的心理前提。在积极的心理适应二级维度下，运动员以全新的姿态去适应新的生活，努力做好自己的工作。与新职业中的同事很好相处，没事的时候就出去吃个饭，一起出去玩玩，使自己保持一个愉快的心情。而且，这些成功角色转型的运动员更能将在运动生涯中培养的刻苦、独立、吃苦耐劳、积极情绪、克服困难的勇气等被自己高度认同的优秀心理品质迁移到新的职业生活中。

（四）"运动职业生涯中出现的退役意识"维度

这个维度的引证率也达到 38.10%，在七个维度中排列第四。三级维度下又包括了认可并接受已完成的运动目标、对退役事件的积极认知、对退役资源的觉知三个二级维度。关于运动员退役意识，有关的研究定义为运动员在结束运动职业过程中，对自己社会角色转换的认知。早在 1982 年，Kremer 和 Harpaz 就在讨论退役咨询的态度时，认为个体退役前的计划在很大程度要取决于退役的意识。Lynch 曾对退役计划的重要性进行了研究，认为个体退役意识是一种对社会角色发生改变的知觉，具有状态的特征。这种知觉状态对退役计划行为的动机尤为重要。

当运动员接受自己在运动生涯中完成的运动目标时，他会产生满足感，从而形成对自己运动生涯的高认同感，如本研究的维度一所示。他会对退役事件产生积极的认知，认为当运动员不是一辈子的事，不退的话下面的运动员就上不来。所以，成功角色转换的运动员更能够接受退役，认为退役了便可以开始新的职业生活，要去找工作、要去规划后面的道路。这种对退役事件的积极认知，将会诱发他们对退役资源的觉知。他们会利用运动员生涯期间的各种机会参加社会实践，突破自己的运动项目狭窄的社交圈子，结交更多的朋友。利用出国比赛的机会多学习外语。而且，锻炼自己和别人打交道，像领导、队友，还有就是一些科研人员，另外还有教练员、裁判员。从而培养自己的人际交往能力。这些行为都会对退役后开始新的职业生活，进入新的人际圈打下基础。总之，在运动生涯中出现退役意识，会有助于对退役的规划和准备。

（五）"退役后的社会支持"维度

该维度的引证率为 35.71%。包括运动队的支持、同伴的支持、家庭的支持和其他四个二级维度。其中，运动队的支持涉及领导、教练帮助推荐联系新的工作及到高等学校接受教育等；同伴、家庭的支持涉及在自己寻找新职业的过程中的精神和物质方面的帮助。

在运动员退役的心理救助问题上，社会支持是一个重要的方面。所谓"社会支持"是指运动员在退役过程中接受来自家庭成员、亲戚、朋友、单位和社会方面的帮助，这些帮助主要反映在就业和心理安慰方面，使运动员能够顺利渡过退役期。社会支持的重要作用之一在于通过这种方式使运动员获得消极心理情绪的缓解，增强自信心，从而改善退役后的生活质量。另外，心理学家还主张，进行随时的个人咨询来帮助运动员发展社会支持和自我认同，调整心理情绪，掌握应激处理的技术，发展事物控制感。

(六)"退役后的多重角色"维度

该维度的引证率为 33.33%,包括退役后的多重角色一个二级维度。个体的身份可能包含了许多角色,但透过他人的角度使某一角色成为主要特征也是有可能的。单角色的控制会使得其他角色受到忽视或萎缩,从而可能引发个体并发的身份问题。因此,退役后运动员角色的丧失可能不仅仅影响其运动员的身份,而是整体的自我认识。该维度的研究结果显示了成功角色转型的运动员在退役后的生活中扮演的角色是丰富多重的。包括职业角色、家庭角色、好朋友的角色。其实,这个维度的影响与上一个积极的社会支持有着密切的关系。社会支持可以诱发退役运动员对家人、教练、领导、队友的认可度,这种认可度完全可以增加运动员的多重角色意识,尽自己的努力扮演好自己的社会角色,获得他人的认同。从而,形成退役后新的高自我认同,在新的生活中获得幸福感和满意感。

(七)"内部动机"维度

内部动机的引证率是 23.81%,在七个维度中是最低的,它包括兴趣和自我满足两个二级维度。兴趣和自我满足都属于内部动机,是一个人从事一件工作的最稳定的动机。它对人的活动的推动力量较大,维持的时间也较长。本次调查的这些顺利角色转型的运动员,在运动生涯中都取得了优异的成绩。他们热爱自己所从事的运动项目,刻苦钻研,全心投入,并为此付出全部的青春,无怨无悔,从而满足了自我实现的需要,这种拼搏的过程就是一种自我奖励。做事的内部动机是一个人比较稳定的个性品质。在退役后的新职业生活中,这些运动员更是以极大的热情,投入到自己喜欢的工作中,希望通过艰苦努力,挖掘潜能,重塑辉煌。这种内部动机也是他们成功角色转型的诱发因素。

根据以上就退役运动员顺利角色转换诱发因素结构的分析,本研究建立优秀运动员退役顺利角色转换的诱发模式型,见图1。

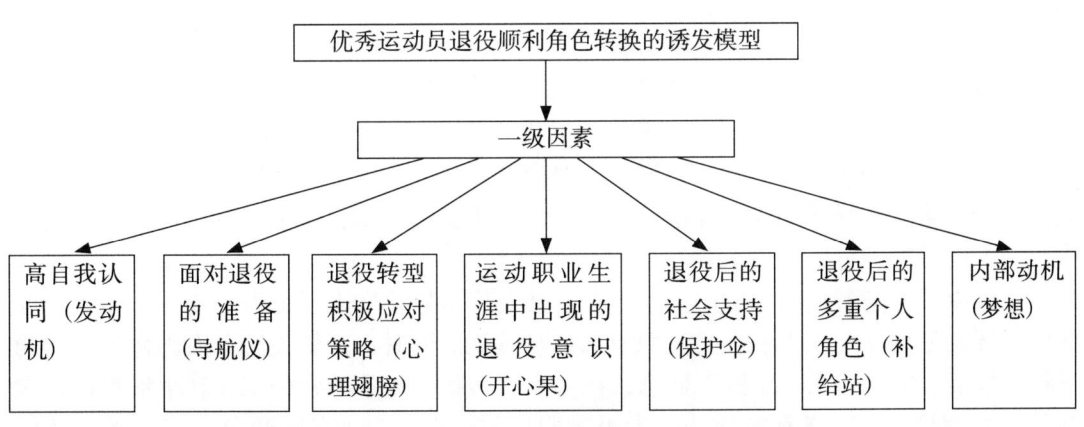

图1 优秀运动员退役顺利角色转换的诱发模型

总之，本次研究中归纳的这七个运动员顺利角色转换的诱发因素比以往关于运动员退役过程影响因素的研究更为全面和深入。而且，通过解释性现象学的研究方法归纳出的这七个诱发维度彼此之间相互联系、相互映衬。自我认同是退役运动员顺利角色转换的心理能量发动机，它源源不断地向退役过程输出能量。面对退役的准备，正是退役角色转型的导航仪，它引领退役运动员更有计划地，更有步骤朝着目标努力，并以充分的准备迎接未来新生活的挑战；退役转型积极心理应对策略就像一个心灵的翅膀，随时调整行进中的目标，调节消极情绪，帮助运动员在新职业的奔波路上保持内心的平衡，面对困难，主动出击和尝试，挖掘自己的潜能。它将为本研究的退役运动员心理辅导体系的建立提供宝贵的实证资料。运动员职业生涯中出现的退役意识，就像一粒开心果，让退役运动员吃下去后保持一个对退役事件的积极心态；退役后的社会支持，更像是一把保护伞，为运动员在新生活追求的坎坷路上遮风挡雨；退役后多重的个人角色，就像退役运动员航船停泊的港湾，补给站让他们在那里歇息，调养。内部动机犹如一个梦想，随时提醒退役运动员为自我实现而努力。

二、退役运动员二次职业生涯设计心理指导体系的建立

职业生涯设计是指个人结合自身情况、当前的机遇和制约因素，为自己确立职业方向、职业目标，选择职业道路，确定教育计划、发展计划，为实现职业生涯目标而确定行动时间和行动方案。在职业生涯设计中，家庭、单位、社会环境对个人职业生涯的影响有一定的作用，但发展的原动力是个人自身。因此，退役运动员二次职业生涯设计心理指导体系的建立是非常必要的。

职业生涯设计心理辅导的目的是帮助运动员真正了解自己，并且进一步评估内外在环境的优劣与限制，在"衡外情，量己力"的情形下设计出合理可行的生涯发展方向。目前市场竞争激烈，机构改革迅猛，组织变化快速。在面临生涯抉择的时候，一定要掌握竞争优势，弄清周围环境变动趋势，把握稍纵即逝的机会，发挥个人的潜能，实现预定目标。

（一）二次职业生涯设计心理指导体系的理论基础

1. 生涯发展理论

1901年，帕森斯创建了对生涯发展理论有着巨大影响的特质因素理论。特质因素理论随着心理测量运动的发展而不断发展，直到今天仍然被广泛地应用。到20世纪40年代，罗杰斯以当事人为中心的咨询理论对生涯发展理论的发展产生了重要的影响，由此帕森斯的直接指导式的咨询理论开始整合人本主义的思想，产生了更关注个体发展和生活经验的生涯辅导方法。

二战以后，随着信息革命的到来，社会和工作世界都发生了很大的变化，职业生涯的内涵开始发生变化。人们在关注职业选择与发展的同时，开始关注个人工作外生活的选择与发展。萨帕提出"生涯"概念，认为生涯包括一生中的各种职业和生活角色，包括从青春期到退休后各种有报酬和无报酬职位的综合，包括各种角色如工作者、休闲者、公民和父母等，由此职业辅导演变为生涯辅导。

2. 类型学理论

霍兰德创建的类型学理论是目前应用最广、最为简便的生涯发展理论之一。霍兰德

认为，生涯选择是个人人格在工作世界中的表露。遗传因素和长期的生活经验形成了个体独特的个人导向。类型学理论的中心概念是，个体所选择的职业生涯，须符合这种个人导向，只有那些能满足个人需求的职业角色才对个体有吸引力。如果个人导向已经形成，那么在对应的职业环境中就会得到满足；如果个人导向摇摆未定或者拥有互相冲突的职业目标，就很难寻找到适合的职业环境。因此，个人导向是否明确，是个人选择职业生涯的关键因素。

自我与职业之间的同质是自我实现和人生持续发展的必要选择和最佳途径，因此，霍兰德特别重视自我对追寻职业满足与稳定性方面的认知。

霍兰德经过大量观察研究，提出了六种典型的职业环境和典型个人导向，分别是实际型、研究型、艺术型、社会型、企业型、传统型。他认为，多数人的典型个人导向都属于这六种，多数职业环境都可以归入这六类环境中。人们会寻找适合自己的职业环境，来充分发挥自己的能力、价值，表达自己的态度，承担问题和责任。

3. 发展性理论

区别于特质因素理论与类型学理论的最大特色在于，它强调职业类型的选择和生涯形态的建立是一个发展的、动态变化的过程，是终生发展的任务。在个体成长的每一个阶段都有着职业发展的内容和任务，职业选择并非仅仅是某一个阶段面临的挑战。

4. 社会学习理论

就业决策的社会学习理论认为，影响就业决策的因素有四个方面天赋和特别能力。天赋由遗传所决定，特别能力是指智力、运动能力或音乐能力等环境条件与事件。这类因素一般不在个人控制之内，涉及较为广泛的社会文化、政治、经济的力量。例如，政府的财政贷款资助可以增加个人接受高等教育的机会学习经验，包括工具式学习和联结式学习经验。工具式学习经验通过个人对行为的直接观察或他人反应的观察学习得到，联结式学习经验发生于中性刺激与正面刺激或者负面刺激同时出现的时候。例如，一个对教师行业毫无概念中性刺激的大学生，认识了一位非常成功的教师正面刺激，从而将教师和成功联结在一起，因此决定尝试教师职业任务取向技能。任务方法技能包括个人所发展出的一组技能，诸如决策、问题解决、目的确立、信息收集、工作习惯、价值澄清等内容。大学生通过参加时间管理、重点管理、访谈等训练方法，能够提高任务方法技能。

5. 认知信息加工理论

认知信息加工理论由三部分构成。第一部分是"金字塔"型的认知要素结构，第二部分是信息加工，第三部分是执行加工（其职能是启动、协调、监控信息）。

构成第一部分的因素有以下几个自我了解，包括个人的价值观、兴趣和技能行业了解，即了解特定的行业和教育培训机会决策技能，例如了解如何决策微认知，包括自我谈话、自我知晓，认知的监督和控制等。其中自我了解和行业了解构成金字塔的基础，而决策技能和微认知建立在此基础上。

第二部分是信息加工阶段，这个阶段是由沟通、分析、整合、价值判断和执行技能构成一个周期。沟通是指咨询对象与职业咨询者之间的沟通。

第三部分是执行阶段，根据最好的方案设计行动方案，并认真落实。一旦计划得以实施，咨询对象又回到沟通阶段，与咨询者探讨该选择是否成功地解决了职业问题。如果评价是积极的，则继续前进，反之，则重复信息加工阶段的周期。

认知信息加工理论强调咨询对象的自我了解，不仅了解个人的职业需求，更重要的是个人的能力、兴趣、价值观以及个人的实践执行技能，在职业指导中有着较为现实的操作性和可行性。

（二）退役运动员二次职业生涯设计心理指导对象

运动员退役二次职业生涯设计以心理干预为目标，旨在帮助运动员保持主观地控制退役过程。干预的对象可分为：仍在训练和比赛的即将退役的运动员；已退役的运动员。

对于第一种运动员，干预方案主要是帮助搜集退役过渡资源，建立退役过渡的准备状态。例如，为运动员提供有关运动职业发展的知识和技能，让运动员了解运动职业终止的原因和最佳退役的时机；制定短期和长期的计划（包括退役后的计划）；通过帮助自我分析、掌握过渡技能、发展社会支持来积累退役过渡资源等。

对于退役运动员，干预方案着重帮助提高应对意识，积极处理过渡期的障碍。例如，帮助运动员认识并接受退役的事实，积极计划退役后的生活（如寻找工作、技能培训等）；解决认同问题、进行退役情绪调节、制定有效的应对策略、帮助应用社会支持系统等。这些服务主要通过讲座、座谈的形式进行。但由于心理干预以集体的形式通常不能详细针对个体的情况，所以，有的心理干预还结合个体咨询的形式进行。这样可以具体到个体深层的问题，提高干预教育的效果。

（三）退役运动员二次职业生涯设计心理指导内容

基于前面研究的调查结果，我国运动员在退役问题上需要引导，特别是在心理方面的辅导。为此，从以下几个方面考虑运动员退役心理辅导的内容。

1. 二次职业生涯设计心理辅导应该关注运动员生涯辅导，而不应该仅仅局限在退役后二次职业选择的指导。在关注职业选择与发展的同时，还要关注运动员工作外生活的选择与发展。

2. 观念的转变——作为管理者（如教练员、训练单位等）应了解和认识运动员退役的自然规律，本着对运动员负责的态度，改变过去回避退役问题的做法，积极支持运动员学习了解退役的基本知识。

3. 纳入工作内容——有关的主管部门应把运动员退役教育的问题作为一个工作内容来考虑。在现阶段，虽然没必要成立运动员退役指导机构，但此项工作可由各级主管单位的人事部门结合心理专业工作者来进行。

4. 开展知识传播——通过知识讲座和运动员手册的形式，向运动员宣传有关运动员退役的基本知识，使运动员能够正确对待退役问题，采用积极的方法调节退役过程中的情绪反应。

5. 建立心理咨询——运动员在退役过程中遇到心理问题应及时求助心理咨询。通过建立心理咨询信息站的方法，使运动员知道应该上哪里去寻求帮助。

6. 建立社会支持——社会支持对于运动员顺利渡过退役期尤为重要。虽然有关管理部门很关心运动员的退役问题，但直接的、让运动员能感受到的帮助还不够；通过教练员和领队的关心，能在很大程度上缓解运动员的退役压力。

7. 关注个体差异——在运动员问题上不同群体的差异会表现在心理反应方面。例如，优秀运动员和一般运动员在退役过程中的情绪是不同的。优秀运动员可能主要体现在社会地位的反差增大而引起心理失衡，但一般运动员则可能会在退役过程中增加失败感。另外，女运动员的退役心理状态应该加以关注。

8. 开展再就业技能培训——对于处在退役阶段的运动员应开展有关再就业技能方面的培训。例如，通过短期培训班，让运动员学习找工作的简历准备技能、工作面试技能、寻找工作的策略等。

9. 提供就业和教育信息——通过建立信息站的形式（如网络的形式），为运动员提供就业和招工指南的信息。对于希望上大学的退役运动员，可以通过信息站了解各学校招生信息和录取标准等。

10. 关注退役运动员的生活——运动员退役后通常需要 1～2 年的磨合期，在这段时期，心理情绪的波动最大。所以，应加强对运动员的心理咨询，以减小退役对未来生活的负面影响。

总之，通过这些退役心理辅导的手段，旨在改善运动员的退役环境，以提高运动员退役后的生活质量。同时，通过这些辅导教育，解决现役运动员的后顾之忧，安心投入运动训练和比赛。

（四）退役运动员二次职业生涯设计心理指导的步骤

职业生涯设计大致可分为五个步骤，即自我评估、机会评估、明确目标、选择职业和职业评估。

1. 自我评估

自我评估就是客观准确地评价自己。自我评估主要是一些自我评价，了解自己的兴趣、特长、性格、学识、技能、智商、情商、思维方式、道德水平以及社会中的自我等。也就是说，你能为社会做什么，除了你现在所从事的运动专项，还有什么兴趣爱好等。自我评估有利于确定自己的价值观和行为取向，明确自己的优势和劣势。对自我评价越客观，越能做好职业生涯设计。

建议采用采用杭州心灵探索心理科技有限公司发行的 ATS 专业心理测试软件中的"中国人情商量表中文修订 1.0 版"对顺利角色转换运动员的情商进行测量。情商（EQ）是指一个人控制自我情绪和调节人际关系的能力。情商高的人往往能够时常地进行自我激励，具有百折不饶的精神，对于情感的冲动以及欲望都能够适当地控制，延迟自己的满足，并且懂得调节自己的情绪，不容易被烦恼所俘虏。

本测试从冲动性、焦虑感、羞怯感、软弱性、敌视性和抑郁感六个方面来评估一个人的情商能力。其中焦虑感：结果分数用于表示是否容易处于一种紧张、害怕和提心吊胆的状态；敌视感：结果分数用于表示是否容易体验到愤怒和挫折感；抑制感：结果分数用于表示经常感到情绪低落、心情烦闷；羞怯感：结果分数用于表示是否能够从容地应对尴尬的社会情境；冲动性：结果分数用于表示是否善于控制自己的冲动和欲望；软弱性：结果分数用于表示是否能够独立而且有效地应对压力环境。

2. 机会评估

职业生涯机会的评估主要是评估各种环境因素对自己职业生涯发展的影响。主要包括组织环境、政治环境、社会环境、经济环境等。如了解体育作为社会文化的重要组成部分，其地位随着人们生活水平的提高而不断提高，并逐渐进入了百姓家庭。各种体育俱乐部和综合性健身场所逐年增多，健身教练、健康顾问等职业已经成为热门行业等。

所以，在制定个人的职业生涯设计时，分析环境发展变化的情况是非常重要的。只有对这些环境因素充分了解，做到知己知彼，才能在复杂的环境中找到风向标，成为一个成功的求职者。

3. 明确目标

目标分为长远目标和阶段目标。长远目标是在立足现实、慎重选择、全面考虑的条件下制定的，因此具有现实性和前瞻性的特点；而阶段目标则是在一定时期内为实现长远目标而制定的短期目标。每一个阶段性目标都是长远目标的重要组成部分。运动员对自己和职业生涯机会进行客观的评估后应明确自己的职业理想与追求目标，因为明确的目标可以成为追求成功的推动力、鞭策力，有利于排除干扰、集中精力实现奋斗目标。

4. 选择职业

完成上述三个步骤后就要进行职业的选择，职业选择正确与否，直接关系到人生事业的成功与失败。据调查，70%左右的人的实力、胜任、自信、能力发挥的满足感是通过职业生涯得到的。在选错职业的人中，有80%的人是事业上的失败者。所以选择职业应考虑以下三点：性格与职业的匹配；兴趣与职业的匹配；特长与职业的匹配。

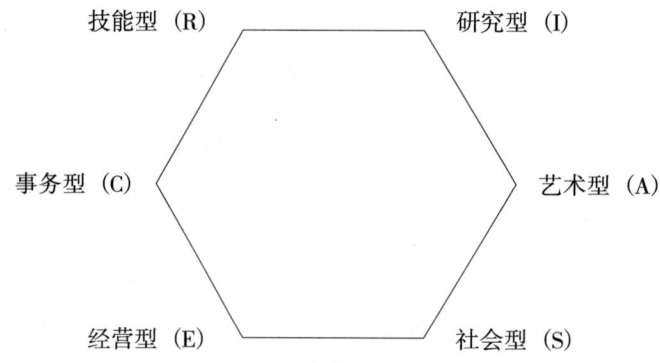

建议退役运动员采用霍兰德职业倾向测量

图 2　人格类型与职业环境

霍兰德用一个三位代码来表示每一个具体的人格类型和每一种职业，如代码意味着该个人导向最可能是传统型，其次是实际型，再次是研究型。那么，此人最应该选择的职业环境也应该是传统型，其次是实际型，再次是研究型。在霍兰德看来，最理想的职业人格有三个特点。①一致性。人格的三位代码在六边形上距离越近则一致性越好。②分化性。如果某人在六种类型上的表现大致相同，则不具有分化性。③身份认定。身份认定意味着对自己的兴趣、目标及天份具有明确而稳定的概念。具有这几个特点的个人如果能够顺利选择与此相符的职业环境，即个人与职业的适配性较高时，那么此人未来的职业绩效、坚持度、工作满意度以及选择的稳定性就会大为提高。

5. 职业评估

运动员走上新工作岗位后，经过一段时间的适应，逐渐熟悉本职工作后，会发现理想与现实之间可能存在偏差。这就需要对工作进行评估，即职业评估。评估单位时不仅要看单位提供的工作条件、工资待遇、与同行业同类单位是否大致一样，更要注重单位的人事环境、人力资源管理水平、管理机制、培训计划、奖惩制度、晋升制度、发展潜力等因素。这些既可作为修正自我职业目标的依据，也可以作为个人下一轮职业生涯设计的重要参考依据。

总之，对于每一个运动员来说，退役后的择业都是人生的一个严峻的考验。在运动员择业之前，首先要认清运动员的人生生涯发展特点，早做准备，在役时注意文化课和个人素养的提高，退役时有机会进入大学或职业技术学校深造的一定要珍惜机会；没有机会的也不要绝望，要科学、合理地评估自己和就业机会，制定出客观长远目标和阶段目标，就可以在复杂的社会中找到适合自己的工作。

(五) 二次职业生涯设计心理指导的心理干预策略

有关的研究表明，运动员参与竞技训练与比赛，到达一定的时期后，一般会意识到退役问题，由此会引起一些负面的情绪反应。所以，关注运动员怎样对待退役问题，正确引导其顺利渡过这一特殊时期尤为重要。

1. 和谐训练减压策略

用于调整运动员在退役过程中出现的情绪问题，其中包括运用反馈技术、心理分析方法、信息过程的方法、关联监控的心理方法等。

2. 情绪反应调节策略

退役心理干预为运动员提供一些问题处理的策略，注重计划性和阶段性特征。例如，采用认知重建、压力管理和情绪调节等策略来调节退役过程中的情绪反应。运动员的退役心理指导应该更具有操作性，能切实为运动员提供一些具体的服务，通过帮助解决运动员的生活问题来缓解退役过程中的焦虑反应。例如，服务的内容可以是开设退役知识讲座、就业技术培训等，这些内容的目的是帮助运动员学习简历准备、面试技术、寻找工作的策略、职业咨询以及发展一般的社会和个人技术，旨在帮助运动员发展职业兴趣和个体价值，从而提高运动员的职业认知和决策能力。

3. 提早退役意识策略

增加运动员退役的意识，通过对退役过程的解释，让运动员了解退役的自然性和必然性。例如，解释退役为什么会发生、运动员退役时会有怎样的感受、退役对将来的生活意味着什么等，在过程分析的基础上，教给运动员应对的策略，从心理上作好过渡准备，以增强运动员处理退役问题的信心。

4. 社会支持策略

所谓"社会支持"是指运动员在退役过程中接受来自家庭成员、亲戚、朋友、单位和社会方面的帮助，这些帮助主要反映在就业和心理安慰方面，使运动员能够顺利渡过退役期。社会支持的重要作用之一在于通过这种方式使运动员获得消极心理情绪的缓解，增强自信心，从而改善退役后的生活质量。

5. 个人咨询策略

进行随时的个人咨询来帮助运动员发展社会支持和自我认同，调整心理情绪，掌握应激处理的技术，发展事物控制感。运动员心理咨询的方法也是一种社会支持的方式，通常是强调退役过程中或退役后的生活质量，以帮助运动员开发已有的，并能用于退役后的资源。同时，退役心理咨询还可以帮助运动员发展社会资源，建立社会网络。退役心理咨询的内容可以帮助运动员把握退役的自主性和控制点，调整适合的运动员角色认同度，帮助运动员了解非运动因素对退役过程的影响和可利用的应对资源等。心理咨询还可以帮助运动员运用以前运动职业过渡的心理体验来计划退役后的职业发展，让运动员了解和运用退役应对策略和技术，帮助运动员设计运动技术在退役后可持续利用的方案，指导运动员运用与退役有关的支持性服务，以及寻找退役后的新职业。

（项目编号：1079ss07036）

球场观众暴力的风险管理研究

石 岩　赵 阳　宋洲洋　吴 洋

本研究从风险的角度对球场观众暴力进行探讨，构建球场观众暴力风险发生模型，并在此基础上对我国球场观众暴力风险管理体系进行研究。研究表明：球场观众暴力属于大型社会活动风险，具有客观性、突发性、动态性和延续性等特征；球场观众暴力风险构成要素包括球场观众暴力风险因素、事故和损失；球场观众暴力风险发生模型基于球场观众风险事件链、计划行为理论及球场观众暴力风险放大理论所构建。

一、球场观众暴力风险因素分析（FTA）

在对风险源及影响因素进行分析方面，当一个复杂系统的事故因素难以获得时，技术专家常常会使用故障树分析法进行分析和整理。用故障树分析法对球场暴力风险源进行分析，将球场观众暴力风险源的影响因素——罗列，进而可以系统地、有规律性地进行整理。

故障树分析法（Fault Tree Analysis，FTA）是一种利用图解的形式将系统故障形成的原因由上至下，按故障层次以树枝状逐渐细化的分析方法。由于应用的日益广泛和逐渐形成完整的理论，故障树分析法已经普及到社会问题、国民经济管理、军事行动决策等方面。

用故障树分析法对球场观众暴力分析，首先要找出所有能够导致暴力发生的风险源，然后找出可能会刺激到风险源的相应原因，再依次类推下去。根据目前国内外学者对球场观众暴力风险因素的研究，对球场观众暴力风险源进行溯源分类，球场观众暴力风险可以从环境风险、观众自身风险、管理风险和比赛风险四方面进行分类（图1）。

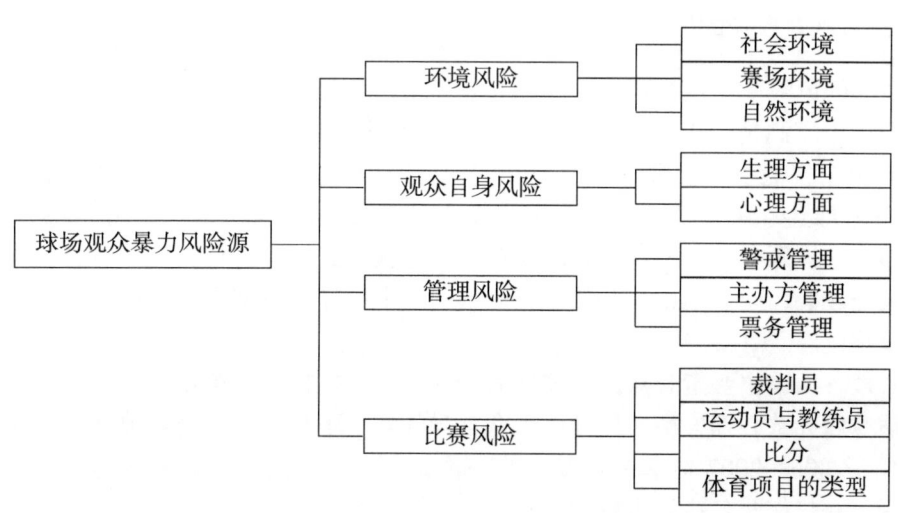

图1　球场观众暴力风险源

(一) 来自环境方面的风险

社会环境、自然环境以及情景环境在特殊情况下会刺激人的情绪，从而引发冲突与暴力。相关的理论主要有文明冲突理论、越轨理论、冲突理论、挫折—攻击理论以及暴力亚文化假说。

球场观众暴力环境风险主要包括来自社会环境、自然环境以及赛场内外环境的风险。社会环境风险主要包括球队所在城市之间的社会经济背景、地理环境、球队之间的历史恩怨、社会团体或他人、家庭环境、文化背景、社会道德以及媒体等因素。

中超联赛中北京队与天津队经常发生球场观众暴力，主要原因在于两队之间的历史渊源较深，球队所在城市地理环境关系比较微妙，特别是北京作为全国的政治、经济、文化中心，具有优越感的北京观众决不能允许自己的球队输给对手，尤其是面对地理位置微妙的天津队，甚至被打平都被视为一种不可接受的耻辱。当然，这其中也夹杂着其他因素的作用，比如媒体的不当宣传、球场上队员的非理智言语与行为等。

再比如，无论是中超联赛还是CBA赛场，陕西主场经常发生球场观众暴力。石岩等（2007）研究发现，这主要是由于西安的地理环境、历史条件、文化传统等造就了陕西人既要保持理想中的形象，又要发泄过剩精力的双重性格，在球场观众暴力人群中，他们会释放出这些原本就具有的性格特征，把积于心中的郁闷通过球场观众暴力行为完全发泄出来。

另外，媒体在一定情况下也可能成为风险事件的传播者和促进者。朱德武（2002）、阎梁（2003）等研究发现，由于媒体在信息发布上的垄断优势使媒体可能成为风险事件的制造者和促进者，甚至可能成为风险管理的妨碍者。范明强（2005）通过对暴力事件中媒体负效应研究发现，在"模仿理论"基础下，有些社会成员在暴力情景的熏陶下，可能在心理上、思想上甚至行为上产生负面影响，他们可能会出现崇拜甚至模仿暴力犯罪者的行为。每次球场观众暴力发生后，总会有媒体利用自身资源优势对事件发生细节、原因等进行主观性报道，而这些报道可能导致某些球迷滋生球场观众暴力心理或暴力行为。

(二) 来自观众自身的风险

观众自身的风险主要包括观众身体、心理以及自身素质等方面的风险。身体方面的风险，主要指由于酒精、疾病等的原因引起的球场观众暴力。例如在2009年4月3日的中超联赛山东鲁能主场惨败于上海申花的比赛结束后，山东球迷对比赛结果十分不满，其中一名球迷在喝了不少酒后，正好路遇鲁能足球宝贝韩×，便拿起砖头砸向韩×，头顶部位被砸中的韩×当即晕倒，被120急救送到医院进行救治。后经医院检查发现头顶两处破裂，流血不止，并伴有轻微脑震。事后经警方调查，该球迷由于故意伤害罪被刑事拘留。

观众心理方面，主要指观众由于"好面子"心理、挫折感、英雄主义等，容易在所支持球队输球后导致心理失衡。另外，观众自身的素质不高也经常会导致球场观众暴力的发生。如，2006—2007赛季中超联赛的一轮比赛中，河南大量无票球迷强行涌入江苏舜天主场，并打伤两名执勤警察。

（三）来自管理方面的风险

球场观众暴力管理风险主要来自警戒、主办方和票务等方面。如 2009 年 6 月 13 日中超联赛重庆主场对阵成都谢菲联的比赛结束后，由于现场安保人员与警备人员的调动速度缓慢，导致成都球迷被重庆球迷围困在体育场内长达两小时。在成都球迷大巴驶离体育场过程中，大量重庆球迷向大巴车投掷砖头石块等杂物。最终造成成都球迷李×头部受伤以及两辆大巴车受损。

上述案例一方面反映出球迷的自身素质不高，而另一方面也反映出现场管理出现的问题以及赛后疏导工作不力将会制造球场观众暴力隐患；而从当值安保人员或警察的工作调动能力以及配合能力来看，警戒方面的管理同样存在很大的问题。

（四）来自比赛方面的风险

竞技比赛的魅力来自于比赛本身对观赏者激情的刺激，这种激情如果被过度刺激将会发生危险，可能会演变为暴力犯罪。球场观众暴力风险中来自比赛方面的风险主要包括裁判员、运动员与教练员、比分、体育项目本身等方面。

裁判员的判罚引发的球场观众暴力比较多；而运动员与教练员方面，主要有对运动员比赛的投入程度、运动员及教练员的不良情绪的发泄方式等；比分方面主要指由于赛场的比分变化或接近程度而引起观众情绪的变化；体育项目本身的风险主要指由于体育项目的不同，发生球场观众暴力发生的可能性也不同，对抗性较强的项目尤其是足球与篮球，就比较容易发生球场观众暴力。例如，2006—2007 赛季 CBA 联赛第 15 轮，新疆主场迎战八一队。比赛中双方球员对比赛十分投入，拼抢十分激烈，比分也一直交替领先。在最后一节开始不久，裁判将新疆队员的一个三步上篮误判为走步，这个明显的误判立刻引发了现场观众的极度不满，他们将矿泉水瓶、纸团等杂物纷纷砸向裁判，致使比赛一度中断。

根据球场观众暴力风险故障树，可以更加清晰、全面地对引发球场观众暴力的风险因素进行分析。在运用故障树分析法进行球场观众暴力风险分析时应该注意以下问题。

首先，是风险被估计过高的问题。关于风险因素准确性的考虑，故障树分析的结果往往很容易使人产生误解。例如，当一些没有经历过球场暴力的球迷在观察到球场暴力风险故障树时会发现，造成球场观众暴力的因素竟然如此之多，有一些原因甚至闻所未闻。如果这些球迷不能对各种因素作出正确的认识，他们往往就会反应过度，出现对风险的估计过高的现象。有研究表明，故障树越大越茂密，与每个组成因素相关的细节介绍得越详细，它所引起的误解程度就越深。

其次，是风险被估计过低的问题。海恩法则（Hain rules）认为，风险事件的发生看似偶然，其实是各种风险因素积累到一定程度的必然结果。任何重大事故都是有端倪可查的，其发生都是经过萌芽、发展到发生这样一个过程。有的因素看起来似乎不是主要的因素，但却可以在一定的情况下被放大，甚至变成主要因素。利用故障树进行球场观众暴力的风险因素时，如果像政治地理、社会道德、酗酒和温度等比较容易被忽略的因素没能被考虑在内的话，将可能会出现风险估计过低的问题。

最后，球场观众暴力各风险因素之间相关关系的问题。运用故障树进行风险分析，虽然可以比较系统、比较完善地将所有的影响因素一一罗列，但对于各风险因素之间的相关关系，风险故障树却不能很好地表达。引发球场观众暴力的风险因素之间并不是独立的，而是相互影响，共同作用的结果。1992年，Simons和Taylor（1992）在前人研究基础之上提出了球场观众暴力的心理模型（psychological model of fan violence）。该模型认为，球场观众暴力受多种相关因素的共同影响，其中，社会环境因素为球场观众暴力的加强因素，心理因素为其关键性因素以及赛场内因素和赛场外因素的共同作用。石岩（2005）根据Simons和Taylor的球场观众暴力心理模型，提出球场观众暴力影响因素模式（图2）。

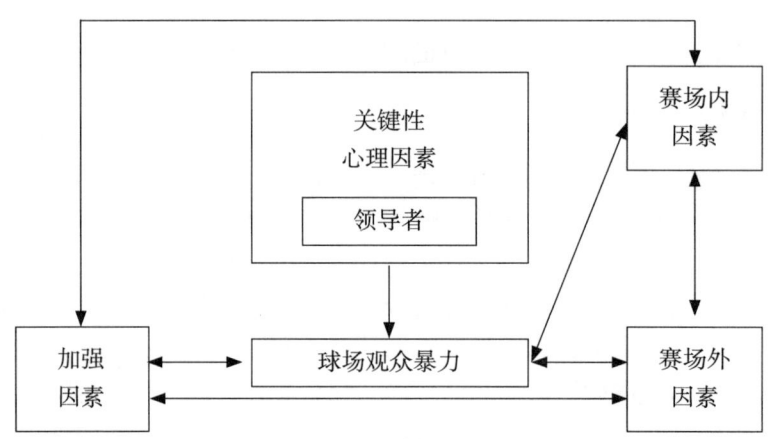

图2 球场观众暴力影响因素模式

该模式明确给出了球场观众暴力发生的各种可能因素，尤其是一些影响较大的因素。可以看出，其发生绝非单一因素所致，而是多种因素共同作用的结果。到目前为止，还没有充分数据表明哪些因素可以最终导致球场观众暴力的发生，但一些关键性的因素，如领导者对于球场观众暴力的发生，既是充分条件，又是必要条件。根据我国球场观众暴力的相关案例及目前国内外研究资料，通过对我国球场观众暴力风险源进行溯源分类，将球场观众暴力风险分为环境风险、观众自身风险、管理风险和比赛风险四方面。

二、球场观众暴力风险发生模型

任何事件的发生都包括原因、经过和结果三部分。球场观众暴力的发生原因包括四方面的风险因素，分别来自环境因素、观众自身因素、管理因素和比赛因素；球场观众暴力发生的行为主体是球场观众。因此，球场观众暴力的发生本质是观众的暴力行为意向到与观众的暴力行为的发展过程。在这一过程中，球场观众暴力风险源被激发，从而引起球场观众的暴力意向发展为暴力行为；球场观众暴力发生的结果包括两部分：发生球场观众暴力和可能引起的球场观众暴力升级。

在对球场观众暴力发生的三个基本部分进行分析的基础上，基于球场观众暴力风险事件链、计划行为理论与球场观众暴力风险的社会放大理论，对球场观众暴力风险发生模型进行构建。通过风险事件链理论解释球场观众暴力风险的发生过程，计划行为理论对球场观众从心理变化到行为发生进行阐释，风险社会放大理论则解释了球场观众暴力的升级过程。三者紧密结合，相互交织，构成球场观众暴力的风险发生模型（图3）。

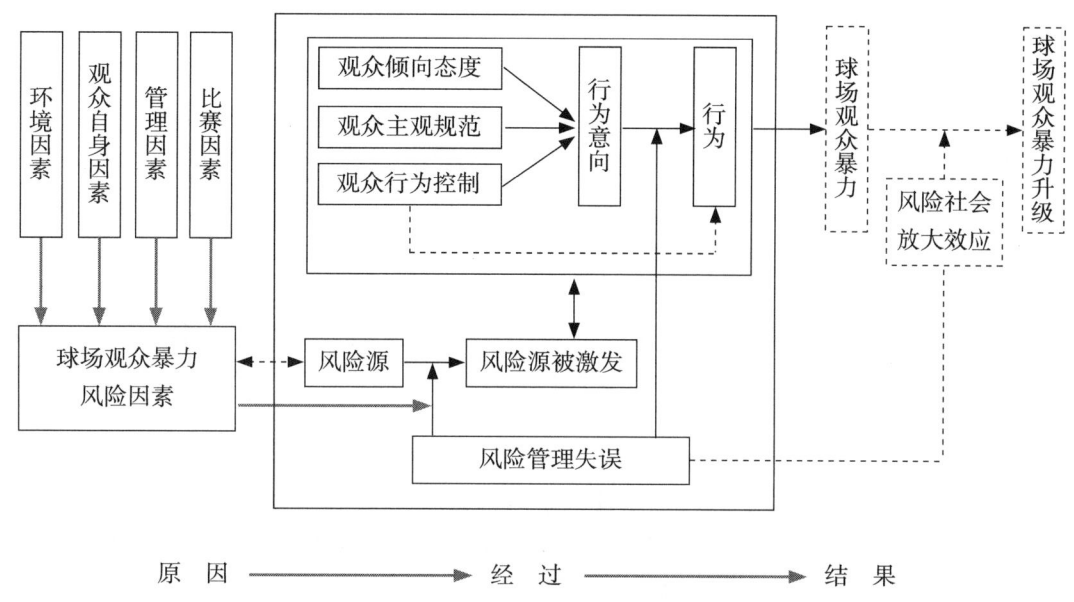

图3　我国球场观众暴力的风险发生模型

由图3可以看出，无论在风险源被激发过程中，观众暴力意向到暴力行为发展过程中，还是在球场观众暴力风险被放大过程中，风险管理在整个过程中始终扮演着重要的角色。如果管理得当，可以在风险源被激发过程中及时调控，或者在风险源被激发时，立即对观众进行管理，便可以避免观众暴力的发生。即使事故发生，只要能及时进行正确的风险管理，阻止风险进一步被放大，就可以避免暴力或冲突的升级。球场观众暴力风险管理贯穿于球场观众暴力的始终，因此，有必要对球场观众暴力进行风险管理。

三、球场观众暴力的风险应对

风险应对（risk treatment）是指风险管理中控制手段的选择与实施。风险控制手段是损失形成前防范和减轻风险损失的技术性措施，它通过避免、消除和减少风险事件发生的机会以及限制已发生损失继续扩大，达到减少损失概率、降低损失程度，使风险损失达到最小的目的。只有在确定球场观众暴力所有风险因素的基础上，通过对所有球场观众暴力进行有效评估，才能对球场观众暴力风险进行科学性、针对性的管理。风险应对是风险研究的根本目的，是指风险管理中控制手段的选择与实施。球场观众暴力风险应对包括风险控制手段的选择和实施两部分。

球场观众暴力风险控制手段是指损失形成前防范和减轻球场观众暴力风险损失的技

术性措施。它通过避免、消除和减少球场观众暴力发生的机会以及限制已发生损失继续扩大，达到减少损失概率、降低损失程度，使风险损失达到最小的目的。球场观众暴力风险应对包括风险回避（risk avoidance）、风险转移（risk transfer）、风险控制（risk control）和风险自留（risk acceptance）等措施。

（一）风险回避

风险回避是指在风险评估的基础上，发现项目风险发生的概率很高，而且可能的损失也很大，采取放弃项目、放弃原有计划或改变目标等方法，使其不发生或不再发展，从而避免可能产生的潜在损失。

球场观众暴力风险回避指在通过进行球场观众暴力风险评估，发现如存在球场观众暴力风险发生的可能性，而风险发生后将造成无法挽回的后果，或者赛事举办方不能或不愿意承担相关事故的责任，那么就应该取消比赛，或者改变原来赛事的性质，如举办地点、时间等。通过回避风险，可以在风险事件发生之前完全消除某一特定风险可能造成的损失。回避风险具有简单易行、全面彻底的优点，能将风险的概率保持为零，从而避免风险事件的发生。

球场观众暴力的风险回避策略主要包括场外和场内两个方面。如发现有大规模的球迷冲突或职业足球流氓的出现，当这些因素不容易被控制时，一般要对比赛时间或地点进行取消或临时调整，如果在比赛过程中发生球迷骚乱或有球迷骚乱的迹象时，应立即中断比赛，以避免球迷的情绪升级。

（二）风险转移

风险转移是指一些单位和个人为避免承担风险损失，有意识地将损失或与损失有关的财务后果转嫁给另外的单位或个人去承担。对于球场观众暴力风险而言，一般采用的方法是观众认知的引导与强化和观众行为的法治管理。

球场观众暴力是支持者本身的一种自发性的自然行为，对于大多数观众而言，他们都有被拖入这种暴力的潜在可能，具体需要根据所处环境和风险因素与反感反应之间的相互作用所决定。因此，为了从根本上治理观众暴力事件，就必须要注意隐藏在暴力事件背后的错综复杂的原因，加强观众的社会期望行为的认知引导与强化。

首先，中长期引导主要是针对球场观众暴力行为的经常性、策略的多样性、空间的多变性提出的，通过协同媒体、赛事承办方、安全保障部门及地方政府或有关职能部门等多方力量，塑造社会认可的观众行为。具体可以通过开展教育性的和公共文化工程和运动，建立与加强球迷组织、加强球迷文化塑造与完善、反球场观众暴力的文化熏陶、舆论宣传与法制威慑等。其次，对于某些具体场次的比赛而言，尤其是球场观众暴力易发地区，则应加强针对特定人群的教育和社会活动，以克服风险产生的可能性。

法治管理策略主要指用法律武器进行强制的规范与管理，包括立法威慑与反暴预案两个层次。立法威慑主要借助法律的强制力，对有实施暴力企图与倾向的观众形成无形的行为阻力；反暴预案是根据球场观众暴力规律与特征及具体场次赛事的实际情况，而预先制定的球场观众暴力的防范措施与详细程序，以求降低球场观众暴力发生的概率和危害程度。

警方、政府、俱乐部等部门应采取相关措施在最大程度上以减轻球场观众暴力事件给国家、社会和人民造成的损失。这些措施具有改进、补救、惩罚的特点。球场观众暴力法治管理更多的是政府方面的工作，主要是通过司法处罚进行治理。对于解决球场观众暴力问题来说法治管理是不可或缺的环节。

(三) 风险控制

风险控制是指在损失发生前消除损失可能发生的根源，并减少损失事件的频率，在风险事件发生后减少损失的程度。所以损失控制的基本点在于消除风险因素和减少风险损失。在球场观众暴力风险应对过程中，风险控制是最主要的方法，球场观众暴力风险控制的方法主要包括赛前、赛中、赛后三个阶段（表1）。

表1 球场观众暴力风险控制方法与阶段

风险源	风 险 控 制	控 制 阶 段
环境风险	1. 舆论、媒体实施监控、引导	赛前、赛后
	2. 及时清除赛场内外危险物品	赛前、赛中
	3. 停车场车位合理布局	赛前、赛后
	4. 赛场内外卫生整理	赛前、赛中、赛后
	5. 赛场内座椅等设施及时修理	赛前、赛后
	6. 适时控制场内温度、人口密度、空气流通	赛前、赛中
	7. 适时控制场内噪音分贝	赛中
观众风险	1. 严格禁止观众饮酒	赛前、赛中
	2. 对犯突发病的观众及时移离	赛前、赛中、赛后
	3. 引导观众正常心理看待比赛输赢	赛中、赛后
	4. 适当转移观众注意力	赛前、赛中
管理风险	1. 控制球票的发放数量、比例、渠道	赛前
	2. 明确现场工作人员的来源	赛前
	3. 工作人员素质教育	赛前
	4. 合理分布警力	赛前、赛中、赛后
	5. 主办方指导性控制	赛前、赛中、赛后
	6. 各工作岗位全力配合	赛前、赛中、赛后
	7. 管理人员人数的合理分布	赛前、赛中、赛后
	8. 入口处认真检查	赛前
	9. 全方位动态监控	赛前、赛中、赛后
	10. 及时分流密集观众	赛前、赛中、赛后
	11. 及时检查、更新工作设备	赛前、赛后
比赛风险	1. 加强裁判员的职业道德教育	赛前
	2. 记录台的培训与监督	赛前、赛中、
	3. 及时控制运动员、教练员的情绪	赛中、赛后
	4. 遵守并监督赛风、赛纪	赛前、赛中、赛后
	5. 对现场广播员、DJ的言语控制	赛中

1. **赛前源头预防**

随着对球场观众暴力事件研究的不断深入，对球场观众暴力事件的应对也发生了理念性的变化，即应由先前反应式的强硬控制，变为前瞻式的源头预防（front-prevention）。这主要是为了补充常规的安全措施、确保其更加平衡，将所有关于足球观众暴力管理的政策重点前移至事件的源头，即针对可能引发球场观众暴力的因素和环节进行事前干预，将球场观众暴力事件控制在源头，防患于未然。具体可以表现为对一般观众实施的人群控制、对有暴力行为企图与倾向的观众实施的完全警戒。

人群控制，主要是通过票务组织与管理将球迷进行安全性隔离，一般可以采用门票分配制度、观众准入制度及空场制度来得以实现。此外，在一些极端的情况下，甚至可以采用"空场制"来确保比赛中的"零观众暴力"。当然，这是在牺牲赛事举办的经济利益的前提下，采用的一种保证社会利益风险最小化的策略。

安全警戒的基础是颁布球场禁令，用以指明禁止进入比赛场的人和物品，避免任何可以引发暴力事件的因素进入场内。对于进入到场内的观众，则借助监控系统对其进行全程的实时监控。这不但可以协助警方与俱乐部加强沟通与合作，同时，还可以有效地协助当地警方进行球场观众暴力案件的侦破。

2. **赛中控制策略**

观众作为球场观众暴力事件的主体，是需要控制的主要因素。赛中控制策略就是针对球场观众暴力实施过程进行有效控制的策略，主要包括指导性控制、合理的警力布置、全方位的立体动态监控和球迷的自我管理等。

观众的暴力具有很强的目的性和实时性，即旨在宣泄情绪、排解挫折，一旦目标对象消失或被排除，此种行为也就终止了。因此，有必要对那些即将失去控制的观众球迷观众进行指导性控制（instructional control），对于明显的暴力行为，工作人员及警方应坚决贯彻"零宽容"的指导思想，采取"迅速隔离，重点打击，全面控制"的控制策略，随时对可能发生的暴力事件进行恰当应对。

3. **赛后疏导控制**

球员及观众退场的疏导工作是极其重要的一个环节。比赛结束后，由于大量人群集中退场，秩序相对混乱，加之比赛结果使观众的悲喜之情达到了极限，最容易发生球场观众暴力事件。因此，要在观众退场前安排警力进行风险应对，比赛临近结束时开放所有出口，比赛结束时安排一些表演，分散不能马上离开赛场的观众的注意力。

（四）风险自留

风险自留是指将风险留给俱乐部或者赛事组织者自己承担，可以分为主动风险自留和被动风险自留两种。主动风险自留是指俱乐部或者赛事组织者在风险识别和风险评估的基础上，对各种可能出现的风险处理方式进行比较，权衡利弊后决定将风险留置内部，自己承担风险损失的全部或部分。主动的风险自留是一种有周密计划、有充分准备的风险处理方式。被动风险自留是指俱乐部或者赛事组织者对于球场观众暴力风险的可能性和严重性认识不足，没有及时对风险进行处理，而最终自己承担风险造成的损失。有时对于一些风险不能防范，而无法利用风险回避、风险转移和风险控制等措施时，只能风险自留。风险自留也是处理残余风险的一种技术措施。

综上所述，提出球场观众暴力的风险应对体系（图4）。

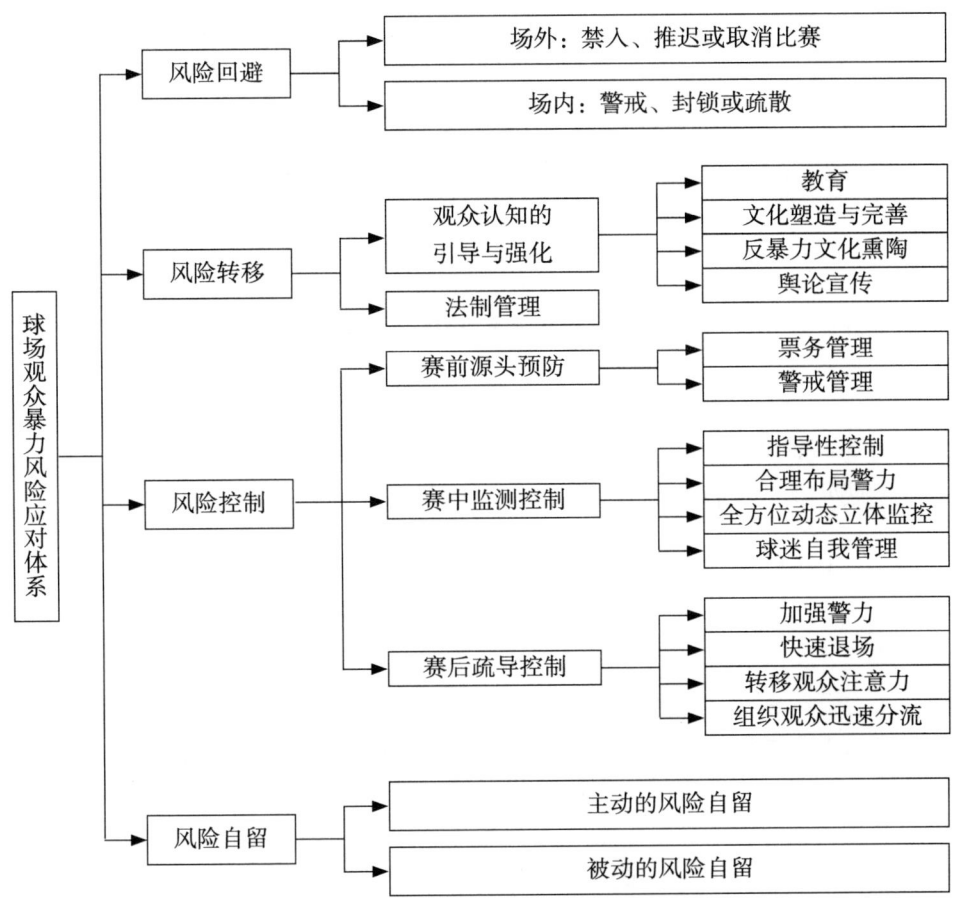

图 4 球场观众暴力的风险应对体系

(项目编号：1254ss08072)

我国运动员人力资本形成与收益分配研究

刘 平 陆 静 宋铁男 刘德胜

人力资本理论是研究我国运动员培养投资和价值开发的重要理论依据。运动员人力资本的形成和收益分配，是研究运动员人力资本运营的起点和终点，竞技体育发展中的一些亟待解决的实践问题，多与运动员人力资本形成及收益分配有着千丝万缕的联系。因此，从人力资本形成及收益分配理论视角研究我国竞技体育人力资源管理和竞技体育产业可持续发展问题，具有重大的理论和实践意义。

一、我国运动员人力资本形成

（一）我国运动员人力资本的特殊界定

运动员人力资本有广义和狭义之分。广义的运动员人力资本，指运动员所具有的能够带来现实或未来收益的能力。运动员人力资本是存在于运动员身上，通过投资而形成的体能、技能、知识、心理等素质，及因此而获得的声誉、影响力等存量的积累，它可以在特定的经济活动中给运动员带来经济或其他收益。狭义的运动员人力资本，是指投入到生产中的运动员人力要素。运动员人力资本是以取得经济收益为目的，以资本形式投入到生产中的运动员人力要素。在讨论运动员人力资本的社会价值时，多取其广义内涵；在讨论运动员人力资本的投资、使用与报酬问题时，多取其狭义内涵。广义的运动员人力资本形成是比较好理解的，指运动员所具有的能够带来现实或未来收益的能力的形成过程。狭义的运动员人力资本特指以资本形式投入到生产之中的运动员人力要素，其形成需要特定的社会环境和经济环境，是本文分析的重点。

（二）我国运动员人力资本形成的特定条件

根据人力资本形成的一般规律，以竞技能力为核心的运动员的劳动能力并不天然构成狭义概念的运动员人力资本，运动员劳动力转化为人力资本需要客观的历史和现实条件。我国运动员人力资本的形成要以我国市场经济主体地位确立、劳动力成为商品、劳动力可以分享经济剩余等为前提条件。在研究运动员人力资本形成条件之前，有必要对运动员劳动产品的经济属性予以确定，为运动员劳动过程分析提供依据。

1. 运动员劳动的经济属性

运动员从事的体育劳动过程包括参加纯竞技性比赛和从事竞赛表演，也包括日常训练。运动员的体育劳务，只有作为体育劳动成果用于交换，才能成为商品，生产商品的劳动才是生产劳动。运动员是体育生产中人的要素，市场经济条件下，运动员的竞赛表演是将自己的劳动产品通过有偿交换，获得物质利益的活动，而不是为满足自身身心健康而生产。所以，运动员的竞赛表演，是典型的提供非实物形态服务产品的生产活动，应归为生产劳动，生产的产品属于精神文化产品。运动员从事的日常运动训练活动，是为提高其劳动能力而进行的培训或健康投资，是为满足自身需要而生产，没有进入市场，也没有和资本相交换，不属于生产劳动，没有劳动剩余。

2. 运动员劳动力成为商品

运动员参赛是进行体育生产劳动，是非实物形态体育产品的生产者，运动员劳动力的核心构成是竞技能力，构成要素是体能、技能、战术能力、心理、智能等能力。这些能力本身不是资本，就像货币天然不是资本，运动员劳动力进入市场与资本相交换生产体育产品即成为狭义概念的人力资本。所以，运动员劳动力成为狭义概念的人力资本的第一个条件是成为商品，进入市场；第二个条件是劳动产品与资本相交换，进入生产领域创造价值，可以是从事体育产品的生产，也可以是从事其他产品的生产。

运动员体育劳动是生产体育服务产品的生产性劳动，运动员是劳动产品的生产者，体育服务产品的生产过程就是运动员劳动力的消费和使用过程。运动员参加商业比赛，就是运动员出卖劳动力商品从事体育服务产品生产的过程。"运动员所具有的劳动能力——竞技能力，如果在市场中进行交换，竞技能力和劳动力一样也可成为特殊商品。"职业运动员的转会，就是运动员劳动力商品在体育劳动力市场上的交易。运动员劳动力的商品属性的存在，也是运动员交流市场存在的前提。运动员劳动力具有商品属性，即可以进入人力资本市场进行"买卖"，运动员进入交流市场的目的在于使运动员资源得到合理的配置。这是场经济发展的客观要求，也是充分挖掘运动员潜力的重要途径。只有这样才能遵循价值规律，使进入劳动力市场的那部分体育劳动力产品进行等价交换，体现公平竞争、优胜劣汰的原则。我国建立的社会主义市场经济，可以说是在我国社会主义商品经济比较发达，商品生产社会化、国际化、集约化的基础上形成和发展起来的，属于多结构的市场经济，而体育劳动力市场，则是这种多元结构的有机组成部分。受传统理论和传统观念的束缚，把优秀运动员的流动，斥之为买卖运动员，贬低职业运动员商业性比赛的价值，都是不可取的。

3. 运动员竞技能力成为投资的产物

一般来说，投资是指将现有资金投入某项事务，以期获得未来收益的活动。人力资本投资，是指使人力资本形成和增值的投资活动。运动员人力资本是投资形成的，并具有自身增值和使其他对象增值的特点。运动员人力资本本身也是一种劳动产品，是投资生产出来的劳动产品。不同水平运动员的知识、技能是有差异的，这些差异使运动员人力资本具有层次性，具有通过投资改变其存量的可能。为使运动员竞技能力提高而进行的一切投资，是对运动员人力资本的投资。一般劳动能力是与生俱来的，随着人的自然成长而具有，运动员的竞技能力是经过系统训练获得的高级劳动能力。运动技能是主体通过对动作的模仿，结合已有知识经验进行练习、再练习而获得的完成任务的活动方式。技能的难度、模仿的能力、练习的时间决定技能的水平。一般知识、简单模仿、一般练习只能形成一般技能；高级知识、丰富经验、反复练习、长期实践，才有可能获得高级技能。在多年系统训练中，运动员掌握复杂运动技能，不断积累运动知识和比赛经验，这些在运动训练学中统称为"竞技能力"。随竞技能力增长，运动员的竞技能力与一般运动能力之间的层次更加清楚。运动员掌握高级运动能力后，可以生产劳动产品，创造经济价值，运动员的高级劳动能力即竞技能力成为商品，通过市场交换取得经济收入。运动员与市场交换的不是一般劳动力，而是他经过多年训练形成的体能、运动技能、战术能力、比赛经验、心理素质要素等组成的竞技能力，这时运动员的竞技能力已经与运动员本人具有的一般劳动能力相区别，运动员竞技能力成为投资者为获得收益而进行的有目的、有意识的投资活动，运动员获得运动能力的过程，变成在有目的投资情况下进行的运动员劳动能力的生产。当运动员劳动能力——竞技能力的生产与运动员机体自然成长投资相分离，成为投资的对象，成为为获得预期收益进行的生产，为追求价值增值及索取剩余而进行的投资，运动员劳动力成为人力资本。

4. 市场经济体制的建立和竞技体育的社会化、市场化进程。

我国竞技体育的社会化、市场化发展为我国运动员人力资本的形成提供历史机遇。计划经济体制下的运动员参加竞技活动，是在国家安排下为国家争取社会效益和政治荣誉的活动，没有创造经济价值，更谈不上剩余。在市场化发展中，竞技体育创造出巨大的经济价值，在体育服务产品的价值创造中，运动员作为劳动者的作用远远超过劳动资料和其他物质投入的作用，运动员人力资本就是财富创造的秘密。运动员参与体育服务产品的生产投入不仅仅是一般体力活动意义上的劳动力，而是以竞技能力为核心的高级劳动力，是运动员通过劳动对劳动对象（运动员自己）的改造，创造出来的高级劳动力。以体能、技能、知识为代表的竞技能力与运动员一般劳动力分离，单独以商品的形式进入要素市场，交换的绝不是运动员的一般劳动能力——体力劳动，而是存在于运动员身上的以竞技能力为核心的高级劳动能力，及由此而产生的声望和社会影响力等无形资产，即运动员人力资本。运动员人力资本的使用符合边际收益递增规律，即使用越频繁，价值越高。运动员竞技赛事商业化、转会市场出现和竞技人才培养投资多元化是我国运动员人力资本成长的土壤。市场经济的发展为运动员人力资本投资和产权交换创造了可能。我国竞技体育市场化发展虽然起步较晚，但发展较为迅速，尤其是竞赛表演市场已具备一定规模。运动员成为体育生产的稀缺资源，运动员人力资本价值攀升。足、篮、排、乒走在社会化发展的前面，运动员交流、转会费用和商业赛事合约高达几百万元人民币的例子已经屡见不鲜。

从狭义角度，运动员人力资本是在我国社会主义市场经济高度发展，运动员劳动能力作为体育产业的稀缺资源成为投资的产物后，由运动员劳动能力转化而来的。从人力资本的广义内涵来看，人力资本的核心是能够带来未来收益的知识、技能、健康等精神存量，从这个意义上讲，人力资本的存在与社会形态、经济制度无必然联系。任何社会形态、经济制度下，作为高级劳动力的个体，其人力资本都是存在的，只是还没有适当的条件转化为商品生产的要素创造价值剩余。

（三）我国运动员人力资本的形成途径

运动员人力资本是人力资本的特殊形式，其形成过程遵循人力资本形成的一般规律，前面已经论述。运动员人力资本是通过有目的的投资形成的。根据本文对运动员人力资本的定义："通过投资而形成的体能、技能、知识、心理等素质，及因此而获得的声誉、影响力等存量的积累"，可知运动员人力资本的构成既包括体能、技能、知识、心理等训练学要素，也包括声誉、影响力等社会学要素。其中知识、心理等素质和社会声誉的积累不仅与运动训练有关，而且与本人所受的文化教育也有密切关系。

1. 教育投资

"人力资本的关键性投资在于教育，教育是国民收入和劳动收入增长的重要因素，教育投资具有重大的投资效益和意义。"运动员受教育途径分为两个序列，第一是教育序列，即小学——中学——大学教育，成为高校高水平运动队运动员；第二是体育教育序列，即体校初级（公立或私立，包括俱乐部）文化教育——体校或体工队（包括俱乐部）中级文化教育——体育院校、大学或其他高等教育。教育是影响个人身心发展最重要的社会活动，教育在运动员的文化学习、个性养成、社会成长中，具有不可替代的作用。运动员人力资本教育投资，一般长达十至二十年，投入费用占运动员人力资本投资比例较大。

2. 训练投资

系统训练是运动员人力资本形成的主要途径。一个运动员的成才需要超过十年的系统训练。运动员人力资本的核心是运动员的竞技能力，其训练学要素包括体能、技能、心理、战术能力，这些专门技能需要经过系统训练才能达到。

3. 比赛投资

比赛是训练成果的检验，参赛是运动员人力资本存量积累的重要途径，比赛能促进运动员竞技能力增长，提高运动员运动水平，比赛投资是运动员人力资本投资的重要环节。比赛也是运动员进行体育产品生产，创造经济价值的生产过程。比赛投资在运动员人力资本成长中投资较大，比赛的报名费用，运动员、教练员、领队及其他工作人员的差旅费用、比赛奖金等，都是较大的开支。

4. 迁移投资

即运动员人力资本流动投资。资本是运动的，在运动中增值是资本的本性。同样，运动员人力资本也处于不断运动状态。运动员人力资本流动投资是指通过一定的成本支出来实现运动员在地区间的迁移与流动，变更就业环境与条件，以便更好地满足人们自身的偏好，创造更高的收入。劳动力的合理流动，包括劳动力在国内各地区间的流动及国际间的流动。作为人力资本投资，运动员的正常流动要有良好的体制作保障。在市场经济条件下，人力的流动基本上是自由的，藉此便在相当程度上实现了资源的合理配置。积极发展运动员人力资本市场，鼓励运动员自由流动，是运动员人力资本积累的重要途径。

（四）运动员人力资本的价值

运动员人力资本是运动员劳动力商品的转化，本身就是以商品的形式存在于体育劳务市场。作为商品，运动员人力资本具有价值和使用价值。价值是凝结在商品中的一般人类劳动，"劳动力价值决定人力资本的内在价值"，"劳动力的价值，就是维持劳动力所有者所需要的生活资料的价值"，运动员人力资本的价值就是形成和维持运动员人力资本所耗费的价值的总和。

运动员人力资本的使用价值是能够通过运动员人力资本的使用，创造出体育竞赛、体育表演或其他服务产品。运动员人力资本的使用创造出体育产品，通过市场交换向消费者提供娱乐服务，给运动员人力资本所有者带来收益。运动员人力资本从事体育生产创造价值的途径有两个，第一是参加体育比赛，生产竞赛表演产品；第二是运动员借助成绩资本形成的无形资产，从事广告及其他商业活动。体育服务产品价值的源泉在于异质型运动员人力资本的劳动，是体育明星人力资本使竞赛表演产品的边际效用增加，带给消费者边际满足感的增加。用劳动价值论来解释就是优秀运动员拥有更高的竞技水平，进行的是更为复杂的劳动，是倍增的简单劳动，创造更多的价值。运动员的日常训练几乎不创造价值。

(五) 运动员人力资本形成阶段

运动员人力资本伴随着运动员的成长而不断积累，分为显性和隐性两个时期。运动员人力资本的积累从进入少体校，正式从事运动训练开始计算。"运动员人力资本是存在于运动员身上"，即从正式注册成为运动员时开始存在，在正式注册成为运动员以前，不具有真正的运动员人力资本。正式注册成为运动员，通过运动训练使竞技能力提高，只是具有潜在的人力资本，因为此时尚无收益，资本的增值特性还没有表现出来。只有在满足人力资本形成的一般条件和运动员人力资本形成的特殊条件，运动员劳动力才转化为显性人力资本，成为价值增值的源泉。

(六) 运动员人力资本的特征

运动员人力资本作为人力资本的特殊形式，除具有人力资本的一般特征外，还因运动员职业的特殊性，具有自身的特点。

1. 高级运动员人力资本高度稀缺

"更快、更高、更强"是奥林匹克的口号，"竞争"是竞技体育的灵魂，一个运动项目能站在冠军领奖台上的运动员一般只有一个，运动员人力资本的增长在某种意义上是排他的，残酷的竞争使极少数的运动员能够成为高存量人力资本载体，高级运动员人力资本是高度稀缺的。

2. 动员人力资本收益时间短

运动员要经过十几年艰苦的训练才能成才，运动员人力资本的积累过程是漫长的，只有积累到一定存量才有产出，获得人力资本收益。而一般运动员从成才到运动生涯结束，其人力资本也仅仅十几年的收益期，体操、跳水等少年项目运动员的收益期可能只有十年左右，运动成绩的鼎盛时期一般只有四到八年，相对于教育人力资本投资一般有三十年左右的收益期相比，运动员人力资本收益期是短暂的，见图1和图2。

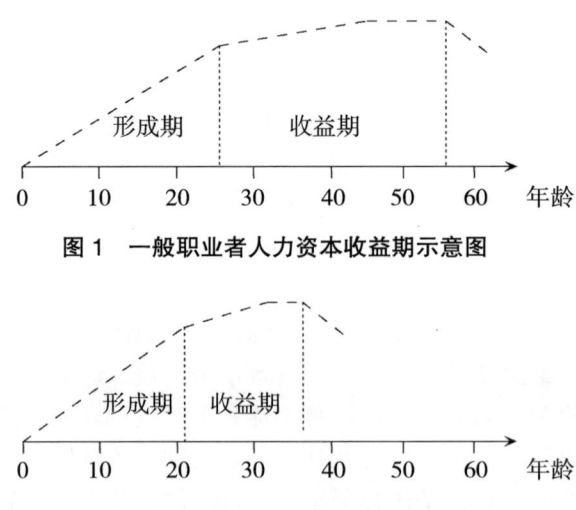

图 1 一般职业者人力资本收益期示意图

图 2 运动员人力资本收益期示意图

3. 运动员人力资本专用性强

一个运动员的运动生命是短暂的，只能在一定时间里，在特定的专业领域掌握或发展某一个或某几个方向的专业知识、技能和体能，运动员人力资本投资只能向某个方向纵深发展。从使用范围分析，运动员人力资本存量的可用性只局限在体育部门内，且大多数运动员的竞技能力只局限在某个项目上，因此这是一种高级专用性人力资本。运动员人力资本的内在特质决定，对具有特定专业性的运动员人力资本管理、配置和利用，必须作出正确的战略选择，才能获得最大收益。

二、我国运动员人力资本收益分配

体育产品生产可以分为两类，第一类是（准）体育公共产品的生产，主要由国家提供；第二类是体育私人产品的生产，主要由私人提供。运动员参与这两类体育产品的生产，在劳动关系上表现出为国家服务和资本雇佣劳动两种形态。我国运动员按工作身份分为专业运动员和职业运动员，在我国运动员人力资本收益分配当中，就相应地分为专业运动员人力资本收益的分配和职业运动员人力资本收益的分配。

（一）运动员为国家服务——为社会提供体育公共产品

运动员为国家服务，指运动员代表国家参赛或以其他形式为社会提供体育公共产品。

1. 专业运动员为国家服务

竞技体育专业运动员，是我国计划体制下国家垄断竞技体育过程中所形成的职业运动员的特殊形式。在计划经济时期，国家利用国民收入办体工队、培养运动员，资金都是从国家税收中支出。体育所需要的体育场馆、体育器材设备、体育人力等生产资料也都是由国民收入购买支付。三级训练网式后备人才培养模式依然是专业运动员成长的主要渠道，在运动员人力资本形成中，国家是主要的资金投入者。据估算，在三级训练网模式下，从普通运动员成长为奥运冠军，国家投入资金达 7000 万元人民币，投资是巨大的。专业运动员所从事的项目多是国家奥运夺金重点项目，其娱乐性较差，市场化发展困难，基本上保留着计划体制下国家投资和行政式管理的特点。

在后备人才培养社会化思想影响下，为弥补训练经费的不足，在三级训练网人才培养模式的较低层次，也对运动员收费。在基层体校对运动员的训练基本上都收取费用，在省级体工队对二线队员收取训练费用，在专业运动员人力资本形成中，个人也负担一定的经济成本。专业运动员主要是由国家出资培养起来的，具有国家服务人员的性质，专业运动员人力资本使用权归国家和个人共同所有，但主要归国家所有。

专业运动员为国家服务参加体育比赛和竞赛表演，主要包括代表国家或各级政府参加的国内、国际大型比赛，如国际上的奥运会、世界单项锦标赛、各类大奖赛、邀请赛，国内的全运会、城运会等比赛。例如代表中国参加奥运会、代表各省（市）参加全运会的运动员，都是受国家或各级政府指派参赛、为国家或各级政府服务的运动员。专业运动员为国家服务参加比赛，是国家培养专业运动员的目的，也是专业运动员的使命。这类比赛的经济属性是体育公共产品，参赛运动员的费用由国家或政府支付。专业运动员为国家服务从事体育公共产品生产，是计划经济时期竞技体育运行的主要形式，运动员在体育场馆、设施等生产资料公有制条件下劳动，运动员按劳动贡献计酬，运动员的工资是按劳分配的结果。国家指派运动员从事体育公共产品生产,运动员人力资本的使用没有经济收益,体育生产也没有剩余利润,也就谈不到利润的分享,其主要收益是社会收益,国家利用竞技体育树立国家形象、激励国民、丰富社会文化生活,满足国家的政治需要或大众的精神需要。在运动员人力资本收益中,企业的社会收益是借助金牌的社会影响提高知名度。运动员人力资本的个人经济收益是运动员和教练员的工资和奖金,运动员和教练员的比赛奖金全部归个人所有,并且免税。分配模式见图3。

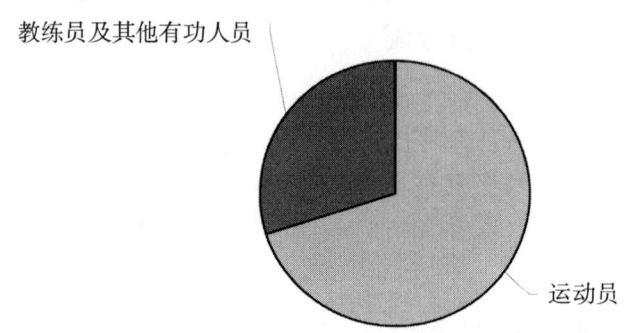

图3 专业运动员为国家服务运动员人力资本收益分配模式图

专业体制下的运动员个人收入是较低的,根据本文调查结果,一般省级运动员工资1000~2000元,国家集训队运动员在2000~3000元,这部分工资远低于运动员人力资本的实际价值,也不足以支付运动员人力资本的投资成本。与职业运动员的工资相比,更是天壤之别。以中国足球运动员为例,中国足球运动员的收入一般由三部分组成:基本工资、奖金和个人额外收入,2003年中国甲A一线球员年平均工资达到12万美金,其中年薪最高的是郝海东,在500~600万元人民币,其他一些绝对主力的年薪也都达到或超过200万。优秀运动员的成功道路上,个人付出了他人难以想象的艰辛、努力以及金钱投入,他们的人力资本能获得高收益是对个人奋斗的回报。高工资是对运动员人力资本价值的认可,高收入是运动员多年训练形成的高级技能耗费的补偿。国家以奖金及其他承诺,使运动员拿着低于自身人力资本价值的工资,在体育部门组织下进行运动训练和比赛,所以运动员比赛的奖金是对运动员与体育部门不平等交易的补偿,教练员的情况与运动员类似。所以体育管理部门要尽可能提高为国家服务的专业运动员的工资和奖金水平,减少各项目运动员的收入差距,在专业运动员人力资本收益分配中,多给运动员本人一些空间。

2. 职业运动员为国家服务

职业运动员人力资本的形成主要由私人投资完成,运动员主要的职业活动是参加职业联赛或其他商业比赛,职业运动员加入国家队,代表国家参赛,在形式上可以认为是受国家"雇佣"为社会提供体育公共产品。

国家"雇佣"职业运动员参加国家指定的比赛或其他为社会提供体育公共产品的活动,与指派专业运动员参加这类比赛的经济属性是相同的,都是为满足国家政治或大众体育需求,生产没有利润的体育公共产品,所以国家雇佣职业运动员人力资本收益及分配与雇佣专业运动员的特点基本类似。在运动员为国家服务的比赛中，为国家生产体育公共产品，专业运动员和职业运动员、市场化项目和非市场化项目，它们的奖牌产生过程中，需要运动员付出的劳动的数量和质量是相同的，所以在运动员人力资本收益分配当中以按劳分配为主，分配形式同专业运动员为国家服务，分配模式见图4。例如参加奥运会，运动员都拿相同的工资和奥运金牌20万元、银牌12万元、铜牌8万元人民币的奖金，而不是按运动员劳动力的价值或运动项目的普及程度、市场化程度或运动员所提供的劳动产品的稀缺程度来分别给不同项目的奥运奖牌"定价"。

所不同的是，职业运动员主要是由私人投资培养的，其劳动力是以商品形式参加市场交换，职业运动员在参与一般形式的体育生产中，工资是以劳动力价值来确定，所以职业运动员受国家雇佣时所得到的工资收入可能会少于受资本雇佣劳动。为国家服务是运动员神圣的义务，国家招募运动员也是本着自愿的原则，职业运动员在代表国家进行训练、比赛时也表现出较高的热情，尽管其中也有比赛金牌无形资产价值对运动员的诱惑，但国家在职业运动员人力资本收益的分配中，也要适当考虑职业运动员人力资本投资特点和运动员劳动力的市场价值。

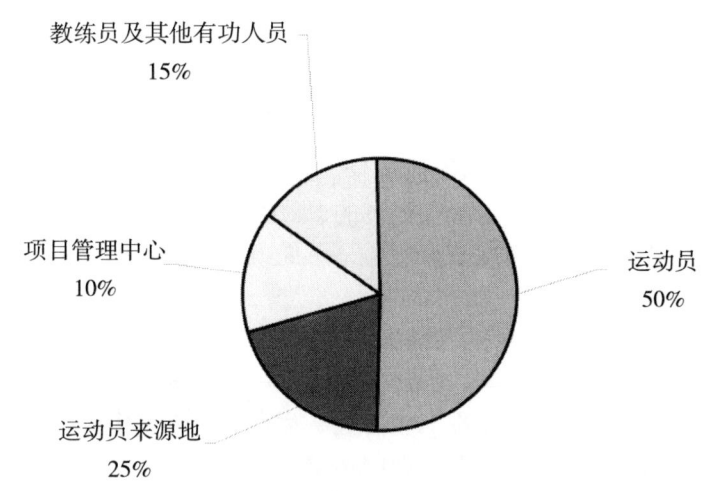

图4　运动员参加商业比赛奖金分配调整方案模式图

（二）运动员雇佣劳动——为社会提供私人产品

运动员受雇佣指运动员将人力资本的使用权出让给企业或俱乐部，参加商业性比赛或商业活动，为社会提供体育私人产品或其他私人服务产品。运动员受雇佣从事私人产品生产，分雇佣专业运动员和雇佣职业运动员两种情况。

1. 专业运动员雇佣劳动

专业运动员雇佣劳动，指专业运动员参加商业性比赛和商业活动提供私人产品或服务。雇佣运动员人力资本从事体育生产的社会收益源自竞技赛事产品利益外溢性的特点，其被社会共享，这里只讨论经济收益的分配。

随着国际、国内商业赛事的增加，专业运动员有更多的机会参加商业比赛，如"全日空"北京国际马拉松赛、"东丽杯"上海国际马拉松赛、成都飞人挑战赛等商业比赛。雇佣专业运动员参加商业比赛与专业运动员参加商业活动的性质类似。由组织关系决定，专业运动员商业类活动的收益分配的控制权掌握在运动队或体育部门手中。分配中要考虑到运动员是主要劳动者，运动员劳动付出巨大，且运动员人力资本专用性强，收益期短的特点。尤其是在竞技体育市场化发展中，同样是付出艰苦的劳动，专业运动员的工资却远远低于职业运动员的工资，计划经济时期专业运动员享有的退役安置等福利待遇基本被取消了，运动员对自己的退役安置及未来前景普遍不乐观。体育部门要尽可能为运动员着想，多给运动员创造参加商业比赛的机会，同时在商业收益分配上向他们倾斜，才能激励运动员人力资本创造更多的价值，鼓励专业体工队的二线运动员、青少年运动员满怀希望地参加训练。

　　私人雇佣运动员参加大奖赛和商业比赛，运动员人力资本收益主要是比赛奖金，比赛奖金由国家、企业、集体和个人分享。国家体育总局对运动员商业收益分配基本按《国家体育总局关于运动项目管理中心工作规范化有关问题的通知》执行，习惯称这个文件为46号文件。根据文件规定，国家队运动员参加大奖赛及各种商业性比赛的奖金、收入，也应当本着兼顾各方面利益的原则进行分配，分配原则是"运动员、教练员及其他有功人员50%，项目协会奖励基金或发展基金30%，运动员、教练员所在省（区、市）10%，10%上缴体育总局。""项目协会奖励基金或发展基金"管理者实际就是运动项目管理中心，加上上缴体育总局的10%，体育中央行政部门实际收取了40%。

　　体育总局是国家行政机关，总局开支来自中央财政，各运动项目中心行政开支还要总局拨款，体育总局收缴这10%不知做何解释。运动员人力资本收益已按国家规定纳税，税收是上缴国家的，国家以体育事业经费的形式拨给体育管理部门，体育管理部门不应该通过经营运动员人力资本再次获取利益，总局再代表国家提成，就是让运动员人力资本所有者"双重纳税"。

　　尤其是上文分析的职业运动员进入国家队，国家不是运动员人力资本的主要投资者，企业、俱乐部、运动员本人等私人投资生成运动员人力资本，运动员人力资本收益分配力的次序是运动员、企业或俱乐部、教练员、运动项目管理中心。然而按照合同有关规定，在国家队期间运动员的商业开发权归运动项目管理中心，运动员商业收益分配将按国家队运动员管理条例执行，俱乐部获得的利益过低。分配制度合理的调整方案是，运动员50%，运动员所在省（区）或所在职业俱乐部等来源地25%，教练员及其他有功人员15%，项目管理中心10%，体育总局不参与分配，见图4。

　　雇佣劳动条件下运动员做商业广告，是运动员在取得成绩资本后，因名人效应而对无形资产的进一步开发。这个无形资产的开发过程，也是运动员人力资本的积累过程，众多投资者都有其贡献。由于专业运动员投资主体是国家，其人力资本的使用权主要归国家所有，专业运动员人力资本的商业收益归国家和个人分享。国家体育总局46号文件指出"我国运动员成长凝聚着国家、集体和个人的心血，因此，运动员商业性广告收入的分配应兼顾各方面的利益，使中心与地方的利益得到合理体现。原则上应当按照运动员个人50%、教练员和其他有功人员15%、全国性单项体育协会的项目发展基金15%、运动员输送单位20%的比例进行分配"，见图5。国家体育总局关于运动员从事商业比赛和商业广告收入分配的规定，体现了运动员人力资本投资主体共同分享收益的原则。

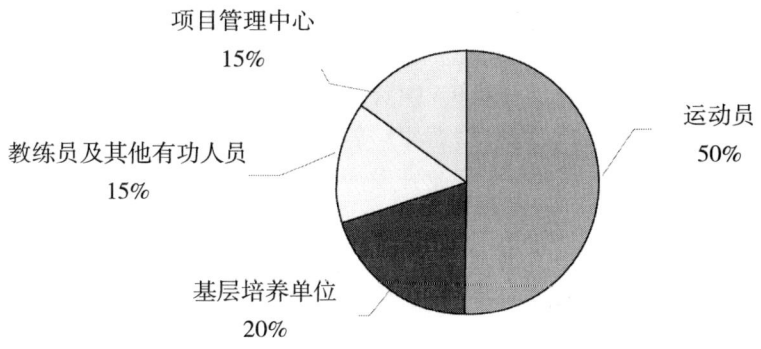

图 5　国家体育总局对国家队运动员参加商业活动收入的分配模式图

在运动员人力资本收益分配中，国家的收益是税收。运动员商业收入中，按国家个人收入所得税法的规定，应缴税率为20%。2006年刘翔签约杉杉服装形象代言人，一次性向宁波鄞州地税局缴纳个人所得税104.85万元，创造鄞州地区迄今为止入库的最大一笔单人的个人所得税。

2. 职业运动员雇佣劳动

（1）职业运动员雇佣劳动

职业运动员雇佣劳动相当于私有企业的生产经营活动，以职业体育俱乐部运动员参加职业比赛和商业活动为例。职业运动员参加职业比赛和商业广告等活动，是职业运动员将人力资本部分使用权和部分收益权出让给俱乐部，从事生产劳动，是俱乐部生产经营活动的一部分。生产的方式有两种，其一是为俱乐部生产竞赛表演产品，俱乐部通过运动员人力资本的使用增加竞赛表演产品的效用，获得超过预付成本的利润；其二是运动员依照有关合同规定，参加俱乐部指定的商业活动，为俱乐部创造财富。运动员人力资本收益是俱乐部利润的最主要来源。运动员个人的收益是相当于劳动力价值的工资及比赛奖金和商业活动的分成，其中运动员奖金完全归运动员个人所有，商业活动收益根据运动员个人与俱乐部之间的合同规定，按一定比例分配，俱乐部获得其他剩余利润。

职业俱乐部运动员进入国家队为国家效力期间，俱乐部的收益分享权被侵占是一个突出的问题。由于我国职业俱乐部最初是由专业队转制而成，目前各职业俱乐部虽然做到"自负盈亏"，但还没完全做到"自主经营"，竞技体育国家管的惯性仍然存在，体育行政部门在一定程度上侵蚀着职业体育俱乐部的利益。

《关于对国家队运动员商业活动试行合同管理的通知》执行后，在运动员在进入国家队前，无论职业运动员还是专业运动员，要与中心就运动员商业活动问题签订合同。合同中关于运动员进入国家队后商业开发权的规定有两个选项，"选择一：在本合同存续期间，乙方（指运动员）以国家队运动员身份的商业开发权归甲方所有"，"选择二：在本合同存续期间，乙方（指运动员）以国家队运动员身份和以个人身份的商业开发权归甲方所有"，"国家队运动员的身份是指，直接宣称或表明；穿着国家队队服；使用国家队的有关标志；代表国家队参加各种训练、比赛；代表国家队参加各种公共活动；

其他可以使人合理地推断出其为国家队运动员的情形。"在选择二中，规定运动员在国家队期间，所有的商业开发权都归协会或中心所有，即只有运动项目管理中心或协会对运动员人力资本商业收益具有收益分配控制权。职业俱乐部为运动员的培养耗费了大量人力、物力、财力，而培养出的运动员一旦进入国家队，便等于把运动员人力资本的收益分配控制权"奉献"出去，在一定程度上是对原培养单位收益分配控制权的剥夺。职业运动员进入国家队后，其以个人身份进行商业开发的权力应归企业、俱乐部或个人所有，不应该归运动项目管理中心或协会所有。

职业运动员人力资本形成中，职业俱乐部是主要的投资者，就应该是主要的收益者。资本雇佣劳动条件下，运动员人力资本收益分配力强弱顺序是运动员、企业、教练员、运动项目管理中心。职业俱乐部运动员加入国家队签订商业活动管理合同是必要的，但其中广告开发权和收益分配条款有值得商讨之处。明星运动员无形资产收益是俱乐部收入来源之一，商业收入也是职业运动员重要的收入来源。商业收益分配权被剥夺，是对俱乐部合法收益权的占有。如果收益控制权被中心掌握，俱乐部可能拿不到应有的收益，在体育部门与企业联办的俱乐部中，体育部门习惯的是从企业拿钱，甚至全部拿走俱乐部的商业赞助，俱乐部要想在运动员商业收益中获得分配，比较困难。

职业运动员受雇佣于国家，但国家不是运动员人力资本的主要投资者，企业、俱乐部、运动员本人等私人投资生成运动员人力资本。但在运动员进入国家队的商业活动合同中，尤其是合同中的选择二，实际上是完全垄断了运动员的所有商业开发权，选择哪个为实际执行条款，国家队是有选择权的，如果国家队坚持以选择二为合同实际执行条款，职业俱乐部和运动员个人的经济损失可能较大。因为在依照46号文件的有关规定进行商业收入分配时，职业俱乐部运动员在国家队期间的一切商业比赛，俱乐部作为投资者可能拿不到经济收益或拿的很少，这样有可能对职业运动员进入国家队的大门造成阻碍。

为了使运动员人力资本投资各主体真正实现按各自的人力资本投资成本比例进行收益分享，国家就应该将本属于个人和企业的利益还给个人和企业。"要实现收益分享就先要承认利润是劳动者的剩余劳动创造的，如果将利润全部上缴国家，就是不要效率的大锅饭，这是以前实行计划经济的最严重的弊端"。本文认为，在职业运动员进入国家队期间，职业运动员以国家队运动员身份进行商业开发的开发权由中心或协会与俱乐部协商解决，无论开发权的归属如何，应保证俱乐部和运动员的经济收益，运动项目管理中心有权参与商业收益分配；职业运动员以个人身份进行商业开发的开发权，视运动员在国家队集训情况而定，职业运动员虽是国家队运动员身份，但长期在俱乐部训练，运动员以个人身份进行商业开发的开发权归俱乐部所有，中心或协会不参与分配；运动员长期在国家队训练（这种情形已很少），运动员商业开发权由中心或协会与俱乐部协商解决，商业收益分配根据事先拟定的合同执行。根据各投资主体的分配力，分配模式见图6和图7。如果运动员的人力资本投资完全来自个人，则运动员人力资本全部收益，在国家依法做必要的扣除后，全部归运动员个人支配。

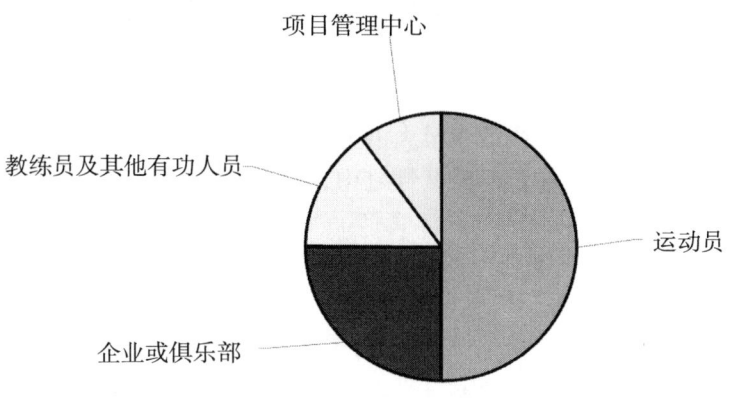

图 6　职业运动员以国家队运动员身份商业活动收益分配模式图

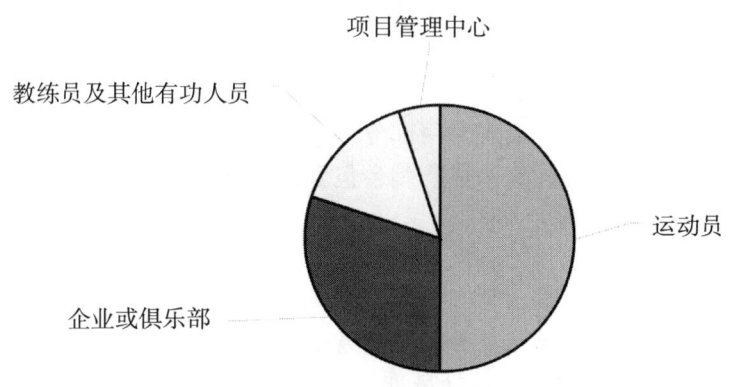

图 7　职业运动员国家队期间以个人身份商业活动收益分配模式图

(2) 职业运动员高工资的秘密——参与体育生产剩余的分配

我国目前的职业运动员主要是足球、篮球、排球、乒乓球及网球、台球等市场化项目运动员。优秀运动员"身价"高昂，表面看来是由与供求关系决定运动员劳动力价格，但这并非运动员工资来源的本质。运动员人力资本是运动员体力和脑力的总和，表现为运动员比赛中的竞技能力及因此而获得的影响力等精神存量。运动员人力资本作为生产要素，在市场经济和多种所有制条件下，以商品的形式通过市场来优化配置，并和物力资本具有同样的一般属性——保值增值，即能为其所有者凭借其财产权带来一定收益。运动员人力资本在生产中，通过转化为商品，即运动员把自己的人力资本的使用权暂时出售给企业，继而转化为企业的可变资本，企业再把所购买的运动员人力资本作为可变资本投入到赛事产品的生产，通过运动员人力资本对体育服务效用的增进，创造出超出预付资本价值的生产利润。在价值创造的问题上，马克思的劳动价值论进行了深刻的论述，劳动价值论认为创造剩余价值的是活劳动。在体育产品生产中，我们可以认为价值创造的最终源泉在于异质型运动员人力资本，人力资本通过与非人力资本的结合与使用能够增进体育服务的效用，创造新价值，不同含量的运动员人力资本创造不同的效用，即生产剩余不同。

体育产品生产的物力资本是以资本范畴界定的生产资料，包括资金、体育设施、运动器材、相关服务设施等的集合；体育产品生产的人力资本是以资本范畴界定的劳动力，是资本化的劳动力，包括运动员、教练员、裁判员、赛会工作人员等所提供的劳动力，而运动员人力资本是在产品生产中效用最大的人力资本要素。物力资本和人力资本作为生产要素相对立，又统一于资本范畴的共性之中，它们的社会属性是相通的，同为财产或资源。物力资本和人力资本共同创造体育产品生产利润。物力资本的投资获利，已是生产行业人们习以为常的一般规则，但对于人力资本如何制度化地分享生产利润，却缺乏规范。

职业运动员参加体育竞赛即是从事体育产品生产，在劳动产出大于投入时，产生劳动剩余。在生产中的要素投入为：生产要素 = 劳动 + 资本 + 技术 + 管理

运动员参与体育生产，不仅投入劳动要素，更重要的投入是资本要素，优秀运动员人力资本在体育生产中高度稀缺，运动员人力资本要素价格才是运动员劳动力价值的主体，所以，运动员作为体育产品生产中的劳动者，投入了劳动要素和人力资本要素：运动员生产投入 = 劳动要素 + 资本要素

上文已经分析，资本雇佣运动员劳动从事体育生产，在运动员人力资本收益中是按生产要素报酬分配，则运动员的工资表现为两部分，第一部分是基本工资，即劳动力价值；第二部分是对生产剩余的分配，这个生产剩余包含运动员人力资本收益。

劳动要素 + 资本要素 → 工资 + 利润

即

运动员一般劳动 + 运动员人力资本 → 工资 + 生产剩余分享

职业运动员高收入得以实现的另一个重要原因就是运动员拥有与企业的谈判力。明星运动员资源极度稀缺，雇佣困难，使运动员拥有与企业谈判的"本钱"，凭借其人力资本投入获得的对体育生产剩余的索取，获得生产剩余的分享。而一般运动员则不具备与企业的谈判力，只是普通的被雇佣者，除去劳动能力之外一无所有，只是个"打工"者，与企业处于不平等地位，没有索取生产剩余的能力。

运动员人力资本决定体育竞赛产品经济价值的大小，没有优秀的运动员，体育竞赛的观赏性就会下降，受社会关注程度就要降低，赛事市场开发的经济效益必受影响。2002年姚明登陆NBA后，CBA联赛在门票方面有一定的损失。有专家分析，中国围棋2004年甲级联赛冠名权"蒙难"的根本原因，还在于中国围棋的成绩滑坡。在聂卫平棋圣之后，中国围棋一直缺乏能挑起大梁的领军人物。有人作过统计，在首个世界围棋冠军产生以来的15年时间里，产生了70多个围棋世界冠军，而中国棋手仅获得其中的3个。近几年的农心杯、富士通杯、LG杯、三星杯、春兰杯等世界比赛的桂冠，均与中国棋手无缘。正是比赛成绩的无所作为，导致了围棋市场的日渐沉寂。与之相反，自马家军退出"江湖"，多年以来，全国田径锦标赛一向是观众寥寥。然而在2006年比赛中，不但观众踊跃，而且比赛门票售罄，比赛组委会意外盈利，其原因就是本届比赛有刘翔参赛。110米跨栏比赛一结束，观众几乎走光，运动员的商业价值可见一斑。

运动员人力资本是通过投资由运动员劳动力转化而来的价值，这种价值能够增进体育服务产品的效用而创造新价值。运动员人力资本创造了新价值，运动员作为人力资本的所有者，即运动员人力资本的投资者，不仅要获得劳动力价值——工资，而且还应该

参与运动员人力资本创造的剩余价值的分享。运动员个人作为其人力资本的所有者之一，参与体育生产剩余的分配，就是目前优秀的职业运动员高工资的秘密。

综上所述，在运动员被雇佣参加体育比赛或商业活动，是运动员为社会生产私人产品，相当于私有企业的生产经营。运动员人力资本作为生产要素在资本市场上出现，人力资本价格是由市场供求关系决定的，运动员工资就是劳动力价格的体现，在运动员人力资本收益分配当中，应实行按生产要素分配为主的分配方式，根据运动员人力资本产权关系及收益分配力，确定分配比例。

（项目编号：1242ss08060）

体育用地资产化运营及管理研究
——以上海市为例

刘红梅　王洪卫　石忆邵　王克强　卢为民　沈　洪
叶　方　郑　睿　马祖琦　陈　瑜　李国军

本课题以体育用地的基本理论为依据，在对体育用地进行分类的基础上说明体育用地的性质，在了解用地性质的前提下，深入分析了上海市各类体育用地资产化运营与管理的现状及存在的问题；在发此基础上对症下药，寻求改善体育用地资产化现状的方法，在借鉴国外先进经验的基础上对提高体育用地资产化运营与管理提出建议，为改善体育用地资产化提供良好的理论保证。

一、完善上海市体育用地规划阶段资产化管理

体育用地的规划阶段是体育用地资产化管理的基础阶段，用地规划水平的高低和科学性直接影响着体育用地资产化管理的水平，体育用地的规划必须落到实处，这样才能保证体育用地后期资产化管理的积极性和有效性。

（一）体育用地规划阶段涉及对象分析

上海市体育用地规划是上海市国土资源行政主管部门对上海市土地利用总体规划的子规划，它应该包括三个层次的体育用地规划流程，第一个层次是上海市体育用地总体规划流程（图1），第二个层次是上海市各区（县）体育用地总体规划流程，第三个层次是上海市各乡（镇）体育用地总体规划流程，其中第二、第三个层次的用地总体规划流程图与第一层次的类似，只是各自的总体规划、大纲、审查部门都在上一个层次的基础上降了一级。体育用地规划阶段作为用地性质确定的重要阶段对体育用地的资产化经营起着至关重要的作用，规划的好坏直接影响到体育用地的价值和体育用地资产化管理的水平。上海市体育用地规划阶段所涉及的对象除了与城市用地有着密切关系的上海市国土资源行政主管部门外还有与区（县）及乡（镇）体育用地有着密切关系的上海市各区及区以下的各乡（镇）国土资源行政主管部门、对上海市土地利用总体规划进行审查的国家土地资源行政主管部门以及参与审查的国家上海市、各区（县）发展与改革委员会和各乡（镇）发改委的工作站和各级土地利用总体规划的编纂单位。

（二）体育用地规划阶段的流程设计

上海市体育用地总体规划的流程设计必须将体育用地资产化管理和运营的思想融合到用地的规划中去，因为体育用地规划的好坏与合理程度直接影响完成体育用地改造建设后体育用地资产化水平。上海市体育用地总体规划是上海市土地利用总体规划中对上海市体育用地的子规划。所以在对上海市土地利用进行总体规划时就必须按照类别考虑土地的资产化程度，将土地的资产化程度作为一个用地规划的重要考虑因素。

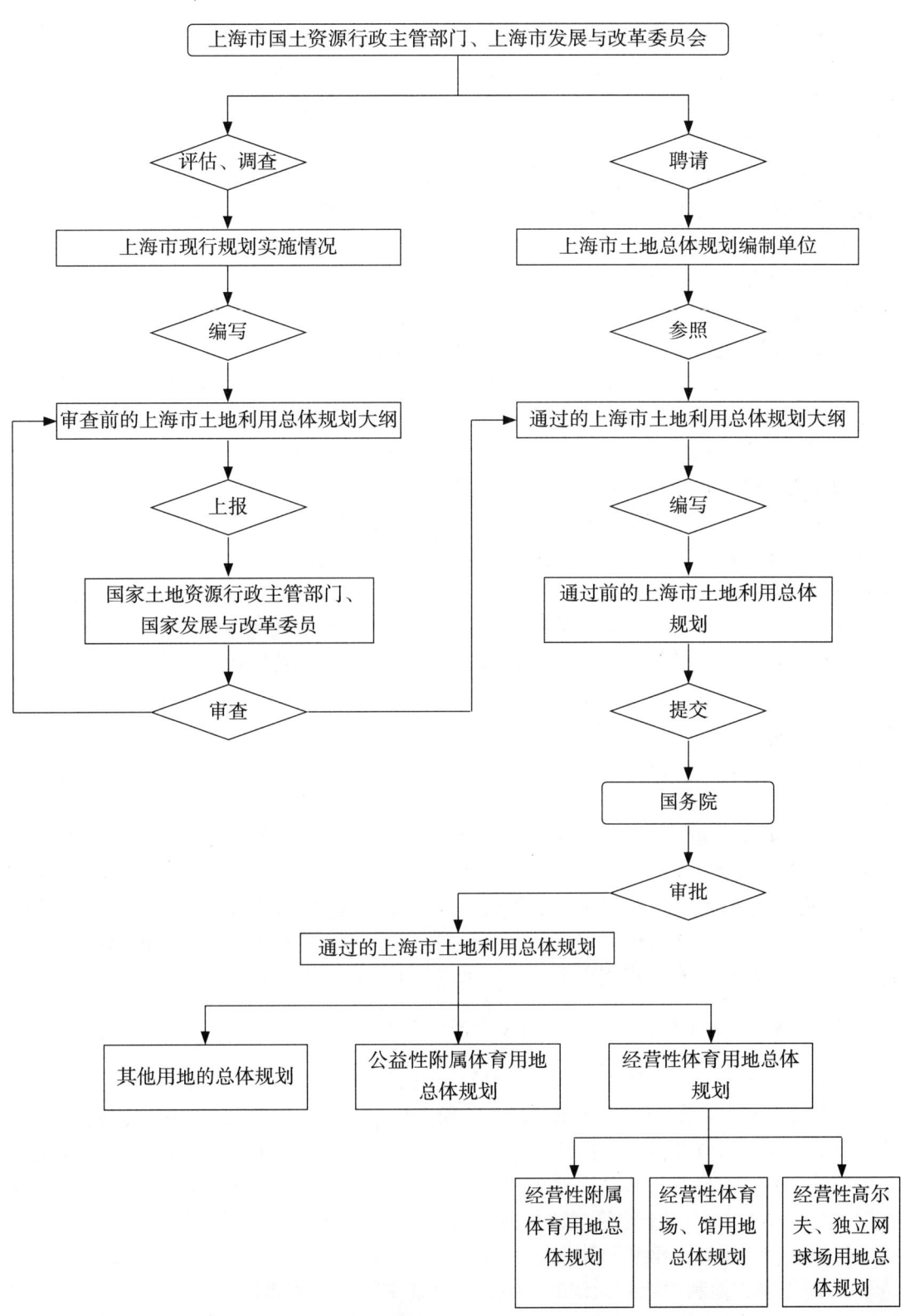

图 1 上海市体育用地规划流程图

上海市体育用地具体的规划流程是：首先编纂上海市土地利用总体规划大纲，因为上海市体育用地总体规划大纲是上海市土地利用总体规划大纲的一个子集，上海市体育用地的规划大纲的科学合理性以上海市土地规划大纲为基础。在上海市土地利用总体规划编制前，由上海市国土资源行政主管部门对现行土地利用总体规划的实施情况进行评估，并开展基础调查、重大问题研究等工作的过程中须按照用地的分类，分别进行调查研究，在此前期工作基础上，以真实、准确、合法的土地调查基础数据为依据，组织编制土地利用总体规划大纲。规定的土地利用总体规划大纲应该包括：规划背景、指导思想和原则、土地利用战略定位和目标、土地利用规模、结构与布局总体安排、规划实施措施等内容。其中体育用地的调查研究按照用地资产化水平的不同而分别设立规划大纲，大纲也相应地包括了体育用地的规划背景、规划思想和原则等。

在土地利用总体规划大纲完成的基础上，提交土地利用总体规划至国家土地资源行政主管部门和发改委对上海市土地利用总体规划大纲的指导思想、战略定位、基础数据、规划目标、土地利用结构与空间布局调整等内容分类进行审查。其中包括体育用地按照附属性、体育场（馆）及经营性的类别进行的审查。若上海市土地利用总体规划大纲未通过审查，上海市国土资源行政主管部门应当根据审查意见修改土地利用总体规划大纲，重新申报审查。若上海市土地利用总体规划大纲通过审查，上海市国土资源行政主管部门应当依据审查通过的土地利用总体规划大纲聘请承担土地利用总体规划具体编制工作的单位，编制土地利用总体规划，其中包括对各类用地的总体规划的编制，体育用地按照公益性、经营性的用地进行分类规划，公益性和经营性体育用地的规划又按资产化程度不同的附属性体育用地、体育场（馆）用地及高尔夫、经营性网球场体育用地进行分类规划。在上海市土地利用总体规划的编制完成后必须提交国务院进行审批，对于没有通过审批的送回修改再行审批，对于通过审批的确定最终的上海市体育用地年度总体规划。

上海市各乡（镇）体育用地总体规划的流程设计与上海市体育用的规划的流程一致，但是由于城乡土地的差异，城乡体育用地的规划也有所不同。主要是上海市各乡（镇）体育用地总体规划大纲和规划的编制班委为乡镇一级的土地资源行政主管部门，对体育用地所在的土地总体利用规划大纲和规划进行审查的是上海市土地资源行政主管部门，决定最终土地利用规划审批与否的单位是上海市政府。

（三）完善上海市体育用地规划阶段资产化管理的对策建议

上海市及各乡（镇）体育用地总体规划及规划大纲是上海市及各乡（镇）土地利用总体规划及规划大纲的一个有机组成部分，所以为规范上海市及各乡（镇）体育用地总体规划的编制、审查和报批，提高体育用地土地利用总体规划的科学性，为日后体育用地资产的运营打下良好的基础，上海市及各乡（镇）体育用地总体规划及规划大纲必须根据《中华人民共和国土地管理法》和《中华人民共和国土地管理法实施条例》等法律、行政法规，进行大纲和总体规划的编制、审批和上报。

1. 对编撰土地利用规划大纲的各级土地行政主管部门的建议

第一，上海市各级体育用地利用总体规划是上海市体育用地运营与发展的基础，在对上海市各级体育用地利用总体规划进行编制前，各级编制部门的上级国土资源行政主管部门应当对体育用地现行规划的实施情况进行评估，对体育用地的资产化管理水平按用地类型进行分类,为此必须在各级体育局的配合下认真开展体育用地基础调查、体育用地重大问题研究等前期工作。

第二,各级国土资源行政主管部门应当在前期对体育用地调查、研究的基础上,以真实、准确、合法的体育用地调查基础数据和体育用地资产化程度分类为依据,组织编制各级体育用地利用总体规划大纲,体育用地利用总体规划大纲应该包括:土地资产化层次分类、体育用地规划背景,该类体育用地规划的指导思想和原则,不同资产化水平体育用地土地开发利用的战略定位和目标,各级体育用地利用规模、结构与布局总体安排,各级规划实施措施等内容。

第三,各级体育用地总体规划大纲必须体现出分类规划的具体思想,将用地资产化水平高的放在一类进行规划,将用地资产化水平低的放在一起进行规划,规划大纲必须明确规定所规划区域的体育用地的用途,开发体育用地设施的种类,以及体育用地使用权的出让形式,对于本年度计划开发的体育用地项目,各级体育用地大纲的编写单位必须要有一个从用地大小和资产化运营程度高低的排序及开发用地必须达到的标准,为体育用地总体规划的编制设立准则。

第四,各级体育用地总体规划大纲必须在各级土地利用总体规划大纲的基础上衍生出来,体育用地的规划不能和其他用地的规划相冲突,为各级体育用地的规划设立一定的界限和准则,防止体育用地总体利用规划在日后的实施过程中侵犯或占用其他用地,改变其他用地的使用性质,同时也防止将体育用地转变为其他用途现象的发生。

第五,体育用地总体规划大纲必须要求体育用地利用总体规划考虑不同层次上的用地开发时间及用地开发类型,开发考虑的各种因素等。因为这些直接影响到日后体育用地资产化运营水平提高的潜力和速度。

第六,由于各级体育用地土地利用总体规划大纲编制完成后必须经由本级人民政府审查同意后,逐级上报审批机关同级的国土资源行政主管部门进行审查,而审查将体育用地资产化水平、资产化层次的分类及以后资产化的进程作为一个审查的关键入手点,所以各级土地资源行政管理部门在编写各级体育用地总体利用大纲时必须在各级体育局的配合下对体育用地总体利用规划编纂中资产化层次的分类和提高资产化水平的潜力划分设立标准。

2. 对编撰土地利用规划的各级土地行政主管部门的建议

第一,必须仔细审查各级体育用地总体规划具体编制工作单位的资质,编纂单位应该具有法人资格、具有编制体育用地总体规划的工作业绩、形成体育用地资产化层次分类和用地具体规划的完备技术和质量管理体系。编纂小组成员应该是具有会计、体育和土地规划的综合性专业人才。

第二,各级体育用地总体规划是实行最严格体育用地管理制度的纲领性文件,是落实体育用地宏观调控和用地资产化管制,提高土地价值和开展大众健身的重要依据。各地区、各部门、各行业编制的城市、区(县)、村(镇)规划,基础设施、产业发展、生态环境建设等专项规划,应当与各级体育用地利用总体规划相衔接。

第三,编制和审查各级体育用地利用总体规划,应当贯彻落实科学发展观,在坚持节约资源、保护环境的基本国策前提下,坚持最严格的耕地保护制度和用地节约制度,坚决杜绝将耕地、农地转化为体育用地使用的非法用地的产生,各级体育用地总体规划应该紧密结合国民健身需求和体育事业发展的要求,不断提高体育用地资源对体育事业全面协调可持续发展的保障能力。

第四，编制各级体育用地总体规划，应当坚持政府组织、专家领衔、公众参与、科学决策、各级体育部门、财政部门认真配合的方针政策。在体育用地总体规划编制的过程中，对涉及到各类体育用地资产化与公益性体育用地、体育用地的城乡协调、体育用地节约集约利用、体育用地结构布局优化、体育用地资产化管理体制建立等重大问题，各级土地资源行政主管部门应当组织既有体育用地规划又有资产管理、开发经验的专家学者进行探讨，征求专家意见。

第五，在体育用地利用总体规划编制过程中，各级土地资源行政主管部门应当建立部门协调机制，征求各有关部门的意见。对土地利用总体规划编制中的重大问题，向社会公众征询解决方案，对各个区域不同的体育用地对周边公众进行问卷调查，了解不同区域对不同体育用地的需求、不同区域对不同体育设施的消费能力、不同区域体育用地周边用地的地价、不同区域已有体育用地资产化程度及管理水平及不同体育用地开发公益性、非公益性体育用地的适合程度。

第六，各级体育用地利用总体规划应当包括：现行体育用地规划实施情况评估、各体育用地规划背景、各级体育用地供需形势分析、体育用地现有量、公益性体育用地面积、体育场、馆用地规模和经营性体育用地开发安排、体育用地土地利用资产化结构、提升体育用地资产化的优化方案、体育用地土地利用的差别化政策、体育用地规划实施的责任与保障措施。

第七、各级体育用地利用总体规划应当突出重点，这些重点包括上一级、上一年度体育用地开发任务的落实；本年度体育用地利用规模、结构与布局的安排；体育用地利用分区及分区管制规则；各级体育用地的利用控制；体育用地整理、开发重点区域的确定；体育用地与农用地的界限；占用农用地非法体育用地的改建、各级体育用地资产化水平提高的层次等。

3. 对进行审查的各级土地行政主管部门的建议

第一，上一级土地资源行政主管部门应当对下一级体育用地总体规划大纲的指导思想、战略定位、基础数据、规划目标、土地利用结构、供需差异、各级体育用地资产化标准及目标与空间布局调整等内容进行审查。

第二，体育用地利用总体规划大纲未通过审查的，下一级国土资源行政主管部门应当根据审查意见修改土地利用总体规划大纲，重新申报审查。体育用地总体规划大纲通过审查后，方可编制体育用地总体规划。

第三，体育用地分类管理必须得到根本性的落实，体育用地分类管理是体育用地资产化管理水平得以提高、资产运营脚步加快的必备基础，体育用地分类管理的根本性落实在于体育用地的规划。土地利用总体和各级规划以及体育用地的总体和各级规划都必须建立在对土地和体育用地的细致分类上。必须将土地分类和体育用地分类落到实处，并根据分类出台更加完善的体育用地分类标准，体育用地的分类管理必须细致入微，这样才能从根门上解决我国体育用地资产化运营与管理产生的问题。防止土地利用总体规划与体育用地总体规划产生矛盾。

第四，在建立体育用地分类标准之后，各级土地管理部门应该针对所出台的体育用地分类标准对体育用地所涉及的各个类别进行细致、深入的规划。由于体育用地规划的缺位是制约体育用地资产运营与管理的最根本因素。所以各级土地部门必须先制定合理的体育用地规划大纲，将体育用地规划大纲申报上级政府，经过审批后形成科学的规划大纲，在体育用地规划大纲的基础上对体育用地进行详实的规划。

4. 规划阶段对法律部门及国务院的建议

第一，国家必须出台《体育用地分类标准》《体育用地管理规划标准》《体育用地利用规划大纲》《体育用地规划实施方法》等文件保证体育用地规划落到实处。

第二，必须利用法律对各种规划及分类标准进行约束，对于规划工作中的负责部门、主体部门必须对体育用地规划过程承担一定的法律责任，规划所带来的体育用地所产生的问题必须就问题的严重情况作出严肃处理。

二、完善上海市体育用地取得阶段资产化管理

体育用地取得阶段是体育用地资产化管理的最重要阶段，它直接决定着体育用地资产化水平高低。体育用地的各种根本性问题往往都是在体育用地的取得环节上所产生的，所以如何把握好体育用地的取得环节，是体育用地资产化高水平管理的关键所在。

（一）体育用地取得阶段涉及对象分析

体育用地的取得阶段是政府职能体现的重要阶段，体育用地的取得是在各级体育用地总体规划的基础上进行划拨或出让而取得的，取得过程必须遵守各级体育用地总体规划，在体育用地的取得阶段，国家和集体拥有土地的所有权，通过划拨、出让土地使用权的方式来体现体育用地的价值和体育用地的公益性质。体育用地的开发建设都是以体育用地的取得为基础的，体育用地取得过程是各级体育用地总体规划的执行过程。体育用地划拨阶段所涉及的对象主要有上海市国土局、上海市各区（县）土地资源主管部门、上海市各乡（镇）集体土地管理部门，以及各级体育局、体育用地经营者。在体育用地的取得阶段各级土地管理部门充当着土地出让的重要角色，体育局或体育用地资产运营的公司作为取得用地的使用者，对取得后的体育用地有使用权和经营权。

（二）体育用地取得阶段的流程设计

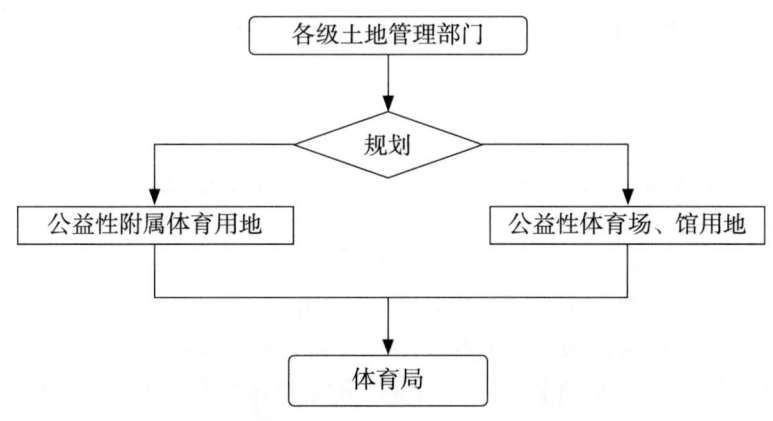

图2 上海市体育用地划拨流程图

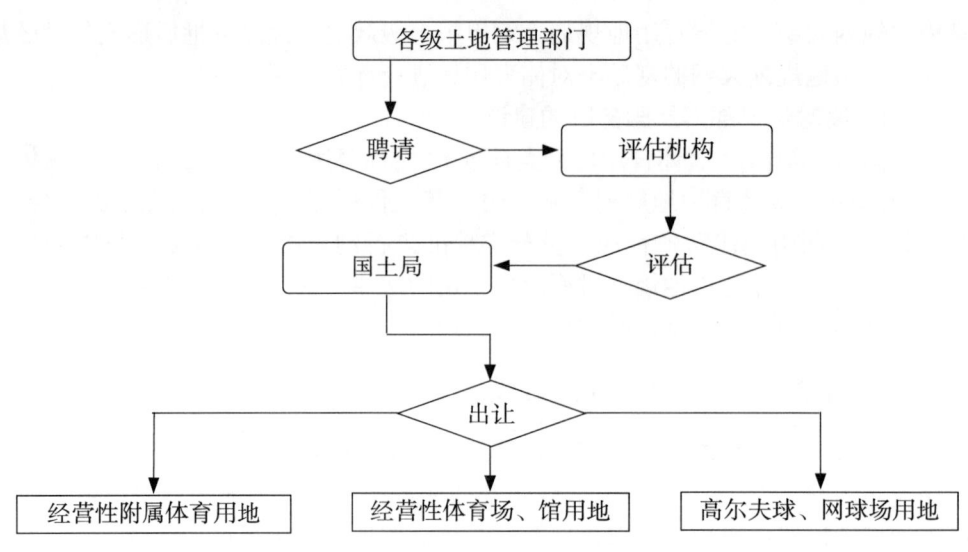

图 3　上海市体育用地出让流程图

由于上一节设计出来的上海市各级体育用地总体规划是按照体育用地的经营性质和资产化水平的高低进行分类分别编写各类体育用地利用规划的,所以对应的体育用地划拨流程也就分为不同的类别,其中公益性体育用地的划拨具体流程是在体育用地总体规划的基础上,各级土地管理部门按照上海市当年的各级体育用地总体规划的公益性体育用地的规划方法将体育用地划拨给上海市各级体育局,划拨完成后各级体育局所划拨的体育土地拥有使用权,各级体育局在划拨的土地上建立体育场馆、体育设施,完成当年各级体育用地规划中要求的开发任务。经营性体育用地的划拨流程是上海市国土局通过聘请专门的土地价格评估当年体育用地总体规划任务中的用地价格,然后按照评估的土地价格设置体育用地招牌挂拍卖价格底线,通过招牌挂,将土地使用权出让给经营公司,经营公司对土地拥有使用权和开发经营权。

(三) 完善上海市体育用地取得阶段资产化管理的对策建议

第一,建立科学有效的体育用地地价体系。随着我国土地制度的不断完善,体育用地作为一种商品进入市场使体育用地的价值和使用价值得到了体现。随着体育用地逐渐进入市场,体育用地的问题被逐渐提上议事日程。为了能够更加有利地发挥市场的有效性,并对相关市场进行动态监控,体育用地必须建立相应的地价体系,地价体系的建立是土地使用制度改革中至关重要的部分,它使我国的土地使用从无偿、无限期使用向有偿、有限期使用转变,具有重要的历史意义。必须改变现阶段地价体系缺位的问题,在社会主义市场经济的过渡阶段,不断完善各项经济制度。同时体育用地土地有偿使用制度在科学地价体系的建立基础上必须得到发展和完善,全面完善我国的体育用地地价体系在供给、使用、转让等方面的制度,利用体育用地的科学地价体系促进体育用地的市场化和资产化运营。应该就体育用地建立高度一致的地价体系,建立体育用地的基准地价,借鉴其他土地类别地价体系的建立,取其精华、去其糟粕,坚决杜绝体育用地多轨制地价问题的产生。存在着多种地价标准，必然引起新的体育用地资产的流失，形成了新的不平衡，出现新的体育用地实际问题。在建立体育用地的单轨制地价标准后，还必须采取科学一致的体育用地出让方式使体育用地地价水平一致。

第二，建立科学有效的体育用地地价评估机制。将体育用地作为国有资产和集体资产的一部分，对体育用地所带来的有形和无形资产进行评估和监控。体育用地的资产化过渡能够将用地作为一种资产，利用市场更加明确地体现用地的价值并对体育用地资产进行评估，通过体育用地评估体系的建立完善地价评估的方法，防止地价评估的实际结果由于受人为因素影响产生地价标准不合理的问题。建立体育用地科学的地价修正体系，合理化土地用途分类，使用途分类对体育用地的地价评估产生积极的作用。

第三，体育用地法律法规体系必须逐步健全。必须逐步健全体育用地使用制度的各种法律法规，完善体育用地使用权和出让权权益的法律法规，明确法律法规中所涉及的各种权益，特别是派生的他项权利在法律制度和条例的设置中必须得以完善，体育用地他项权纠纷的处置必须有一套可行的依据。由于规划的调整，虽然土地未必被征用作为体育用地，但很多有关的土地，出让权权益可能受到侵害，有时甚至是很严重的侵害，这些都必须通过法律制度得到完善。《土地资产管理法》和《国有资产管理法》等重要法规中对体育用地资源与用地资产的相关问题必须有所体现，并能够解决相关问题。对于体育用地的地价体系和评估机制应该在《土地资产管理法》和《国有资产管理法》中得到补充，通过法律法规的健全使得体育用地的发展规划、资产管理得到强有力的行政保证，促进体育用地资产化水平的提高，改善诸多体育用地资产化运营与管理水平低下停滞不前的现状。

第四，设立标准约束盈利与非盈利体育用地。体育用地的盈利与非盈利性质存在很强的交叉性，体育用地的发展承载着促进全民健身、加快体育事业进步的职能，所以体育用地的性质具有多重性。这种多重性产生了一定的问题，首先为了体育事业的发展和促进全民健身，体育用地的获取往往采取补贴的形式，有的体育用地的取得是免费的，而有的体育用地则是参与到资产化运营的过程中去，这两种体育用地，用地性质的不同在一定程度上产生了交集，必须建立相应的标准科学划分体育用地的盈利和非盈利性。从根本上解决体育用地无偿供给和大量补贴的不良局面，同时使体育用地由非盈利逐步全面向盈利性的方向发展，走上完全资产化的道路。

第五，规范用地划拨、出让机制，处理好用地划拨与出让的关系。必须解决现有体育用地出让中的突出问题，对于本该通过招牌挂的形式出让得到的体育用地的使用权，要用《土地资产管理法》完善的法规法律防止出让用地转为划拨用地，对于已经划拨了的体育用地，国家要出台相应的文件和法规政策将划拨土地逐步引导并使其走上资产化的道路，对于已有划拨的体育用地，在用地流转的过程中，必须就原有体育用地的性质转变补交相应的地价，对于改变原有土地利用性质转化为体育用地的土地也要补交一定的地价，这必须在体育用地的地价体系里得到建立，并通过法律，规范化改变用地性质的行为。对于新近划拨的体育用地，必须对其划拨的必要性和可行性进行深入的调研，出台相应的标准约束目前体育用地的划拨机制，必须划拨的才给予划拨，只要是有一点资产潜力的都要想办法让其走上用地资产化的道路。

第六，建立土地划拨后相应的科学管理体制。杜绝划拨中各个环节的管理不严格问题，防止体育用地资产的流失，用地在按照各级体育用地总体利用规划的规定进行划拨后，权利分散到各级土地管理部门，一定要有相应的机制来约束各级管理部门的行为，防止体育用地划拨之后的用地使用管理不严格所产生土地资产的流失。例如，乡（镇）土地利用总体规划规定一片用地用于林地的开发和种植，土地总体规划明确说明了本年度这块用地必须用于种植树木，当权力分散到各级土地管理部门后，此乡（镇）土地管理部门必须按照国家出台的法规政策实施规范化管理，防止这片本该用于种植树木的林地在私下被土地承包人转给别人改变原有用地的使用性质，用于开发高端体育项目。通过这些法律法规规范各种土地的使用，使得国家和各级部门的规划落到实处。

第七，完善体育用地的税收体系。改善目前我国土地租费税混乱、土地使用地租税费名称太多的问题，利用科学的税收体制配合土地收益征收工作的开展，建立体育用地年地租体系即年地租征收系统。使得当前正在流失的各种土地收益可以通过地价体系来控制，地价体系应该与年地租系统互相结合，促进体育用地地价体系和年地租体系的相互调整机制，对原行政划拨体育用地要通过年地租体系，将其纳入有偿使用轨道。体育用地租税不分的局面必须得到改善。所建立的体育用地税收体系中要对地租问题有充分、实际的考虑，名正言顺地收取应该收取的地租。解决改善体育用地租费不分、税费不分的现象。必须建立体育用地的合理税率，体育用地税收体系的建立应结合税制改革，调整（取消、合并、新设）现有税种、税率。在体育用地管理上，要逐渐做到明租正税，建立完善的年地租体系和地租税费体系。使得体育用地的宏观调控达到应有的作用，使体育用地市场得到激活同时完善国家对体育用地的宏观调控力度，有效提高体育用地资产化管理水平。

三、完善上海市体育用地运营阶段资产化管理

（一）体育用地运营阶段涉及对象分析

体育用地运营阶段是体育用地实现资产化、形成资产化管理机制、体现土地价值、资产化运营循环与发展的重要阶段，这个阶段负责体育用地资产化运营的机构、机构设立的运营机制共同决定体育用地资产化运营的水平。要对这个阶段的资产管理起到提纲挈领的作用，应该学习香港已有的体育运营阶段的管理模式，设立与康乐署类似的机构，对各类体育用地进行监管。体育用地运营阶段所涉及的对象从大的方面讲都是体育用地、设施、场馆的各级监管机构，体育用地的经营机构和相关体育用地、设施的使用群体。管理机构有直接参与大型体育场馆用地管理的各级体育部门和获取体育用地经营权的管理公司。从设计的监查机构的角度出发，体育用地运营阶段所涉及的对象有体育用地、用地评估机构，各级体育部、土地管理机构，体育用地无形资产、有形资产的评估机构和监测体育用地税收效果的财政税务部门。

（二）体育用地运营阶段的框架分析

由于体育用地的运营阶段所涉及的对象从大的方面说有两类，一类是公益性体育用地直属的体育局，另一类是经营性体育用地的公司管理机构。在分析体育用地对这两类结构的监管时也分两类情况进行分析说明。

1. 公益性体育用地运营阶段的监管框架设计

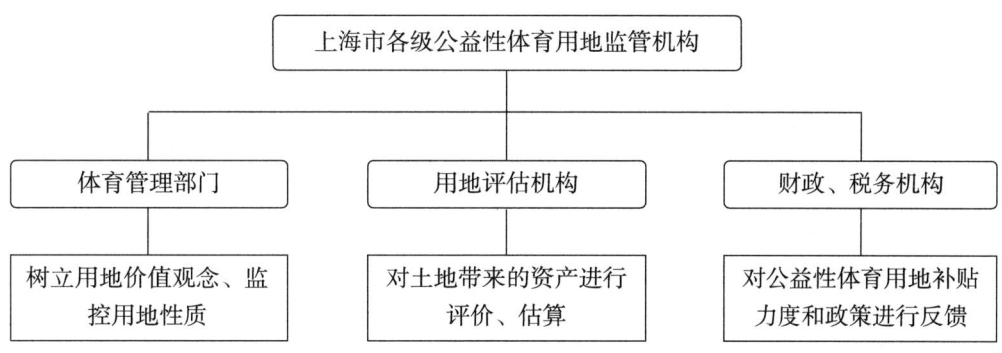

图 4 公益性体育用地管理框架图

公益性体育用地的运营阶段是体育局在其他部门的配合下直接对相关体育用地进行监管的阶段，这个阶段体育用地监管的力度直接影响到体育用地资产化运营的进程。这个阶段主要采取体育局组织各方人员对体育用地资产进行监管的模式，监管机构的部门划分以促进和监督公益性体育用地资产化的水平为基础构建。公益性体育用地运营监管被体育局大致分为三个下属部门。第一个部门是体育管理部门，体育管理部门有两个职能，第一个职能是使公益性体育用地转变观念，逐渐建立起体育用地具有价值的意识形态，在各个部门的整体工作中完善体育用地的增值、保值工作。第二个职能是对体育使用者的收费情况和土地用地性质是否转变进行监控。第二个机构是体育部门聘请的用地评估结构，该机构负责对公益性体育用地涉及的有形和无形资产作出评估，对有形资产和无形资产的利用效率进行估计，督促体育用地资产化水平的提高，防止资产忽略带来用地资产流失。第三个机构是税务机构又称为补贴监察部，补贴监察部的职责相当重大，它动态监察公益性体育用地资产运营的情况和补贴力度的强弱，对于资产化潜力巨大或已经开始快速资产化的公益性体育用地，监察部门有责任上报人民政府，减少下一年度的财政补贴力度，对于资产化程度低的公益性体育用地有促进体育用地资产化的和上报补贴计划的责任。

2. 经营性体育用地运营阶段的监管框架设计

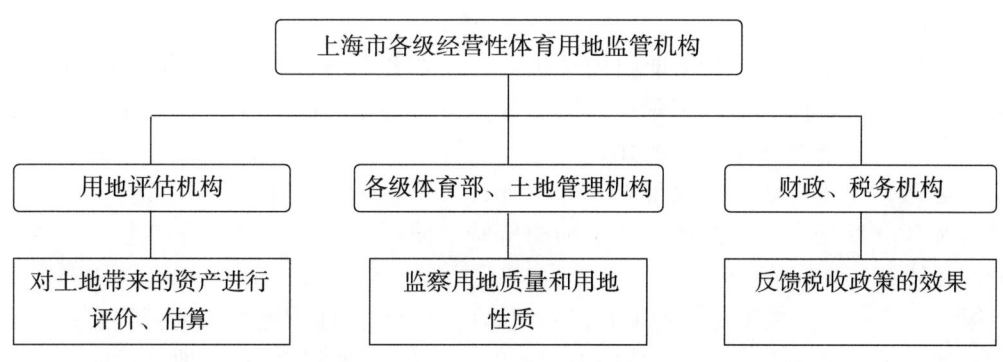

图 5 经营性体育用地监管框架图

经营性体育用地运营阶段的框架清晰地说明了对经营性体育用地的监管层次,在框架图上第一、第二层是体育用地监管机构,第三层是各体育用地监管机构的职能说明。公益性体育用地的监管机构大致分为三个部门。第一个部门是用地评估机构,这个机构是监管机构专门聘请的用于经营性体育用地的土地评估机构,承载着经营性体育用地的用地价值的评估。第二个机构是各级体育部、土地管理机构,该机构承载着对所在区域的体育用地的用地性质是否发生转变、用地质量是否得到保证、用地资产化水平如何进行监察和评估的职能。第三个机构是税务机构,税务机构是各级税务局分派到各级经营性体育用地监管机构的税务人员组成的部门,税务部门承载着对经营公司所在体育用地经营所得收入的税收比例及税收政策效果进行监察的职能。

(三) 完善上海市体育用地运营阶段的对策建议

第一,逐步解决体育用地由于强附属性而产生的问题。通过体育用地分类标准的建立,深入分析体育用地与其他用地的关系,在《土地利用分类》标准下仔细考虑每类用地中可能附属的体育用地类别,通过主体用地资产化水平的提高,带动附属性体育用地的资产化发展。两种用地相辅相成,体育用地在不影响主体用地的功能发挥的前提下,不断提高自身的资产化水平。

第二,建立科学有效的人才管理与激励机制。国家必须逐步形成体育用地相关专业人才的培养机制,使得具有土地知识、规划知识、体育知识三种知识都具备的综合型人才供给源源不断,各个部门中具有相关知识的人才必须建立有效的沟通和团队合作机制。通过团队合作和综合人才的培养解决当今体育用地人才匮乏的问题。同时必须建立合理有效并具有针对性的人才激励机制,国家必须在体育部门的配合下出台用地管理人才绩效考核和人才激励机制,促进管理人员工作的积极性。

第三,体育用地管理必须权责分明,解决体育用地管理部门权利交集的问题。由于体育用地涉及多方管理部门的共同管理问题,这样国土局、体育局、税务局、国资委、发改委等部门在一定程度上就产生了权利的交集,必须建立科学有效的体育用地管理机制,对于用地所涉及的管理部门必须做到权责分明,建立体育用地管理职能标准,明确各个管理部门的权力、地位。对于在体育用地的管理中,哪个部门是主导管理部门,哪个部门是从属配合部门必须在标准中明确体现。具体体育用地的资产化管理问题该由哪个部门承担,哪个部门是体育用地资产化管理的主体机构,而哪个部门是从属机构,这在国家下达的文件和标准中必须得以体现,将多头管理、无人管理的局面转入权责分明、层次清晰的管理体制中来,从而有效促进体育用地的资产化管理水平。

第四,进一步提高体育用地租赁承包经营的力度。通过固定资金增长的百分比来体现体育用地的价值增值。国家应该彻底放开体育场馆的经营权,使体育场馆从土地出让到场馆建立都充分体现资产化,通过专业体育管理公司经营模式,盘活体育场馆的资产运营,使体育场馆用地得到充分体现,对于国际大型赛事,国家须向体育场馆的经营和建立者交纳一定的场地使用和租赁费,使得场馆体育用地资产走上自主盈亏的资产化道路。

第五,进一步开放体育休闲中心,利用体育用地和其他用地配套经营的模式,带动体育用地的资产化发展,促进体育用地价值的进一步实现,使体育用地收益成为财政的有效组成部分。借鉴英国大型体育场馆用地的管理机制,在国家大型体育场馆和休闲中心规模相对成熟的前提下，注重发展数量多，地块小，分布广的体育用地开发、利用模式，并对各个地块分类管理，逐渐形成谁经营谁管理的体育用地资产经营模式。

第六，建立职业化的俱乐部体育用地经营管理模式。通过俱乐部活动和俱乐部比赛的收益盘活体育用地的土地资产价值，设立一定的税制对俱乐部土地收益收取合理的税费，使得体育用地资产运营收入补充国家财政。

第七，必须建立体育用地的土地监察和管理机构，对各种承包和私营土地的运营情况，土地资产价值和土地的使用性质，实施行之有效的监控，防止由于土地资产化过程中的土地私有化问题的产生，通过有效的监查机制，对整个体育用地的土地市场形成行之有效的宏观调控机制。

（项目编号：1247ss08065）

体育博彩法律保障比较研究

马宏俊　马志冰　李　怡　王士刚　西　凤
徐　波　张旗坤　张　淼　武　珏

体育博彩作为体育产业中的一支新生力量，愈来愈显示出它强大的社会集资功能，成为体育产业中的支柱产业，这一点在体育彩票行业中尤为突显。但是，由于我国体育博彩业起步较晚，至今尚未出台体育博彩管理的相关法规，这最终导致了我国体育博彩业缺乏必要的法律保障，并且始终处于低水平运行的状态。

西方各国对于体育博彩的政策大多延续着禁止——规制的道路。政府对于体育博彩事业的政策取向大多是带有包容、开放但略带调控的色彩。各国或各地区对于体育博彩的整体控制主要通过法律和经济两种调控手段。经济手段主要包括增设税种、调整税率等控制博彩收入办法和国有化这两种方式。在法律政策方面，体育博彩活动的合法化是其主流趋势，这体现在一系列法规、条例、判例的确立上。目前世界上开展博彩活动的国家和地区约有120个，其中绝大多数完成了博彩的国家立法，少数没有正式立法的也颁布了政府的行政法规。在完成立法的国家中，又分三种情况：一种是专门颁布了具体体育博彩活动的特别法；一种是颁布统一了《博彩法》；再一种是在相关的法律法规中对博彩制定出具体规范。由于各国体育博彩事业发展各有偏重，因此对于不同活动的政策法律规制的完善程度也不尽相同。

一、英　国

(一) 英国体育博彩合法化的历程

英国体育博彩业的发展历程本质上就是博彩业的合法化的历程，其合法化的历程主要是彩票、赛马赛狗等赛事活动以及赌博等博彩业的合法化。以体育项目为载体的体育博彩业的合法化过程在英国主要有以下几个阶段。

1. 体育博彩合法化的启蒙阶段

从时间上看，这一阶段从16世纪中后期开始至19世纪初，在这一过程中，英国政府对博彩尚未有系统性的认识，处于启蒙阶段，其博彩业的兴起是从英国政府基于战争资金的需要发行国家彩票，因此，回溯英国博彩业的目的在于支持国家的战争和大型建设需要，具有一定意义上的公益性。自1569年英格兰政府发行政府彩票始，之后100年左右的时间，彩票并没有纳入到法律规范的轨道。直到1710年，英国议会基于社会需要，制定并通过了第一部专门规范博彩业的法律《博彩法令》，议会在制定本法时的立法背景是由于没有法律的规范，当时社会地下赌博和地下"私彩"泛滥并且引发了一系列的社会问题。因此在制定《博彩法令》时，议会在阐述立法目的时宣称：鉴于旨在预防赌博所引致的社会危害的现行法律对此尚未有足够明晰的认识，为了进一步预防过渡性的、欺骗性的赌博，我们制定此法案。"随着《博彩法令》

的颁布，泛滥的私彩得到遏制，但由于巨大的经济利益和社会对"私彩"的青睐，地下的赌博和私彩依旧很猖獗。在1738年，英国议会为了进一步规范博彩业的发展，根据社会现状制定了《赌博法》，其立法目的则是："一项更加有效地预防过度赌博和欺骗性赌博的法案。"

1831年，议会为更加有效地限制博彩业的合法进行，通过《1831彩票法案》建立了许可证制度，即如果想经营博彩业必须依法获得国家批准的许可证。《1831彩票法案》第十九条规定："任何人如欲经营博彩，必须先取得博彩许可执照，否则即属违法。"此外，此法还对有关鸟类的赌博行为有所规范，针对鸟类赌博制定了法令，旨在保护相关的鸟类赌博合法进行，并且构建了鸟类赌博的许可制度和指令制度。在随后的1835年《赌博法案》旨在规制由于非法性赌博、彩票等的活动所引致的危害，"本法旨在规范基于法律安全性不足所导致的非法赌博、高利贷以及确定的非法交易等行为。"1845年，英国议会面对日益增长的极具破坏性的赌博活动，成立了一个特别委员会，针对社会赌博现状进行专门调查并提交报告。报告认为"博彩业虽有利于政府的财政收入，但也带来了诱发赌博投机行为的负面效果，虽然政府为防止这些负面效果采取了一系列措施，但是至今效果不佳。这些负面影响对社会造成许多的危害，给政府带来了沉重的负担，且筹资的效率很低。"英国国会根据专门委员会的调查，于1845年制定《赌博法案》，其立法目的在于：鉴于赌博所引致破坏性的社会影响，制定本法禁止赌博。"

就这一阶段博彩的立法背景而言，英国的博彩立法具有强烈的社会性，这一阶段的英国政府对博彩业的认识主要是根据赌博、彩票等博彩对社会的影响制定相关立法规范，并没有特别的立法理念的支撑。这一阶段对体育博彩合法化的特点主要有：其一是博彩立法背景紧随国家需要和社会变化，主要是以博彩对当时社会的正负影响为立法出发点。其二是立法目的具有保守性，由于博彩业属于新的事物，且其社会效益的不确定性以及社会影响的非预期性，立法政策以及规定上具有相对的保守性；其三是立法规定的粗糙性，由于对博彩业认识的肤浅性，立法制度较为粗糙，从消极的规范到制定许可制度的积极规制，正是这一特征的彰显。在这一阶段，英国政府对博彩业的合法化的态度较为模糊，开始基于彩票的经济效益性而将其合法发行，但由于彩票所引发的社会问题的凸显，英国政府又制定法律对其限制，当然，从最初的政策层面而言，这是所有国家对待博彩业的规律性措施。

2. 体育博彩合法化的发展阶段

19世纪中叶~20世纪初是英国博彩业发展的重要阶段，在这个阶段，英国对体育博彩的认识有所加深，对彩票、赌博等博彩立法亦有转变。但对博彩业法律制度的建构没有太大的转变，在体育博彩的立法体系上未有大的突破。

从其立法历史的角度看，这一时期有关博彩的法律主要有1860年的《赌博许可法》和1892年的《赌博法案》。1860年的《赌博许可法》主要是对19世纪上半叶的赌博立法的完善，尤其是对有关赌博许可证制度的规范。有关赌博许可的立法可以追溯到19世纪的只适用于英格兰和威尔士的1831年《赌博法》，1860的赌博许可法只适用于苏格兰地区，此法旨在规范有关在赌博活动中没有合法许可证的类似博彩活动。从立法的背景上看，主要是由于19世纪中叶后期，一系列非法的赌博、彩票活动蔓延，尤其是有关动物的赌博活动不依法律规定合法进行而非法利用动物赌博进行牟取私利。

直到1892年，鉴于过去博彩立法已不能有效地规制博彩所引发的社会及其法律问题，英国议会决定制定新的博彩法旨在完善已有的法律法规体系，制定1892年《赌博法案》，议会在通过本法的立法背景是"本法旨在修正过去有关赌博和机会性游戏投注的法律，修改与彩票以及赌博有关的国家法规或由地方政府的法律以及与博彩有关的法律。"本法主要从彩票及赌博的主体资格条件、博彩许可权行使的机构及许可证的发放、彩票赌博的目的指向及其收益的分配、民事责任等方面作出了较之前法律更为相关的规定。

这一阶段，英国议会主要通过立法完善许可证制度来规范博彩业的发展，其一，博彩业经营主体必须符合法律规定的合法条件方能申请获得博彩经营的资格；其二，国家经营的博彩业是体育博彩的主要部分，这种国家垄断的形式使得博彩业的发展能够在法律规定的范围合法运行。但从另一层面看，国家垄断的经营形式使得体育博彩业发展较为缓慢，并且由于其巨大的利益驱动也引致了地下博彩的兴盛和泛滥。鉴于此，英国国会亦有清晰的认识，想通过从法律层面构建许可准入制度来规制体育博彩业的有效运行。

3. 体育博彩合法化的成熟阶段

20世纪30年代至20世纪末是英国体育博彩业不断成熟的阶段，也是体育博彩业向现代化转型的发展阶段。从世界博彩业的发展层面上看，这一时期也是各国博彩业合法化的快速发展阶段。各国基于财政需求和产业发展的需要，都从立法层面讲赌博、彩票、赛事活动合法化。英国亦属于在立法和相关政策实践上有实质性的突破。主要有1934年的《赌博与彩票法》、1963年的《博彩与彩票法》以及1993年的《国家彩票法》等一系列有关博彩的法律法规。进入20世纪后，英国社会上小规模的彩票抽奖活动较为普遍，但就法律层面而言，这些活动是非法性质的行为。鉴于过去法律禁止彩票活动的规定和现实对博彩活动的需求，英国国会成立的专门委员会向议会提交报告建议称："如果社会存在博彩的需求，与其禁止不如通过立法对其进行规范监管。法律允许博彩的前提是博彩业的目的应当是旨在资助慈善事业、体育事业等公益性事业的发展，而非其他的营利性目的。"

鉴于此，英国议会在1934年制定并通过了《赌博与彩票法》，主要是针对现有赌博法案的缺陷以及不足进行修正。其"旨在修正有关体育赛事的赌博，主要是有关赛事博彩，从对博彩业经营的许可授权和行为规制，博彩参与者的角度以及博彩活动的责任方面作出了相关的规定。并且为了凸显法律对未成年人的保护，本法明文规定禁止未成年人参与博彩活动。"此外博彩应当凸显公益性的目的指向。这一法律目的在1963年英国议会制定的《博彩、赌博与彩票法》更是有明显的彰显，此法第四章第220条规定："博彩委员会的职责：（1）在于确保国家博彩以及任何博彩正当运行；（2）确保任何一个博彩活动的参与者的正当利益受到法律的保护；（3）服从于上述两个职责，并保证国家博彩业的继续发展。"此外，这项法律所设立的赌博委员会具有特殊的意义和法定职责。赌博委员会的职责在于：严格审核博彩经营申请者的资格和条件，严格监管博彩活动的进行，保证博彩参与者的正当权益，并且避免非法博彩的发生。"赌博委员会的法定义务在于严格地监管博彩活动对参与者造成的任何可能的影响以及对不参与但可能受到博彩活动影响的普通公众，比如未满16周岁的人和容易遭受博彩活动侵害的人。"而1993年的《国家彩票法》主要是从彩票法律体系方面完善了相关的规范性措施。本法主要从以下几个层面对博彩业，主要是彩票业作出了规定：第一部分是有关国家彩票活动的授权与管理；第二部分是国务大臣的管理以及总监对信息披露的管理；第三部分是国家彩票净收益的分配体系；第四部分是社会团体彩票与地方彩票；第四部分补充性博彩的规定，其从总体上建构了博彩业规范管理的制度体系。可以说是英国博彩业法律制度建构的一大里程碑。此法从赌博业总体架构和微观的规范的双层面都有完整性、系统性的规定。2005年《赌博法案》主体部分共17章362条以及18篇的解释性条款。从第一章主要从博彩许可的对象、博彩许可机关和博彩的种类作出了规定；第二章主要是博彩委员会的权力和职责的规范；第三章是博彩业的原则；第四章是博彩经营许可证以及博彩设施方面的规范；第五章是对博彩俱乐部法律地位的规定；第六章是有奖赌博、私人和非商业性赌博和投注的规定；第七章对博彩业的运行及其监管；第八章对博彩业广告的形式和发布等的具体规范；第九章对合法性和可执行的赌博合同进行了规定；之后的几章对特殊与一般性博彩、博彩经营准入的限定、博彩委员会、相关责任、赌博上诉法庭、对赌场许可的申请、博彩俱乐部许可以及博彩俱乐部场地许可等作出了详细的规定。《赌博法案》可以说是从法律层面讲赌博彻底合法化的制度性安排，为博彩业的合法化经营、合法发展奠定了法律基础，这也是博彩业在英国合法化程度的彰显。

在这一阶段，英国对博彩业的认识主要有以下几个特点：其一是将体育博彩定位为公益性的事业而非营利性的活动，从法律层面规范其目的和经营范围。其二是博彩经营的许可制度进一步构建并日趋完善，以法定许可制度作为市场准入的前置性条件，以规范博彩业的正当性与合法性。这些特征凸显了英国政府对博彩业不是一律禁止而是合法地利用其经济效益性方面的特点，为国家经济发展和产业机构的完善开辟新的领域。

（二）英国体育博彩运行机制及其监管体制

英国体育博彩业的管理体系主要分为监管体系、运营体系以及博彩业收益分配体系三个层面。

1. 监管及运营体系

英国国家彩票由英国议会批准发行，目的在于为艺术、体育、慈善、国家遗产、千年庆典和新健康、教育、环境6项公益事业筹集资金。英国国家彩票通过公开招标的形式，向中标公司颁发经营许可证负责经营。1993年的《国家彩票法》规定国家彩票的管理由国务大任命的国家彩票总监负责，根据本法的规定保证国家彩票以及构成彩票销售的每一种彩票均正当进行，每一个国家彩票的购买者的利益均得到保护。获得经营国家彩票的公司必须对总监履行的义务是：在从事许可证中规定的任何事情前须得到总监同意，随时向总监提供所要求得到的任何信息，允许总监检查任何文件，以及任何与国家彩票有关的信息。

但自1999年英国成立了国家彩票委员会开始管理国家彩票，此委员会承担了1993年国家彩票法规制定的法定责任，而且它先前指定了国家彩票局长。这些是为了确保国家彩票是由适当的法规经营的和保护参加者的利益。它具有以下职责：其一是确保被许可人遵照许可证的条款经营国家彩票，并且让与国家彩票联合的个人和公司以确保他们合适和正常，考虑促进彩票的申请和给予个人彩票游戏的许可证；其二是保证被许可人按照彩票委员会制定的法规使其行为符合标准，保证被许可人履行对国家彩票分配资金组织的责任；其三是监控被许可人所针对的客户服务行为，此法规也赋予委员会对违反许可证强行财政罚款的权利，这是一条额外重要的方法确保目前和将来举办者按照许可证条款经营国家彩票；其四是信息披露，国家彩票委员会有责任保护彩民的利益并披露依法应当公开的信息以保证博彩参与者的合法权益。此外，国家彩票委员会分为"（1）彩票许可证管理经理，包括彩票经营事务处、许可证检查处及审批处；（2）彩票运营与资源管理处；（3）彩民利益维护处；（4）公共事务处；主要从'监控彩票资金的流动、彩票的开奖、彩票销售网络'对彩票的运营进行监控。"

根据《国家彩票法》的规定，负责分配国家彩票公益金的公益事业机构有12个。（1）体育运动理事会4个：英格兰、苏格兰、威尔士、北爱尔兰体育运动理事会；（2）艺术理事会4个：英格兰、苏格兰、威尔士、北爱尔兰艺术理事会；（3）国家彩票慈善会；（4）遗产彩票基金；（5）千年委员会；（6）新机会基金。公益金可用于支付从事公益事业项目人员工资以及基本建设项目。体育理事会可以把彩票公益金用于培养运动员；艺术理事会可以把彩票公益金用于鼓励人们（特别是年轻人）投身艺术；千年委员会正在运作一项"千年奖"计划，倡导人们为社会做贡献并实现个人人生目标。公益金资助的不仅仅是大型项目，迄今有一多半的拨款总数在2.5万英镑以下，体现了为更多人服务的宗旨。

2. 博彩业收益分配体系

关于彩票公益金的分配在《国家彩票法》第19条规定：国务大臣控制和管理国家彩票分配基金。国家彩票销售资金的分配办法是："公益金占28%、交税13%、零售商54%、运作费用3%（包括市场开发、计算机系统、为零售商和购票者提供的服务和行政管理费用）、博彩经营公司的盈利1%、奖金占50%。国家体育彩票的公益金用于：体育16.66%、艺术16.66%、慈善16.66%、千年庆典20%、新机会基金13.33%。2000年12月31日后，因千年委员会使命结束，其所得到的20%份额将转给新机会基金。"

从国家彩票的管理体系来看，其宗旨和目的在于服务于公益事业，这一监管、运营和公益金的分配体系具有以下特点：其一是彩票经营的许可体系完备，由国务大臣根据不同的许可申请者的条件发放许可证以经营博彩业；其二是相对独立且成体系的监管机构，根据不同的发行机构和对象有不同的监管机构与之对应；其三是收益分配的公益性、合理性和比例性。这三个层次的特点所追求的还是体育博彩法律原则所确定的价值目的，亦即保证博彩业的公益性、避免体育博彩业卷入非法犯罪活动以及保证参与者的合法权益。

二、法　国

（一）法国彩票的法律制度

最近几年，法国彩票业每年都给国家带来数十亿法郎的巨额收入。同世界上大多数国家一样，博彩业在法国是一门受法律保护的国家垄断行业。从法国彩票发展的历程中我们知道，法国由国家兴办彩票已有几个世纪的历史。对于政府来说，发行彩票是一本万利的好生意。因此，彩票的经营由法国政府垄断。在法国，彩票被认定为是依照国家专项法律筹集补充国家财政资金的手段，是经国家授权垄断经营的特殊商品。法国现行法律制度对彩票等随机游戏的规定是先禁止一切随机游戏，然后对国家允许的随机游戏作为特例而另行作出法律规定。对法国现代彩票影响深远的法律是 1836 年《取缔随机游戏法》，该法禁止一切运气成分超过智慧成分的所谓"随机游戏"。这里所指"随机游戏"的含义相当于我国对"博彩"的定义。此外，取缔随机游戏的法律还有 1836 年 5 月 21 日颁布的《取消彩票法》和 1983 年 7 月 12 日颁布的《取缔随机性游戏法》。法律禁止的随机游戏必须同时具备四个必要条件： (1) 吸引观众； (2) 有中奖可能； (3) 观众出资购买； (4) 具有偶然性（尽管很小）。四个条件如果缺少其中任何一个，则不属于法国法律禁止的范围之内。举例来说，同时具备前三个条件的是智力、知识竞赛，同时具备后三个条件的有家庭内部游戏，同时具备第 (1)、(2)、(4) 条件的有促销广告。

法国法律允许开办的随机游戏可分为两大类：一类是百分之百随机型游戏，如彩票（如国家游戏集团经营的彩票、其他广告促销类游戏）、赌场（如老虎机等机器玩游戏、21 点等纸牌游戏）；另一类是部分随机型游戏，如跑马（如现场投注、非现场投注以及跑狗）、体育竞猜（如猜体育比赛输赢的体育彩票）。由此可以看出，法国体育彩票均为对体育赛事进行预测的一种彩票，与我国发行的所谓"体育彩票"是完全不同的。

（二）法国彩票运行、监管体制

1. 国家控股、全国垄断的彩票发行组织

法国彩票由国家控股的"法国国家游戏集团"负责统一经营与发行。1978 年 12 月 29 日，游戏集团的前身——国家彩票和六合彩公司与政府签订了长达 30 年的彩票发行协议，由此最终确立了游戏集团作为法国唯一合法的彩票发行组织的地位，其独家拥有法国各种彩票的发行权。法国国家游戏集团是一个国家控股的经济实体，属性与一般私人公司相同。该公司股份结构是：72% 为国家股，5% 为公司职工持股，3% 为批发商持股，20% 为发行商持股（其中 18% 为退伍军人协会持有，2% 为烟草联合会持有）。法国国家游戏集团在法国政府的监督下经营，在预算部确定的条件下，负责在法国本土及海外领地制作、发行并销售包括体育彩票在内的各种彩票，由政府制定游戏的法律体制并决定所筹资金的分配。

游戏集团的总裁由法国总统任命，董事会由 18 位董事组成。其中 9 名董事由政府指派，6 名董事由公司员工担任，3 名董事由股东大会选举产生。目前游戏集团雇佣着大约 1100 名员工，其中总公司 750 人左右。集团下设市场销售部、信息系统部、管理运营部、财务部、战略发展部、通讯联络部、人力资源部、审计部和安全部 9 个部门，下属有 5 家子公司：法国维修公司（负责对 15000 个有终端机的销售点设备进行维护）、国际游戏公司（下设两家子公司，负责国际业务，如与中国福利彩票发行中心合资建立彩票印刷厂家——北京中彩公司）、法国娱乐公司（负责中奖人的接待、外事接待等）以及法国图像公司（负责彩票电视开奖节目的制作，然后把节目卖给电视台）。游戏集团通过 210 名批发商，控制着全国 4 万多个零售商。批发商是由历史原因形成的一个特殊阶层，他们不是游戏集团的雇员，一般都有自己的企业，具体负责向零售商提供广告宣传服务、销售专用设备等。游戏集团向零售商颁发许可证，并负责从事培训。其中，1.5 万个销售点同时销售六合彩和传统型彩票，其余 2.5 万个销售点只销售传统型彩票。六合彩销售点采用的是全国联网的计算机销售，即任何一张六合彩的售出马上会反映在

游戏集团分别设置的、保安严密的两个电脑中心的大型计算机上经中心确认有效后,自动将有关信息存储在中心资料库中等待开奖。

2. 不独立的监管机构

作为国有企业,法国国家游戏集团在经济上、金融上要接受国家监管,法国预算部是法国彩票业的主管机关,代表政府对法国国家游戏集团的彩票经营活动进行监管。除预算部外,游戏集团还要接受审计法庭、行政法院和有关财政金融法令的监管、约束。法国内政部还设有游戏警察,专门负责检查彩票、赌马、赌场内有无作弊行为,调查假彩票案件等。法国彩票业监管以保证彩票业的安全运作及透明度为宗旨。监管的目的在于保证彩票业的安全运作及透明度。监管的原则是:铁的纪律、法律规定、诚实品德、严格管理。法国彩票业监管职责分明:监管职责只赋予政府,发行机构本身不承担任何监管责任,且发行机构在法律允许的范围内享有充分的经营自主权。法国的政府部门一方面必须履行监管职责,严格执法、完善法律环境、防止国家和公众利益受损;另一方面,国家还要支持行业发展,使公益资金的筹集量稳步增长。

法国预算部对管理游戏集团的具体管理方法:①在游戏集团董事会中,法国预算部的人员占多数席位,预算部的很多官员都曾担任或正担任游戏集团的董事。②政府在游戏集团派驻国家监督员(相当于我国政府派驻企业的监事,一般为有丰富经验的高级政府官员),负责监督企业是否按时将公益金如数上交国家财政;各方面措施是否与政府规定一致;企业向国家上报的诸如销售额、利润等是否符合事实;并随时向预算部部长提出看法;对企业重大决策,如新游戏的玩法、子公司的经营状况等提出看法。③预算部审核批准游戏集团提出的新的玩法。一般是游戏集团先设计玩法,并制定相应游戏规则,然后报预算部;预算部视其是否与现行法规相吻合以及对国家预算是否有好处而定。④从整体上控制集团的发展情况,如资金分配(包括国家提成、奖金返还、经营成本)会直接影响到彩票经营好坏、国家财政收入的高低以及企业经济效益优劣。这条做起来最困难,原因在于难以把握一对矛盾——一方面国家要增加税收,另一方面企业要谋求自身发展。总之,预算部对游戏集团严格监管的目标就是把它建成法国国有企业的典范,在社会公众心目中树立良好的形象。

(三)彩票销售收入的分配

目前,法国彩票销售收入的分配比例:奖金占58%,经营成本占15%,国家收入占27%。这是与英国和美国以及其他大多数发行彩票的国家不同的地方。①奖级比例根据不同的玩法而定的。如六合彩,中奖几率很低,但奖金额较高;而即开型彩票中奖可能性大,因此可以把返奖比例定得高一些,但奖金数低一些。由此可以看出,奖金返还率更多地是商业技巧问题。②企业各项经营成本按一般企业标准估算。根据法国的经验,国家收入即使降低也没关系,只要彩票发行量增大,国家收入也会相应增加。通常做法是:预算部与游戏集团谈判,然后以政府法令形式颁布。最初在确定经营成本时,应注重灵活调节,以保障企业发展。15%的经营成本中,5%是零售商的收入、3%为经纪人及退伍军人协会收入、7%为游戏集团的收入。游戏集团7%的收入用于以下四方面的支出,即15%是员工工资,15%为日常管理支出,30%用于彩票促销,40%用于电脑维护和印制成本。不过,竞猜型足球彩票的返奖比例有所不同,法国国家游戏公司发行两种竞猜体育彩票(足球彩票)返奖率为55%和60%。③国家收入是国家办企业的最终目的。法国彩票获得收入全部归政府作为财政收入,没有公益金。这部分收入全部纳入国家预算。现在,法国政府每年从彩票销售中获得80多亿法郎的收入。此外,同一般发行彩票国家不同的是,法国政府不对彩票印刷企业颁发彩票印刷许可证。游戏集团可从经济角度等考虑,自行作出决定。与18岁以下人士不准进赌场、16岁以下人士不准参加赌马的规定不同,在法国,任何人都可以购买彩票,无年龄限制和从业人员限制。除个人资产达到400万法郎以后要征缴0.5%的巨富税以外,法国对彩票中奖收入免征个人所得税。

有关彩票收入的信息披露问题,按照法国《公司法》有关规定,任何公司都必须公开其财务状况,接受社会公众监督。其财务资料可通过以下途径索取:公司;主管部门;图书馆、电脑库。有关彩票的规章制度、游戏规则都须刊登在每天出版的《宪法公报》上。

三、美　国

(一) 美国体育博彩合法化的历史与现状

体育运动项目赌博是一种世界上最古老、最受欢迎的赌博形式。古罗马人在战车比赛、动物打斗以及角斗士比赛上进行赌博。罗马人把体育和赌博带到了英国,在那里,这两种活动兴盛了数百年之久。斗鸡、斗熊、斗牛、摔跤以及竞走都是16~18世纪风靡欧洲颇受欢迎的体育运动赌博项目。18世纪时,赛马以及拳击比赛开始流行,并且成为体育赌博的运动项目。19世纪至20世纪时期,体育项目变得更有团队导向、更加组织化,如橄榄球、英式足球以及板球等在这一时期开始普及起来。

早期殖民者,将他们对体育和赌博的爱好一同带到了美洲。尤其是赛马,它已然成为了美国文化的一部分。但是,18世纪晚期和19世纪初期的道德观念对当时民众所普遍支持的体育赌博合法化问题提出了质疑,以至于到了1910年,美国几乎所有的赌博形式都是非法的。但这并没有阻止人们在体育运动上进行赌博的热情。体育赌博依旧不断地盛行开来,尤其是赛马,作为一种赌博性体育运动,竟得到了法律上的认可。

例如,内华达州在1931年将赌博合法化,并且允许体育赌博存续长达20年之久。但此后,集团犯罪以及体育赌博丑闻的影响导致了20世纪50年代内华达州政府对体育赌博的禁止。直到1975年,内华达州才恢复了体育赌博的合法性,但政府对该产业的许可以及规制都相当严格。

美国政府对体育博彩控制得相当谨慎、严格,具体表现在1992年的《美国职业体育和业余体育保护法》规定,除特拉华州、内华达州、蒙大拿州以及俄勒冈州以外,任何开展赌博或投注计划的行为都是违法的。

美国现在的体育赌博可以分为三大主要类型。第一种是彩池投注,用于赛马、赛狗、回力球比赛。目前美国已有43个州承认这种形式的赌博是合法的。尽管彩池投注曾经一度流行,但近年来呈现出衰落之势。第二种体育赌博类型只在内华达州允许其合法性,那便是通过以赌博为业者投注。第三种则是非法赌博,它在美国是最普遍的体育赌博形式。

《美国职业与业余体育保护法》的通过对体育竞猜是个很大的打击,也使合法的体育竞猜发展艰难而非法体育竞猜却蓬勃发展。20世纪80年代,非法的赛马和体育博彩下注额达到每年 200~1900 亿美元。据美国全国橄榄球联盟估计，1981 年职业橄榄球赛下注达到 500 亿美元。大学篮球赛已开始进行赌博了。1998 年，合法地投在 NCAA 男子篮球赛上的下注额就达 8000 万美元之多。而非法体育博彩估计已经形成了一个 1000 亿美元的产业。在美国，除了内华达州，所有的州都不允许在大学和职业体育中赌博。据 1999 年的民意调查，有 26% 的人认为参赌体育赛事是不合法的，有 64% 的人认为体育竞猜合法。但在体育界，官员们对体育博彩持反对态度。除了足球联盟支持体育博彩合法外，职业体育界和大学体育界基本上强烈反对体育博彩。比如，NCAA 一直支持全国博彩研究会提交给国会和总统的建议，即在全国禁止大学和业余体育进行博彩。美国还有业余体育法、学生运动员保护法，禁止在大学体育中的一切赌博。再如，美国大学生体育协会威胁称，如果特拉华州允许对大学体育运动项目进行赌博，它将禁止其参加所有的决赛。

美国官方的绝对反对，使合法的体育博彩在美国并没有发展起来，这反而有利于非法体育博彩的发展。但事实上，据估计，非法体育赌博年获利为 800~3800 亿不等。更有甚者，一些美国人竟到墨西哥，或到加勒比海地区以及中美洲地区去进行体育赌博，因为这些地方承认体育赌博是合法的。体育博彩成为美国分布最广、最为流行的博彩形式，20 世纪 90 年代，网络体育博彩直线增长，成为新的主要非法体育赌博方式。

2004 年只有内华达州以及俄勒冈州存在合法的体育赌博行为。2003 年，内华州共有 142 个体育赌博场所允许对职业体育以及业余体育进行赌博；赌博者年龄必须在 20 岁以上且在身体因素允许的范围内去赌博。此外，俄勒冈州通过发行彩票来进行体育运动赌博也成为了可能，其方式是俄勒冈彩票提供一种名为"体育运动"的游戏，玩家根据他们从一周末的国家橄榄球（美式足球）联盟比赛里所猜中的获胜者的数量来赢钱。

体育赌博是种普及化的活动，它采取押注的方式来对一场体育赛事的结果进行预测。可能体育赌博要比其他的赌博形式，就其合法性以及普遍可接受性，各州间的差异更大，人们的意见也不一。

支持体育赌博合法化的人普遍认为，作为体育迷们的一种爱好，体育赌博能够增强他们对所关注的体育运动项目的兴趣，因此，对球迷们押注的联盟、球队以及球员来说，由此对于提高比赛的观众出席率、收视率都是有益的。

反对者们却担心，赌博可能会泛滥，除此之外，它还危胁到业余体育和职业体育比赛的公平性；而体育赌博者们企图破坏体育比赛的公平性这一点，已经在业余体育和职业体育的发展史上得到了说明，尽管支持者们辩称，对赌博业经营者们进行立法上的规制对于打击腐败现象的效果，会如管理部门和执法者们对腐败的打击一样的猛烈。大多数体育赌博者都是输家。但是专业体育赌博人士却可以通过体育赌博获得很好的收入。

（二）美国体育博彩的管理和运营模式

美国是世界头号的彩票大国。作为联邦制国家的美国，彩票以州为单位发行，即均由各地方议会独自立法发行。在获得准许后，彩票一般由政府与政府认定的博彩公司合作经营和销售，而地方政府则担负起征收营利税和对税款进行分配使用的责任。大部分的营利和所缴税款都被用于体育基础设施建设、大型体育活动的筹备和运动员培养等政府开支，其余的部分也会被分流给社区福利、教育基金等其他社会公益事业。另外，作为体育彩票竞猜对象的竞赛组织和加盟队伍也会根据彩票合约分得一杯羹，而博彩公司也会从中抽取一定利润以维持正常运营。

美国是世界上彩票运作体制比较完善的国家，其市面上的彩票种类也异常繁多，目前发行的彩票共有 12 大类。1974 年，美国科学游戏公司开发出即开型彩票的新版本，即把奖金事先印在票面上，然后涂上薄薄的一层乳胶膜用以覆盖，购买人只需刮开涂层就可以知道是否中奖，这是现代即开型彩票的雏形。多年来，美国即开型彩票在世界范围内开展得最为成功。美国大多数州发行"乐透型"彩票（lotto，包括六合彩、49 选 6、54 选 6 等）。为了增加人们的兴趣，一些州还联合推出"三州百万奖乐透彩票"。更令人惊叹的是由 15 个州和哥伦比亚特区联合发行的"乐透美国彩票"，其奖金数额高得令人咋舌，当然也招徕了更多购买者。美国传统型彩票，一般奖金档位都比较低，中奖面比较宽，但也出现过高达 5 万、10 万美元的奖金。

美国各州的彩票运作方式不尽相同，但总的管理体制是：彩票的最高权力机构是州彩票委员会，该委员会由若干名州参议院、众议院的议员和州长任命的公众代表组成，委员会负责州彩票的监督和政策的制定；委员会下设彩票公司具体管理彩票业务，公司由经理直接监督和领导，经理经彩票委员会多数委员会通过后由州长任命。经理对委员会负责。彩票通过代销商销售。代销商必须向彩票公司提出申请，公司在了解申请人的经济、纳税情况，所在地区彩票市场以及与附近其他代销商的关系等情况后决定是否批准申请。只有州彩票公司发给牌照的代销商才能销售彩票。代销商如有欺诈行为，公司有权拒绝发放或收回牌照。

在美国，竞猜型体育彩票在诸多彩票中比较走红。美国的各项体育活动，如足球、篮球、棒球、橄榄球、拳击、网球等，都发行彩票。但与许多欧洲国家不同，足球彩票在美国销售量一般，而篮球、橄榄球和拳击彩票却开展得异常火爆。美国是篮球大国，比赛伴随着彩票的销售被炒作得十分火热。每到 NBA 赛季，世界各地的球迷蜂拥到美国，欣赏超级篮球巨星的精彩表演，也进行着运气和智慧的博彩。美国篮球运动能够雄霸国际篮坛，与彩票运作的成功为其提供充足的资金不无关系。

（三）美国体育博彩合法化进程中的障碍

体育博彩在美国并没有合法化的原因很多，但最主要的是体育官员们的担心。体育官员最关注的是保护体育竞赛的公正性。他们担心体育博彩泛滥有可能导致贿赂运动员和执法人，人为操纵比分，从而破坏比赛的公正。在美国，职业运动员的薪水一般都比较高，人们认为这足以使运动员不轻易接受贿赂。但也担心有吸毒的运动员欠债以后会铤而走险，接受贿赂。没有报酬的大学运动员被认为是最容易受贿赂的人。有人调查过 500 名大学运动员，发现在体育赛事中赌博的运动员主要动机是他们本身的竞争性格和对体育的兴趣。竞争的性格和对体育的知识使学生运动员们相信体育博彩容易赚钱。19%年，有人调查过 2000 名学生运动员，发现橄榄球和篮球运动员中有 25.5% 的人在校期间参与体育博彩。1999 年有一个调查发现，在参与体育博彩的运动员中，有 5% 的人向人提供内幕消息、赌他们自己参加的比赛，或者收钱人为影响比分。

目前，在美国体育界，为影响比赛结果而进行贿赂的事件不断增多。贿赂的增加与体育博彩的增长是相互影响的。打击贿赂与体育竞赛的发展密不可分。如果贿赂大行其道，观众们就会不再相信比赛是真正的比赛，他们会对比赛失去兴趣，这对体育表演业的打击是致命的。

美国的体育官员正在采取行动对付这一问题。早在1996年，NCAA就加强了其反赌规则，禁止在职业体育中赌博。它规定，一旦发现运动员在大学或职业比赛中赌博，停止其运动员资格一年，如果第二次出现赌博行为，将其终身开除出运动员队伍。如果运动员人为影响比赛结果，也终身不得从事体育竞赛活动。NCAA还大力开展宣传活动，宣传体育赌博是陷阱，给各运动队发放反体育赌博的宣传品。它还有专职的反赌官员，进行执法人员的赌博背景调查。

四、日 本

（一）日本体育彩票发行管理机制

日本政府对彩票发行实行地方政府和国家两级管理体制，即发行彩票的各地方自治体需要将发行彩票的议案提交各地方自治体议会讨论。议案通过后必须向作为政府官厅的自治省申请发行许可，一旦获得批准，便通过官报公布发行。为了统一管理彩票发行业务，日本政府指定日本第一劝业银行（Japan's Dai-Ichi Kangyo Bank）全权管理日本全国的彩票发行业务，其他银行不得插手。第一劝业银行负责彩票制作、广告宣传、发送彩票、销售、抽奖及发表中奖结果，支付中奖奖金等。第一劝业银行应向委托发行彩票的地方自治体报告发行彩票情况，缴纳彩票发行的收益金及当期所中奖金等。

日本足球彩票 toto 的实施主体是日本体育振兴中心，主管官厅是文部科学省。刚开始 toto 是委托给大和银行（现 Risona 银行）负责销售工作，但由于从 2001—2005 年销售额锐减，体育振兴中心只好先与大和银行解约，然后收回来自己直营。

（二）日本体育彩票收益分配

日本普通彩票的销售总额按以下比例分配：45.7%作为奖金返还；41.2%为发行彩票的地方自治体的收入，多用于社会各项公共事业；3%通过彩票协会赞助社会公共事业；7.1%支付给彩票销售者以及办理中奖的手续费；彩票的印制、宣传等成本费用占3%。

足球彩票 toto 的总收益扣除彩金和必要的经费外，收益将用于地方政府或者体育团体组织的下列事务中：基于体育振兴目的的地方性设施的完善；基于体育竞技水平提高和其他体育振兴目的的国际或者国家级规模设施的完善；在体育教室、运动会等体育活动以及其他设施中，实施体育振兴目的的事业；体育教练的培养与资质的提高、体育调查研究以及其他体育振兴目的的事业。

（三）日本体育彩票的法律规制

日本《体育彩票法》是规制足球 toto 的主要法律，对有关 toto 的发行销售等问题都作了详细规定。如（1）对不得购入、接受体育彩票的人员作出了限制，被禁止购买足球 toto 的人员包括，不满19岁的人；与体育彩票发行销售相关的政府职员；体育振兴中心的干部和与体育彩票相关的职员；足球比赛组织机构的人员；拥有足球球队的机构的干部；已登记的足球运动员、教练员和裁判员等。（2）还对违反该法的行为规定了详细的处罚等，如体育振兴中心以外者实施体育彩票活动，处以5年以下有期徒刑，或500万日元以下罚金，或者并科；不能购买、接受彩票而购买、接受彩票者，被处以

3年以下有期徒刑或者300万日元以下罚金，或者并科；明知对方是不能购买、接受彩票的人，而向其销售、转让彩票者，处50万日元以下罚金；足球比赛机构的干部、职员、球员、教练等，就其各自的业务或者比赛，接受他人贿赂、要求或者约定的，处以3年以下有期徒刑；还包括其他违法行为。（3）规定了奖金的计算方式。（4）规定了收益的用途等事项。对于除体育toto以外的其他彩票的发行，都由1948年颁布的《彩票法》规制。该法历经四次修改，从彩票的发行、销售、奖金、罚则等多方面规范着现行的彩票。

五、韩 国

（一）韩国体育彩票的发行管理体系

为了遏制韩国彩票市场此前长期存在发行机构过多、恶性竞争严重等弊端，韩国国会于2004年初审议通过了《彩票及彩票基金法》，并于2004年1月29日起正式实施。根据该法，由原来的国务调整室"彩票发行调整委员会"更名而产生的"彩票委员会"，主要负责彩票活动的管理。该委员会的主要任务包括：（1）制定彩票相关政策；（2）决定彩票的种类、面值、总发行金额、发行条件，审议、协调"年度彩票发行计划书"，管理彩票发行的委托及再委托；（3）确定彩票中奖各等级的中奖金额及中奖比例，确定彩票发行收入的分配和使用，编制"彩票发行收入使用计划书"；制订彩票基金运营、管理等政策，编制"彩票基金运营计划案"；（4）彩票销售及广告规定、彩票流通费用；（5）保护最终购买者及青少年，组织相关教育及宣传，防止过度的中奖射倖心理等。

韩国体育彩票的受委托发行机构是国民体育振兴基金会，再由之下的体育彩票销售公司及银行两个单位来具体负责体育彩票发行的具体事宜。比如，体育toto可以根据总统令的规定，委托给由文化体育部长官认可的团体或个人来运营体育投票券业务，于2001年2月被文化观光部选定位体育振兴投票券受托者的股份公司——体育toto（株）受委托运营者体育振兴投票业务。

韩国体育彩票的零售商包括地铁零售亭、福券坊、路边零售店、便利商店、超市等，一般通过现金交易。所以在韩国购买彩票很方便。

（二）韩国体育彩票的收益分配

从1989年韩国正式开始发行"体育彩票"至今，韩国通过彩票已积累了大量的资金，其中大部分都用来发展韩国的体育运动事业。

Toto的销售所得收益，用于发展体育事业，其中80%交给国民体育振兴基金，10%用于支援发行对象体育竞技项目的开办团体，10%用于文化观光部长官指定的文化、体育事业的支援。

韩国自行车彩票法规定，自行车彩票收益中有70%用于中奖者的奖金，18%用于缴纳各种税收，12%作为政府公益基金使用。而在公益基金的使用范围中，40%上缴韩国国民体育振兴基金会，30%用于韩国青少年基金会，有17.5%用于体育产业发展基金，10%用于地方财政补贴，2.5%用于其他公益事业。基金会并不以盈利为目的，所以除了必要的彩票奖金及税收开支外，其余的部分再扣除参赛选手的奖金和举办比赛的相关开支外，将作为公益基金使用。

（三）体育彩票的法律规制

韩国体育彩票的发行依据的法律是 2001 年 10 月开始实施的《国民体育振兴法》，同时，作为众多彩票种类中的一种形式，体育彩票必然要接受《彩票及彩票基金法》的规范。韩国的《彩票及彩票基金法》对彩票的发行、销售、罚则等都作出了详细规定，如单人单次购彩额都不得超过 10 万韩元，如果违反，则依据该法对违反者处以 500 万韩元（约为 2.4 万人民币）以下的罚款。

（项目编号：1256ss08074）

中国体育彩票系统人力资源分析及管理模式研究报告

王卫东　闫玉丰　郭迎棠　李秋璇　饶　莉
姜兴华　田志宏　梅晓鹏　栾晓丽

一、人才队伍现状

截至 2009 年底，全国体彩机构工作人员共有 3971 人，其中总局中心 63 人（12 个部门，领导层 5 人，中层干部 18 人），省区市中心 1193 人，地市中心或分支站 2715 人，网点专管员达到 2576 人，即开票销售代表 1.5 万人。近几年人员数量的稳步提高，有效地解决了过去职能缺失、人力不足的问题，保证了各项工作的顺利开展。总体来说体彩队伍精简高效，局部地区人才紧缺。

全国体彩从业人员由 2006 年的 20 多万人增加到 2009 年的 30 多万人，为缓解我国社会就业压力做出了积极贡献。

用工形式上，聘任制员工已占到总体的一半以上，并有比例逐步扩大的趋势。全国平均数据，省中心聘任比例达到 59%，分中心聘任比例达到 72.7%。51.6%的省市区没有用完事业单位编制定额。另外有部分领导干部属于体育局行政编制（公务员），不属于体彩中心编制，也不属于聘任制员工。

表 1　体彩系统各省员工聘任比例表

地区	省中心聘任比例(%)	分中心聘任比例(%)	地区	省中心聘任比例(%)	分中心聘任比例(%)	地区	省中心聘任比例(%)	分中心聘任比例(%)
北京	76.8	无分中心	安徽	31.4	98.6	重庆	76.2	无统计
天津	86.4	无分中心	福建	72.9	90.5	四川	67.3	100.0
河北	44.4	100.0	江西	31.0	100.0	贵州	15.0	67.2
山西	66.4	100.0	山东	60.4	74.8	云南	73.2	70.2
内蒙古	54.2	40.7	河南	45.9	100.0	西藏	69.2	50.0
辽宁	59.0	28.0	湖北	42.4	100.0	陕西	59.5	100.0
吉林	81.3	76.3	湖南	59.4	100.0	甘肃	40.0	81.5
黑龙江	55.6	53.3	广东	45.7	32.8	青海	45.5	16.7
上海	21.1	无分中心	广西	63.9	100.0	宁夏	80.8	100.0
江苏	41.1	60.5	海南	50.0	无分中心	新疆	54.5	37.7
浙江	51.6	71.4						

二、人才培养与发展

顾名思义，此主题包含了"培养"与"发展"两个内涵。"发展"是目的，"培养"是手段。也就是说，发展目标为人才培养提供了行动的方向和依据，培养队伍的目的就是为了发展队伍。

在此主题中，课题组还分析了体彩员工"对自我职业状态的认知"以及"对未来发展的认知"两个思想基础，在这两个思想基础的前提下来分析培养、发展的现状，更能理解一些现象背后的原因。

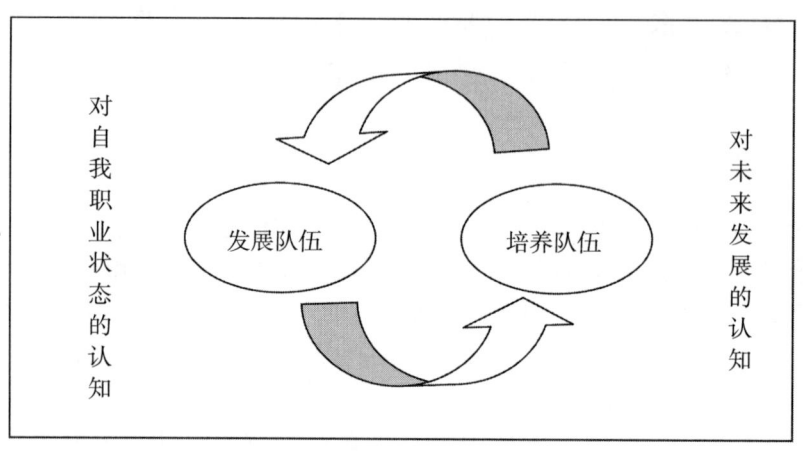

图 1　自我职业状态的认知

对岗位工作价值的认同。员工是否觉得自己的工作有价值、有意义，是影响工作动力的一个重要因素。在问卷调查中，97%的人认为自己有一份有助于组织成功且有利于自身发展的工作，93%的人对自己所在岗位感到满意，说明员工对岗位工作的价值给予充分肯定，从工作中获得了自我实现的满足。这是一个积极的信号，只有认同了自己的工作，才可能做到"爱岗敬业，在岗尽责"。

对自我胜任力的认识。99%的人认为自己具备胜任本职工作的知识和技能。分析对自己的胜任能力自信的原因，一方面是因为"自我偏见"的心理规律，比如一般情况下都会认为自己的做法是对的，错误都归咎于别人或是客观因素；另一方面也是因为工作中实实在在的成绩给人带来了自信。体彩员工有这么高的自信，说明工作确实有成绩，在体彩大发展的环境下，大家对自己的信心很足。但我们也必须看到，有部分员工高估了自身知识和技能，这会对培训工作的开展带来一些负面影响。高估的原因，也正说明了目前体彩系统还没有建立对工作知识和技能客观评价的标准和方法，任职资格评价、持证上岗等将对这个问题的解决提供帮助。

在选择有后顾之忧的35%人当中，担心被单位辞退的人占74%，即35%×74%=26%，占被访者总体26%。说明这是一个有竞争压力的组织，在一个事业体制的单位里，形成现在的工作压力状况，对转变工作作风、提升效率是有帮助的。

适度的压力有助于我们把工作做好、发现不足、追求进步。如果压力过度，就有可能影响我们工作能力的正常发挥。

对未来发展的认知

调查数据显示，对单位的发展未来抱有信心的占96%，对个人的职业前途抱有信心的人占93%，认为自己有明确职业规划的人占86%。这说明组织的整体状态良好，士气高涨。

在职业规划方面，这里有两个问题要明确，谁决定自己的职业前途以及根据什么原则设计自己的职业规划。职业定位要平衡组织需要和个人能力，同时要有强烈的竞争意识。

除薪酬外，比较看重的六个方面比例很平均，说明员工在工作中的需求是多元化的，比例最高的是"提高能力机会"，可见员工素质培养不仅是组织的迫切需求，也是员工们的心愿。

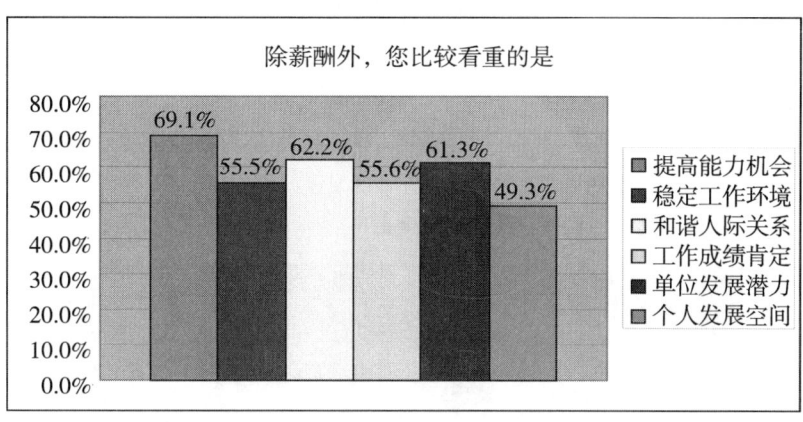

培养培训

65%的人认为本单位有培训方面的明文政策，自己非常清楚。从我们走访的三个省来看，省级机构都经过了ISO9000的认证，逐步形成了规范化程序化的管理体制，相对来讲，培训制度方面的工作也做得更细致。而地市一级的体彩中心，机构规模不大，主要精力都扑在营销上，管理规范有所欠缺，精细化程度不够，因此员工对培训政策不太清楚也是一个基本事实。

前面我们看到被访者认为自己胜任工作的比例非常高，这样是不是就不需要培训、没有培训需求了呢？组织通过为员工搭建成长的平台和通道，来实现组织的使命和目标，而组织中的每一位成员在这个平台上贡献自己的力量，锻炼自己，因此培训需求、职业规划是员工的主动选择，而不是等待着组织为你规划职业生涯和指派培训。

从问卷调查结果来看，79%的被访者都认为自己的培训需求已经确定和得到了适当的安排，另外20%的人选择否定的答案。结合我们实地调研的情况来看，基层培训主要集中于新玩法上市、营销、技术培训等，而其他方面的培训较少，基层员工尤其是专管员，表现出培训的愿望较强，但日常工作很紧张，存在一定的工学矛盾。

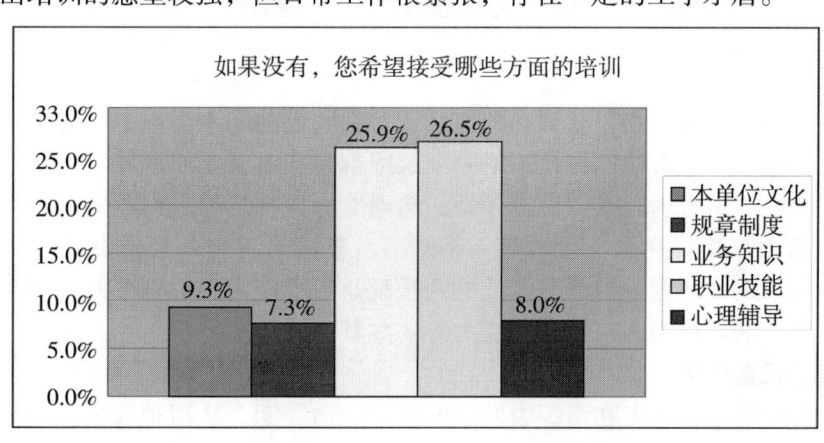

培训要转化为生产力，就必须与实际业务紧密结合，以业务培训为主，但仅仅有业务培训是不够的，因为影响员工工作绩效的因素很多，不是单纯的知识和技能就能够概括。我们从上图可以看到，大家对培训的认识还是停留在业务培训的阶段，而对其他内容的培训重视不够。

比如，仅有约9.3%的员工提出有文化培训方面的需求，说明员工没有意识到文化的影响力和重要性，这需要我们特别加强文化建设，使之更具有针对性和有效性。组织文化作为组织的管理价值观，需要教育和培训来使之更好地落地。这也是实现组织价值的需要。

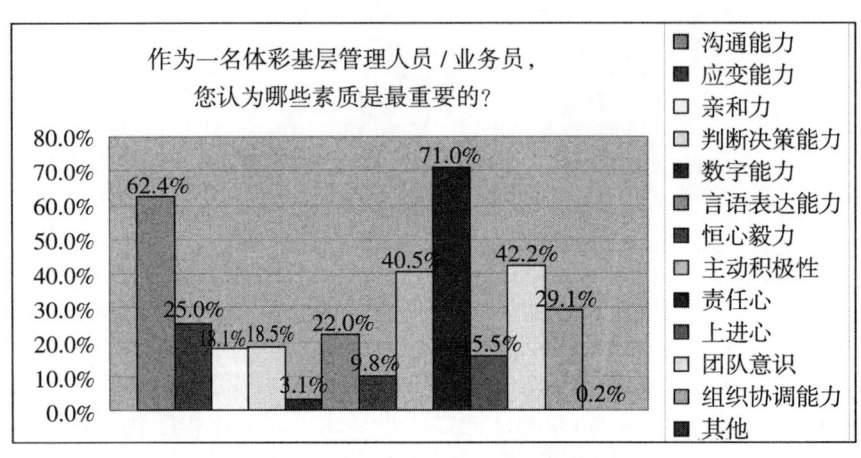

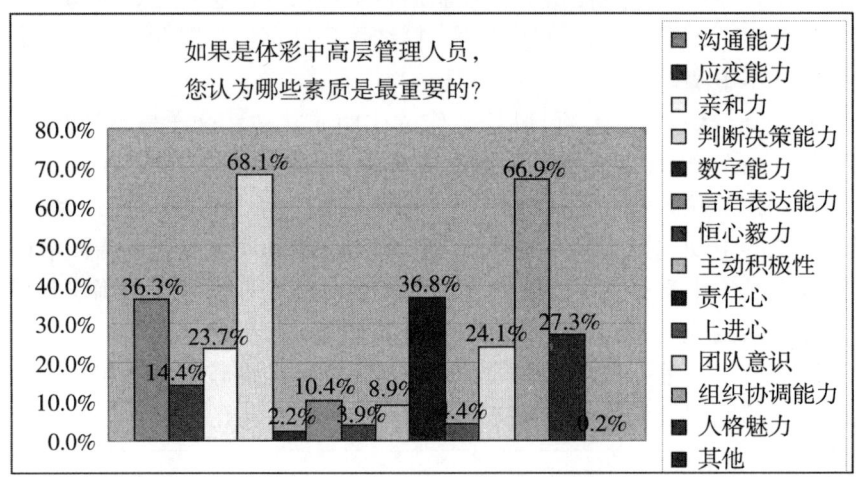

各级人员的核心素质主要有哪几个方面呢？在我们的初步调查中，得出了以上的结果：大家认为责任心与沟通能力是不论哪个层级都是非常必要的素质，只是重要程度略有不同，作为中高层管理人员，比责任心、沟通能力更重要的是判断决策能力和组织协调能力，还有得票率排在第5位的是人格魅力。基层员工主要素质中还包括主动积极性、团队意识。两个问题中得票率最低的两项都是数字能力和恒心毅力。同时，有一些被访者还提出了创新能力、市场开拓能力等一些其他素质。

人力资源配置/发展

人力资源配置是指员工在组织中发展的整个生命周期，从招聘选拔、内部晋升、平调、轮岗、挂职等，一直到退休、离职、辞退解聘这个完整的过程。在这个过程中，组织通过一系列的制度、管理办法、流程，培养选拔优秀人才到合适的岗位，做到用正确的人做正确的事，可以说是我们培养人才的最终目标之一。

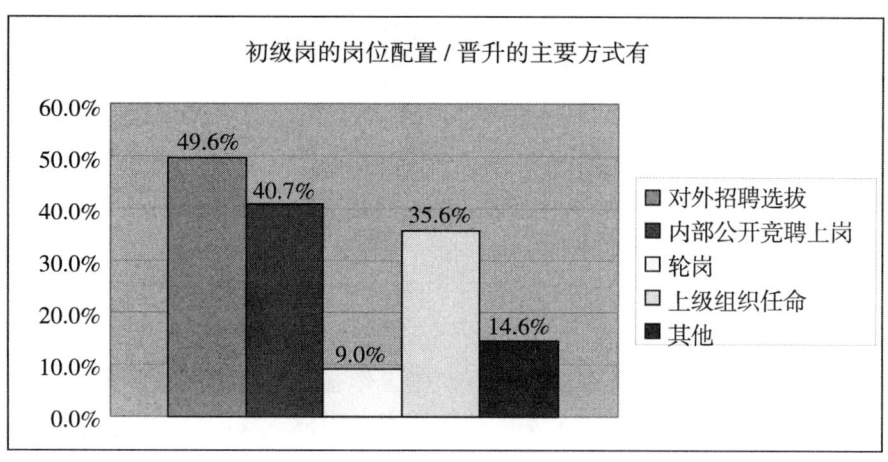

初级岗位的配置/晋升方式排第一位的是对外招聘，第二是内部公开竞聘，其次是上级组织任命。这说明我们初级岗位的人才来源已经非常广，并不局限于体育局、体彩中心员工的内部调配。这与我们前面分析的聘任制员工比例过半是一致的。

聘任员工的加入，为我们体彩队伍注入了一股新鲜的血液，它是与体彩事业的经营性质密不可分的。只有更灵活地吸纳社会上有市场头脑、经营经验的人才，才能碰撞出更多的火花，带来管理和效益的双重进步。

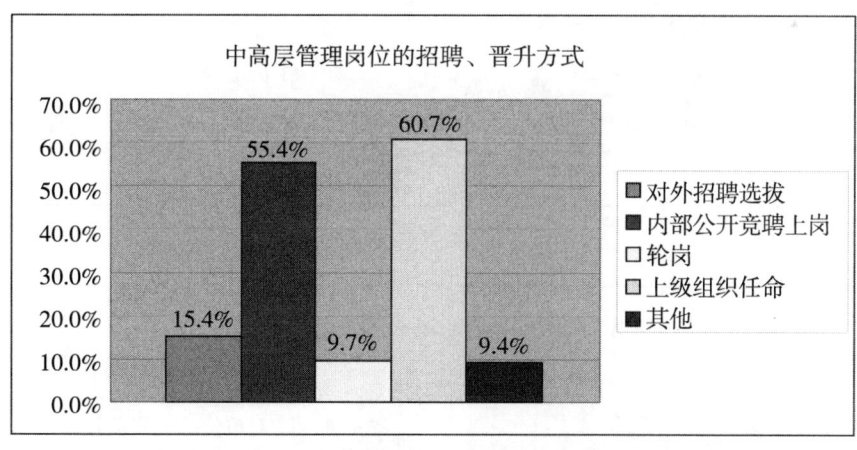

而中层以上干部的人才配置，就呈现出不同的特点，如上图，首先是上级组织直接任命百分比最高，其次是内部竞聘，而对外招聘、轮岗等形式则采用得很少。这项结果与我们实地调研的情况相吻合，各级体彩中心的领导班子都是当地体育局直接任命的，要么是体育局的中层干部兼任，要么是从体育系统调任。体彩中心的中层干部大多是内部晋升，采用公开竞聘的方式较多。

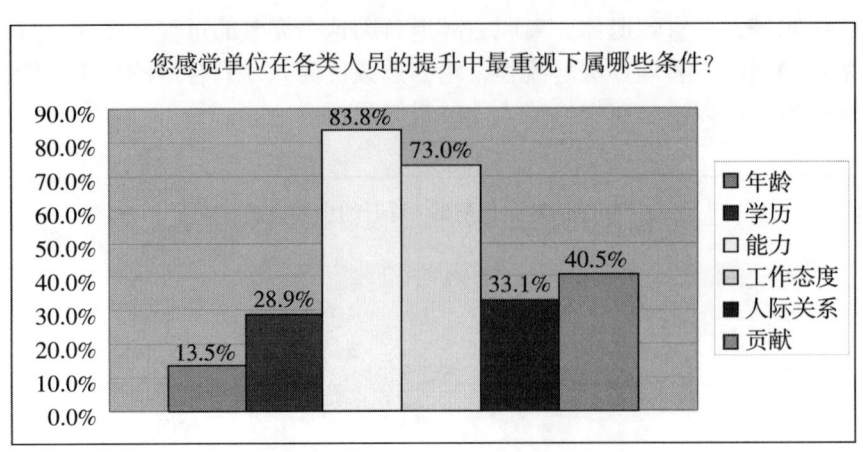

大家认为人才提拔首先要看能力，其次是工作态度，贡献和人际关系也是需要考虑的方面，最后是年龄学历作为一个基础门槛和参考指标。我们认为，评价首先是一个综合的判断，只看一个方面肯定是不全面的。但各因素孰轻孰重，不同的组织有不同的认识，跟其历史环境，文化氛围有关，但能力因素始终是居于比较核心的地位。

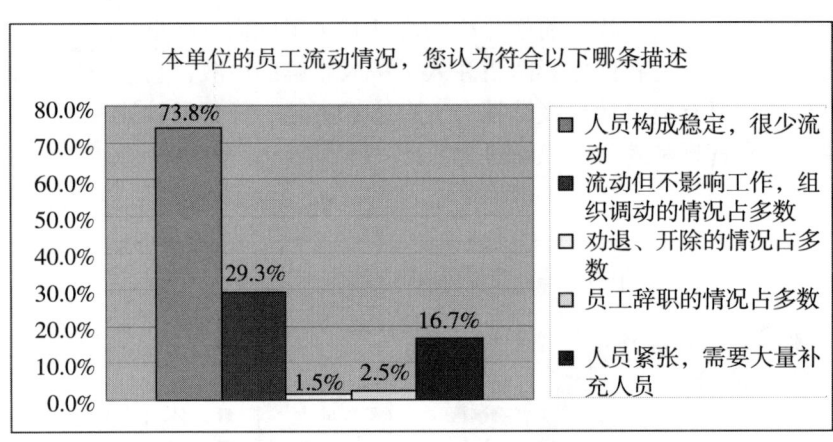

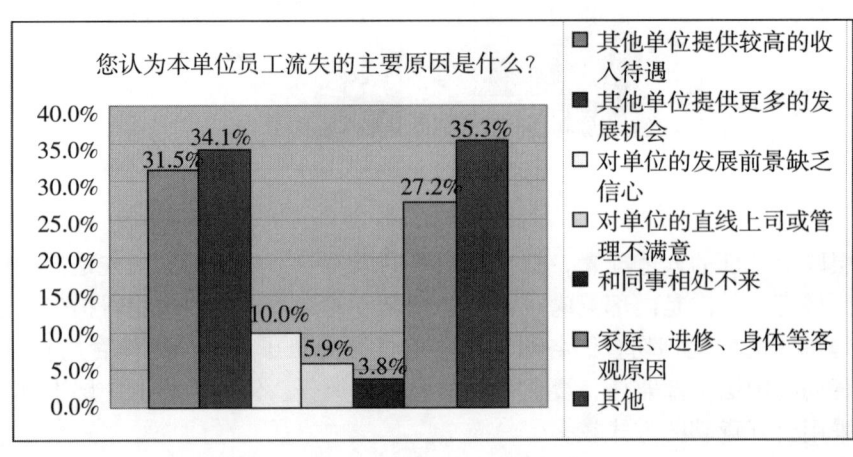

238

体彩系统的队伍是比较稳定的，一是因为事业单位，二是体彩事业形势越来越好，对人才的吸引力也越来越大了，同时对人才的需求量也与日俱增，我们在调研过的地方都感觉大家每天很忙碌，增机扩点带来的不仅是效益，也是实实在在的工作量。

在员工流失的原因调查中，选"其他"的人最多，占35.3%。在与基层的交流中，我们很少听到员工流失的事情，一般为组织内部调动，属于员工服从单位安排的调任。而问卷是以主动选择的角度来调查流失的原因，因此选"其他"的人最多。

三、绩效管理

每年从国家到省市，体育局都会制定体彩相关的考核目标，进行层层分解。体育局与各级体彩中心领导签订目标责任书/责任承诺书，一般分为销售任务和综合评定两方面。销售任务指标包含比如销售额、市场份额等。

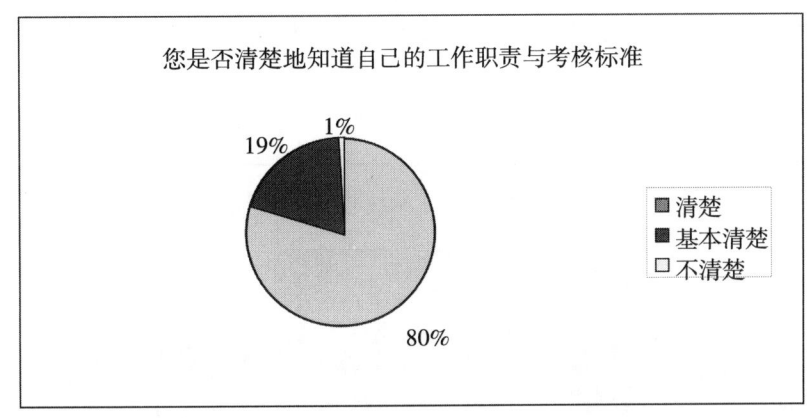

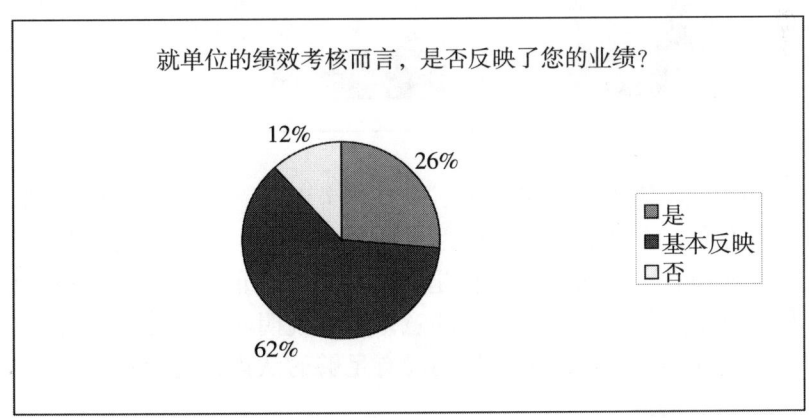

调查问卷中，对自己工作职责与考核标准不清楚的人只占1%左右，并且88%的人认为绩效考核反映了自己的业绩情况。从这些情况可以看出，体彩系统的绩效考核做得比较成熟规范，员工很认同。与销售直接相关的工作人员可以更多地用数字去量化成果，而行政职能人员的工作很难量化考核。如果说要更加完善绩效考核的话，应该更加注意行政职能人员方面。

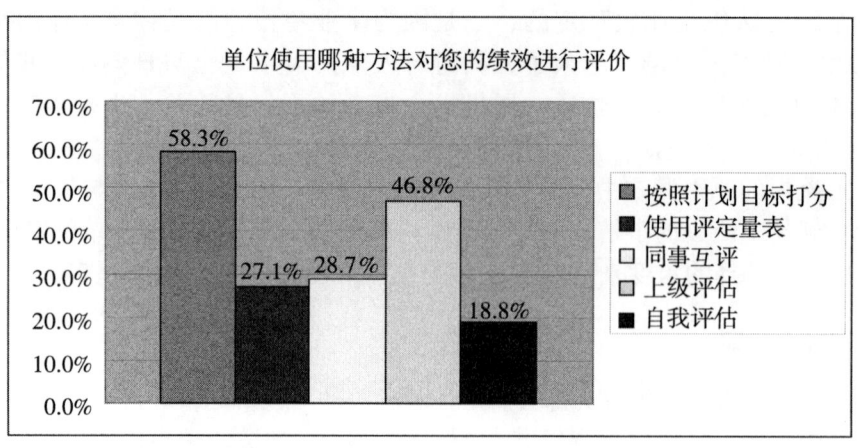

考核方法上面，按照计划目标打分比重最大，其次是上级评估。这是比较理想的绩效考核方法组合：以客观数据为主，主观评价为辅；以上级评价为主，同级和自我评估为辅，并且使用标准格式化的量表。

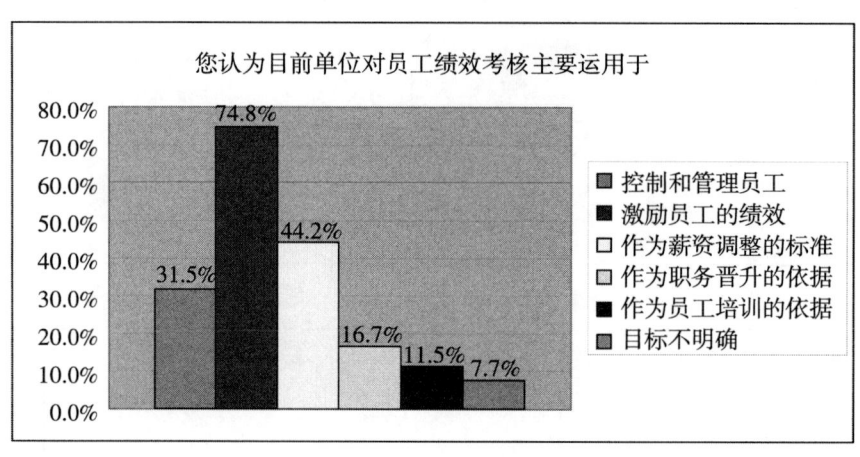

绩效考核的应用是其意义所在，而不应该为考而考。从上图可以看到，作为绩效考核的各种应用方向，有74.8%的人认为考核是应用于激励员工的绩效。我们认为这是非常正确的认识和做法。而认为考核是作为培训依据的人仅占11.5%，说明大家还没有把培训和考核联系起来，缺乏这样的意识，也说明实际工作中没有形成这样的做法。从另一角度来说，也是对培训的作用没有足够的认识，对培训的实际应用效果持怀疑态度。

四、薪酬福利

薪酬福利和当地的平均收入水平有很大关系，从课题组走访的三个省来看，体彩中心基层员工的收入属于社会中等水平，与当地事业单位、国企基层员工相近。福利待遇方面比较人性化，比如有交通补助、通信补助、餐补等，但福利水平因地区差异参差不齐，这也跟单位的经营情况、财政部门监控情况有关。

问卷调查中43%的人表示对收入满意，37%的人没比较过，20%的人感觉不满意。不满意的对待方式主要是努力工作干出业绩78%，其次是在外兼职9%，找有关主管沟通7%，敷衍工作和辞职的人分别占3%。

这里面值得注意的是，选择在外兼职的比例排第二位。即使是利用业余时间，兼职也会影响到员工的健康，导致身心疲惫，分散工作精力。

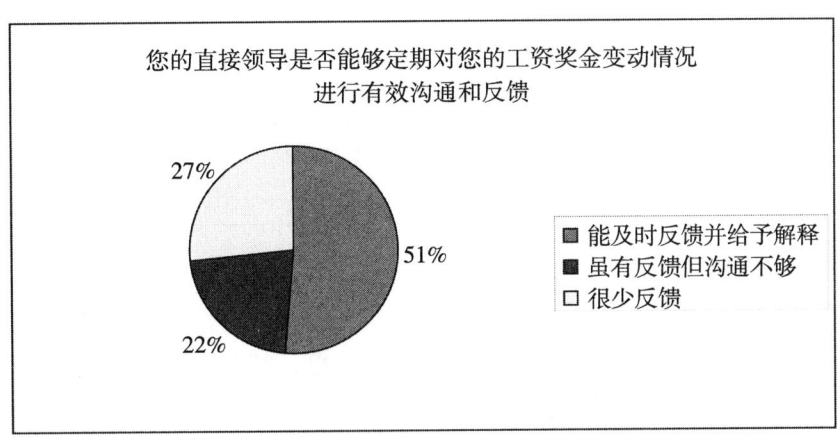

对工作奖金变动情况的有效沟通反馈虽然不是一个经常性的管理行为，但通过这个举措可以了解下属的想法，使部分员工避免思想上的波动，造成上面所说的兼职、敷衍、辞职等现象。因此建议有条件的体彩中心可以把它固化为工作程序中的一项。

五、劳动关系

劳动关系研究包括员工关系管理、人事档案管理、劳动法律法规等。

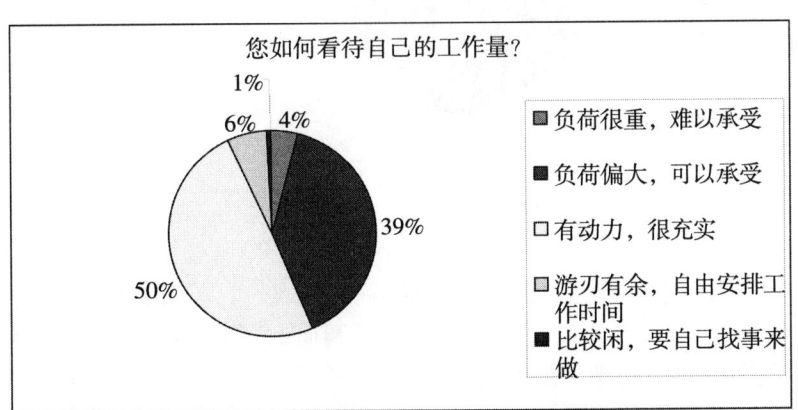

调研中我们了解到，彩票工作的压力很大，需要想方设法完成销售目标，推广新游戏，维持老玩法的生命力，还要进行各项管理改进。目前的压力分布相对比较正常，但对那些感觉游刃有余和比较闲的人和感觉负荷很重、难以承受的人要进行关注，并采取培训、辅导、工作调整等必要措施。

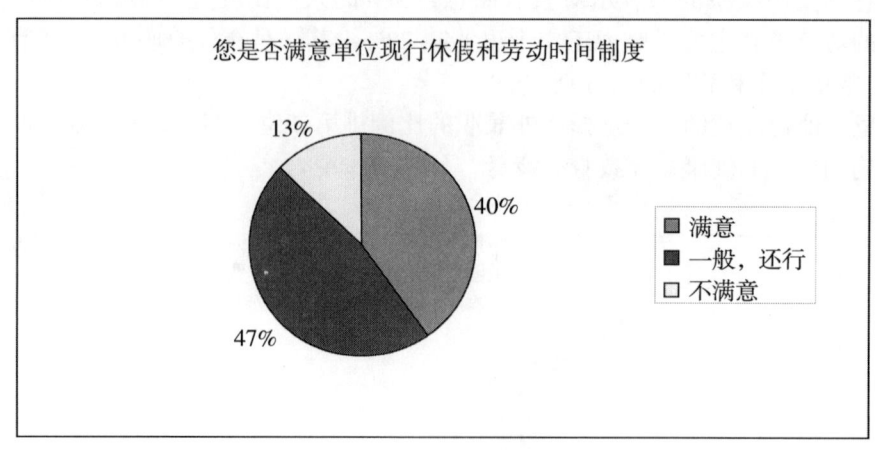

业务员、专管员在绝大多数周末、法定假日都要工作，白天巡视各投注站，晚上又正是开奖、销售旺的时间段，都要工作到晚上8、9点，甚至10、11点。体彩中心上至领导下至一般工作人员都常常加班，周末也要有人值班。但在这样长时间工作的情况下，我们体彩的员工表示不满意的仅有13%，说明大家的思想状态很积极，的确是感觉有动力很充实的员工占多数。

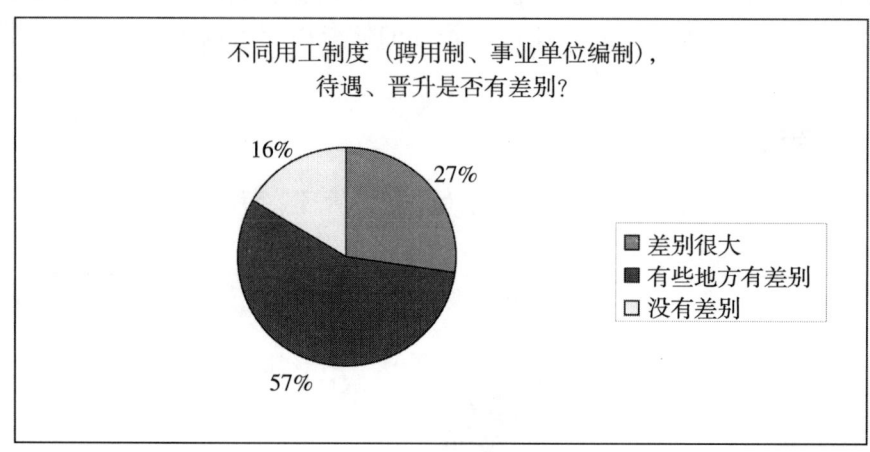

体彩系统采用事业单位编制、聘任制两种用工形式。可能还有部分中高层干部属于体育局行政编制（公务员）。在我们基层调研时了解到，事业单位编制员工参照公务员的待遇标准，而聘任制员工基本工资略低于事业编员工，但体彩中心会注意通过其他方法来平衡员工的收入水平，淡化差距。而在日常工作方面都是一视同仁的。

调查"不同用工制度，待遇晋升是否有差别"时，选择没有差别的人只占16%。随着用工制度的改革，现在多种用工制度并存的现象普遍存在，这是组织经营管理的需要。同时也在员工中产生一些认识问题，需要认真对待、正面引导。

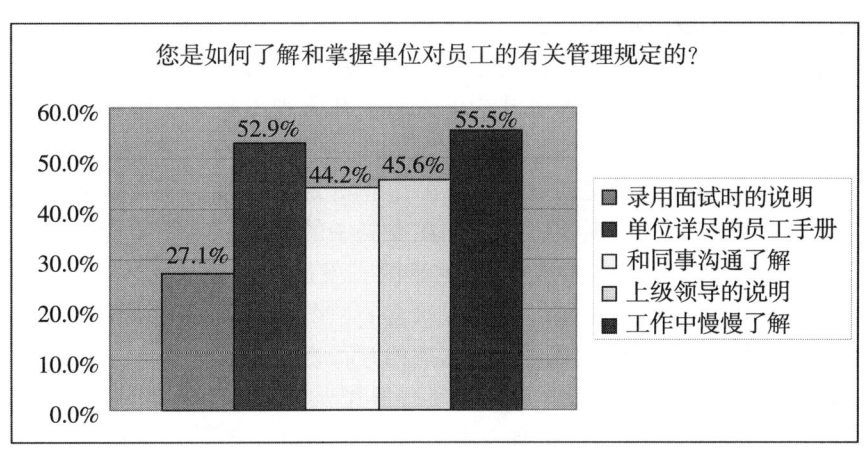

关于员工管理的基本制度和规定应该通过员工手册或入职培训对员工进行说明,这样比较顺畅和规范。从调查结果来看,52.9%的员工是从员工手册获知的,说明我们的管理已经有了一个良好的基础。可能下一步需要在入职培训方面多做一些工作,使管理更加规范有效。

六、组织文化及思想动态

在课题组进行走访调研的过程中我们发现,各省中心的领导都非常重视组织文化的建设,认为文化是业务工作的助推器和坚强后盾,组织文化是日常工作中行为理念的提炼,反过来又影响和指导着日常工作的方方面面。很多领导干部在谈业务时,都能引用体彩文化的理念,比如"全国抱成团,创新求发展","坚定信念、牢记使命,科学发展、敢于创新,团结奋进、恪守诚信"等等。有的领导对文化落地有着一套清晰的建设思路,还有的领导在体彩文化的前提下延伸出了符合本省特点的文化内涵。

组织文化不直接解决工作效率问题,但它解决效率背后的动力问题,也就是解决员工的凝聚力,主动性和灵活性等问题。在这一模块,课题组着重调查了沟通协调、组织氛围、思想动态三大方面的内容,来了解员工对文化的认识程度,文化在日常工作中的作用,以及探讨可以用文化来解决的一些问题。

沟通协调

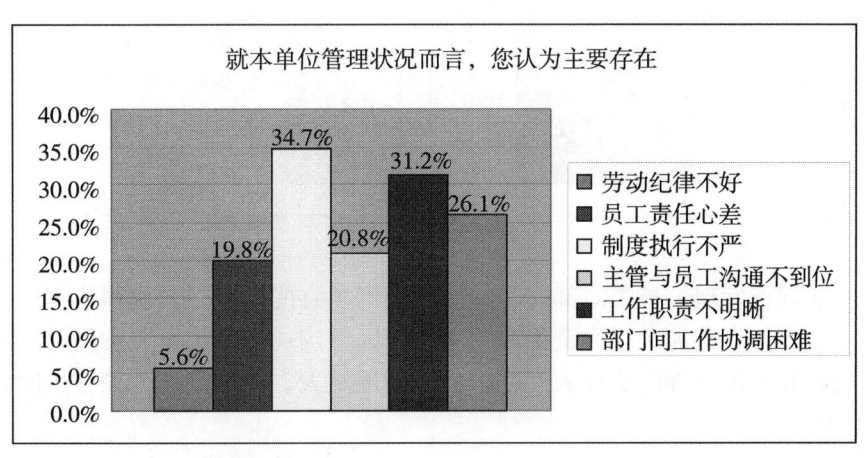

以上问题的数据比例都不是很高,说明大家认为组织的管理状况还是比较良好的。最高的一项是认为本单位存在制度执行不严,占 34.7%。为什么执行不严,可以从两个角度去寻求答案,一是缺少必要的激励约束机制,在管理上缺乏手段;二是维护组织工作氛围的需要。

认为工作职责不明晰的员工占 31.2%。工作职责划分常常出现真空地带,即有的事没人管,或者出现职责交叉的现象,尤其是在发展中的组织,组织架构、岗位规范都在调整的过程中,想做到职责完全明晰是很困难的。发展的问题要靠发展来解决。另外,当因为职责不明晰产生工作不顺畅、员工有怨言的情况时,领导的协调工作就显得更加关键,比如强调着眼于共同解决问题,而不是相互指责抱怨等。

选择部门间协调困难的占 26.1%,主管与员工沟通不到位 20.8%,员工责任心差 19.8%。这些工作,都要靠基层的管理干部做深入细致的工作,目前问题比较突出,说明加强相关技能的培训非常迫切。

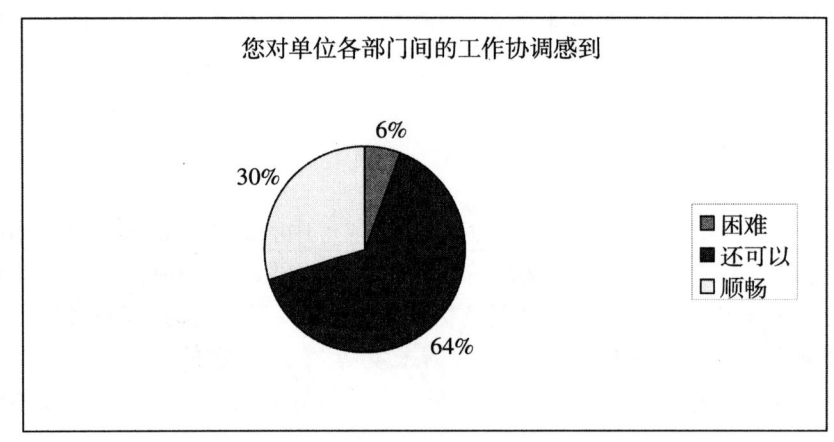

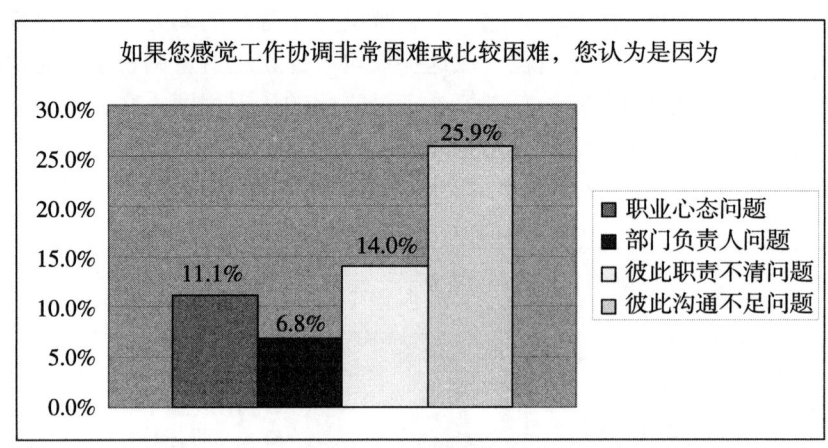

以上两项调查发现,员工对部门间的协调感到满意的占多数,说明我们组织的运行是顺畅的。少部分人认为工作协调困难的主要原因是沟通不足,而职责不清也是一个局部情况。选职业心态和部门责任人问题占的比例虽不大,但这是两个关键点问题,需要给予关注。

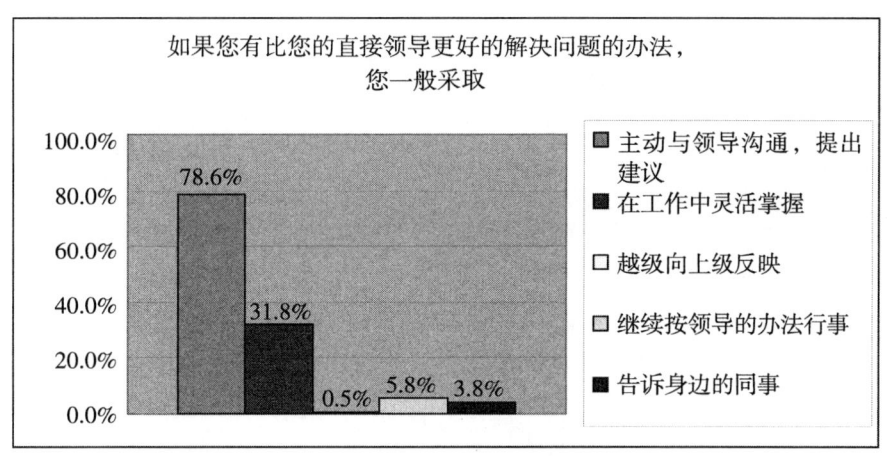

沟通是组织文化传递与形成的途径，是组织凝聚力与执行力汇集的通道。因此，沟通问题是组织的基本问题之一，沟通是否顺畅、有效是衡量一个组织文化建设水平的关键点。

调查显示，在过去的一个月内，获得过上司中肯意见反馈的员工有近80%；有73%的人向上司提出过意见、建议或个人的问题，78.6%的人会主动与领导沟通，提出建议。看来我们组织沟通方面做得比较到位，已经形成了一定的沟通习惯。这种自发的习惯如果能加以引导，让剩下的20%、30%的人也养成习惯，尤其是管理者，将会发挥更大的管理效用。

许多管理者在沟通这个核心职能上没有完全地做到尽职尽责。带队伍、当教练是管理者的责任，直接上下级的沟通是关键，"和谐"也就体现在这里，认同理解、集思广益也都是通过顺畅的沟通实现的。管理者的一个重要工作就是指导下级。与下级交流，一是要中肯，要有针对性；二是要方法得当，讲求沟通的有效性。形式固然重要，但关键还是内容。开很多会、谈很多次话，但是没有内容、没有感情还是没有好的效果。

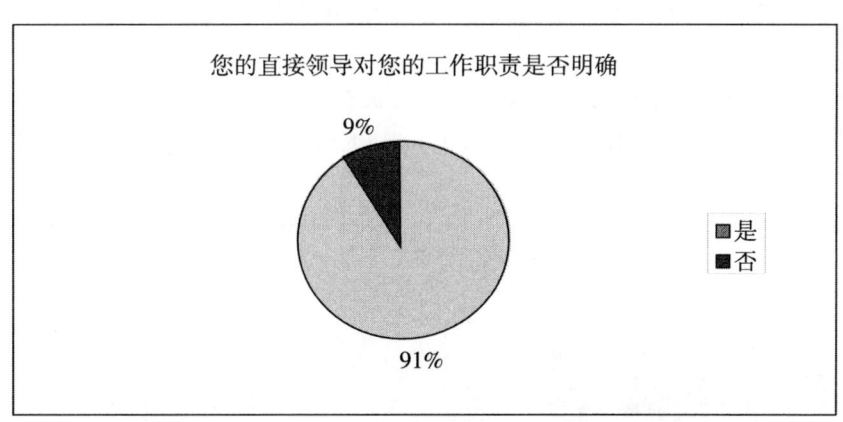

另外，调查还发现，只有约59%的员工选择把工作中的愉悦或烦恼，通过某种方式或途径让上司知道、感受到。我们认为，组织内情感沟通情况，没有什么绝对的标准，是否满意要看组织的需求。如果组织希望加强情感交流并做了大量工作，而效果却不是很理想，则是问题。

组织氛围

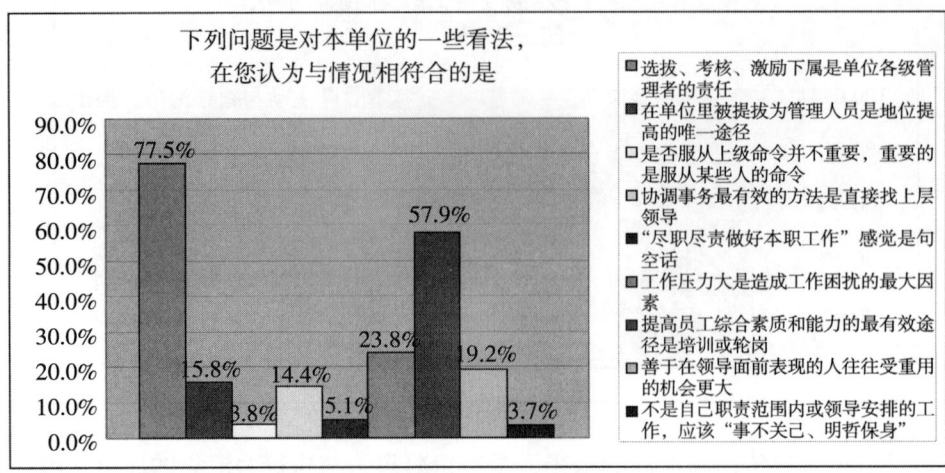

大家最为认同的观点是"选拔、考核、激励下属是单位各级管理者的责任"和"提高员工综合素质和能力的最有效途径是培训或轮岗"。

员工的需求是需要引导。我们应当这样来思考：在以契约精神为原则的现代组织中，要提高待遇，就要考虑自己的贡献，要有贡献就要提高技能。如此说来，学习和培训才是最大的福利。有一技之长是安身之本，一专多能就会在组织中有更大的发展。古人尚知"遗子一金，不如遗之一经"。就是说要培养自己的专业技能。不重培训只看薪酬，无疑是舍本求末，没有用发展的眼光来看待自己的职业生涯，需要引导。

针对调研中提出的"就本组织现状而言，您认为主要存在哪些问题？"约有53.5%的员工选择了"外部市场问题"，约有46.8%的员工选择了"人才不足问题"，约有35.6%的员工选择了"内部管理问题"。说明员工们认为当前体彩发展的主要压力是外部市场和人才不足，其次才是内部管理问题，也有少部分人认为分配公平有问题。总体看来组织氛围是良好的，大家的关注点集中在提高销售业绩上。

调查显示，21%的人认为本单位许多人员未能对工作尽责，77%的人认为本单位同事间的人际关系不复杂。

以上两项调研说明大多数人的人际关系是良性的，认同工作伙伴是良好关系的基础，当大家把更多的精力放在业务、业绩上，人际关系自然就不那么复杂，就不会患得患失、锱铢必较。

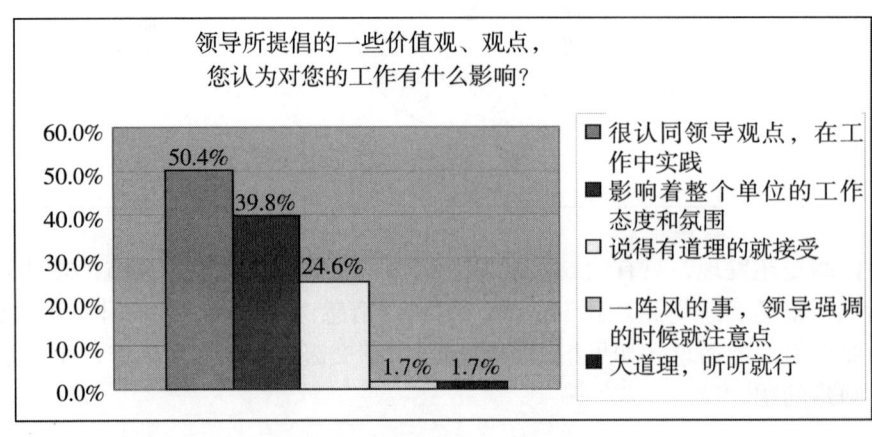

调查领导意志对一般员工有什么影响，是从一个侧面调查员工对组织文化的认识程度。因为领导是组织文化的倡导者和推动者，领导言行对员工有潜移默化的影响和示范作用。一个领导对员工的影响力大小对于文化建设是非常关键的。

调查发现，有一半的员工愿意践行领导的思想，有约40%的员工认为领导的思想对整个单位的氛围有影响，还有小部分员工不太重视和认同。这个数据表明，领导的影响力还没有达到非常良好的状态，有一些员工对领导的认同感不够，我们的领导还有很多工作需要做。

员工对环境的满意程度是一个综合的感受，包括物质环境、人际环境，98%的人认为满意或一般，那么大家的情绪就会表现得比较平和，组织氛围和谐，有利于文化建设的深入推进。

思想动态

调查显示，在"能力和业绩是否得到正确对待并不会影响您的工作态度？"的心态问题上，约有77%的人选择"是"，对管理团队的态度选择"不信任"的只有1%。的确，管理者作出客观公正的评价对员工的影响还是很大的，要努力提高考核评价能力。另一方面员工要提高自我认知能力和接受指导帮助的水平，克服消极心态和封闭心态。员工自身的骄娇二气，是产生问题的主要原因。

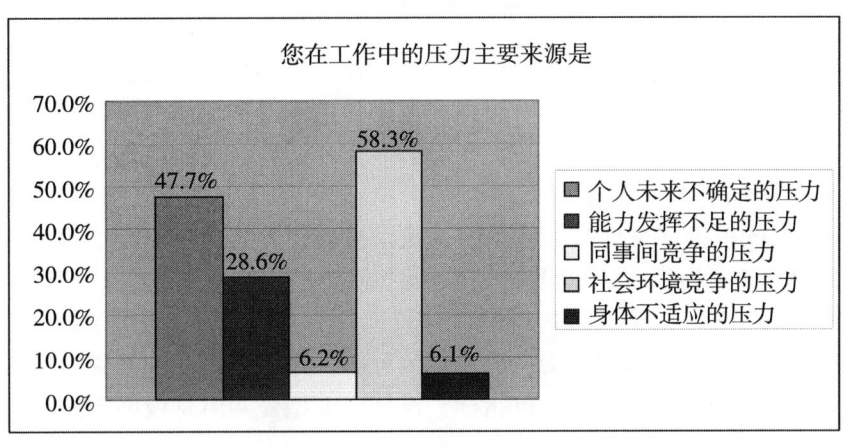

我们认为，激励通过以下逻辑实现：人有差别，差别在竞赛中体现，竞赛产生激情，激情是动力的源泉。明确动力就是在员工中树立竞争意识，增强危机感，工作中建立竞赛机制，提升绩效。仅有6.2%的员工认为同事间的竞争压力是工作中的主要压力来源，显示竞赛机制还有待完善。而对未来不确定的压力则有47.7%的员工认为是主要压力来源，这说明员工没有现实的压力就会有空想带来的压力。

（项目编号：1398ss09087）

大型公共体育设施建设项目与城市国民经济发展交互影响评价方法的研究

王正伦　王爱丰　陈　良　王　进
张建民　唐芒果　孙海燕　郑美艳

作为投资决策主要依据之一的经济评价，尤其是国民经济评价部分，对于大型公共体育设施这类建设项目的投资决策行为的影响意义重大。但在实践中，由于传统国民经济评价方法的不适用而使大型公共体育设施建设项目经济评价难以有效进行，因而有必要对大型公共体育设施建设项目的经济评价方法进行专门研究，为理性决策提供必要的基础理论准备。

一、构建国民经济综合效益评价指标体系的基本原理

（一）国民经济综合效益评价指标体系的构建基础

大型公共体育设施建设项目国民经济综合效益指标体系的构建基础有三个方面：其一，通过案例研究，对大型公共体育设施典范项目进行剖析，挖掘出项目的基本特征因素，分解这些因素，使之中性化，成为大型公共体育设施国民经济效益中经济效益、社会效益的评价标准。其二，参照了联合国可持续发展委员会（CSD）、联合国统计署（STAT）所提出的可持续发展指标体系以及我国目前较为成熟的建设项目环境影响评价指标体系，整合出大型公共体育设施建设项目国民经济效益之环境效益的评价标准。其三，坚持科学发展观，综合了国内外经济评价理论、社会福利经济学的有关理论成果，通过对国家、地区国民经济和社会发展目标的分解，遵循体育设施投资项目相关国家方针政策，参照其他项目国民经济评价指标，设计出大型公共体育设施国民经济综合效益评价指标体系。

（二）构建指标体系的基本原则

1. 层次性原则

评价指标应具有科学的层次结构，指标层次的排列呈现由简到繁的趋势，各层次的划分要具有逻辑上的自恰性，即各层次指标的划分是不重合的、清晰的，各层次的划分是符合包含关系的。

2. 简洁性原则

评价指标的选择、指标体系的构建必须以大型公共体育设施最根本的价值为导向，体育设施综合效益所涉及的面非常广，反映其各方面的指标都集中起来，将是"海量"的，不可能面面俱到地把所有的相关指标都包括进来，评价指标的选择必须要有代表性，做到繁简有度。

3. 实用性原则

建立大型公共体育设施投资项目国民经济评价指标的基本目的在于使大型公共体育设施投资决策工作更有效、更易于把握，使大型公共体育设施的未来的运营实践中可能存在的问题更易识别。这一切都取决于指标的实用性。只有在实践中易于接受、便于运用的指标体系，才能对大型公共体育设施投资起到相应的指导作用，才能有研究设计的必要和存在的价值。这就需要解决好不同指标的繁易程度、指标量化的难易程度。

此外，在选取指标时还应注意客观性、规范性、导向性、可比性等原则，最终使建立的国民经济综合效益评价指标体系对大型公共体育设施建设项目的投资决策起到切实有效的指导作用。

二、国民经济综合效益评价指标体系的建立

（一）大型公共体育设施国民经济综合效益指标体系初步框架

根据大型公共体育设施投资项目国民经济评价内容的不同，拟将大型公共体育设施国民经济综合效益指标体系结构划分为五个层次（图1）。

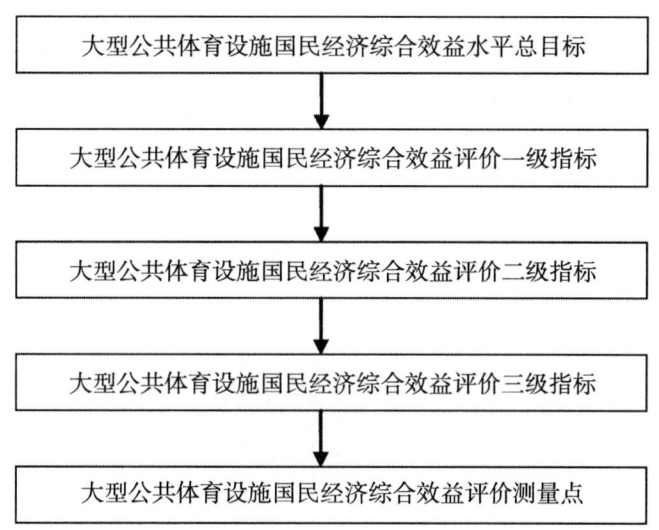

图1 大型公共体育设施国民经济综合效益评价指标体系层次结构

其中，第一个层次为"大型公共体育设施国民经济综合效益水平"，这是指标体系的总目标。第二个层次为"一级指标"，是指从哪几个方面对大型公共体育设施国民经济综合效益进行评估，对应于大型公共体育设施国民综合效益系统的三个子系统。第三个层次为"二级指标"，这是主题指标，即评价的主题内容，共由13个评价主题构成。第四个层次为"三级指标"，它们是主题指标的具体分解，共有39个。第五个层次是具体的测量点，是三级指标的明确性指标。因有的三级指标属于比较综合的指标，需要通过具体的可观测的细化指标进行明确和测度；而有些指标本身就是具体的测量点，则不需要设置更具体的测量指标。初步设计的大型公共体育设施国民经济综合效益指标体系见表1。

表 1　大型公共体育设施国民经济综合效益初步指标体系

总目标	一级指标	二级指标	三级指标	测量点
国民经济综合效益	经济效益	刺激投资	土地及基础设施投资	
			体育产业领域投资	
		拉动消费	体育消费市场	参与性体育消费
				观赏性体育消费
				体育用品消费
			其他消费市场	
			消费结构	
		相关产业	体育产业	
			服务业（餐饮业、旅游业）	
			基础设施业	
			器材制造业	
			房地产业	
			传媒业	
			其他各行业	
		吸纳就业	直接就业	
			间接就业	
		产业结构	体育产业结构优化	体育产业影响力系数
				体育产业感应度系数
				体育产业结构系数
			第三产业占 GDP 的比重	
		城市再造	城市新区域中心的形成	
			城市道路框架和交通条件改	
	社会效益	城市公共福利	健康安全	
			公众福利	
			周边空间	
		城市人口素质	运动健身意识	
			居民体质	
			体育人口	
		城市精神	城市知名度	
			情感寄托	
		城市体育竞争力	体育产业竞争力	
			群众体育竞争力	
			竞技体育竞争力	

(续表)

总目标	一级指标	二级指标	三级指标	测量点
国民经济综合效益	环境效益	自然环境	周边地区自然特色的保护状况	
			水质	
			大气环境	
			固体废弃物	
		人工环境	小气候的变化	
			建筑物的光反射	
			噪音	
		资源与环保	土地和空间的使用效率	
			水资源的利用	
			能源的使用效率	

(二) 指标体系的论证

为保证上述国民经济综合效益评价指标体系的合理有效，本课题组织了两轮专家咨询。按照专家的专业分布（主要为经济学、体育学、社会学、工程学、建筑学）确定专家，选邀 10 名专家学者。第一轮咨询工作主要是听取专家意见，对评价指标做出调整、修正。调整之后的指标体系一级指标不变；二级指标仍为 13 个，其中别指标名称作了修改；三级指标由 39 个调整为 38 个，剔除一个关联度较低的指标。第二轮咨询为指标体系的满意度调查。其中满意度调查使用了"内容效度比"（CVR）指标满意度评价法。它的计算公式为：$CVR = (n_e - N/2) / (N/2)$。式中的 n_e 为评价主体中认为某指标很好地表示了测量对象范畴的评价人数；N 为评价主体的总人数。这个公式表明，当认为指标体系适当的评价人数不到半数时，CVR 是负值；如果所有评价者都认为内容不当时，$CVR = -1$；当评价者中认为指标项目适合和不合适的人数对半时，$CVR = 0$；而当所有评价者都认为指标项目内容很好时，$CVR = 1$。对于本课题所提出的国民经济综合效益指标体系，笔者征询了 10 名专家的意见，通过统计算出了各个指标与大型公共体育设施国民经济效益——评价对象之间关系的密切程度，即内容效度比 CVR，将专家们的意见统一起来，得到了各指标的内容效度比值，约有 92.3% 的一级指标、90% 的三级指标的效度比值在 0.6 以上。因此，该指标体系很好地反映了测量对象的主要范畴。

(三) 修正后的国民经济综合效益指标体系

1. 经济效益评价

经济影响是大型公共体育设施建成前与建成后一定时期内，所发生的与其有联系的，具有经济效果或经济价值的各类活动。经济影响不是仅仅局限于大型公共体育设施能够给城市带来的直接经济效益，而是关注其对一个城市所产生的深层次的、宏观层面的经济影响。具体是指大型公共体育设施建设和运营所产生的投资需求、消费需求、就业机会、城市产业结构的调整与升级、相关产业联动效益、总体经济规模和总体经济水平的提升。

(1) 刺激投资

体育设施的兴建能否合理引导体育产业领域的投资，带动城市基础设施建设以及其他固定资产投资，拉动GDP增长，提前实现城市现代化是体育设施国民经济综合效益考察的一个重要指标。与2008年奥运会相关的投资需求2800亿元，其中用于场馆建设的为170亿元，113亿元用于运营费用及其他，而用于基础设施建设的资金则高达2000亿元。根据国家统计局估算的数字，如果这些资金按计划投入，北京近10年的GDP年增长率平均为10%，北京固定资产增长将拉动GDP增长1.5~2.5个百分点。

(2) 拉动消费

消费是推动经济增长的一大动力，体育设施作为体育产业发展的物质载体，是否能够有效拉动体育消费需求并通过乘数效应提升城市其他消费市场的需求水平是衡量其国民经济综合效益的一个迫切需要考虑的指标。体育设施的投资兴建应逐步推动所在区域体育竞赛表演市场、体育健身及培训市场的蓬勃发展，促进体育人才市场和体育用品市场的整体优化，拉动体育本体消费市场的跃迁式发展（具体评价测量点包括：参与性体育消费、观赏性体育消费、体育用品消费）。这一系列消费需求（设为C）会通过该城市的边际消费倾向进行放大，如果体育设施所在城市边际消费倾向为b，则其乘数可以粗略估计为，若用△Y1表示大型体育设施产生的消费需求通过乘数效应带来的GDP增量，那么 $\triangle Y1 = \dfrac{C}{1-b}$，即各项消费需求的综合都会通过乘数效应放大作用于GDP。

③联动产业经济

国民经济各个产业部门是互相联系的，某一产业部门的投资不仅能增加本产业部门的投资与收入，而且会在国民经济各个产业部门引起连锁反应，从而增加其他产业部门的投资与收入，即联动产业经济效益，这一效益最终使国民经济收入成倍增长，因此，联动产业效益应作为评价大型公共体育设施宏观经济效益的标志性指标。体育设施业对国民经济和社会发展有很强的关联带动作用，首先将能够直接推动城市体育产业发展。其次有很多相关产业和行业可以借助体育设施的兴建带动自身的发展。这种"乘数效应"是以一个产业的发展同时刺激和带动其他产业的发展，从而带动一、二、三产业的发展为特征的。一般而言，任何投资都有其乘数效应，但体育设施业发展的效应要高于平均乘数效应。这是因为体育设施业是综合性产业，具有经济、文化综合特性，和众多行业关系密切，且起着关联带动作用，形成区域产业经济网络群体，从而对GDP具有拉动作用。这些相关联的产业包括：a. 服务业部门，涉及旅游、保险、通信、宾馆、饭店、餐馆、劳动力培训等服务部门；b. 基础设施产业部门，因比赛要进行的城市基础设施配套建设；c. 器材制造业，各类体育场馆池配套的体育设备、体育用品生产部门；d. 传媒业；e. 房地产业；f. 其他各行业。

(4) 就业效益

扩大就业是宏观经济政策的主要目标，也是政府投资的重要目的。尤其在有效需求不足、失业率上升时，增加政府的公共性投资，往往是缓解就业矛盾的一种重要措施。产业经济学认为，一个产业在国民经济中的地位主要取决于两项指标：一是就业比重，即该产业就业量占全社会就业总量的比重；二是产值比重，即该产业增加值在国内生产总值中的比重。体育设施作为体育产业的承载体，又作为体育产业链的源头，能否容纳并辐射产生一定的劳动力就成为其国民经济综合效益的一个考量指标。大型公共体育设施项目对就业的影响，可以从两方面看：其一，大型公共体育设施项目建成后，维持其正常运营必然需要吸纳一定的劳动力就业，即直接就业效益。其二，大型公共体育设施项目的建设，为建筑业和与设施相关的产业提供就业岗位，即间接就业效益。

(5) 产业结构

大型公共体育设施作为体育发展的有利依托，应积极发展体育竞赛表演与健身娱乐业务，优化体育产业结构。而体育产业是一个上游产业，其结构升级能带动和促进第三产业中一部分行业的快速发展，对整个国民经济总量扩张和结构改善都有一定作用。例如北京石景山区作为北京近代重工业的发源地和聚集区，将依托老山自行车场馆、北京射击场馆、首钢篮球中心、石景山体育场馆等体育场馆，大力发展西五环体育产业带，推动商务办公、文化旅游、体育、商贸、酒店等行业发展，形成一批具有体育特色的经济增长点，促进区内产业结构调整和新型产业培育，带动区域经济健康发展。因此，体育产业结构与第三产业占GDP的比重是评价项目国民经济综合效益产业结构指标的两大要素。本课题参考林显鹏先生在《关于建立我国体育产业统计指标体系的研究》中的观点，并进行修正，将体育产业结构优化的评测点设置为以下三个。

体育产业结构系数：体育产业结构是指体育产业部门生产产出的数量在国民经济生产所占的比例。

体育产业结构系数 =（所在城市）体育产业总产值 ÷（所在城市）国民经济总产值

体育产业影响力系数：体育产业生产活动影响其他产业部门的程度。

体育产业影响力系数 =（所在城市）体育产业纵列逆矩阵系数平均值 ÷（所在城市）全部行业纵列逆矩阵系数平均值的平均

体育产业感应度系数：体育产业生产活动受其他产业部门影响的程度。

体育产业感应度系数 =（所在城市）体育产业横行逆矩阵系数平均值 ÷（所在城市）全部行业横行逆矩阵系数平均值的平均

(6) 城市再造

大型公共体育设施的投资兴建能否带动城市再造——开发新的城市区域，完善城市基础设施交通道路体系，实现设施资源共享是评价项目国民经济综合效益的重要指标。

①城市新区域中心的形成。大型公共体育设施的投资兴建将构建所在城市新区域中心的发展框架，对增强体育设施的辐射作用，实现新城的跨越式发展产生重要影响。例如，广州因天河体育中心形成一个新的城市中心——天河城，十年间，天河发展成为广州市的经济文化中心，天河区的人口增长了一倍以上，广州的中轴线也随着天河区的高速发展而出现"东移"，这就是体育设施带给城市的变化，体育设施将使城市板块实现质的升级，包括城市框架的拉大，区域中心的形成。因此，大型公共体育设施促进城市新区域中心形成的推动力也是经济效益评价系统中的一个指标。

②城市道路框架和交通条件改善。大型公共体育设施的兴建能否与改善城市道路框架与交通条件工作的有机结合在一起，全面推进城市交通建设与管理的现代化进程是大型公共体育设施国民经济综合效益评价城市再造指标的一个考察要素。加快轨道交通、城市道路、高速公路、城市对外交通枢纽以及现代化交通运营管理体系建设，改善城市空间布局，为边缘集团与郊区小城镇的发展提供强有力的交通支持条件，成为城市经济

发展的推动力。对于促进体育设施所在区域开发，提升城市品位，更好发挥对区域经济的服务和辐射作用，具有深远影响。

表2 大型公共体育设施国民经济综合效益之经济效益评价指标体系

一级指标	二级指标	三级指标	国民经济综合效益之经济效益测量点
经济效益	刺激投资	土地及基础设施投资	
		体育产业领域投资	
	拉动消费	体育消费市场	参与性体育消费
			观赏性体育消费
			体育用品消费
		其他消费市场	
		消费结构	
	联动产业	体育产业	
		服务业（餐饮业、旅游业）	
		基础设施业	
		器材制造业	
		房地产业	
		传媒业	
		其他各行业	
	就业创业	直接就业效益	
		间接就业效益	
	产业结构		体育产业影响力系数
			体育产业感应度系数
			体育产业结构系数
		第三产业占GDP的比重	
	城市再造	城市新区域中心的形成	
		城市道路框架和交通条件改善	

2. 社会效益评价

大型公共体育设施项目具有广泛的社会性，甚至以某种社会效果为主要投资目的。这使得社会效益分析在大型公共体育设施建设项目国民经济评价中具有重要地位。大型公共体育设施社会效益评价具有宏观性、间接效益多、长期性、定量难、重在人文分析五大特点。本课题在上文提出的社会效益评价标准的基础之上最后归纳出大型公共体育设施建设项目的社会影响评价的相关指标（社会效益评价指标体系框架见表3）。

（1）城市公共空间

大型公共体育设施建设项目作为城市公共空间的人工要素，它的兴建能否提升城市公共空间的品质，并有机地融入城市公共生活，成为大型公共体育设施国民经济社会效益评价系统中的一个指标。城市公共空间作为承载城市公共活动的物质空间，它的品质是指公共空间满足城市人群综合需要和使用活动需求的程度，具体包括安全、舒适、实用等心理感受。因此本课题在大型公共体育设施对城市公共空间品质提升指标的分解上，针对体育设施特点，并参考上述品质要素，从健康安全、公众福利、周边空间三个层面进行评价。

①健康安全。健康安全的体育设施既包括狭义上设施空间对人类身心无害的含义，也包括设施运行过程对城市整体环境的负荷最低而间接有益于人类生存的广义内涵。健康安全这项指标包含以下三个层面。基础层面上指安全的体育设施。如果设施对突发的自然灾害和事故缺乏应有的应对机制，生命财产得不到基本的安全保障健康就无从谈起。第二层面上指无害的体育设施：设施环境支持人生理的正常活动而无污染和负面效果。第三层面上指有益的体育设施。设施空间环境促进人类身心全面健康发展。

②公众福利。大型公共体育设施应保持城市应有的亲切的空间姿态，营造比较和谐的城市生活状态。大型公共体育设施应在设施自身条件的基础上，提供大众体育消费产品，使体验式体育消费以其潜移默化的方式悄然渗透进百姓日常生活，引导市民形成科学、文明、健康的生活方式，营造浓厚的体育文化氛围，提高民众生活质量。

③周边空间。体育设施进行设计规划时，要充分考虑到周边的空间，与娱乐、商业、文化设施进行合理融合。可以开发诸如酒店、零售商业与餐饮区、年轻专业人员的个性住宅、创意企业的办公空间等项目。体育设施大型活动的举办可以带动周边的人气，周边成熟社区的形成也会促进城市的体育社区的形成，从而形成良好的互动关系。

（2）城市人口素质

人口素质包含了若干要素，大型公共体育设施作为运动健身场所，其能够对城市人口素质提升产生的积极影响主要集中于居民体质、运动健身意识及体育人口三方面。

①运动健身意识。运动健身意识是积极参与身体锻炼自觉性的反映，是否具有运动健身意识是现代社会衡量民众素质的一个具有时代意义的评测点。正确的健身意识除了来自对健身意义的深刻理解，客观物质条件——体育设施也起到基础性作用。大型公共体育设施的兴建应能够方便民众参与运动健身，使之逐步常规化，逐步形成一种人人享有、人人参与、人人有责的社会性活动，并将运动锻炼看成是贯穿人的一生所必需的生活方式。

②居民体质。体质是评测身体素质的关键指标，而体育锻炼则是增强体质最积极的因素之一。大型公共体育设施建成后能否为民众体育锻炼提供运动健身之地，为增强市民身体素质提供良好的物质保障是需要考察的一个要点。

③体育人口。体育人口很大程度上体现了一个城市群众体育的广泛程度和居民的健康水平与意识，也是一个城市文明和发动程度的标志。发展体育人口，对于推进体育进步，提高竞争力以及发展经济，控制人口膨胀，提高全民健康有着密切联系。大型公共体育设施作为民众运动健身的场所，其建成运营能否对所在区域体育人口数量和质量的提升起到积极作用是不能忽视的一个考察要点。

（3）城市精神

大型公共体育设施作为群众观赏赛事、健身娱乐的公共场所，其应当体现与城市精神、社区文化高度耦合、与城市公众意愿高度吻合，健康、向上、特色的场所精神。大型公共体育设施作为城市建设的有机组成部分，既是一种建筑，又是一种文化，也是一种精神。它是城市对外交流的一个窗口，不仅可以美化城市建设，还将有助于塑造城市精神，增强城市综合竞争力。因此大型公共体育设施建设项目在这方面的表现也成为其评价体系中的一项有价值的指标。

①情感体验。情感体验要素是指大型公共体育设施影响人们感受的内在品质。例如体育设施空间场所的特色体现出场所的文化内涵和个性；体育设施空间形式传达的领域感能够给人以自主感、荣誉感和归属感等；体育设施空间的开放传达出对使用者友好的信息；体育设施空间中的活跃因素和丰富的活动能够给人以愉悦的情绪。所有这些要素都是通过大型公共体育设施外在的形式传达出来，影响人们对大型公共体育设施的感受。

②城市知名度。大型公共体育设施的建设对所在城市具有提升城市知名度和城市体育竞争力的作用。大型公共体育设施举办重要赛事，本城市以外的大量民众都会对其关注此座城市，对举办城市的强烈的亲近感会使得他们在将来可能的时候去该城市旅游，或者对该城市生产的产品产生浓厚的兴趣，这种潜在的消费愿望必然会给该城市的经济产生深远的影响。

(4) 城市体育竞争力

城市体育竞争力是指从质量上、效率上衡量体育的竞争能力。体育竞争力一般包括：群众体育竞争力、竞技体育竞争力、体育产业竞争力。本课题从大型公共体育设施功能属性考虑，选取群众体育竞争力与体育产业竞争力两个具体指标作为评价大型公共体育设施在提升城市体育竞争力上的考察依据。

①群众体育竞争力。大型公共体育设施是群众开展体育健身活动的重要条件，与居民进行身体锻炼、运动训练、参加及观看体育竞赛的需求密切相关，是体育活动经常化的保证，将为群众体育的发展提供优质的载体和良好的环境。

②体育产业竞争力。体育产业已成为国民经济新的增长点，对于扩大内需、拉动消费、刺激经济、提供充分就业起着其他产业不可替代的特殊作用。大型公共体育设施的兴建应推动体育产业更加充分地发展，对城市体育产业竞争力的提升发挥积极影响。

表3 大型公共体育设施国民经济综合效益之社会效益评价指标体系

一级指标	二级指标	三级指标
社会效益	城市公共空间	健康安全
		公众福利
		周边空间
	城市人口素质	运动健身意识
		居民体质
		体育人口
	城市精神	情感体验
		城市知名度
	城市体育竞争力	体育产业竞争力
		群众体育竞争力

(3) 环境影响评价

大型公共体育设施建设项目必然引起项目所在地区的社会和生态环境的变化，对环境状况、环境质量产生不同程度的影响。联合国可持续发展委员会相关报告中曾明确指出，要保护环境，就要认识环境，对环境状态进行分析。在这一思路指引下，本课题就大型公共体育设施建设项目环境影响评价在具体项目投资方案选择时，调查研究环境条件，识别和分析拟建项目影响环境的因素，客观、公正、公开，综合考虑规划或项目实施后对各种环境因素及其所构成的生态系统造成的影响，为决策提供科学依据（环境效益指标体系框架见表4）。

表4 大型公共体育设施国民经济综合效益之环境效益评价指标体系

一级指标	二级指标	三级指标
环境效益	自然环境	周边地区自然特色的保护状况
		水质
		大气环境
		固体废弃物
	人工环境	小气候的变化
		建筑物的光反射
		噪音
	资源与环保	土地和空间的使用效率
		水资源的利用
		能源的使用效率

(1) 自然环境

自然环境通常包括土地和气候、植物、野生生物和自然区、大气状况、噪声和水质等，在城市环境中有些特殊的地区才需要用到。在具体操作的过程中，需要根据具体情况灵活处理。大型公共体育设施建设项目自然环境评价包括：兴建体育设施对周边地区自然特色的保护状况、水质、大气环境、噪声、固体废弃物、其他生态因素。其中自然特色的保护是指体育设施对地段自然特征的尊重与结合；水质是指与地段有关的地面水和地下水、流域、供水源、供健身和娱乐用的水体，另外也包括水质处理能力（水质问题对于以水为主题的体育设施建设项目而言至关重要）。因此，自然环境是环境效益系统中的必须评价要素之一。

(2) 人工环境

人工环境主要是指城市中的认为建设环境和由于建设活动影响的环境因素。包括由于建设活动造成的公共环境内日照、空气、风力等小气候的变化，建筑物的光反射、建筑照明等对公共环境的影响，城市空间受到大型公共体育设施建设施工影响以及本身的噪音水平等。因此，人工环境也是环境效益评价系统中的一个重要指标。

(3) 资源与环保

资源与环保是环境学科近年来极为关注的问题，在大型公共体育设施国民经济综合效益评价中也占有一席之地。在大型公共体育设施建设项目实践领域，最为重要的资源是土地和空间。因此，土地和空间的有效使用是首要因素。另外，根据体育设施的特殊类型，水资源的利用、能源的使用效率也是需要考虑的问题。因此，资源与环保这一指标在环境效益评价系统中必不可少。

三、国民经济综合效益评价指标体系权重的确定方法

在评价指标体系中，各个评价指标在综合评价结果中的地位和作用不同，鉴于此，为了使评价结论更具有客观性和可信性，原则上就要求对每一个评价指标赋予不同的权重，即待评价的系统达到最优目标时各个项目的相对地位及作用。由于不同地区经济社会发展程度不同，大型公共体育设施的投资目标也不完全一致，大型公共体育设施国民经济综合效益评价指标体系中众多指标的功能不一样，重要性也不同。因此在进行评价时，必须给不同的指标赋予不同的权重。指标赋权问题比较复杂，没有定式可循，实际操作难度很大，设置不当会导致评价质量和可靠性的下降，所以要格外慎重。

（一）权重确定的方法——层次分析法

权重的确定方法有多种，主要方法有专家估测法、加权统计法、频数统计法、二元对比法、特尔斐法及层次分析法。但专家估测法、加权统计法等主观随意性较强，容易受评价人员的素质、水平、权威等因素的干扰，加上缺乏科学的检测手段，误差较大。大型公共体育设施国民经济综合效益评价是多层次、多因素的评价过程，追求的是整体的目标最优化，利用层次分析法可以较好地从低层次开始，在同层次上进行重要性比较，逐步过渡到高层次，增强了可比性。因此，本课题主要采层次分析法（简称AHP）进行赋权。

层次分析法（简称AHP法）是美国运筹学专家萨蒂（T.L.saaty）70年代初提出的处理决策问题的一种实用研究方法。其基本思想是：把一个复杂问题按总目标、各层子目标、评价准则的顺序分解为不同的层次。在此基础上通过两两比较的方式确定层次中各个因素的相对重要性，最后综合判断确定出各个要素的相对重要性的总的排列顺序。为了防止由于两两比较所带来的前后不一致状况，可通过最大特征值来验证一致性，进一步确定方案的可行性。层次分析法充分利用人们的检验与判断，通过一整套数学计算方法，科学地对可定量与不可定量的指标统一测度，该方法在管理规划、资源利用等众多领域都得到了广泛应用，适用于公共体育设施国民经济评价的研究。

（二）层次分析法的具体使用步骤

第一，建立判断矩阵，先将评价目标分解成多级指标，然后对同一层的指标进行两两比较，按其相对重要程度，用萨蒂相对重要等级表赋值，并形成判断矩阵。

表 5　萨蒂相对重要性等级赋值表

相对重要程度	a_{ij} 赋值
i 因素比 j 因素同等重要	1
i 因素比 j 因素稍微重要	3
i 因素比 j 因素明显重要	5
i 因素比 j 因素强烈重要	7
i 因素比 j 因素极端重要	9
两个因素相邻程度中间值	2，4，6，8
因素与因素比较，判断值为 a_{ij}	$a_{ij} = \dfrac{1}{a_{ij}} = 1$

如某层有 $A = \begin{bmatrix} a11 & a12 & \cdots & a1n \\ a21 & a22 & \cdots & a2n \\ U = \{u_1, u_2, \cdots u_n\} \\ an1 & an2 & \cdots & ann \end{bmatrix}$ 因素集，将 $u_i = u_j$（i，j = 1，2，…n）两两比较，得判断矩阵，第二，进行层次排序。层次排序就是根据判断矩阵计算本层次各指标的权重。分别求判断矩阵中各行相对重要性等级值之和及所有等级值之和。$V = \sum\limits_{j=1}^{n} a_{ij}$（j = 1，2，…n），$\sum\limits_{i=1}^{n} V_i = V_1 + V_2 W Y_3 = \dfrac{V_i + V_n}{\sum\limits_{i=1}^{n} V_i}$，各指标权重等于判断矩阵中各行相对重要性等级值之和除以所有等级值之和。$W = (W_1, W_2, W_3 \cdots W_n)_{T^0}$

第三，层次排序一致性检验。为了避免两两比较而造成的整体不一致性，还要进行一致性检验。$C.R = \dfrac{C.I}{R.I}$ 其中表示随机一致性比值，当 $C.R \leqslant 1.0$ 时，可认为判断矩阵具有一致性，即层次排序有效。否则认为判断矩阵偏差太大，需对评分重新修改，直至具有一致性为止。

表示一致性指标，$C.R = \dfrac{1}{n} \sum\limits_{i=1}^{n} \dfrac{(AW)}{W_i}$，$C.R = \dfrac{\lambda\max - n}{n-1}$，n 为判断矩阵阶数，$\lambda\max$ 表示判断矩阵的最大特征根。

R.I 表示平均随机一致性指标，可根据判断矩阵的阶数 n 从下表直接查得

表 6　平均随机一致性指标值

判断矩阵阶数	1	2	3	4	5	6	7	8	9	10
R.I 值	0	0	0.58	0.90	1.12	1.24	1.32	1.41	1.45	1.49

第四，层次总排序

依次沿递阶层次结构由上而下逐层计算，即可算出最低层次因素相对于最高层次（总目标）的相对重要性或相对优劣的排序值，即层次总排序。层次总排序也要进行一致性检验，检验是从高层次到低层次进行的。但在实际应用当中，由于采用的是多位专家进行判断后取平均值来确定评价指标的权重，认为具有满意的一致性，所以总排序一致性检验常常可以省略。

（项目编号：1048ss07005）

中国体育事业统计指标体系优化研究

权德庆 徐文强 黄 海 白跃世 安儒亮 雷福民
张 闵 郭逸群 田 密 李伟平 邓岱如

随着新时期,全民健身计划的顺利实施,竞技水平的不断提高,体育市场的逐步培育,各级体育管理部门以及社会各界对体育统计信息需求不断增强。体育事业统计实践日益丰富,对体育事业统计指标方面提出了更高要求,迫切需要进一步调整,完善现行的统计指标体系。因此,加快我国体育事业统计指标体系优化研究,构建能够贴切反映中国体育国情实际的统计指标体系,以满足体育管理部门及社会不断增长的体育统计信息需要,成为体育事业统计工作亟需研究解决的重要课题。

一、群众体育指标优化

从统计数据获得的渠道来分析,现有的群众体育事业统计数据,一方面来自于按照《群众体育事业统计年报报表》指标所收集统计数据,另一方面来自于按照《群众体育基础统计数据表》指标所收集的统计数据。统计数据数出多门,直接影响了各级体育职能管理部门全方位掌握群众体育事业的基本情况,群众体育事业在国民经济中的地位和对社会经济的作用也因此而不能得到很好反映。因此课题组先对《体育事业统计年报数据表》与《群众体育基础统计数据表》进行分析比对,在此基础上,结合群众体育职能管理部门的统计需求和统计数据收集的可获取性,对现行群众体育事业统计年报指标进行优化,进一步提高群众体育事业统计数据质量。

(一) 群众体育场地设施

从体育场地设施部分来看,表1显示,《群众体育基础数据统计表》中统计项目包括农民体育健身工程、雪炭工程、全民健身活动中心、全民健身路径和其他场地设施五大类。其中其他体育场地设施又细化为体育公园、全民健身广场(文体广场)、社区多功能公共运动场所、健身苑(点)、户外健身营地五项内容。

表1 《群众体育基础数据统计表》群众体育场地设施情况表

项目	内容		
农民体育健身工程	总数 个	09年建设数 个	省(区、市)本级经费投入 万元
雪炭工程	总数 个	09年建设数 个	省(区、市)本级经费投入 万元
全民健身活动中心	总数 个	09年建设数 个	省(区、市)本级经费投入 万元
全民健身路径	总数 条	09年建设数 条	省(区、市)本级经费投入 万元
其他场地设施	体育公园		省(区、市)本级经费投入 万元
	全民健身广场(文体广场) 个		
	社区多功能公共运动场所 个		
	健身苑(点) 个		
	户外健身营地		

《体育事业统计年报数据表》中相关的统计项目来自政府命名群众体育场地统计表和政府援建体育场地统计表。政府命名群众体育场地统计表中统计项目包括全民健身活动中心、体育公园、全民健身基地和其他四大类；政府援建体育场地统计表包括健身路径、篮球场、乒乓球台、小篮板和其他四大类（见表2、表3）。

表2 《体育事业统计年报制度》政府命名群众体育场地情况表

级别	代码		合计	全民健身活动中心	体育公园	全民健身基地	其他
			01	02	03	04	05
12 省级 13 地市级 14 县区级	A01	数量（个）					
	A02	占地面积（m²）					
	A03	场地面积（m²）					
	A04	投入小计（万元）					
	A05	中央（万元）					
	A06	省级（万元）					
	A07	地市（万元）					
	A08	县区（万元）					

表3 《体育事业统计年报制度》政府援建体育场地情况表

代码	级次	场地设施数量（个/条）						投入（万元）				场地规模（m²）	
		小计	健身路径	篮球场	乒乓球台	小篮板	其他	小计	财政拨款	体彩公益金	其他	占地面积	场地面积
		1	02	03	04	05	06	07	08	09	10	11	12
A01	国家												
A02	省												
A03	地（市）												
A04	县（区）												

从体育场地设施的统计项目来看，全民建设活动中心、体育公园、全民健健路径为两者都有的统计项目；农民体育健身工程、雪炭工程、全民健身广场（文体广场）、社区多功能公共运动场所、健身苑（点）、户外健身营地等统计项目在群众体育基础数据中有统计，而在体育事业年报统计中没有涉及；全民健身基地、篮球场、乒乓球台、小篮板等统计项目在体育事业年报统计中有统计，而在群众体育基础数据中没有涉及。群众体育基础数据统计中统计内容包括总数、新建个数、省（区、市）本级经费投入三项内容；体育事业统计年报中相关的统计内容包括数量（个）、占地面积(m^2)、场地面积（m^2）、投入经费（万元）、行政级别五项内容。

综上所述，建议在年报统计指标中增加农民体育健身工程、雪炭工程两个统计项目纳入政府援建体育场地表中进行统计。统计内容则建议涵盖数量投入经费、行政级别三个方面。具体修改内容如下（表4）。

表4 全民健身工程情况表

级别	项目	代码	截至年末场地数量	本年度建设数量	本级投入		
					小计	财政拨款	彩票公益金
			01	02	03	04	05
11 国家级 12 省级 13 地市级 14 县区级	全民健身中心	A01					
	农民体育健身工程	A02					
	全民健身路径路径	A03					
	雪炭工程	A04					
	体育公园	A05					
	全民健身广场	A06					
	社区多功能公共运动场所	A07					
	健身苑（点）	A08					
	户外健身营地	A09					

从社会体育指导员指标来看，《体育事业统计年报数据表》统计项目包括公益性社会体育指导员和职业性社会体育指导员，统计内容涵盖年末认证总人数、年末认证累计总人数和本年参加培训总人数；《群众体育基础统计数据表》中仅统计公益性社会体育指导员当年数量。

专家们认为，本年度参加社会体育指导员培训的人数指标虽然能较好地反映社会体育指导员的后备人才状况，但是从指标的可操行方面值得商榷。建议现阶段着重统计社会体育指导员认证的人数，因为从发展社会体育指导员的实际情况来看，参加社会体育指导员培训的人员，基本都能获得资格认证，所以从已经获得社会体育指导员认证人数这一指标的时间序列数据同样能从侧面反映后备人才的情况。职业性社会体育指导员指标统计数据的填报率较低，从2008年的该指标的统计数据看，指导师6.5%、高级

9.7%、中级 25.8%、初级 32.3%，主要是职业性社会指导员的发展还处于起步阶段，职业性社会体育指导员的总量本身较少，但是作为未来社会体育指导员队伍中的重要组成部分应纳入年报统计范围。

修改内容具体如下：在指标的优化方面，将本年参加指导员培训人数予以删除；在填报说明方面，将截至年末认证总人数的统计方法予以明确。计算办法为截至年末认证总人数 = 截至上一年末同级别认证总人数 + 本年度认证人数 – 本年度上一级别认证人数。优化后的表式设计见表5。

表5 社会体育指导员情况表

代码	统计项	类型									
			公益性（业余）					职业性			
		合计	小计	国家级	一级	二级	三级	小计	指导师	高级	中级	初级
		1	02	03	04	05	06	07	08	09	10	11
A01	本年度认证人数											
A02	截至年末认证总人数											

（二）体育传统项目学校

诞生于20世纪80年代初的体育传统项目学校，在广泛普及学生课外体育活动，增进学生身心健康，积极开展特色项目训练，提高学生运动技术水平，培养体育后备人才等方面发挥骨干示范作用。

体育传统项目学校也是体教结合的重要组成部分，在校园文化建设和体育后备人才培养方面发挥了的核心作用。从体育传统项目学校概念的创立到完善、发展，始终强调和坚持着"普及性、先进性、传统性"原则。体育传统项目学校的发展，对于贯彻《学校体育工作条例》，落实学校体育"增强学生体质、培养技能技巧，提高运动技术水平，发现体育人才"的基本任务起到重要的作用，我国体育传统项目学校的教育教学质量和水平在当地也是较高的，这些学校既是体育工作和体育成绩方面的典范，也是教育质量和教学整体水平方面的佼佼者，是"素质教育"的典范学校。

体育传统项目学校是我国运动训练管理体制三级训练网络中的初级形式，体育传统项目的训练与竞赛是优秀体育后备人才培养的基础环节。"据统计，在1988—2004年间5届奥运会中，我国运动员共获奥运冠军97个、前三名155个。其中接受体育传统项目学校启蒙训练的运动员，在奥运会获得冠军57个、前三名77个，分别占全部奥运冠军和前三名的58.76%和49.68%"。我国各级体育传统项目学校已经成为竞技体育后备人才摇篮，是我国竞技体育后备人才的主要基地。

体育传统项目学校建设成为了群众体育工作的重要组成部分，对提高学生的身体素质，培养后备人才都具有重要作用。因此，在指标优化中增加了"传统项目学校"指标，使群众体育指标体系能够更加完整地反映群众体育的各个方面。根据前期问卷调查反馈的信息和走访座谈的资料看，群众体育相关部门对设置体育传统项目学校内容的统计指标是比较认同的，很多走访到的省市群众体育管理人员还对指标设置提出大量的建议，主要包括三个方面的内容，即"必须学校数量""学生情况""教师情况"等。对此在报表中都有所反映（表6）。

表6 体育传统项目学校情况表

代码	统计项	国家级 01	省级 02	市级 03	县级 04
A01	学校数量				
A02	学生人数				
A03	其中在训学生人数				
A04	教师人数				
A05	其中教练员人数				

（三）晨晚练点

从晨晚练站点指标来看，《体育事业统计年报数据表》统计项目包括街道和乡镇，统计内容涵盖上年度累计站（点）数、本年度发展站（点）数、本年度自然消失站（点）数。《群众体育基础统计数据表》中仅统计数量。

专家们认为仅仅统计该指标的总量，难以反映出晨晚练点动态的变化和结构特征。将街道与乡镇分别统计，能够反映出晨晚练点的城乡结构，统计站点的本年度发展数和本年度的消失数，能较好地反映晨晚练点的动态变化。但是该指标下属的四级指标中的，站（点）每天相对稳定的活动人数和各站（点）配置社会体育指导员总人数在统计实践中，可操行较差，难以获得真实、可靠地统计数据。建议将这两个四级指标予以删除。新修订的统计表（表7）。

表7 晨晚练点基本情况统计表

代码	统计项	合计 01	街道 02	乡镇 03
A01	上年度累计站（点）数			
A02	本年度发展站（点）数			
A03	本年度自然消失站（点）数			

(四)学校体育场馆向公众开放

随着社会经济不断发展,人民生活水平日益提高,人民群众参与体育健身活动的热情空前高涨,各种体育健身活动广泛开展,人民群众对体育场地设施的需求越来越大。我国目前大部分的体育场地设施在各级大中小学校,学校体育场地开放率较低,导致了群众体育健身设施短缺问题更加严重。学校体育场地作为公共文化体育设施的一部分,依据中共中央国务院《公共文化体育设施条例》"必须坚持为人民服务、为社会主义服务的方向,充分利用公共文化体育设施,传播有益于提高民族素质、有益于经济发展和社会进步的科学技术和文化知识,开展文明、健康的文化体育活动。国家鼓励机关、学校等单位内部的文化体育设施向公众开放。"《全民健身条例》同时也规定,"公共体育设施应当在全民健身日向公众免费开放;国家鼓励其他各类体育设施在全民健身日向公众免费开放"。

学校体育场馆向社会开放是实施《全民健身计划纲要》的重要内容,是推动群众性健身活动广泛开展,满足广大人民健身需求的突破口,也是提高市民体质健康水平、构建和谐社会的具体体现,也是各级体育职能管理部门为全面贯彻中共中央国务院《公共文化体育设施条例》和《全民健身条例》,充分利用社会资源,进一步改善广大人民群众参加体育锻炼的设施和条件,促进精神文明建设的重要举措。

学校体育场馆向社会开放情况的统计,作为各级群众体育职能部门掌握其发展情况的重要手段,却未纳入体育事业统计的范畴,因此在群众体育统计指标的优化中,建议增加其统计内容。课题组走访、调研的各级群众体育管理部门,认为设置学校体育场馆向社会开放是群众体育工作的重要组成部门,急需定期了解该指标涵盖的各个方面的内容,走访到的省市群众体育管理人员认为该指标主要应包括"辖区学校""具备开放条件的学校""开放学校""试点开放学校"等方面的内容(表8)。

表8 学校体育场馆向公众开放情况表

代码	统计项	合计 01	国家级 02	省级 03	市级 04	县级 05
A01	辖区学校数					
A02	具备开放条件的学校数					
A03	上年度累计开放学校数					
A04	本年度开放的学校数量					
A05	本年度试点开放学校数					

(五)体育俱乐部

从体育俱乐部指标来看,《体育事业统计年报数据表》统计项目包括青少年体育俱乐部、社区体育俱乐部和其他体育俱乐部,统计内容涵盖级次、数量、教练员数、会员数、年办培训班、年组织活动。《群众体育基础统计数据表》中统计项目涵盖青少年体育俱乐部和社区体育俱乐部；统计内容涵盖级次和数量。

从两者比较来看，该指标下属的四级指标中，类别的分歧较小，而级次、数量都进行统计。专家们认为该指标下属的四级指标中，教练员数与会员数反映的是体育俱乐部的人力资源状况，两套报表中，《群众体育基础统计数据表》没有涉及该项内容，《体育事业统计年报数据表》中虽设计了指标，仅有总量指标，难以反映教练员数与会员数的结构特征，在优化中可考虑与分级次进行统计；年办培训班和年组织活动反映的是体育俱乐部的运行情况，但在统计数据的收集中年办培训班和年组织活动这两个指标的可操作性不强，可以考虑暂时不予统计，优化后的表式设计（见表9）。

表9 体育俱乐部统计表

代码	统计项	总局			省级			地市			县区		
		数量	教练员数	会员数	数量	教练员数	会员数	数量	教练员数	会员数	数量	教练员数	会员数
01	青少年体育俱乐部												
02	社区体育健身俱乐部												
03	其它体育俱乐部												
04	合计												

（六）群众体育活动

从群众体育活动来看，《体育事业统计年报数据表》统计项目包括现代体育项目活动和民间传统体育项目，统计内容涵盖级别、上年活动次数、每次活动平均参与人数、年活动总人数。《群众体育基础统计数据表》中统计项目为全民健身日活动，统计内容为级别、活动次数与参与人数。

表10 分省区市、分行政级别国家级群众体育活动情况极值数据

	年活动次数	每次平均人数	年活动总人数
湖北省	8000	0.01	56
河南省	28733	0.08	2276
山东省	252	0.22	56
福建省	8003	2.25	18000

专家们认为，该指标在实际统计过程中虚报、错报和漏报的情况比较容易出现，主要表现于出现极值的情况较为明显。以2008年分省区市、国家级群众体育活动情况表的统计数据为例，31个填报单位中有20个单位未填报数据，11个单位填表了数据。然

而，在已填报数据的单位中，有四个单位的数据属于极值数据（表10）。

从指标统计项来看，现代体育项目活动和传统体育项目活动的内涵与外延不统一，容易导致统计口径偏差，建议直接采用在指标解释中所用的奥运项目和非奥运项目来进行指标区分更为合适。建议将统计群众体育活动更改为统计全民健身日活动，统计项更改为奥运项目和非奥运项目，统计内容修改为年活动次数和年活动人数。为了凸显全民建设日的示范引领作用，增加全民健身体活动指标，其中涵盖"本行业体协组织活动""体育部门组织活动""运动项目管理中心组织活动"三个内容（表11）。

表11 群众活动情况表

代码	统计项	总局		省级		地市级		县区	
		年活动次数	年活动总人数	年活动次数	年活动总人数	年活动次数	年活动总人数	年活动次数	年活动总人数
A01	奥运项目体育活动	01	02	03	04	05	06	07	08
A02	非奥运体育活动								
A03	全民健身日活动								
A04	其中本行业体协组织活动								
A05	体育部门组织活动								
A06	运动项目管理中心组织活动								

（七）群众体育法制建设情况

群众体育法规制度，不是仅对群众体育工作的某一方面进行规定的法规制度，而是从总体上对我国群众体育事业发展进行全面规范与保障的法规制度。近年来，群众体育法制建设进程加快。国家体育总局（或与其他部门联合）下发了《关于加强城市社区体育工作的意见》《农村体育工作暂行规定》对城乡体育工作进行了全面规范；下发了《关于加强老年人体育工作的通知》《关于加强社区残疾人工作的通知》等规范了老年人和残疾人体育工作；为了规范国民体质测定工作，先后下发了《国民体质测定标准施行办法》《学生体质健康标准（试行方案）》《普通人群体育锻炼标准》。地方群众体育立法也明显增加。2001—2004年，省级和市级人大颁布单独或涉及群众体育的地方法规分别为12项和13项。这一系列群众体育法规的出台，对促进各项群众体育工作，促进群众体育事业的全面、协调、可持续发展，发挥了重要的保障和推动作用。

群众体育法制建设对于推动我国体育法制建设和促进群众体育事业健康发展的重要作用和深远意义。主要表现在以下方面：一是为贯彻落实《体育法》原则，保障公民的合法体育权利提供了法律依据。《体育法》规定，"国家发展体育事业，增强人民体质"。群众体育法规，成为贯彻落体育法中的群众体育工作原则，保障公民参与体育权利的直接法律依据。二是为实现群众体育工作依法行政和依法治体提供了直接的法律规范。随着体育事业改革的不断深入，群众体育的管理体制都在发生一系列根本性的变革。各级群众体育职能管理部门，不断实现从微观管理为主向宏观管理为主、从主要依靠行政手段向主要依靠法律手段、从人治向法治的转变。因此，群众体育法规对于群众体育工作依法行政、依法治体，具有其他任何法律法规都无法替代的直接指导作用。

群众体育法规颁布的件数直接反映了群众体育法制建设情况、各级体育职能管理部门对群众的重视程度，以及群众体育工作依法行政、依法治体的情况。因此在本次群众体育指标的优化中，增设了群众法制建设指标，该指标主要涵盖"级别""发布部门"等方面的内容（表12）。

表 12 群众体育法制建设情况表

代码	统计项	国家级	省级	市级	县级
		01	02	03	04
A01	人大发布（件）				
A02	政府发布（件）				
A03	体育局发布（件）				
A04	体育局与其他部门联合发布（件）				

二、体育财务指标

近年来，体育领域全面落实科学发展观，贯彻国家体育工作方针，举国体制发挥了重要作用，加大了体育经费投入，使体育事业取得了快速的发展。反映体育经费收入、支出和使用的体育财务指标过细、过繁，增加了统计工作的难度，而且其中的部分指标实际作用不大，因此急需对体育财务指标进行优化。体育财务类指标数据主要由是各级体育经济管理职能部门收集，数据来源是《体育系统体育财务决算表》。因此体育财务指标的优化主要是通过对体育财务决算表中的指标进行整合来实现的，具体修改内容如下。

（一）体育系统单位财务状况

本次修改的主要方面：将时点统计指标和时期统计指标进行区分，本表只统计财务时点指标。时期统计指标和表 28《体育事业资金收支情况表》进行合并（表13）。

表 13 体育系统单位财务状况表　　单位：万元

代码	指标名称	金额
	执行企业会计制度单位填写	
A01	（一）资产合计	
A02	1. 流动资产	
A03	货币资产	
A04	短期投资	
A05	应收票据	
A06	应收账款	

(续表)

代码	指标名称	金额
A07	应收补贴款	
A08	存货	
A09	其他流动资产	
A10	2. 长期投资	
A11	3. 固定资产原值	
A12	减：累计折旧	
A13	4. 固定资产净值	
A14	减：固定资产减值准备	
A15	5. 固定资产净额	
A16	6. 工程物资	
A17	7. 在建工程	
A18	8. 固定资产清理	
A19	9. 待处理固定资产净损失	
A20	10.无形资产	
A21	11. 递延税款借项	
A22	12. 其他	
A23	（二）负债合计	
A24	1. 流动负债	
A25	短期借款	
A26	应付票据	
A27	应付账款	
A28	应付工资	
A29	应付福利费	
A30	应交税金	
A31	其他流动负债	
A32	2. 长期负债	
A33	3. 递延税款贷项	
A34	4. 其他	
A35	（三）少数股东权益	
A36	（四）所有者权益合计	
A37	1. 实收资本（股本）	
A38	其中：国家资本	
A39	2. 资本公积	
A40	3. 盈余公积	
A41	4. 未分配利润	
	执行行政事业单位会计报表制度单位填写	
A42	（一）资产合计	
A43	1.流动资产	
A44	现金	
A45	银行存款	
A46	应收票据	

(续表)

代码	指标名称	金额
A47	应收账款	
A48	预付账款	
A49	其他应收款	
A50	材料	
A51	产成品	
A52	2.对外投资	
A53	3.固定资产原值	
A54	减：累计折旧	
A55	4.固定资产净值	
A56	5.无形资产	
A57	6.财政应返还额度	
A58	7.其他	
A59	（二）预拨下年补助	
A60	（三）基本建设资金占用合计	
A61	（四）负债合计	
A62	1.借入款项	
A63	其中：银行贷款	
A64	2.应付票据	
A65	3.应付账款	
A66	4.预收账款	
A67	5.其他应付款	
A68	6.应缴预算款	
A69	7.应缴财政专户款	
A70	8.应交税金	
A71	9.应付工资（离退休费）	
A72	10.应付地方（部门）津贴补贴	
A73	11.应付其他个人收入	
A74	（五）净资产合计	
A75	1.事业基金	
A76	2.固定基金	
A77	3.专用基金	
A78	4.经营结余	
A79	5.其他净资产	
A80	（六）预收下年补助	
A81	（七）基本建设资金来源合计	

（二）彩票公益金使用情况

此表将公益金的使用更加细化，特别是突出了使用时本级与上级的数量关系（表14）。

表 14 彩票公益金使用情况表 单位：万元

代码	指标名称	金额
B01	一、体育场馆	
B02	其中：用于修建训练场地	
B03	其中：本级公益金	
B04	上级公益金	
B05	用于添置训练竞赛器材	
B06	其中：本级公益金	
B07	上级公益金	
B08	其他	
B09	其中：本级公益金	
B10	上级公益金	
B11	二、群众体育	
B12	其中：全民健身路径工程	
B13	其中：本级公益金	
B14	上级公益金	
B15	农民体育健身工程	
B16	其中：本级公益金	
B17	上级公益金	
B18	雪炭工程	
B19	其中：本级公益金	
B20	上级公益金	
B21	全民健身中心	
B22	其中：本级公益金	
B23	上级公益金	
B24	全民健身基地	
B25	其中：本级公益金	
B26	上级公益金	
B27	社区俱乐部建设、青少年俱乐部建设	
B28	其中：本级公益金	
B29	上级公益金	
B30	学校场馆向社会开放补贴、社会体育指导员培训管理	
B31	其中：本级公益金	
B32	上级公益金	
B33	其他	
B34	其中：本级公益金	
B35	上级公益金	
B36	三、竞技体育	
B37	用于国际大型运动会	
B38	其中：本级公益金	
B39	上级公益金	
B40	用于国内大型运动会	
B41	其中：本级公益金	

表 14 彩票公益金使用情况表 单位：万元

代码	指标名称	金额
B42	上级公益金	
B43	研制购进辅助设施	
B44	其中： 本级公益金	
B45	上级公益金	
B46	改善训练生活条件	
B47	其中： 本级公益金	
B48	上级公益金	
B49	其他	
B50	其中： 本级公益金	
B51	上级公益金	

（五）体育事业资金收支情况

本表对部分指标进行优化，统计填报更便于取数，填报来源于财决 02 表（表 15）。

表 15 体育事业资金收支情况表 单位：万元

代码	指标名称	金额
H01	（一）上年结余	
H02	1. 基本支出结余	
H03	2. 项目支出结余	
H04	3. 经营结余	
H05	（二）本年收入	
H06	（三）本年实际支出	
H08	（四）收支结余	
H09	1. 基本支出结余	
H10	2. 项目支出结余	
H11	3. 经营结余	
H12	（五）用事业基金弥补收支差额	
H13	（六）结余分配	
H14	1. 缴纳所得税	
H15	2. 提取职工福利基金	
H16	3. 转入事业基金	
H17	4. 其他	
H18	（七）年末结余	
H19	1. 项目支出结余	
H20	2. 经营结余	

经过指标体系的重点指标优化和指标体系整体优化，最终形成了包括 6 个一级指标、23 个二级指标的中国体育事业统计指标主体框架（表 16）。

表 16 中国体育事业统计指标体系总体框架

总目标	一级指标	二级指标	三级指标
中国体育事业统计指标体系	从业人员	单位类型	
		人员类型	
	竞技体育	体育人才	教练员、运动员、裁判员
		后备人才项目分布	项目在训人数分布情况、各省后备人才培养情况
		运动成绩	世界比赛、亚洲比赛
			全国比赛、省级比赛
		竞赛计划	竞赛计划执行、未执行竞赛计划
	群众体育	全民健身工程	项目类型、经费投入、级别
		社会体育指导员	类型、等级
		体育管理机构、人员情况	人数、专兼职、管理机构
		群众体育活动	活动项目、参与人数
		晨、晚练情况	站点数量、活动人数、指导员配置
		体育社团组织	类型、数量、活动
		国民体质监测	站点数量、受测人数、测试结果、监测制度执行情况
		体育俱乐部	类型、数量、指导员配置、规模
		群众体育法制建设情况	级别、类型
		体育传统项目学校	
		学校体育场馆对外开放情况	
	体育场地	新建体育场地情况	数量、规模、金额
		改扩建体育场地情况	数量、规模、金额
		减少体育场地情况	数量、规模、金额
		现有体育场地	数量、规模、金额
	体育教育、宣传、对外交流、科技	体育教育	学校情况、教职工情况、学生情况
		体育宣传	图书、报刊、网站、宣传活动
		体育对外交流	性质、类型、层次、形式
		体育科技	基本情况、项目、成果
	体育财务	收入	预算内收入、预算外收入、附属单位上缴收入等
		支出	人员支出、公共支出、补助支出等
		资产	流动资产、固定资产、在建工程等
		公益金	竞技体育、群众体育、体育场馆等

优化后的统计指标体系包含六大方面的内容：从业人员、竞技体育、群众体育、体育场地设施统、体育财务以及体育教育、宣传、对外交流、科技统计。优化后指标体系的分类是以实际体育工作的需要为出发点，它能更加明晰、明确地反映体育事业的构成情况。

（项目编号：1378ss09067）

我国体育产业与文化娱乐业发展的比较研究

邵淑月　张生理　王根英　刘海娜　邵雪梅　高玉英　陈　洪
赵从英　姚晓勇　龚明俊　柳兰芳　刘　原　罗秀伟

改革开放以来，文化产业为建立适应社会主义市场经济体制的发展模式进行了有益的探索，在理论和实践两个层面取得了一些成果，采取了包括产业化在内的一系列改革措施。而近年来，文化娱乐业作为文化产业快速发展的先锋，呈现了文化产业繁荣的新景象。与此同时，作为大文化经济组成部分的体育产业，发展速度却差强人意。同为大文化经济的两个子行业，发展状况却大相径庭，这一快一慢值得我们深思。本研究主要以我国体育产业发展的新途径为研究基点，通过对文化娱乐业发展模式的剖析，借鉴其成功要素，比较二者之差异，探索我国体育产业娱乐化发展的路径，以促进体育产业又好又快地发展。

一、我国体育产业与文化娱乐业发展状况的比较分析

（一）产业发展规模比较

虽然我国娱乐产业发展比较晚，但是发展速度相对比较快，各大中小型城市的电影院、剧院、夜总会、主题公园、舞厅、交友娱乐中心、健身俱乐部、网络休闲中心，以及供群众健身和儿童游玩的综合游乐场项目，如台球、保龄球、射击、嬉水、水上滑梯、碰碰船、滑索、飞降、滑道、四轮摩托越野、滚轴溜冰、跑马、狩猎等休闲娱乐项目如雨后春笋般崛起，并形成了一定的经营规模，特别是电影产业、广电产业、动漫产业、网络游戏产业发展成绩较为突出。

作为文化娱乐业中的新秀，2008年中国网络游戏用户数已达4936万，网络游戏市场实际销售收入为183亿元人民币，比2007年猛增了76%。有研究预计，2013年，中国网络游戏用户数将达到9453万，网络游戏市场实际销售收入将达到397.6亿元人民币。网络游戏这个曾经被人们认为是"玩物丧志"难登大雅之堂的行业，在短短的数年间表现出了巨大的爆发力。

2009年度全国电视动画片制作发行情况，2009年全国制作完成的国产电视动画片共322部171816分钟，比2008年增长31%。在各分项统计中，杭州动漫产业大获全胜，杭州漫齐妙动漫制作有限公司以10部、12945分钟的产量成为全国第一，央视动画、无锡亿唐、中南卡通、宏梦卡通分列二到五位。

作为文化娱乐业传统优势项目的电影业发展中，2009年全国城市的电影票房收入达到62.06亿元，在2008年电影票房增幅30%的强势基础上，同比增幅达到42.96%，创历史新高。尤为可喜的是，2009年在美国大片集中喷发的猛烈势头中，国产电影表现出强劲的抗衡能力，占据全年票房总额的56.6%，已连续7年超过进口影片。2009年以国产主流影片为支柱、以商业大片为龙头、以中小成本影片为必要补充的健康、良性的市场格局正在逐

渐成形,不仅满足了人民群众多层次、多类型的电影文化消费需求,也为发展中的电影产业提供了源源不断的前进动力。据统计,2009年全年累计有《建国大业》《十月围城》等12部国产影片突破亿元票房。全年故事片产量多达456部,较2008年增长50部,还生产动画片27部,纪录片19部,科教片52部,电影频道节目中心供电视播映的数字电影110部。各行业投资电影的热情进一步高涨,全年主流市场新增影院142家,新增银幕626块,平均每天增长1.7块银幕,全国主流院线银幕总计达到4723块。

由于受到美国次贷危机引发全球金融危机对世界经济产生的巨大消极影响,其他行业的发展业受到了巨大的冲击。体育产业作为世界经济链条中的重要一环,金融危机的发生也对体育产业的发展带来了直接的影响。

2009年6月19日,国家审计署办公厅发布了北京奥运会的审计报告,根据截至2009年3月15日的实际收支数、后续实现收入和待结算支出的统计结果,北京奥组委收入将达到205亿元,较预算增加8亿元;支出将达到193.43亿元,较预算略有增加,收支结余将超过20亿元。北京奥组委成为近20年来盈利最多的奥委会。

北京奥运会后整个体育产业的发展却并非一帆风顺。主要体现在金融危机影响下,中国体育产业出现了体育用品出口下降、体育投资小幅减少、高档体育消费下滑等趋势,但随着中国经济的逐步转好,体育市场趋于稳定。

从上面的分析,我们可以清晰地看到,北京奥运会后我国体育产业发展速度趋缓,而同期文化娱乐业由于受到人民群众物质文化需求的不断扩大,得到了长足的发展,其产业规模、发展势头明显要强于我国体育产业。

(二)人力资源储备比较

体育产业是当今全球经济中发展最快的产业之一,体育产业所蕴藏的巨大商机,所带来的巨大利润,让越来越多的人认识到这个新兴产业的巨大魅力,伴随北京奥运会的成功举办,体育产业已成为未来中国经济最有活力和广阔前景的"朝阳产业"。当前,制约我国体育产业发展的主要因素是经营管理人才的严重匮乏。培养体育产业经营管理人才已成为当务之急。相比之下,作为大文化产业下的文化娱乐业,其人才储备状况要比体育产业丰富得多。详见表1、表2。

表1 2008年全国体育系统从业人员人数

机构类别	从业人数
体育行政机关	31973
运动项目管理部门	37327
本科院校	3979
职业、运动技术学院	3475
体育运动学校	16239
竞技体校	371
少儿体育运动学校(业余体校)	22551
单项运动学校	396
训练基地	3367
体育场馆	16520
科研所	1258
其他事业单位	11872
总计	150575

数据来源:《中国统计年鉴2009》

表2 2008年全国文化娱乐业从业人数

机构类别	从业人数（人）
艺术表演团体	184678
综合艺术表演团体	17871
艺术表演场馆	42049
影剧场	14026
剧目创作室、组	2311
艺术创作机构	859
文化市场经营机构	1409876
总计	1900708

数据来源：《中国统计年鉴2009》

通过比较，我们不难发现，截至2008年我国体育系统从业人员总量为150575人，其中与体育产业息息相关的体育行政机关、运动项目管理部门、训练基地、体育场馆等部门，从业人员总计仅有89187人。而在文化产业中，文化娱乐业从业人数则达到了1900708人。体育产业从业人员，明显少于文化娱乐业从业人员。这固然有文化娱乐业项目众多、参与人数较多、人们参与意愿强烈等因素，但这在一定程度上也反映了体育产业人匮乏是制约我国体育产业大力发展的主要因素。

二、我国体育产业与文化娱乐业产业政策的比较分析

（一）产业发展意识比较

从我国体育产业政策发展的历史来看，在体育产业发展的早期，体育产业政策依附于其他政策，特别是依附于一般性的体育改革政策或是经济政策。并且其政策主体也仅限于体育管理部门内部，多是由体育主管部门单独制定。但随着体育产业的发展，体育产业政策逐渐从一般性的体育政策和经济政策中独立出来，成为一种独立的政策体系。由于市场机制相对不成熟，我国体育产业政策的制定和实施主体则更多的是各级政府部门，其政策手段更多地依赖于行政手段，立法型的体育产业政策较少。从具体的政策手段来看，主要包括国家整体的规划、指导意见，以及国家各部门的意见和规定。

我国政府对发展文化产业的态度是积极的，把发展文化产业看做市场经济条件下繁荣社会主义文化、满足人民群众精神文化需求的重要途径；是加快服务业发展、促进经济结构调整和产业结构升级的重要步骤；是适应经济全球化、增强我国综合国力的重大举措；对实现我国经济、政治、文化协调发展和全面建设小康社会的宏伟目标有着巨大的现实意义和深远的战略意义。同时，由于文化产业是精神生产部门，对社会主义精神文明建设具有重要影响，关系到政治安全和文化安全，我国政府对文化领域的放开采取了极为慎重的态度。采取的是先外围后核心、先渠道后内容、先体制外后体制内逐步放开的政策路径。

（二）产业政策实践比较

我国体育产业政策所涉及的政府部门十分复杂，包括国务院、国家体育总局、发改

委、标准委、财政部、国家税务总局、海关总署、经贸委等多个部门。很多政策的制定，往往需要几个或多个部门联合才能实现。因此，从政策主体看，我国体育产业政策所涉及的主体更加具有多元化的特征。这有利于优化配置，但不利于政策的有效落实，政出多门，不能有效使政策发挥到最大效力。

在文化产业政策实践过程中，党委宣传部门起到了协调指导和总决策的作用，文化管理部门执行党的意志，具体负责文化产业政策的设计、政策文本的拟定以及产业政策的贯彻落实。政策主体单一、权力高度集中、自上而下、党和政府掌握文化产业政策的绝对话语权是我国文化产业政策决策模式的最突出特点。但是由于自身弱小，文化中介机构发展滞后，行业协会不健全，导致在文化产业政策制定过程中，产业界、文化中介机构、各行业协会参与不够，政策也难免体现出滞后性、不够灵活等特征。

（三）产业立法情况比较

改革开放以来，我国体育产业和文化娱乐业进入了全面、快速发展的阶段，为国民经济增长、拉动内需、增加就业和促进产业结构调整发挥了积极的作用。其法制建设也在紧锣密鼓的进行之中。

以体育产业为例，《中华人民共和国体育法》颁布实施10多年来，体育法制建设进入了一个新阶段。广大人民群众和各级体育部门认真学习、宣传、积极贯彻和执行体育法，体育法制建设得到更加重视。《奥林匹克标志保护条例》《公共文化体育设施条例》《反兴奋剂条例》等重要法规相继由国务院颁布实施。初步形成了以《体育法》为基本法律，有关法规、规章相配套的体育法律法规体系的基本框架。体育行政行为进一步规范化、法制化。国家体育总局对体育部门规章、规范性文件以及行政许可、非行政许可审批项目进行了全面清理。各项体育事业发展更加有章可循。

2004年3月1日，国务院《反兴奋剂条例》正式颁布实施。中国兴奋剂检测实验室连续16年通过国际奥委会和世界反兴奋剂组织认证。我国兴奋剂控制质量管理体系通过了国际权威质量认证机构的认证，标志着我国兴奋剂控制工作已经达到国际先进水平。高水平的反兴奋剂体系确保了我国奥运代表团在两届奥运会中没有出一例阳性事件，受到国际上的高度评价，同时也为2008年奥运会反兴奋剂工作打下了坚实的基础。

而我国现有文化产业立法主要包括行政法规、规章等，在由经济蓬勃发展并由此带动和刺激文化产业进一步发展的新形势下，这些法规已经不能够给予文化产业足够的支撑和保障，因为它们的大部分条文仅仅规定了文化产业立足的底线。它们虽然对文化市场的规范起到了一定作用，但其促进作用明显不足，已日益暴露出以下几方面的突出问题。首先，效力层次较低，且缺乏统一的制度安排。从现有法律体系上看，有关文化产业立法大多为行政法规或部门规章，没有一部由全国人大或其常委会制定的基本法。而且，现有法规、规章出自不同的政府管理部门，其立意与内容基本都是从某一文化领域的"点"的角度出发的，往往在内容规制、管理权限等方面有所局限，缺乏必要的统一与衔接，从而既难以形成文化产业法律规制的整体性制度框架和宏观导向，又无法从根本上克服部门之间利益纷争和协调上的缺限。其次，作用机制单一。从现有的法规定位上看，仍然留有明显的重管制轻促进的计划经济法律体制倾向。在内容上，表现为较多地强调管理、限制和处罚，却较少提及扶持、促进和引导；较多地侧重于官方的主导地位,却较少地着眼于民间力量的发掘与激励。这种在法律规制对于产业发展的保障与促进双重作用之间的明显偏颇,不仅不利于打造振兴文化产业的良好社会环境体系,也极大地限制了法律规制本身的作用空间。再次,适时性、实效性均显不足。从现有法规的实际效果上看,由于未能将国家一些促进文化产业发展的原则性政策措施及时予以固化、细化,从而使这些政策的贯彻落实缺乏有效的保障,又在产业发展的整体推进中,使政府仍然习惯于以行政命令干预市场运行,无法达到完善市场机制和转变政府职能的预期目标。

通过对比分析,我们不难发现,体育产业以及文化娱乐业在其自身发展进程中都较为注重产业立法工作,但是仍然存在法制不健全、立法不到位等问题,这些问题在未来的发展中都亟待解决。

三、我国体育产业与文化娱乐业市场运作的比较分析

(一) 产品设计能力比较

文娱产品常把生活故事同产品巧妙联系起来,使感情故事融入产品信息,消费者在被感动的同时,不知不觉中就会接受携带着浓浓情意的产品。文娱产品往往淡化商品的使用价值,强调其象征意义,使人在对文娱产品进行消费时,将日常生活之梦,酣畅淋漓地移情到文娱产品精心制作的"形象"中,获得一次次虚拟的满足,这些都是植入式营销方式的集中体现。可以说,文化娱乐产品正潜移默化地改变着人们的消费观念。

而文娱产品多样性的特征,促使不同类型的文娱产品都能够展现出不同的元素,以吸引消费者的关注。

体育产业与文化娱乐业发展状况不同,由于体育资源的受限,体育产品的设计开发存在一定的局限性。体育产品开发一般随赛事而来,在无赛事的情况下,很难看到较为优质的体育产品。当前,人民收入水平的不断提高理应促进体育健身业的更好发展,但是由于一些体育健身项目的价格居高不下,也阻碍了其很好地发展。

(二) 市场运作能力比较

文娱产品大多有鲜明的主题,或是科学的市场定位,这样能够在差异化的竞争中抢先一步。例如:《建国大业》充分体现了爱国主义的热情,具有浓厚的政治色彩。而《非诚勿扰》则以现实生活中的人物形象,刻画了一个喜剧效应,故而受到人们的热爱。同时,文化娱乐业中的非国有公司也为行业的发展起到了不可磨灭的作用。与政治、历史题材大局的国家统一拍摄、制作不同,像华谊兄弟制作的一些影片以及广东原创动力文化传播有限公司出品推出的《喜羊羊与灰太狼》系列动画节目,成为了我国文化娱乐业发展中的亮点。

而体育产业在市场运作能力上却差强人意。由于我国体育产业发展还处于起步阶段,体育产业市场化不高,体育中介公司较少,其市场运作能力、水平都有待提高。但其中却不乏亮点,2009年的意大利杯足球赛在我国北京鸟巢体育场举行,而将这一赛事引进中国的却是一个不知名的小公司,其后却偃旗息鼓,这不禁让我们想到了曾几何时的皇马中国行,在当时也是轰动一番,此后谁又能记得当时运作这一赛事的公司是谁,而这些也成为我国体育产业发展进程中的一个里程碑。

文化娱乐业与体育产业市场运作相比，其市场化运作能力更强，能够抓住消费者的需求，根据消费者的特点来进行产品设计，而我国体育产业则需要在这些方面进行学习。

四、我国体育产业娱乐化发展的可行性分析

娱乐性是体育与生俱来的特点，认识和强调体育娱乐价值具有十分重要的现实意义。值得注意的是，这些体育娱乐所带来的情绪变化以快感为主，不具有持久性，因此，在发展体育及体育产业中，有必要以挖掘体育的娱乐元素为基础，同时将侧重点放到对其的发展和升华之上，以便帮助参与者体验到更多、更深层次、更持久的快乐。当下，眼球经济时代的来临，对于我国发展体育产业来说既是机遇又是挑战，体育从不缺乏吸引眼球的元素，但娱乐化发展道路是否能够作为我国体育产业的发展方向值得思考。

（一）娱乐文化的澎湃兴起为体育产业娱乐化发展奠定了基础

在我国，娱乐文化的兴起早已成为不争的事实。娱乐文化除了具有一般文艺所共有的娱乐功能、认识功能、教化功能、审美等多种功能外，还显示出其他诸多重要价值功用——娱乐成就了经济建设"软实力"，娱乐满足了人们多元心理需求，娱乐开掘了生命与生活的真义。而追求更高层次的精神陶冶、审美的功能，发现自身，发现生活，是娱乐价值的终极意义。

大众娱乐时代的到来是社会进步的表现，是历史发展之大势。但当下的娱乐活动、娱乐现象、娱乐文化还存在一些显在的弊端，中国急需对消费时代的娱乐文化进行认真审视，以纠正、避免已经出现或可能出现的异化现象。体育从不缺乏引人注视的元素，其健康、阳光、充满活力的形象让人向往。娱乐文化的兴起为体育产业娱乐化发展奠定了基础，而体育又为克服娱乐文化的负面作用起到积极的作用。

（二）休闲娱乐生活方式的大众需求为体育产业娱乐化发展提供了保障

伴随着小康社会建设的步伐，我国的社会经济都得到了迅猛的发展，人们的生活水平和生活质量都有了明显的提高和改善。在社会条件的提高和生活环境日趋改善的同时，人们对生命的价值有了新的认识，人们越来越关注生活的质量和自身的健康，追求精神上的享受成为现代人新的价值观。

物质上的宽裕和闲暇的增多，为人们创造了休闲的基本条件，为大众进入休闲的生活方式提供了可能性。社会经济的发展也使得人们的思想意识和生活方式发生了深刻变化。一方面，居民有了"钱"有了"闲"，生活方式从物质享受型过渡到精神享受型，催生了休闲体育的服务需求。另一方面，随着社会结构日趋复杂，工作强度不断加大，竞争日趋激烈人们的精神压力越来越大，人们追求身体和精神健康的意识明显加强，健康、快乐的休闲体育活动已逐渐成为一种生活时尚，成为生活的主流。

（三）新型体育项目的娱乐性特征凸显使体育产业娱乐化发展成为可能

从传统的目光来看，现代体育与现代艺术的边界越来越模糊，特别是一些评分性运动项目的出现，如花样滑冰、花样游泳、健美操、艺术体操以及体育舞蹈等，使人们怀

疑传统观念的适应性了。人类为了健身和体质发展、游戏和攻击性心理的满足，创造了体育运动。随着社会文化对精神性消费要求的提高，现代体育项目的丰富，便出现娱乐化的趋势。

这种趋势还体现了这样一个事实：人们把游艺、越野、划船、守猎、垂钓等娱乐引为体育手段，特别是融音乐、舞蹈、体操于一体的健身操更受到人们的青睐。体育锻炼与人的生理状态、心智发展、审美趣味都有密切的关系，现代体育的丰富多彩，使人获得全面发展，这是现今时代的精神体现。

（四）体育休闲娱乐消费的日益增多使体育产业娱乐化发展得以实现

"文化工业"这是现代社会后工业文明的明显特征。商品化文化已充斥现代社会的每一个角落。商品化已进入建筑、艺术、文学，也包括体育、乃至哲学领域，商品本身也已经成为一个文化概念。商业化对文化的普通性渗透虽遭到冲击，然而社会文化发展的现实就是如此实在而不随人的意志而转移。现代体育的演进，脱离不了社会文明发展的轨迹，供、需的交换关系影响着现代体育的走向。

当前社会上兴起了保龄球、网球、慢跑、健美操热，说明在日益加快的竞争生活面前，越来越多的人已认识到，身体健康不仅是革命的本钱，也是在社会上生存的本钱。为此，体育消费服务成为体育产业化的一部分而发展起来，有针对性的健身娱乐中心、休闲中心和健身场所和设施已普及开来，体育娱乐成为新的经济增长点之一。

五、体育产业娱乐化发展是我国体育产业开发的未来趋势

（一）体育新闻报道的娱乐化趋势

娱乐化的体育新闻让受众眼前为之一亮，吸引了许多原本对体育不感兴趣的人群，媒体的受众数量大增。从媒体的视角来看，由于体育本身是具有超常魅力，各种媒体中与之相关的新闻报道自然会深受广大受众的青睐，所以作为媒体的重要内容的来源，体育成为媒体搏得受众青睐、获得市场回报的非常重要的内容支撑。在更多的报纸、杂志、电视台、网络等媒体竞相扩大体育新闻部分的版面，加大对体育新闻的报道力度，竞争趋于白热化的情况下，不少媒体的体育新闻出现娱乐化的趋势。

（二）体育类娱乐节目明显增多

我国体育类电视娱乐节目从最初的中央电视台城市之间，各国国家城市的比拼，到娱乐篮球挑战赛、篮球门徒等篮球选秀娱乐节目，再到如今地方卫视的体育娱乐竞技挑战赛，其中具有代表性的有牛气冲天（湖北卫视）、智勇大冲关（湖南卫视）、冲关我最棒等。传统媒体以体育为素材，打造了越来越多的体育类娱乐节目，深受广大观众的喜爱。

（三）体育明星转型娱乐明星

娱乐明星身上的娱乐元素及靓丽的形象着实吸引眼球，特别是在这样一个眼球经济的时代，谁能吸引眼球谁就能获取巨大的收益。体育明星凭借其阳光、健康、帅气的形

象，以及自身的光环，自然能吸引来不少的关注，而当其转型为娱乐明星，其曝光率的大幅增加使其号召力日益增强。例如，我国的体育明星田亮在退役之后频频亮相于各大商业演出活动，代言大量的广告，出演电影、电视剧等，而刘璇也经常成为娱乐节目的主持人。其不光从出镜角度，乃至收入层面都比运动员时期有了大幅的提升。我们发现，大众的目光已越来越多地被体育之外的内容所吸引。而体育明星退役后的去向问题也将日益引人关注，转型为娱乐明星或嫁入豪门有可能成为一种趋势。

（四）体育彩票事业蓬勃发展

近几年，每年中国体育彩票的销售额可达到数十亿元，大大超过福利彩票，成为体育产业里的支柱。体育彩票的种类繁多，有排列三、大乐透、排列五、七星彩、体彩22选5、足球彩票、篮球彩票等，而近年来大奖频出，也大大激发了彩民们的购买热情。可以预见的是，我国体育彩票事业在未来几年将得到更快的发展。

体育彩票不同于毫无节制的赌博，从发行到使用都有严格的规范管理。体育彩票利用人们的侥幸取胜的投机心理。这种侥幸取胜的投机心理，是娱乐游戏的必要因素，即使在庄严的科学和神圣的艺术创造活动中，也不能否认这种因素对孜孜不倦的探索精神的强大推动作用。娱乐总是要伴随着休闲和游戏，伴随着对我们越来越多的余暇时间的占领，其主要价值体现为满足人们的心理欲望和精神需求，使我们的身心达到新的平衡。

六、我国体育产业娱乐化发展模式探析

（一）注重体育明星的娱乐价值发掘，克服过度娱乐的负面效果

在我国体育产业娱乐化发展的进程中，首先要考虑的是体育明星的娱乐化。体育明星所具备的娱乐资源是产业开发的首要因素。体育明星身上的娱乐化已成为大众的焦点所在，企业邀请他们作为产品代言人。大众对这些明星高度关注的同时，企业的产品、品牌形象也随之迅速渗透至消费者心目中。企业要有效利用体育明星身上的"娱乐"资源，将其与企业对品牌定位要求、宣传推广活动充分整合，开发一些与体育明星相关的产品，使明星形象与企业紧密结合，而不单是停留在几句简单的广告词、大幅的平面广告。尤其是中小企业要搭乘体育营销之机，却没有实力投入大量的宣传费用，可以借助体育明星在大众中已有的娱乐化效应来表现自己企业，短时间内迅速吸引大众的注意力。

文化娱乐业的发展过程中，娱乐化发展模式由来已久，不管从娱乐明星的打造，到明星自身娱乐元素的挖掘，无不体现出其幕后推手的良苦用心。但是，娱乐业的发展难免带有许多负面的影响，体育明星健康向上的形象在克服这些问题上有着先天的优势。因而，体育明星的娱乐化其影响力将更为广泛。贝克汉姆现在吸引人的不是他的球技，更多的是他英俊的外貌、花边新闻、参加大量的商业活动，没有人怀疑他身上所具备巨大的商业价值。

职业运动员的娱乐化实际上是发掘运动员赛场之外的商业价值和社会价值的有效途径。职业运动员的不断市场化、商业化，给了大众更多了解他们的机会与此同时，对于商家来说，更是借助职业运动员的明星效力宣传自己产品的良机。

（二）探索体育赛事娱乐化发展模式，赛场内外的欢乐尽收眼底

在中国，目前娱乐的吸引力要远远大于体育的吸引力，国内有哪项体育赛事能够跟"超级女声"相比？当然，中国有不少体育观众，可是他们的"营养"结构，可谓严重失调。近年来中国的体育媒体几乎成了男子足球媒体，最多还有些篮球新闻，但也大多集中在姚明身上，包括田径在内的大多数项目成了"沉默的大多数"，媒体不关注，观众当然更不关注了。

然而，即使是号称"中国第一运动"的足球，现在也成了"迟暮美人"，越来越没有缺乏吸引力。代表中国足球联赛最高水平的"中超"，票房惨淡；曾经引起疯狂追逐的皇马二度来华，盛况不再。当年的辽宁足球，倒是在赵本山入主辽足时火了一把，似乎还是得靠娱乐来挽救。当体育还没有被作为一种娱乐，就只能让娱乐来为体育造势。

大卫·斯特恩认为，NBA 风行全球的最大秘诀就是牢牢抓住了娱乐二字。悬念永远是竞技场最具诱惑力的东西，但绝不是唯一。享受结果与享受过程并不相悖，但也绝不是等同的。给体育加点娱乐不难，难的是一直把观众的视听感觉放在首位。

简而言之，探索体育赛事娱乐化发展模式就是要使观众感受赛场内外的欢乐，高水平的竞技比赛固然是体育赛事成功与否的核心，但比赛不是体育赛事运作的全部，吸引更多的观众关注，使更多观众获取愉悦之情，才是体育赛事经营的发展方向。

（三）建立体育娱乐化的主题乐园，让更多人体验体育带来的乐趣

主题公园是围绕一个或几个主题，运用现代科技和文化手段，为旅游者的消遣、娱乐而设计和经营的现代人工景区。主题公园的成功与否主要取决于游客量的大小，因此其产品应以旅游市场的需求变化为依据，最大限度地满足旅游者的需求。其客源市场开发的核心是以市场为导向，进行准确的市场定位，确定客源市场的主体和重点，明确主题公园产品开发的针对性，调查和分析市场机会，把握目标市场的需求特点、规模、档次、水平及变化规律和趋势，从而制定行之有效的客源市场开发战略策略、方式方法，挖掘更大的潜在市场和争取更多的回头客。

据世界最大的娱乐经济研究咨询公司 ERA 预计，中国城市主题公园的到园人次每年将达到 1 亿人次，以人均 100 元的消费计算，也将有 100 亿元的规模，中国在主题公园市场上潜力巨大。而迪斯尼落户上海，未来也必将刮起娱乐旋风。据业界估计，专程去迪斯尼乐园的游客各项消费将为上海每年带来至少 50 亿元的额外收益。未来，上海迪士尼乐园的建成必将成为上海经济发展新的增长点。而当前上海世博会的召开也为当地经济及旅游业的发展注入了新的活力。

在我国发展体育产业的过程中，也应建立体育休闲娱乐主题乐园，在开发建设的时候，应该避开在此方面很强的迪斯尼乐园等国际竞争对手。主打"文化牌"，学习欧美主题公园的优点，把由国外引进的最新器械设备融入深厚的中国文化之中，要充分利用我国丰富的文化及体育资源，提升主题公园的文化内涵，在组织活动时，应融入文化欣赏、休闲娱乐、亲身参与于一体，做到寓教于乐、寓学于游，提高主题公园的品位和教育功能。

（四）树立正确的体育娱乐化传播取向，打造优质体育娱乐休闲电视节目

体育新闻报道的娱乐化倾向，不仅是近年来各家新闻媒体竞争和市场扩张的产物，也是媒体追求读者阅读量的一种举措。不可否认，体育新闻娱乐化的出现在一定程度上活跃了体育新闻的传播方式，但由此带来的弊端却不得不令人重视。如何正确理解与对待体育新闻的娱乐化、如何避免体育新闻的娱乐化演变成低俗化、如何将体育新闻的娱乐化引向健康的方向却是当前体育报道亟待解决的新课题。

对新闻宣传来说，很重要的一条就是要把好关、把好度，体育新闻也不例外。体育新闻娱乐化之所以能在短时间内被众多媒体所推行，并迅速引起广大读者的注意与兴趣，不得不承认它在现阶段有其存在的合理性。要避免体育新闻的娱乐化演变成媚俗化、低俗化，同样需要体育新闻采编人员把好关、把好度，也只有把好关、掌好度，才能确保导向正确，树立高品位的体育精神。

除此之外，还要在热点新闻上做到引导有度。体坛纷繁复杂，热点层出不穷，在进行体育报道的时候不能一味只看新闻事件是否有轰动效应，而应该更多地从大局出发，从人民的根本利益出发来进行报道，不能任意炒作和渲染，要用正确的舆论引导不正确的舆论，用主流影响非主流，做到冷热有度。

最后，在传播素材的选择上也有严格选择，如在 NBA 的商场上不乏娱乐色彩的新闻报道，明星球员的失误花絮常被作为传播的主要题材来报道。同时，中央五台的体育节目"城市之间"也应作为体育媒体学习的榜样。宣扬高尚的体育精神，巧妙地融入娱乐色彩，将领体育与传媒实现双赢。在打造体育休闲娱乐节目时，注重节目定位，并邀请体育界有影响力的主持人、嘉宾参与，选取合理的体育素材。

（项目编号：1381ss09070）

基于人力资本视角下我国"健身培训"现状与发展之研究

胡汩　王晓波　金其荣　吕翔　蔡燕子　王栩叶　卢明龙

健身娱乐业的发展关系到体育产业的未来,也关系到全民健身计划的实施与推广。无论是创造经济效益,还是提供就业机会,健身娱乐业在体育产业中的地位都是举足轻重的。

一、健身培训市场已基本形成

市场是否形成的主要标志包括三个方面,一是市场中是否存在供需关系;二是交换的物品和服务是否具有商品属性;三是市场中的主体是否会依据市场价格进行交换,调节自身的市场行为。通过调查走访,并结合市场学原理分析,本研究认为目前在北京、上海两地健身培训市场已具备基本的形成条件。

(一)健身培训存在着供需关系

健身培训需求可分为两大部分,一部分是个体健身培训需求。在个体需求中,由于绝大多数参加健身培训的学员都是从事或者将要从事健身教练职业。因此研究认为,目前健身俱乐部中健身教练的从业人数在一定程度上可以反映出个体健身培训需求数量。如表1所示,2006年北京、上海两地的健身教练已达到7120名;另一部分是健身俱乐部的培训外包需求。虽然俱乐部投资培训的意识尚处在萌芽阶段,但是随着人力资本观念的加深以及健身行业竞争的加剧,这些健身俱乐部都将会成为健身培训的潜在客户。因此,同样可以从健身俱乐部的数量上来预期培训外包需求的情况。根据2006年AASFP的《中国健身俱乐部调查报告》,北京、上海两地的健身俱乐部数量总计达到522家,如表2所示。在健身培训供给方面,现状中已经详细分析过,自1992年起国内涌现出经营性质各异的健身培训机构,并且随着健身市场的快速发展,逐年增多。

表1　北京、上海两地健身教练数量　　　单位:名

健身教练种类	北京	上海
普通体能教练	992	582
私人教练	1253	559
团体操教练	2410	1324
合计	4655	2465
总计	7120	

表2 北京、上海两地健身俱乐部数量　　单位：家

健身俱乐部规模	北京	上海
大型（>1500平米）	134	67
中型（500~1500平米）	118	45
小型（<500平米）	101	57
合计	353	169
总计	522	

（二）健身培训服务具有商品属性

商品是指用来交换的劳动产品，其产生的途径是通过人类劳动形成的，其生产目的是为了交换。健身培训服务是否属于商品？可以从两个方面来进行分析。第一，在健身培训服务过程中所提供的主要是健身知识和技能，这些知识和技能凝结了以脑力劳动为主的一般劳动。因此，该服务产品既具有价值又具有使用价值。第二，健身培训机构为了生存和盈利而提供健身培训服务，健身培训学员必须交付学费来购买这些服务，因此机构与学员之间存在商品买卖的交换关系。可见，健身培训服务这种无形服务产品具有商品的基本属性。

在健身培训市场中健身培训服务商品是市场客体，"市场客体是指市场当事人发生经济关系的媒介体。"健身培训机构通过各种健身培训项目，为满足学员更新知识、增强技能等特殊需求，而提供的健身培训服务商品具有综合性。它是由健身培训方案设计服务、健身培训教学服务、健身培训管理服务等共同组成。它还具有无形性，商品的核心主要是健身新知识和新技能，它们都是以非物质形态存在的，只有通过转化过程才能变成生产力。这种健身培训商品的生产、交换与消费过程是同时进行的，具有不可分割性。

（三）健身培训主体围绕价格进行交换

健身培训市场中主体包括健身培训的提供者——健身培训机构和受训者——健身培训学员。

首先，健身市场的客观发展驱动着健身培训市场主体的形成。健身市场中用人单位对教练需求的不断扩大，健身消费者对教练水平的要求不断提升，促使着部分人为提高健身指导水平，或者为谋求健身教练一职，产生了强烈的健身培训需求。需求产生必然引起供给。为了满足这些需求，众多投资主体加入健身市场，形成了目前各式各样的健身培训机构。这些机构的产生和经营是一种显著的经济行为和市场行为，让健身培训具有明显的市场特征。

其次，作为健身培训市场的主体，健身培训机构和健身培训学员各具自主权，围绕价格进行选择和交换。在市场中，健身培训机构和健身培训学员都会根据健身培训市场的价格信号来调整自己的经济行为。健身培训机构会根据不同种类的健身培训课程的成本和价格，来调整自身所提供的健身培训服务内容。而健身培训的购买者则会根据自身的经济状况和培训需求，对即将购买的健身培训服务产品进行比较，从而寻求既能满足

自己培训需求，价格又适合的健身培训机构。健身培训学员的选择与决定购买，与在市场中挑选与购买有形商品的过程并无差异。因此，健身培训市场的主体是以价格为信号来进行交换的。

基于以上分析可以得出，健身培训市场已经具备市场形成的基本条件，客观存在，并成为健身市场中不可分割的一部分。如果说"培训市场是要素市场中的一个分支，是为劳动能力再生产提供服务的市场"，那么健身培训市场则是健身市场中不可或缺的健身要素市场之一。目前，还没有研究专门提出我国健身市场中的这一要素市场，因此，对健身培训市场的研究也是对健身市场深入探析的一个新起点。

二、健身培训市场尚不完善

健身培训市场只有建立在统一、开放、竞争、有序的基础上，才能充分发挥市场运作的效能，实现健身培训市场资源最优化配置。健身培训市场的统一表现在两个方面。一是，健身培训市场中的商品、生产要素能够在健身市场中自由流动；二是，健身培训市场中不同的市场主体之间，权利平等、机会均等。市场开放意味着，无论是在国内或是在国际上，健身培训市场都要做到对外开放。要通过与国际健身培训机构的合作与交流，建立广泛联系，积极参与到国际健身培训市场的竞争当中，充分利用国际平台的作用，推动国内市场的优化。健身培训市场的竞争体现在，市场中可以通过公平竞争的方式，实现优胜劣汰，形成合理的价格信号，从而有效引导健身培训商品及要素的合理流动。最后，健身培训市场需要有一定的规则和制度来维护市场规范化运作的秩序。其中，主要包括健身培训市场主客体的进出秩序、健身培训市场的交易秩序以及公平竞争的市场竞争秩序。

从现状分析中可以得知，虽然我国健身培训市场已经基本形成，但仍处于市场发展的初期阶段。健身培训市场要素的不完善造成健身培训市场持续发展的后劲不足；同时，市场中存在的供求不平衡、市场信息不对称等问题导致了供给机制、价格机制以及竞争机制还没有进入良性运转的轨道，整个市场运作还无法充分发挥其优化配置的功能。

（一）健身培训市场要素的不完善

对于健身培训市场而言，市场主体、市场客体、市场载体、市场价格、市场竞争以及市场运行规则六个部分是构成市场的基本要素。但是，由于健身培训市场尚处在初始阶段，因此这些基本要素都还存在着不完善之处。

首先，健身培训市场中部分卖方主体存在非合法性。作为健身培训市场中的主体之一，机构的成立必须是依法登记注册的，在享有一定权利的同时必须承担应尽的义务。然而，在市场监管缺失的情况下，很多投机者在健身培训低成本、高利润的诱惑下，进行非法投资，开设皮包公司。健身培训市场中存在部分"一部电话、一个人、一间屋子"的"作坊式"、"培训一次换一个地方"的"皮包式"健身培训机构。这些机构大多以谋取暴利为唯一目的，常常会上演"一锤子买卖"。

其次，健身培训市场客体缺乏生命力。目前健身培训市场客体即健身培训服务产品，存在着种类重复、质量难以评价等问题。同时，机构之间严重的抄袭复制行为更是让健身培训课程内容和教学方式雷同，导致健身培训服务产品极度缺乏开拓和创新。与此同时，健身培训市场中教材盗版现象严重，教材质量差。除了少数国际性健身培训机构已具备较为成熟的课程与教材体系之外，其余大多数机构都没有在教材研发上进行投入。走访中，看到很多学员手持的教材就是健身培训师的讲义复印件。可见，健身培训课程教材的开发也是健身培训市场发展过程中的短板。

第三，健身培训市场载体匮乏。健身培训市场的载体是指在整个服务传递的过程中承载健身培训服务产品的媒介体，主要指健身培训师资队伍。正如现状中所谈到的，由于缺乏专门化培养和管理，导致健身培训师资总量短缺，整体水平低下，成为了健身培训市场发展的软肋。

第四，健身培训市场中存在恶性竞争。健身培训的市场竞争包括健身培训机构之间为了争夺健身培训学员、培训师资资源等方面而产生的竞争，也包括健身培训机构与健身培训学员之间，"生产力与消费力"之间的竞争。虽然市场竞争是市场的活力源泉，合法公正的竞争将推动着健身培训市场趋于完善、平衡。但是，目前市场中存在一些恶性非价格竞争手段。调研了解到当前部分机构利用网络平台，雇人灌水发布诽谤和投诉"竞争对手"等信息，以达到竞争目的。

网络广告和网络评价等手段是销售健身培训课程最为经济、有效的营销途径，备受健身培训机构青睐。因此，网络信息成为全国各地的学员了解、判断和选择健身培训机构的最主要途径。为招揽学员，机构不遗余力地通过网络来包装自身的课程体系、鼓吹自身的证书权威性。除此之外，还有的机构还将网络平台转化成打败竞争对手的战场，低劣地使用网评和反馈等手段来诋毁、攻击其他培训机构。这种欺骗、诋毁等恶性竞争行为使得整个健身培训市场更为混乱不堪。

最后，健身培训市场运行规则尚未形成。运行规则是"市场交易活动过程中的行为规范，是维持市场正常运作的约束条件，也是市场运作的先决条件和保证。"目前政府还没有出台专门针对健身培训市场的，有关准入、交易以及竞争等各方面的规则。这就造成了市场中价格虚高、不公平竞争、欺骗学员等行为大行其道，整个市场秩序混乱。

（二）健身培训市场供求不均衡

目前，健身培训市场尚处于供给不足、需求旺盛的不均衡状态中。健身培训供给主要是指某一时间段中，某个地区健身培训机构提供给消费者参与健身培训机会的总和。健身培训机构数量决定了提供培训机会数量，因此，在一定程度上反映了健身培训供给数量情况。

健身培训需求则主要是指健身俱乐部或者个人对健身培训有支付能力的需求总量。值得提出的是，这种需求是建立在有支付能力的基础之上的期望。在分析健身培训市场需求时，因研究时间与经费的局限，无法全面统计到目前市场中健身培训需求总数。但根据李红平的研究表明，"健身教练的专业知识有58.45%是通过培训班学习获得的。"因此，通过分析健身俱乐部的数量、健身俱乐部中设置的健身教练岗位数量，也可以大概地反映出健身培训市场的需求。

依据市场供求理论，当健身培训的供给量与健身培训的需求量相等，同时，供求之间达成了一致的均衡价格时，则图1中的健身培训供求曲线S与健身培训需求曲线D相交于E点，E点为健身培训供求均衡点。达到E点时，代表着当前的健身培训市场达到了"帕累托最优状态",此时市场中培训出来的健身教练都能够充分就业,并且刚好满足健身市场中健身教练的需求。

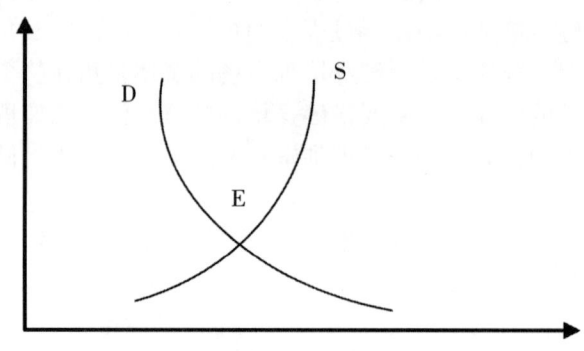

图1　健身培训供给与需求均衡图

然而,现实中的健身培训市场并非如此。健身培训市场需求十分旺盛。一般来说,健身培训市场需求主要分为两类,一类是企业需求,即健身俱乐部为了提高员工工作能力和工作绩效所产生的培训外包需求;一类是个人需求,即将或已经从事健身教练职业的人为了习得健身知识技能、提高就业能力的培训需求。首先,健身俱乐部数量的快速增长,在一定程度上反映了企业培训需求数量的不断扩大。根据中国市场情报中心的统计数据,我国的健身俱乐部数量每年以1000家的速度递增,北京市区的俱乐部以每年30家的速度递增。在2006年,全国健身俱乐部约1719家;2007年,全国健身俱乐部约2500家,其中北京465家、上海200多家;到了2008年奥运会后,全国俱乐部达到了3400多家。其次,从健身俱乐部对健身教练的需求数,可了解健身培训个人需求量。中国健美协会曾进行过市场调查,"保守估计平均一家健身俱乐部所需基本的健身教练人数约为6人次。"那么,粗略计算一下,3500家健身俱乐部所需教练最少为21000名,而且这一数目将随着健身俱乐部数目的增加也不断递增。与此同时,在私人教练需求方面,青鸟健身的教练总监吴成翰先生坦言称:"目前私教的缺口依然很大,像青鸟这样大型的健身连锁店目前还需要50至60个健身教练。目前在北京,健身市场私人教练的缺位数应该在500至700人之间。"由以上分析可知,当前健身培训市场中潜在的需求很大,并且仍在不断增加。

健身培训市场中的供给却不容乐观。目前健身培训机构无论在数量上,还是在质量上都无法满足健身市场的需求。尽管,自2003年以来,每年都有很多投资者不断加入市场成立公司,但是大部分急功近利的投资者很快又被淘汰出局。依据健身中国网站的统计数据显示,到2008年底,我国专业健身培训机构共126家,其中多集中在北京和上海两地。在126家健身培训机构中由于成立的时间长短不一,提供的健身培训机会数量也各不相同。例如,于2008年成立的香港体育教练员协会,至今已培养了120名健身教练;2005年成立的韦德健身培训机构,输出了3500名健身学员;2005年成立的飞萨弗国际健身学院培训了1000多名健身教练。可以看出,这一百多家健身培训机构是远远不能满足健身市场的教练需求的。健身培训市场中客观存在着供求数量上的不均衡,也正是这种不均衡导致健身市场中教练的短缺。值得强调的是,从健身培训质量方面看,市场供给和需求出现了结构性的不均衡。优质的、有信誉的、有品牌的健身培训机构十分稀缺，大部分机构只顾眼前利益，不顾质量好坏。这便导致了好的健身培训服务少，需求却很多；差的健身培训服务多，但无法满足需求的不均衡局面。

（三）健身培训市场的价格机制失灵

目前，在健身培训市场中，由于市场机制尚未完全正常运转、仍有市场信息不对称等问题的存在，因此价格机制还无法发挥引导调节功能。目前健身培训市场价格机制失灵，主要表现在以下两个方面。

一方面，健身培训市场价格虚高。目前健身培训价格相对成本而言，普遍具有虚高的现象。虽然成本的大小会影响到价格的高低，但是无论是低价劣质的培训，还是高价品质的培训，其利润都相当客观的，存在一定程度上的暴利。健身培训服务价格属于生产性服务价格，由于健身培训商品是以劳务形式存在的特殊商品，没有实物形态。因此，决定了健身培训服务价格具有活劳动在价格中占比较大的特点。"依据活劳动消耗商品价格构成的基本内容，并结合现有对体育服务产品定价的研究"，健身培训市场价格应该由健身培训物资消耗支出、健身培训师劳动报酬支出、健身培训其他劳务支出、税金和盈利组成。不难看出，价格成分中影响健身培训市场价格的主要是物耗支出和师资报酬两个方面。健身培训物耗费用的多少，受健身培训开设时间长短、招生人数、办学设施等条件的影响。培训时间越长、人数越多、条件越好、要求越高，物耗成本就越高。健身培训师则是越有名、身价越高，所需报酬就越高。

另一方面，健身培训市场中价格变动对市场供求的影响和调节作用尚未显现。在市场学中，供给与需求的相互作用决定商品在一定时期的价格，同时，价格作为信号，又反之影响供求。众所周知，价格上涨，供给增加、需求减少；价格跌落，供给下降、需求增加是最基本的供求规律，也是价格机制发挥调节反馈功能的基础。但是，在健身培训市场中，价格机制已经失去基本的调节功能。由于健身培训行业缺乏行业标准，以及健身培训服务产品的无形性、难以评价性以及产出效果的滞后性等特点，迫使消费者只能单纯依据价格来判断健身培训质量和效果。也就是说，健身培训消费者不得不充分相信健身培训市场价格的表价功能，认为价格高的健身培训等同于质量也高。在这一错误消费观念的引导下，在供不应求的健身培训市场中，很多机构专门抬高价格来骗取消费者的青睐，用离谱的高价来诱骗学员的信任。因此，市场中出现价格越高，招生情况越好的奇怪现象。相反，价格低廉的培训机构，一次只能招收零星的几个学员。由此可见，由于健身消费者对商品信息的掌握不全，不顾价格对商品价值的表价准确与否，形成了仅以价格来论质量的错误消费观念，产生了"逆向选择"现象。此时，健身培训市场价格根本无法起到调节市场供求的作用，价格机制失灵。

（四）健身培训市场的信息不对称

健身培训市场是比较典型的信息不对称市场，健身培训机构比购买者健身培训学员所拥有更多的市场信息。一开始，信息的不对称会引起健身培训市场中 "逆向选择"和"道德风险"，随着时间的推移，最终会引起"格雷欣法则"现象的出现，导致市场萎缩消退。

健身培训机构拥有的信息优势，主要体现在以下几个方面。一是，关于健身培训产品内容的信息优势。机构在健身培训课程体系、教材内容、教学内容等方面都拥有决定权。而健身培训学员正是出于对未知的健身知识技能产生需求才来参加培训，因此，他们对将会学什么、培训什么都一无所知。二是，关于健身培训服务过程实施部分的信息优势。健身培训机构的管理工作中包括，怎样实施健身培训，聘用什么样的健身培训师，采用什么样的培训方式、考核方式等方面，这些信息对于健身培训学员来说是不得而知的。三是，关于健身培训服务产品质量上的信息优势。健身培训质量由健身培训课程体系、师资水平以及教学实施等因素决定，健身培训实施过程的科学性也是关键影响因素之一。然而，健身培训机构有没有按照培训体系实施流程组织培训，有没有省略需求调查等培训重要环节，只有机构自身知道。这些信息对于学员来说依旧是无法获悉的。甚至于已经培训过的学员，因为缺少评价对比参照物、缺少公认的质量评价标准，也难以判断出健身培训质量的好坏。

正如上面所提到的，健身培训学员无法掌握正确的市场信息，只能以价格高低定质量优劣，从而导致买贵不买廉、买劣不买优的"逆向选择"。除此之外，健身培训机构利欲熏心，利用信息不对称，还会做出违背商业道德的行为。占据绝对信息优势的健身培训机构为了追求利益最大化，采用虚假广告等恶劣手段来盲目夸大健身培训效果，鼓吹健身培训证书，使得培训学员更加无法掌握培训市场的真实信息。一旦培训学员受骗上当，与机构签订好交易合同后，机构就会利用学员对培训信息掌握缺乏的劣势，不遵守约定，不履行合约中所规定的义务，损害健身培训学员的利益。久而久之，这些"逆向选择"与"道德风险"的产生将会导致市场运行效率变低，市场机制失灵，甚至会让市场走向消亡。当健身培训学员逐渐意识到自己花费高价购买的健身培训服务，达不到自己的预期效果，也不符合机构所宣称和承诺的那样时，学员对健身培训机构的信任，对价格的表价功能的信任将迅速减退。有的学员会因为无法区分机构良莠，而选择放弃购买。有的学员则会在后续购买培训时，为了减少受骗风险，而将价格压到最低。事实上，低价购买的方法并不会让健身培训学员受益，相反地，最终会被迫让那些高成本的、高质量的、培训效果好的机构在市场竞争中处于劣势，甚至做出降低质量或者退出市场的行为。如此一来，健身培训市场将进入一个恶性循环的过程，学员无法判断健身培训质量——采用低价购买降低损失风险——健身培训机构降低成本保持利润——健身培训效果降低——学员退出市场或继续砍价。这样最终造成会"劣币驱逐良币""格雷欣法则"现象出现，健身培训市场逐渐走向冷清，甚至消亡。

市场要素的不完善，供求的数量、质量不均衡，价格机制调节作用的失灵，及健身培训市场信息的不对称等方面都体现了目前健身培训市场的不完善，说明整个健身培训市场机制还没得到良性运转，市场功能没有得到发挥，市场尚处于无序初级阶段，亟待规范。

三、促进健身培训市场化进程

（一）构建完善的健身服务市场体系

对于健身服务市场体系而言，主要由健身俱乐部市场、健身用品市场、健身器材市场、健身劳动力市场、健身培训市场、健身信息市场等共同组成（图2）。其中，健身（俱乐部）市场的发展激发并推动着健身培训市场的兴起，健身培训市场的发展又是健身（俱乐部）市场持续发展的动力；健身劳动力市场、健身信息市场将为健身培训市场提供生产要素，而健身培训市场的产品又将重新流入劳动力市场或信息市场中进行合理配置。由此可见，体系中的各市场之间存在着紧密联系，存在着相互促进或抑制作用。正因为如此，健身培训市场的发展不能局限于自身孤立的发展，而是要依托于整个健身服务市场体系的成熟与发展，体系中各个市场的发育情况都将对健身培训市场产生直接影响。

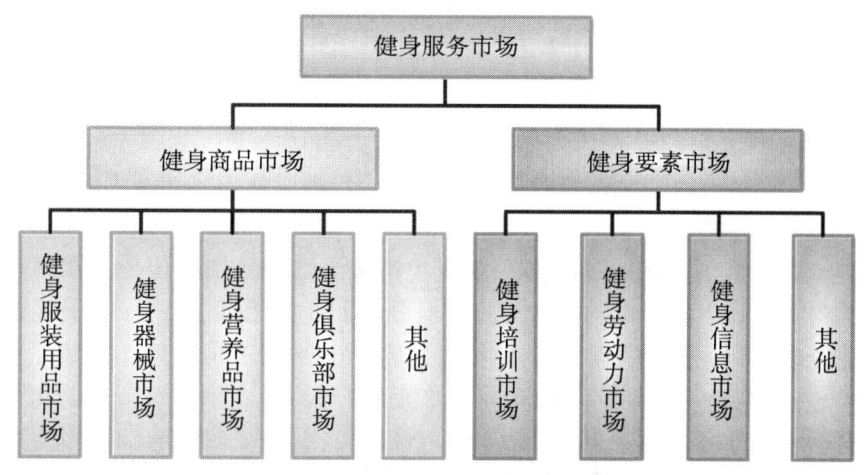

图2　健身服务市场体系结构图

研究认为，基于目前的现状，要促进健身培训的发展必须进一步推动健身（俱乐部）市场的发展，尽快建立和完善健身培训师和健身信息市场的发展。

第一，进一步促进健身（俱乐部）市场的完善。健身培训市场是健身市场不断发展、不断自我完善过程中的必然产物。因此，健身培训市场与健身市场的发展相辅相成。一系列规范健身市场的健身教练职业准入制度、健身俱乐部聘用标准等法规的颁布，将为健身培训市场健康发展提供导向。以健身教练职业标准等指标作为健身培训的基本目标，无形中会提升健身培训的整体质量。可以说，规范的健身市场将为健身培训市场的健康发展提供保障，反之，健身培训市场的进步肯定会推动健身市场迈上新台阶。

第二，加强健身培训师市场的建设。建立健身劳动力市场是实现健身人力资源优化配置的有效手段，它调节健身人力的供求关系，实现健身人力与健身人才需求的合理配比。健身培训师作为健身培训市场的主要生产要素，决定着健身培训的质量和市场的发展潜力。因此，要促进健身培训师市场的形成，为健身培训师的供给、聘用、流通等提供良好平台。这不但要通过正规的、专门化的培养途径来构建健身培训师队伍，采用岗前培养、在职培训、交流培训等不同培养方式，为健身培训师提供更新知识、加强技能的学习机会。与此同时，在健身培训师的聘用、价格等方面还需出台有效的管理制度，从而避免机构之间互挖墙脚、培训师胡乱抬价等问题，为建立和规范健身劳动力市场做好铺垫。

第三，建设和规范健身信息市场。目前健身培训信息市场是十分薄弱的一环，亟待建设与规范。一方面，由于缺乏规范和管理，作为健身培训机构推销课程、广告宣传的主要途径——网络信息平台,不但充斥着各种虚假信息,而且还成为了机构之间相互攻击、恶性竞争的平台。另一方面,作为健身知识和技能的载体,健身培训课程内容、教材、音像资料等,由于缺乏版权保护,缺乏市场规范,被很多机构肆意复制和抄袭。以上两方面的问题正是抑制健身培训发展的瓶颈问题,只有尽快建立和规范健身信息市场,才能使这些问题得到根本的解决,才能实现市场公平竞争、市场信息对称以及信息有效共享。

(二) 培育完备的健身培训市场需求主体

目前,在商业领域风靡"红海"与"蓝海"之说,其中"红海"是指已知的市场需求或市场空间,"蓝海"则是指未知的市场需求或市场空间。对"蓝海"的探索与寻觅,不但可以使企业有机会创造高获利的成长,而且可以使市场领域不断更新、潜力不断扩大。

对于健身培训市场而言,"红海"主要集中于个体健身培训部分。在调查的64家健身培训机构中,几乎每家机构都致力于健身教练职业的培训业务。不同性质的机构在个体培训服务产品方面都较为成熟,每年会为健身市场输送成千上万的健身教练个体。以AASFP为例,2006年培训了专业体适能教练共1122名,高级私人体适能教练共535名,水中有氧教练8名,健身球教练10名,普拉提教练82名,瑜伽教练38名,体适能精英教练6名,合计1801名。2007年培训了专业体适能教练共1480名,高级私人体适能教练共620名,健身球教练25名,普拉提教练60名,瑜伽教练37名,体适能精英教练4名,力量训练及运动体能教练7名,合计2233名。可见,个体培训业务正开展得如火如荼。然而,从调查中不难看出,健身培训机构对健身俱乐部培训外包业务还未给予足够重视,鲜有机构会主动开发这部分市场,因此俱乐部培训外包业务成为了亟待开发的"蓝海"领域。很多研究表明,国内健身俱乐部硬件上可以与国外机构媲美,但是在软体健身人力方面,差距较大,处于劣势,提高员工素质水平成为了俱乐部保持核心竞争力的主要手段。随着人力资本投资理念的增强,健身俱乐部也逐渐重视对自身员工队伍的管理与培养。根据《2009年中国健身俱乐部连锁经营发展报告》可知,在其调查的317家健身连锁俱乐部中,有40%的健身俱乐部愿意采取内部培训的方式,43.33%的俱乐部鼓励或要求教练自费到外部培训机构进行学习进修,36.67%的俱乐部愿意委托外部培训机构对教练进行培训。由此可见,在我国健身俱乐部培训外包业务是有需求、有市场的。开发健身俱乐部培训外包业务将使健身培训市场得到进一步的开拓和挖掘。它不但能使健身培训机构找到新的收益增长点,而且还可以促进机构开发咨询服务等其他业务。同时,以健身俱乐部战略发展为导向的健身培训,有可能将引导着健身培训跳出健身教练职业的局限,更为广泛地深入到各种健身人才培养范围之中,从而不断加大健身培训的市场潜力。因此,健身培训机构应该尽快利用自身获取健身新信息、新理念的强大优势,借助广告、宣传、试用等营销手段,来诱导健身俱乐部重视与开发培训外包业务。

(三) 走产学研道路、增加市场有效供给

在开辟健身培训市场新需求的同时,要增加市场的有效供给。研究认为,走产学研合作培训的道路,可以改变目前健身培训服务产品质量低,有效供给不足等问题,并能

提高健身培训的针对性和产出效率。产学研合作原意是指企业、大学和研究单位按照市场经济规律、基于共同利益上的合作。通过产学研合作，既可以实现优势互补，还能够起到优化资源重组配置、加快技术创新、促进产业发展等综合作用。对于健身培训而言，走产学研道路意味着健身俱乐部、健身培训机构和体育类院校三者之间需要携手合作。以健身俱乐部的用人需求为导向，以大学院校的基础教育和研发资源为支撑，以健身培训机构为实施手段和桥梁，搭建起合理高效的、以职业能力培养为核心的健身教练培训途径。

产学研一体化运行机制是建立在互惠互利的基础之上的。健身培训机构通过产学研合作，依靠院校资源可以提高健身培训质量，并根据企业用人需求可以有的放矢地实施培训，从而提高整个培训的产出效益。要达成与健身俱乐部、各类体育院校的良好合作，主要从以下几个方面着手。一是，加强与健身俱乐部的沟通交流，充分了解用人单位在发展战略上对健身教练职业能力的需求。在此基础上，设计与规划出有针对性的健身培训产品，以保证受训后学员符合职场就业要求。二是，与健身俱乐部建立起多层次的合作关系，创新培训业务和技术。创新代表着发展，在产学研合作关系中，企业是创新的源泉，是创新的根本动力。基于与俱乐部的合作，深入挖掘俱乐部或教练的潜在培训需求，从而实现培训业务和技术的创新。例如，针对不同俱乐部的战略要求，可以开发咨询服务产品、个性化的健身培训服务等。三是，重视与各大体育类院校建立合作关系。虽然教育与培训存在消长和互补关系，但是对于健身培训机构而言，无论从课程研发方面、师资供给方面、学员质量方面都需要得到高校资源的支撑。高校的学术基础和研发势力是目前健身培训机构所无法比拟的。因此，机构可以通过与高校合作研发出更具理论水平和实用价值的健身培训课程；可以定期将自身的健身培训师送至高校接受再教育；可以与高校签订合同为毕业学生订做健身培训课程，施以培训，协助学生就业分配等。总之，健身培训机构以其特有的灵敏性，可以成为教育与社会之间的桥梁，通过获得双方各自的需求信息，提高自身服务产品的针对性。

（四）促进健身培训"品牌化"

在愈来愈激烈的市场竞争中，企业要获得长期的生存与发展就必须走品牌化道路，创造出自己的品牌，形成其持续的、独有的竞争力和丰富的产品文化。在培训市场中，各行各业的培训机构也形成各种知名品牌。例如，IT培训行业中的北大青鸟、英语培训行业中的新东方、健身培训行业中的NSCA、ACE、AASFP等。这些培训机构在实施品牌化发展战略中，主要采取以下几种方式。

第一，发挥自身优势项目，打造精品培训课程，形成特色鲜明的培训项目品牌。例如，以培训出国考试为主的新东方培训，以小班培训为特色的英孚培训等。

第二，采用加盟、合作等手段，将国外品牌移植到国内。国外的知名培训品牌都已经拥有成熟的课程体系和品牌理念。引入国外品牌最为关键的任务是完成课程、品牌的本土化。例如，计算机培训品牌中NIIT就是从印度引入的。

第三，实施全面质量管理，以质量来创品牌。质量是品牌的根本，实施全面质量管理是确保质量和品牌的有效措施。正如北大青鸟APTECH在2002年通过ISO认证和国家社会劳动保障部合作开展联合认证后，在广大消费者心目中树立起来信任，形成了独有的影响力。

在健身培训市场中，随着健身培训学员消费观念的逐渐成熟，在挑选机构时，不再单纯关注培训课程的价格和培训讲师的资质，而是比较健身培训体系的良莠、健身培训方法的好坏、健身培训效果的高低以及培训服务的优劣。健身培训市场中的口碑好坏开始影响消费者的判断，品牌效用逐渐凸显。因此，机构要在市场中保持竞争力、站稳脚跟，必然要形成品牌。这也是健身培训市场不断走向成熟的发展需要。

品牌的构建必须以质量取胜，健身培训质量和效果是健身培训机构树立品牌、持续发展的关键。按照ISO10015培训质量管理标准，来实施一体化、科学健身培训，以确保培训服务质量，是机构走品牌化道路的基础。与此同时，品牌的构建又以特色为核心，具有独创性、新颖性的健身培训服务是机构获得知名度、区别于其他机构的根本。这从一些国际性知名健身培训机构可窥一斑。这些不同机构具有不同的健身培训理念，侧重于培训不同的健身教练类型，并形成了各具特色的健身培训课程体系，故而能够在国际健身培训市场的激励竞争中脱颖而出，一直占据竞争优势。例如，美国国家体适能协会NSCA的培训理念是通过力量训练来提高运动能力和健康水平，因此主要提供力量和素质训练教练（CSCS）课程和私人教练（NSCA-CPT）课程；美国运动医学会（American College of Sports Medicine，ACSM）则是将健身与医学充分结合，致力于改进运动伤害的诊断、预防及治疗方式。它提供的培训课程多集中于健康体适能体系和临床运用医学体系；国内的韦德专业健美健身培训机构（IFBB）则是以颁发由国际健美健身联合会终身主席、近代世界健美运动先导本·韦德先生亲手签名的认证证书而闻名于健身培训市场。同时，IFBB还通过创编《健美先生》《科学健身》等刊物，树立起自身在业内专业性最强、最具权威的形象。由此可知，国内健身培训机构只有在健身培训课程体系上、教学实施上、培训配套服务上等各方面，抛弃复制抄袭、依托自主开发、创建自身理念，才能在以后的市场中寻觅到先入为主的商机，才能够得到持续经营并推动市场的持续发展。

（五）促进健身培训市场"信息化"

从亚洲健康事业商学院（AHECC）等若干国际性健身培训机构开设网络培训课程体系，可以看出促进健身培训市场"信息化"是健身培训发展的必然趋势。运用各种IT等信息手段，实现健身培训资源的高度共享，将为健身培训市场的发展开辟一个不受时间、空间局限的新平台。研究认为，可以从两个方面入手来促进其"信息化"发展。一方面是促进对健身培训市场管理的信息化；另一方面是促进对健身培训市场中健身培训实施的信息化，通过运用网络电子技术，实现健身培训网络化、信息化。

促进健身培训市场管理信息化。通过信息系统的构建，改善市场参与主体之间信息不对称的状况，使声誉机制产生作用，降低"道德风险"和"逆向选择"。研究建议由国家体育总局部门来管理健身培训信息市场，建立全国统一的健身信息网站，网站中应该包括健身培训信息、健身俱乐部信息、健身教练信息等。总局设立相关部门对健身信息的上传、审核、公布等管理工作负责。首先，制定对信息的统一审核标准，以确保公开信息的真实性和有效性。这是为健身培训市场建立流通顺畅、持有公平的健身信息平台的前提。其次，定期公开相关资格考核、认证等信息。将健身培训机构的资格审核情况、健身俱乐部服务等级情况、健身教练的资格认证等情况定期发布，以便于相关消费者在购买健身产品时有据可依、作出正确判断。总之，这一平台的建立，有利于政府部门对健身市场的统筹管理。利用现代网络将健身机构管理、劳动力管理以及市场需求管理等结合到一起，提高了管理效率。同时，也有利于维护健身培训学员的知悉权、选择权，便于形成公正、公开、公平的良好的市场竞争环境。

设计健身培训 E-Learning 课程体系，开拓健身培训网络市场。目前健身培训机构已经开设网络化课程的并不多见。但是，在外语培训、IT 培训、管理培训等其他类型的培训行业中，E-Learning 已经得到了广泛的应用与发展。同时，在美国的企业中也形成了对 ERP、CRM 等 E-Learning 培训的强大需求。因此，可以说，教育培训信息化、网络化将是发展的必然趋势，这对健身培训来说也不例外。美国培训与发展协会（ASTD）将 E-learning 定义为：由网络电子技术支撑或主导实施的教学内容或学习体验。利用网络技术设计的健身培训 E-learning 课程将具有以下几大特性。一是，突出以学习者为中心。健身培训学员可以根据自身条件选择学习内容、控制学习进度，让整个培训学习过程更加灵活、具有个性化特征。二是，让学习变得无处不在。E-learning 突破了课程在空间、时间方面的局限。从电脑到 PDA、MP3、MP4 等，它将健身培训课程得到最大化延伸，让培训学员随时随地可以参与培训。三是，拥有强大的记录功能。全程记录健身培训实施过程，便于评估与改善。E-learning 系统凭借网络强大的信息储备功能可以记录学员参训频率、学习内容、平时成绩等全部信息。这些信息既能让学员自身对学习过程进行监控，更重要的是为健身培训机构评估培训效果、实施需求分析提供了绝好的依据。四是，知识技能更新快速方便。快速更新知识技能便于健身培训长期、持续实施。传统的健身培训因受到时间、地理、资金等诸多条件的限制，往往是短期的、难以持续的。而 E-learning 课程体系以其更新迅速的特征，可以满足健身教练不断学习、长远规划职业发展的需要。总之，充分利用网络资源使健身培训课程信息化，将为健身培训机构开辟更为广阔的市场，同时也让健身培训市场具有无限发展的潜力。

（六）成立健身培训行业协会组织

健身培训市场中，由于目前政府管理存在缺位，而健身培训企业的自律意识相对薄弱，因此，及时成立健身培训行业协会，充分发挥协会所具备的自律、维权、协调、交流以及宣传的职能，无疑是发展健身培训市场的有力措施。

健身培训行业协会管理是介于政府管理与健身培训机构自我管理之间，代表着健身培训行业的利益，并依据规章、章程和行业惯例对健身培训进行自律性管理。健身培训行业协会可以通过以下办法，来发挥其管理与规范职能，促进健身培训市场健康发展。

——在政府制定管理健身培训市场的方针、政策和行业发展规划时，协会可以提供市场实际情况资料并给予有效建议。

——协会可以制定规范健身培训行业的可行性条例，如从业人员标准、收费标准等，建立起健身培训行业的信誉。

——协会可以依据健身培训特点制定出培训产品的质量评价标准体系，通过定期评级等措施，逐渐形成行业诚信机制。

——协会可以通过组织健身培训机构参与签订自律公约，将大部分"作坊式"低质量的健身培训机构淘汰出局。

——协会可以整合政府和行业二者的资源，加强健身培训对外的宣传力度。从而让更多的人了解健身培训行业，关注健身培训、参与健身培训。

——协会可以为健身培训机构提供最新的行业信息服务。健身培训市场的发展与健身信息的更新紧密相关，协会可以发挥与国际各相关协会的沟通与交流，及时为行业导入最新的信息。

——协会可以定期举办学习班、培训班和年会等，以促进健身培训机构之间的交流和学习。

（七）形成健身培训市场法规保障体系

法律是政府实施对市场监管最有效的手段。国家根据市场法规，对市场运行与市场中经济主体和客体进行干预和调控，从而强制性地维护市场秩序、创造良好的市场环境，保护公平的市场竞争。针对目前健身培训市场混乱无序的现状，要尽快制定使健身培训市场行为规范化的各种法律、法规、条例。这是加快健身培训市场发育，形成良好健身培训市场秩序的关键。研究认为，政府应从健身培训交易、健身培训主客体等方面制定较为全面的法规体系，来确保健身培训市场的健康运行。

首先，制定相关的合同法规以规范健身培训的交易行为。经济合同是法人之间为实现一定经济目的、明确相互权利和义务关系的协议。为了消除健身培训市场中信息不对称引起的"道德风险"行为，政府规定有效的健身培训买卖合同范本，来明确健身培训买卖双方的责任与义务，以便于用法律手段处理相应纠纷。

其次，制定健身培训价格管理法规，消除行业暴利行为。与协会共同工作，制定出行业价格标准，对健身培训市场价格实施宏观调控，并要求出售健身培训服务产品时，同样要做到明码标价。对市场中哄抬物价、期满敲诈等暴力行为进行严厉打击。

再次，制定相应的广告宣传法规，杜绝虚假广告。针对目前健身培训市场中充斥着虚假信息、欺骗培训学员的现象，必须制定出有法可依的管理办法。对广告进行严格监管，是营造市场公平竞争环境的重要手段。研究认为，可以通过实施健身培训广告备案制度，对广告真实性进行核实。

第四，制定健身培训课程的知识产权法规制度，制止健身培训课程盗版情况的发生。用法律手段来规范健身培训的知识所有权和版权，是保护健身培训机构合法权益的有效手段。有效的知识产权法规制度将成为激励机构创新健身培训课程、引进国外先进健身技术的有力保障。机构可以在创编或引进新型健身课程体系后，向有关部门申请知识产权保护，从而避免复制、更改、传播等侵权行为的发生。

最后，政府还应制定出健身培训机构进入或退出健身培训市场的准入制度、机构破产管理制度和债权清理制度等法规制度，以规范健身培训市场主体的经营行为。

总之，健全的健身培训市场法规体系，可以起到保护健身培训机构和健身培训学员双方的合法权益，同时规范双方的市场行为，为健身培训市场的健康发展提供有力保障。

（项目编号：1434ss09123）

新媒体时代体育赛事转播权开发研究

金雪涛　李怀亮　程静薇　于　晗
顾灏宁　徐　靖　王　平　何发琼

随着体育事业的发展，各项体育赛事在竞技水平和观赏水平上有了明显的提高，越来越多精彩的体育赛事不仅增加了人们的精神效用，同时也推动了与体育产业相关产业的快速发展，尤其是为体育比赛提供转播服务的传媒产业。

一、中国体育赛事转播权的发展情况

（一）中国体育赛事转播市场现状分析

我国是个体育需求大国，据央视索福瑞媒介调查公司（CSM）研究，中国有五亿足球迷和三亿篮球迷，远远超过了美国的总人口。

2009年11月10日，由中央电视台体育频道、中国电信传播研究中心、央视体育娱乐有限公司、央视索福瑞媒介研究（CSM）共同推出的《中国体育电视研究报告2009》指出，我国体育电视频道目前已进入理性发展期。从《报告》提供的数据来看，2004—2007年，全国体育节目的播出总量呈上升趋势。2004年，体育节目播出总量为66245小时，2007年这一数字上升为93034小时，2008年全国体育节目总量一举突破10万小时大关，创下了12万小时新高。

同时，中国观众对体育节目的需求也十分旺盛。在2006年，体育节目只占总播出电视节目的2.6%，却吸引了4.7%的观众，需求超过了平均需求和其他节目需求（图1）。

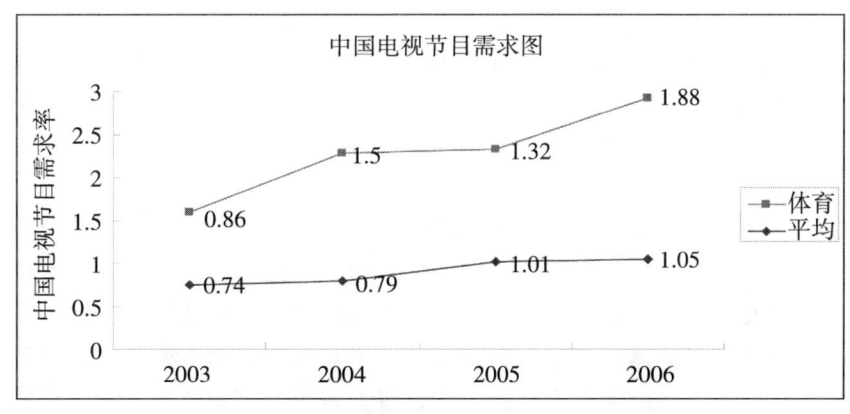

图1　2003—2006我国电视节目需求情况

2002年，在CSM所调查的全国69个样本市县中电视观众的平均总收视时间为56140分钟，其中收看体育节目的时间为3159分钟，排在电视剧、新闻、专题、电影之后列第五位，体育节目的收视时间占总收视时间的 5.63%。这一结果比 2001 年有了大幅度提高，2001 年在所调查的 62 个样本市县中，电视观众收看体育节目的平均收视时间为 2313 分钟，排在娱乐节目列之后列第六位。从性别来看，体育节目的观众男性比例要高于女性，男性观众的比例为 65.4%，女性为 34.6%，（69 市县观众男女比例为 51.3：48.7）。从年龄上来看，在体育节目的观众年龄构成中，35~44 岁的观众比例最高，为 20.6%。在体育节目电视观众的职业类别中，知识水平较高的职业，如管理层、机关、私营企业主、公司职员等的比例较其他节目要高。从收入构成来看，体育节目观众中高收入者的比例是所观察的六类节目中最高的。

在各类体育节目中，最受我国观众关注的是大型综合性体育赛事，2004 年雅典奥运会和 2005 年十运会对总收视和体育节目收视的拉动都证实了这一点。2005 年十运会期间（10 月 12—23 日）全国所有频道市场人均每天收视时间为 174 分钟，相比九月同期（9 月 12—22 日）提高了 8 分钟，与此同时体育节目在这 11 天的总人均收视时间达到 114 分钟，比 9 月同期（59 分钟）提高了 55 分钟。与此同时，在 2005 年全国收视排名前 10 位的体育节目中，与十运会相关的节目就达到了 5 个之多，观众对综合赛事的热情可见一斑。

在专项体育赛事中，传统的"三大球"（足球、篮球和排球）以及乒乓球、羽毛球、体操等我国的强势型体育项目最受我国观众喜爱，故而收视排行前 10 位的体育节目大都与这几个项目有关。其中，足球项目对观众的吸引力最大，虽然足球是我国三大球中的软肋，但观众却在这个项目上花费了最长的收视时间。以广州、北京和上海三地为例，在 2005 年，三地平均每个观众收看足球节目的时间达到 18 分钟，远远超出收看其他节目的时间。

（二）我国体育类节目的市场供给现状

中国在体育节目需求上十分庞大，中国国内体育组织也在积极地采取各种措施对其转播权进行市场化运作。从对体育节目进行播出的电视机构数量看，1999 年后，由于各类电视台对体育的热衷，我国各类体育频道超过了 100 家，经过大浪淘沙，到 2003 年底全国剩下 42 个体育频道，到 2007 年年底还余下 33 个体育频道，至 2008 年年底减少到 17 个。需要指出的是，缺少赛事资源已经成为我国体育电视发展的主要障碍。目前，我国 70%赛事转播需从国外购买。同时，随着我国数字电视的快速发展，以足球、网球、高尔夫球、围棋、羽毛球、冰雪运动等为内容的 10 个付费体育频道应运而生。

从覆盖及收视状况来看，中央台频道的体育节目在全国收视中占有明显的优势，首先中央台在体育节目的转播上有着地方频道无法比拟的优势，尤其是在大型综合赛事的转播上从技术到人员都具有雄厚的实力，在各个单项比赛的转播评论上也具有更为专业的转播班底。中央台转播体育赛事的频道长期以来是以中央台五套为主，一套和二套为辅。地方体育节目的收视情况较为复杂，中央级、省级和市级体育频道之间在转播体育赛事中存在着合作和竞争的关系，而观众的收视则在几类频道中趋于分散。各级体育频道收视份额及收视率的高低一方面取决于体育节目质量的好坏，另一方面，在竞争中取得优势地位是比较关键，其中转播技术和实力以及栏目制作能力成为决定性因素。北方城市大多是中央台体育节目的总体收视状况要好于地方频道体育节目的收视状况，这以北京为代表；南方城市正好相反，地方频道（包括省级、市级）体育节目的收视态势要好于中央台，这以广州为代表。

伴随省级卫视带来的竞争、数字电视推广带来的付费节目竞争，各级电视台在体育节目特别是体育赛事转播方面的竞争也亦发激烈。从最近几年的发展来看，虽然在全国平均水平上，中央电视台体育频道一直占据着主导地位，抢占了80%左右的市场份额。但在北京、上海、广州、深圳等几个大城市，央视体育频道并没有这么高的份额：在北京，由于北京电视台占有35%左右的份额，中央电视台体育频道的收视份额变为60%；在上海，上海市级频道占有60%的收视份额，中央电视台体育频道的收视份额降为35%；在广州，体育电视频道的竞争更为激烈，中央电视台体育频道占35%，广东电视台体育频道和广州电视台竞技频道分占30%和25%。

另外，在中国转播国际、国内体育比赛的初期央视一方独大的局面也在逐渐发生改观。原来央视掌握了所有具有影响力的国际、国内比赛的体育转播权，其他传媒机构想要播放比赛必须向央视购买。最早具有全国覆盖的央视垄断着广泛的收视人群和广告收入，使其在购买国际、国内体育比赛时具有较大的优势，地方电视台没有足够的资金、声誉、覆盖率与其抗衡。近年来，一些地方电视台联合起来成立了体育联播平台（CSPN），采取联合购买的形式与央视竞争，联合购买取得的转播权放在各省共有频道（CSPN）上播出。地方电视台这样的做法改变了原有国内转播市场在国际、国内体育比赛上央视独揽所有比赛的现象，使得转播权市场竞争更加激烈。面对日益扩大的体育节目市场，地方媒体丝毫没有退让，除了积极与中央电视台争夺CBA、中超、东亚四强赛的转播权之外，以北京六套为例的地方专业频道还开始尝试开发世界运动会、飞镖、斗牛、台球等中央电视台较少关注的赛事项目，试图通过增加节目的新颖性和丰富性来赢得受众，竞争意味愈演愈浓。除了地方电视台的联合购买、开发新型体育赛事之外，新媒体的加入也很大程度上提高了转播权的竞争。2007年天盛传媒以5000万美元购买了英超联赛3个赛季的独播权，并将其放在旗下的付费电视供观众观看。这一价格也开创了中国购买"国外赛事转播权"的新高。2006年1月26日，上海文广新闻传媒集团下属东方宽频传播有限公司宣布获得了2006年德国世界杯足球赛网络数字传播权，正式成为世界杯中国大陆地区的独家宽带和无线合作伙伴，这也意味着中国转播权开发已经进入了网络时代。

目前，我国视频网站主要包括：专业视频网站、在线视频网站以及门户网站的视频频道。

在线视频主要指能够对节目进行直播的视频网站。目前我国主要的在线视频网站包括：uusee、PPLive以及PPStream。这三个网站中，只有PPLive开发了专业的体育频道。其与国际比赛组织者合作，购买这些比赛的赛事转播权，对知名的国际赛事进行直播。

门户网站的体育频道。门户网站对于体育栏目是十分重视的，早在网站出现期，门户网站便开辟了体育比赛的文字报道权，目前各个门户网站又转战体育比赛的直播。其中值得注意的是新浪和腾讯。目前新浪已经和国际一些知名赛事组织方合作，直播其体育比赛，这为其取得了更多的用户和广告收入。腾讯在视频方面，也可以称为在线视频网站，这主要是因为腾讯还经营着自己的视频直播播放器，播放各个电视台的节目以及晚会等。腾讯在体育转播权上也开始有所重视，其不仅与天盛传媒合作播放英超联赛，还购买意大利甲级联赛的赛事集锦，并对NBA比赛进行转播。

专业视频网站。是指以提供观众需要视频为目的，提供互动服务的视频网站。目前专业视频网站排名前三位的网站包括优酷、土豆以及我乐网，而其中优酷和土豆网除了设有体育视频专栏外，点击率也远超于排名第三的我乐网。但这些网站在体育内容上，尤其比赛转播内容上并没有属于自己的内容版权，而其比赛集锦和报道的内容合作对象也不是各个体育组织而是体育传媒机构。例如，优酷在其体育专区中，点击率最高的是体育精彩花絮和赛事集锦，但其主要的合作对象是北京电视台、广东电视台以及上海电视台等电视传媒机构。而土豆的主要内容合作伙伴是网易体育频道。

需要说明的是，由于目前我国国内具有影响力的赛事不多，各电视台为了获得更高的收视率以及丰厚的广告利润，都积极地参与购买具有影响力的国际体育比赛（表1）。

表1 2010年国内主要体育电视台转播的体育节目

电视台	转播的体育比赛
中央电视台体育频道	国际：美国篮球职业联赛（NBA）、世界一级方程式赛车锦标赛（F1）、西班牙足球甲级联赛、德国足球甲级联赛、斯诺克、世界拳王争霸赛、意大利足协杯、欧洲冠军联赛（仅播放集锦）
	国内：乒乓球（直通莫斯科循环赛）、中国篮球职业联赛（CBA）
CSPN联播平台	国际：NBA、意大利足球甲级联赛、英超、德国足球甲级联赛（延时播放）、亚洲杯羽毛球赛
	国内：中国足球超级联赛、中国篮球职业联赛（CBA）、乒乓球
北京电视台体育频道	国际：英超联赛、非洲国家杯、意甲、西甲（延时）斯诺克、澳网
	国内：CBA、中国功夫职业泰拳争霸、散打
上海电视台体育频道	国际：NBA、英国足总杯足球联赛、英超联赛、意甲、亚洲羽毛球锦标赛（延时）
	国内：中超、CBA
广东电视台体育频道	国际：F1、英超、西甲、意甲、亚洲羽毛球锦标赛、F1（延时播出）、亚洲冠军杯足球锦标赛
	国内：五人足球赛、中超联赛、CBA

此外，我国的视频网站与电视台转播相类似，主要转播国外的体育赛事（表2），这不仅是因为这些体育赛事具有较高的知名度，同时还是因为其具有比较完备的转播权出售体系。比如NBA，其就开辟了网络的直播权，供网络转播商购买。我国目前唯一开发了网络转播权的是中超联赛，PPLive每周都会定时播放中超的体育比赛。

表2 我国主要视频网站体育转播节目情况

网站	转播的体育赛事
新浪	国际：英超、美国橄榄球联赛、欧冠赛（集锦）、职业高尔夫巡回赛（集锦）
	国内：中超、其余比赛（集锦和报导）
腾讯	国际：英超、意甲（集锦）、NBA（录播）
	国内：中超（文字直播、集锦）
PPLive	国际：斯诺克锦标赛、英超联赛、德甲、西甲、意甲、NBA、美国职业棒球联赛（MLB）
	国内：中超、台湾职业篮球联赛（SBL）
优酷	比赛集锦和电视台报导，其中以NBA和欧洲各足球比赛受关注最高
土豆	比赛和电视台报道，以NBA和欧洲知名足球联赛受关注最高

二、体育赛事的传播平台发展趋势

(一) 趋势之一:三网融合将进一步推进媒介传输与播出平台的竞争化格局

在重大体育赛事转播上央视有着得天独厚的垄断权力。2000年1月国家广电总局发布了《关于加强体育比赛电视报道和转播工作的通知》,其中规定"在我国境内的电视转播权统一由中央电视台负责谈判与购买,其他各电视台不得直接购买"。尽管央视的统治地位不容撼动,但经过十几年发展,我国的省级卫视已经走过了早期的探索和尝试阶段,成为中国电视市场竞争中的重要力量。省级卫视的发展始于1986年,当时新疆电视台成为首个上星传输的卫视,至1999年,海南卫视成为最后一个上星的省级频道。在这14年间,全国31个省、区、市电视台都实现了上星。中国内地形成了中央电视台、省级卫视、省级地面频道、市(县)级频道的四级电视覆盖网。根据央视索福瑞历年在国内所有城市的调查,2009年中央级频道市场份额为30.4%,相比2008年的35.7%,损失较为明显;省级卫视平均年度增长2个百分点,2009年更是比2008年增长3个百分点达到25.8%。从无到有,省级卫视取得了飞跃式的发展,已经成为我国电视媒体中重要的一部分。近年来省级卫视的整体竞争力增强,表现在以下几个面。首先省级卫视收视份额增长明显,观众规模和收视量进一步扩大。其次,强势省级卫视的观众忠实度提升,对年轻观众的吸引力强。另外,省级卫视内部竞争格局调整,使得强势省级卫视的份额增长幅度大。但在体育节目或体育赛事转播领域,省级卫视由于行政管制和覆盖能力的限制仍然不占有明显竞争优势。

伴随新媒体的发展和三网融合的演进,电信、互联网等企业开始进入视频节目制作和按规定进行的承载播放环节。新媒体可以有如下分类。首先是基于互联网的新媒体,如电子杂志、电子书、网络视频、博客、播客、视客、群组、其他类型的网络社区等;基于数字广播网络的新媒体类型,如手机电视、数字电视、车载电视、公交电视等;然后是基于无线通信网络的,如手机短信、手机WAP等;最后是基于跨网络的,如IPTV等。总之,新媒体是技术融合的产物,数字、网络、通信技术已经发展到能够在不同终端上呈现集文字、图片、声音、影像于一体的综合性媒体内容,具有综合性媒体的特质。截至2010年6月底,中国网民规模达到4.2亿,互联网普及率上升至31.8%。手机网民规模更达2.77亿。截至2009年底,我国有线电视用户17398万户,有线数字电视用户6200万户。2010年年末广播节目综合人口覆盖率为96.3%;电视节目综合人口覆盖率为97.2%。2009年,我国移动电话用户达到7.5亿户。2009年,车载视听终端的累计数量超过36.7万台。随着新媒体时代的到来,体育节目尤其是大型体育赛事已经成为众多新的媒体形态所青睐的节目类型。

综合体育赛事的节目形态和各类不同新媒体的传播特点以及发达国家的实践经验,本研究认为,当前最适合传播体育赛事及体育节目的新媒体平台有数字收费电视、宽带网络视频和手机电视。

(二) 趋势之二:数字收费电视

数字电视正在改变中国的电视市场,数字化技术不仅提高了电视的收视质量,传递给用户高清晰度的画面,而且扩充了频道的资源,为用户提供了更多的选择。2005年,在进行"模拟"向"数字"整体平移的同时，国家增加了对付费电视频道的开办力度，截至 2005 年 12 月，全国共有 46 家广播电视播出机构、广播影视集团以及其他符合条件的中央单位获准开办了 125 个付费电视频道，其中已开播 112 个。目前在我国已经开播的将近一百套节目里，大概有将近十套是经过广电总局批准的体育类节目，包括中央电视数字平台的足球频道，还有高尔夫、网球频道，以及综合体育类的节目。

从国际上来看，体育、电影在数字电视节目中占据主要位置，体育内容已成为数字电视的主要推动力，这一现象在美国尤为突出，目前新增频道绝大部分为体育频道。以数字电视非常发达的英国天空电视台为例，在体育频道里，又细分为足球频道、橄榄球频道、摔跤频道、拳击频道、高尔夫频道、棒球频道、篮球频道等。美国 NBC 持有美国职业篮球比赛电视转播权达 12 年之久，但它对 2001 年新一轮的 4 年转播权提出的竞价只有 13 亿美元，结果 NBA 以 6 年 46 亿美元将转播权卖给了迪斯尼下属的有线电视公司 ESPN 和特纳广播公司下属的有线频道 TNT。2007 年 8 月 7 日，香港有线电视（i-CABLE）宣布取得 2008 北京奥运会、2010 年温哥华冬季奥运会及 2012 年伦敦奥运会的香港区独家转播权，这些转播权还包括了互联网以及各种移动平台。

对于我国的电视观众来说，已经习惯了免费收看电视，国内的体育赛事转播节目一直以来都是由无线电视作为一种公益事业播出，有线电视也只是收取非常低廉的线路维护费，近似于无偿播出。体育赛事转播节目商业操作的渠道仅限于通过相关节目吸纳企业广告赞助，中国广电正在进行频道专业化改革，这种单一的盈利模式也直接制约了电视频道的专业品质。同时数字化也已经成为中国广电新世纪改革的主要内容，许多省级和市级有线电视公司都在推进机顶盒整体平移，正式运营有线数字电视，希望以此作为广电转轨扩大商业操作的契机。中国数字电视的发展，肩负着一项不同于西方数字电视的任务，那就是打造基于有线电视网络的付费收视模式。用户只愿为他们喜欢的节目付费，而体育赛事节目无疑是当前最切实可行又具有足够吸引力的内容资源。有线数字电视从技术上保证了收费的可能性和合理性，对中国广电的盈利模式改革无疑是一次契机。中国国际电视总公司常务副总裁沈向军认为："在推广付费电视的过程中，发现体育节目、体育频道，特别是专业化的体育频道，在市场的推广中卖点很好，从三个方面决定体育节目的卖点很好，一个就是买的人很多。第二，忠诚度很高，买了以后，退订的观众很少。第三，订购以后收视率会非常高。"

2009 年，全国有线广播电视用户预计 1.74 亿户，比 2008 年增加了 1000 万户，增长了 6.10%，增幅超过 100 万户的地区有辽宁、江苏、山东。其中，随着有线网数字化改造，数字电视用户达 6199 万户，占全国有线广播电视用户的 35.63%，比 2008 年增加 1672 万户，增长 36.94%，是 2006 年数字电视用户发展以来，增幅最大的一年。2009 年付费数字电视用户 705 万户，占全国有线户数的 4.06%，比 2008 年增加 256 万户，增长 57.02%。由此可以看出，我国的数字付费频道的发展是非常有前景的。而体育电视则有望成为数字电视改革的内容先驱，事实上国外的实践证明体育和电影恰恰是推动付费电视两大利器。

（三）趋势之三：宽带体育视频

在全球数字电视迅速发展的同时，随着宽带 IP 技术的普及，通过宽带网络接入家庭电视机终端或直接通过互连网及电脑终端的宽带体育视频在国内外悄然兴起。

如果说 1996 年美国亚特兰大奥运会拉开了互联网转播赛事的序幕，2000 年悉尼奥运会"千年网络"让人们感受到融合通信的魅力，2004 年雅典奥运会移动应用和 ADSL 宽带接入留给大家深刻印象，那么在北京 2008 奥运会期间，网民将会初尝网络视频化所带来的新鲜感受。

意大利 FastWeb 公司是世界上第一家运营 IPTV 业务并获得盈利的运营商。作为意大利第二大固网运营商和主要的宽带服务提供商，FASTWEB 从 2001 年就开始提供包括实况转播意大利足球联赛所有赛事的 Sky ITALIA 付费频道，SKY ITALIA 的意甲独家转播权由 SKY 数字电视和 FastWeb NTV 两家共享。而在香港地区的英超转播权争夺中，作为传统互联网服务提供商的电讯盈科旗下 now 宽频电视最终胜出有线电视，以约 2 亿美元、比竞争对手目前支付的价格差不多高出一倍的"天价"，获得了未来三个赛季的香港地区英超联赛独家转播权。在新加坡地区的转播权争夺战中，新加坡电信集团也是以约 1 亿美金的高价竞标成功。

2006 年 1 月，上海文广下属的东方宽频网站从国际足联官方获得"中国境内唯一宽频呈现 2006 世界杯"授权。虽然只是每场球赛的 4 分钟精彩集锦，却是国际足联世界杯首次引入网络视频的媒体传播模式。2 月，新传与 NBA 宣布合作，新传旗下网站新传宽频体育成为全球首家获得 NBA 授权赛事直播的网站。

因为难以协调电视转播者的利益，国际奥委会一直对网络视频直播的授权相当谨慎。雅典奥运会的时候全世界尚没有合法的奥运会比赛视频下载收看业务。中国台湾的 IPTV 运营商中华电信通过爱尔达科技已经在 2007 年 6 月和国际奥委会正式签约拿下了 2008 北京奥运赛事的新媒体独家转播权，即通过互联网、IPTV、手机等转播奥运比赛。这也是全球第一个单独持有新媒体权利的公司。在此之后，香港有线电视和作为中央电视台新媒体平台的央视国际也先后成为国际奥委会授权的北京奥运会官方互联网和手机传媒机构。

从国内外的实践来看，系统外业者电信 IPTV 运营商和互联网视频内容提供商未来完全可能成为与电视台竞争体育赛事资源的潜在对手。

（四）趋势之四：手机电视

在所有的电视节目中，新闻和体育节目对于时效性要求最高，每个人都希望能够实时地观看喜爱的体育节目，但当他们出门在外，无法守着电视机的时候，唯一能够提供解决方案的就只剩下小小的手机屏幕了。北京奥运会期间，中国移动的奥运手机点播业务全国累计使用用户达到 100 万。在奥运会的带动下，手机媒体作为新兴的体育比赛传播平台拥有巨大的市场价值和乐观的发展前景。

首先，手机媒体在传播体育赛事和相关内容上具有得天独厚的优势。手机媒体采用无线接入方式，便携、可移动、普及率高，能够随时随地满足人们欣赏比赛的需要。所以，在某种程度上，手机媒体也是时效性最强的媒体。传统媒体要受时间和自身资源的限制，而手机媒体和互联网类似，体育节目随时进行、随时发布、随时接收，即时传播，方便快捷。同时，手机媒体是一个无线移动媒体终端，这个终端背后是海量的网络资源，通过这个终端可以进入网络世界，从而可以同时提供多种赛事信息，既不像电视一样受到转播频道的限制，也不像报纸一样受到版面的限制。而且，手机媒体作为一种整合性媒介，其他媒体也成为了它的内容。这样，人们收看体育节目就可以更加丰富，有更多的选择空间。另外，手机媒体方便实现体育节目互动交流。手机既是信息的终端也是信息的始端，形成了一个交互传递的网络。用户可以在收看体育节目的同时，与朋友交流，也可向平台上发送自己的观点，与观看同一节目的人进行信息互动。手机媒体兼具人际传播和大众传播两种特质，它的信息分享更具人性化。

其次，手机的使用率和手机上网的发展态势，为手机媒体成为体育赛事传播的重要平台提供了相当规模的用户基础。虽然说利用手机媒体转播体育赛事还没有成为一个重要的传播渠道，但是一旦条件成熟，其发展前景是不可估量的。据调查显示，我国手机上网用户的上网频率正稳步提高，每天多次使用手机上网的用户占到了34%，这一趋势将长期维持，形成更高的移动互联网使用率。目前手机上网用户仍以男性用户为主，占到整体的74.6%。而众所周和，男性是观看体育赛事的主要受众。这些利用手机媒体上网的用户完全可以转化成手机体育赛事的收看者。

从目前国际上来看，体育类节目已成为手机电视的重要内容之一。2005年9月，LG公司在欧洲推出了全球首部支持WCDM网络的3G卫星电视手机，用来支持2006年世界杯决赛实况转播的服务。美国主要移动通信运营商Sprint Nextel也在大力发展手机电视业务，他们向消费者提供实时的如福克斯体育赛事报道等精彩节目。在我国，2006年德国世界杯期间中国移动联合上海文广集团推出了世界杯中国地区手机电视节目，用户可以进入移动梦网"掌上世界杯"栏目欣赏比赛期间的即时快报、实时评球以及每场比赛4分钟视频集锦等精彩内容。

三、新媒体时代我国体育转播权开发建议

（一）结合我国国情加强对体育赛事转播权的法律保护

我国转播权市场之所以不够完善，主要是由于其产权的界定不清晰，而产权界定不清则主要是由于目前对于体育赛事转播权的法律保障以及对具体责权利的界定还不清楚规范。目前，我国对体育赛事电视转播权起保护作用的仅有《商标法》《专利法》《著作权法》《体育法》等通用法律，缺乏针对性较强的法律保障体系。而在相关的法律条文中，对电视转播权的有偿转让，目前尚未有具体的概念和规定，这对我国体育产业的发展十分不利。

应该充分认识到，目前我国还没有出现已经职业化的体育项目俱乐部和体育赛事组织者对转播权的争夺，这主要是因为当前我国民众对于体育类视频节目的需求还没有完全释放出来，加之高水平赛事尚少，所以体育赛事转播权的经济价值并未得到充分重视。在这种情况下，对于体育赛事转播权的法律界定和产权界定显得无足轻重，这也进一步导致了体育部门在于媒介部门的博弈中动力不足。伴随经济水平增长，体育视频类节目在中国民众的文化需求中会进一步提高，那么体育赛事转播权的经济价值会导致已经职业化的体育项目的俱乐部和体育赛事组织者对转播权的争夺。所以无论从哪个方面来看，对体育赛事转播权进行合理的法律和产权界定都是极为重要的。

国际奥委会通过多次修改《奥林匹克宪章》的有关条款，逐步确定、保护了国际奥委会对转播权的营销主体地位；美国的"版权法"保护了赛事拥有者营销赛事电视转播权的商业行为。《反垄断法》保护了电视转播市场的自由竞争，《反垄断豁免》保护了体育组织的集团利益，《业余体育法》鼓励支持了美国体育组织营销赛事转播权

的快速发展。

对我国来说，借鉴国际上的成功经验，进一步修改和完善《体育法》等相关法律，将"体育赛事转播权"作为一个明确的概念列入《体育法》中，使其法制化、规范化。首先要明确作为产权权利的体育赛事转播权的归属，按照当前国内体育赛事的组织管理与运营特点，建议体育赛事组织者和运动员组织共同拥有体育赛事转播权。其次好处理好体育赛事转播权与基于体育赛事而产生的传媒内容产品传播的邻接权问题，保护体育赛事组织者和运动员组织在有关体育赛事传媒内容产品再开发中的利益。最后需要说明的是，为了降低开发成本，增加转播权交易谈判力度，当前应由体育赛事组织者代表运动员组织集中销售，然后制定全面、合理的电视转播权收入分配方案，让俱乐部和体育比赛的直接参与者从中获益。

在当前的实践中已有很好的案例来明确体育赛事转播权的归属并予以有力保护的例子，中国排球协会在其章程中对于比赛和表演活动的转播作出了规定，规定俱乐部在其主办的比赛中拥有转播权，排协对于国际联合会和亚洲排球联合会的比赛拥有转播权。并且同时规定未经主办方许可，传媒机构不得将转播权出售给第三方。这是一个很好的现象，还需要更多的体育协会，赛事组织者意识到体育赛事转播权的归属问题，明确体育转播权的权、责、利。

（二）提高体育赛事水平

国外体育赛事转播权之所以能够持续走高、居高不下，不仅因为其具有强大的体育营销背景和营销规范，更主要的是因为其具有很高的体育水平，吸引了很多忠实的观众。中国在部分体育比赛上较比西方发达国家仍有一定的差距，需要积极提高自身的体育赛事水平吸引更多的观众，这样才能更加吸引国内外传媒机构对国内体育比赛的转播兴趣，从而增加转播权出售的收益。

电视转播权是体育赛事价值的延伸，赛事的价值越高，赛事转播的价值也越高。高质量的、适宜电视转播的体育赛事是吸引观众、广告客户、电视媒体的重要因素。为此，国际上很多项目不仅在比赛形式上，而且在规则等方面都根据电视的需要进行了改革，以吸引观众。在我国，有众多的体育赛事资源，综合性的有全运会、青运会、城运会、农运会等，还有各单项锦标赛，体育部门应当充分利用、开发，包装这些赛事资源，有计划地将各项赛事推向市场。现阶段应从赛制和机制改革、分配制度改革等方面入手，促使各球队实力趋于均衡，增加比赛的激烈程度，努力提高中超、CBA 联赛的水平和质量，吸引更多的观众，形成规模化的观众群。其他尚未实行职业化的单项协会，也要高度重视比赛质量，重视比赛包装，提高比赛品位。在市场开发方面，由体育主管部门实施统筹管理，实行整体包装、整体推进，逐步培育市场，为走向市场创造条件。

（三）加强体育转播权的销售规范，并发展第三方营销

由于我国体育赛事发展较比西方发达国家缓慢，处于发展的初期。各个体育组织没有相应的营销经验，并且对于体育转播权的销售没有明确的规范，这导致体育赛事转播权的出售价格一直没有达到一个合理的水平。包括比较著名的乒乓球联赛，其转播权的收益也没有得到合理的开发。2007 年，第 18 届乒乓球亚锦赛，除了本土的转播，只有瑞典一家名叫 IEC 的公司以 2 万元美元的价格买断了其国际转播权。

体育比赛的组织者在进行比赛转播权转让时，应从规范行为入手，按照国际惯例来运行，比赛信号可以由比赛主办者制作出高质量的公用信号，由比赛主办者免费提供给购买了比赛转播权的电视台，将成本牢牢控制在自己手中。同时，为了与国际接轨，逐步增强国际竞争力，就必须严格按照国际规则，对比赛的转播权进行严格的分类销售；逐渐减少"中国特色"式的规定，并对实际的转播过程进行严密测控，杜绝违反规则转播的现象发生，以维护比赛转播权购买者的利益。

中介机构是经济活动中不可缺少的中间环节，是联系买卖双方的重要纽带。目前许多国际单项体育组织和国家协会都采取由中介组织代理出售电视转播权的办法，已经形成了一种国际惯例。这种所有权与经营权的分离促进了赛事电视转播权的经营与销售。我国目前各个协会的经营水平还不高，企业客户有限，无论是对营销环境的市场调研、对目标市场的把握和定位、设计优化的营销组合（产品策划、包装、定位等），还是多渠道营销、促销等，都非常需要专业化的营销中介机构来协助完成。因此，我国体育部门应聘请有专业化操作能力的中介机构按市场规律对电视转播权进行商业运作，充分利用中介的力量协助赛事转播权的开发和营销，以获得更大的收益。同时要加强对中介机构的培育管理，尽快培养大批具有广博知识的体育经纪人、推广公司、体育广告公司来进行中介包装，使之真正成为体育无形资产市场的运作主体。

（四）注重体育赛事转播著作权开发，与电视机构合作开发，实现双赢

作为体育赛事的组织者首先要认清楚体育赛事转播权和转播著作权之间的关系，虽然转播著作权的第一著作权属于购得转播权并实际进行了转播、制作了节目的媒体，但其著作权的基础仍然是体育赛事本身，没有精彩的体育赛事，就没有体育赛事转播的著作权，所以体育赛事的组织者应该重视体育赛事转播著作权的开发，可以分部分或分层次地转让以体育赛事为基础的节目著作权，使得体育赛事的商业价值得到最大程度的利用和开发。

体育组织除了要注重转播著作权的多重开发之外还可以与传播机构共享体育转播的产权，以实现风险共担、利益共享。以电视媒体为例，目前，电视媒体仍然是体育赛事传播的最重要的平台，电视媒体可以通过对体育赛事的传播有效地提高自己的收视率，从而提高广告价格实现自身广告时段的价值最大化；而体育赛事可以借助电视媒体的影响力提高观众对比赛的关注和喜爱，并且能从赛事转播权的转让中得到可观的收益。可以说体育赛事和电视媒体在某种程度上可以达到目的的一致性，即博取受众更多的注意力以实现经济效益。

在共同利益的基础上，我国的体育赛事的组织者完全可以与电视等传播机构充分合作，真正做好"赛事电视转播权"无形资产的开发，增强自己走向市场的能力。共同开发是指体育赛事组织者与媒体之间达成协议，或成立赛事公司，共同拥有体育赛事转播的所有权，并对其实施统一营销、共同使用，从而共享收益，是国际通行的转播权转让形式。这种模式往往是针对那些投资大、消耗多、急于靠转播权来收回成本的体育比赛，以及那些观众少、相对冷门的体育赛事，同时此种方式很适合于经济欠发达的发展中国家的体育赛事转播权开发和销售的初期，因此比较贴近我国国情和我国体育赛事的发展水平。这种合作开发的产权模式有很多优势，对于赛事组织者而言可以分散风险，并减少转播权出售的不确定性，大幅度缩减了体育赛事组织的成本；而对于传媒机构来说，选择同体育组织共同开发体育比赛转播权，不仅可以优先获得体育转播权的使用权，同

时也可以通过共同开发,来降低自己与体育组织之间的谈判成本,提高了自身的收益。合作开发实现的具体方式可以是契约式的(即通过一系列合约规定双方的义务和权利,以及投入和利润分成的比例),也可以是股权式的合作开发(即赛事组织者和传播机构共同入股成立转播权开发公司,按照股份公司的规范化的企业制度以及操作模式进行运营,按股权比例划分利润所得)。契约式的往往比较灵活,可以是一次合作,双方的约束比较松散;而股权式是以资本为纽带的合作模式,一般适用于长期稳定的合作。

在国际上体育比赛组织者与电视媒体合作开发的模式屡见不鲜。阿根廷是一个足球强国,但其足球产业的真正形成却是在1991年。最初的阿根廷足球产业主要靠销售门票和优秀运动员来支持和发展,而到了20世纪九十年代销售足球比赛电视转播权成了该国足球产业的主要内容。阿根廷足球运动电视转播权的销售就是应用了与电视媒体合作开发的模式,阿根廷足协专门成立了一家商业公司与一家电视台运作,保证了此项活动能够按照市场法则办理有关事宜,避免了因混淆社团、公益机构、企业三种组织形式的职责作用以及分别销售所带来的混乱。合作开发模式的成功应用为阿根廷足球产业的发展提供了充足的资金保障,极大地促进了足球产业的发展。

(五)细分"产权",打开更多媒体市场

在探讨细分产权之前,首先要再次强调明确体育赛事转播权与体育赛事转播著作权的关系。体育赛事转播权的基础是体育比赛,体育赛事转播著作权的基础是体育赛事转播权。从法律关系来看,体育赛事转播权的所有人首先是比赛的组织者和(或)参加者,而电视转播著作权的第一著作权人则是从前者手中购得电视转播权并实际进行了转播、制作了节目的媒体,它们发生的时间有先后之分(图2)。体育赛事转播权购买者(媒介机构)实际是邻接权人。从产权交易的角度看,根据不同的媒体情况,传播地区,比赛的赛制特点、精彩与否、受众偏好、参赛者情况等条件,可以对体育赛事转播权的使用、处置、收益、让渡条件等进行多种细分,并重新组合,从而实现针对不同媒体、针对不同受众、针对不同地区的多种产品包,令这些产品包覆盖不同的转播权组合或体育赛事转播著作权组合,促进体育赛事转播权原始权利者——体育赛事组织者/运动员组织的利益最大化。

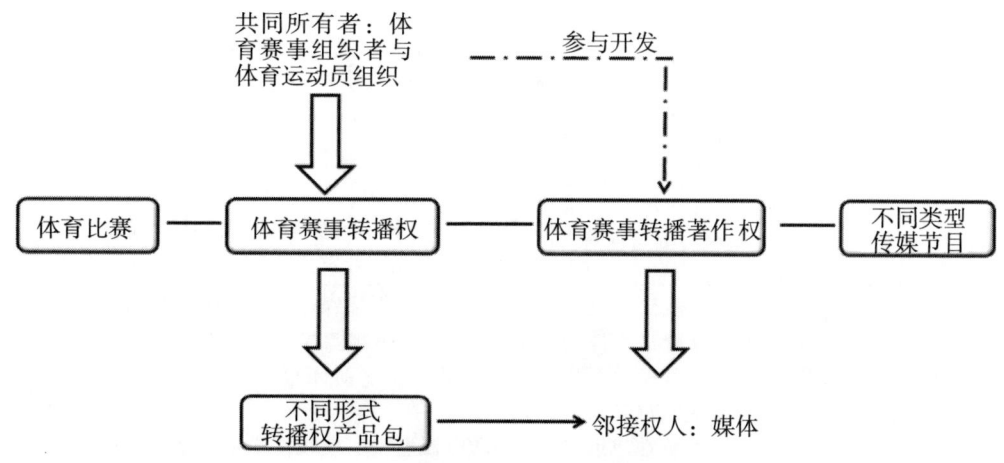

图2 体育赛事转播权与体育赛事转播著作权开发

体育赛事转播权衍生出的一个最重要的权力（邻接权）就是体育赛事转播者的录制权和播放权。在对西方国家体育赛事转播权营销的分析中，我们非常容易发现赛事的组织者（运动员组织，比如俱乐部）都是尽可能地将体育赛事转播权按照地区、媒介渠道形式、体育比赛视频的不同内容样态进行详细的划分，从而呈现出不同的产品包形式。之所以如此，是因为，得到体育赛事组织/运动员组织"特许"的媒介组织可以通过对体育赛事直播的录制、传播等邻接权的再开发衍生出更多类型的传媒内容产品和传播渠道（比如新闻报道、赛事集锦、付费点播的全程转播/射门集锦等节目，还有获得赛事转播权的媒介向其他媒介机构进行转播权再出售等）；而当体育赛事被转化为传媒内容产品之后，体育赛事组织者/运动员组织很难再接入体育赛事转播著作权的开发，所以体育赛事组织者/运动员组织要事前通过权力细分把"体育赛事转播权"的盈利空间做大。正是基于这样的认识，本报告提出如下建议。

1. 多元化体育赛事转播权细分

因为体育赛事的视频内容制作必须依靠电视媒体，目前阶段显然很难把其他电子类媒体的转播权（网络、楼宇电视、移动电视、手机电视等）与电视媒体转播权截然分开，那么就应该在对电视媒介机构的体育赛事转播权交易谈判中规定网络等新媒体体育赛事转播权开发的分成比例，或如果放弃对新媒体开发的收益要求就相应提高电视媒体的转播权价格，实质上等于是将电视媒体和新媒体的体育赛事转播权一并打包出售。

针对我国当前媒体渠道日益增多，并且对于体育赛事的表现方法也日益增多的现实，并且当前体育赛事组织/运动员组织在体育赛事转播权的交易中尚无实力和媒介机构抗衡，那么，如果体育赛事转播权所有者（体育赛事组织者或运动员组织）能够事先把体育赛事转播权的产权分割做细致，那么就会在体育赛事转播权销售的第一阶段获得更好的收益（表3）。

表3 体育赛事转播权细分方式

按地域分类	按场次分类	按呈现内容形式分类	按媒体渠道分类	按播出时间分类
全国性	决赛	比赛现场直播权、延时直播权、转播权、体育赛事节目点播权、赛事集锦、集锦片断点播等	1. 电视媒体、网络媒体注重直播、延时直播、点播、赛事集锦权的开发 2. 手机媒体注重新闻报道权、点播权的开发 3. 移动电视、楼宇电视注重体育赛事集锦视频DVD等产品的开发	
	半决赛	比赛现场直播权、延时直播权、转播权、体育赛事节目点播权、赛事集锦、集锦片断点播等	1. 电视媒体、网络媒体注重直播、延时直播、点播、赛事集锦权的开发 2. 手机媒体注重新闻报道权、点播权的开发 3. 移动电视、楼宇电视注重体育赛事集锦视频DVD等产品的开发	
	其他比赛	比赛现场直播权、延时直播权、转播权、体育赛事节目点播权、赛事集锦、集锦片断点播等（可以按照比赛性质或精彩程度再进行细分）	1. 电视媒体、网络媒体注重直播、延时直播、点播、赛事集锦权的开发 2. 手机媒体注重新闻报道权、点播权的开发 3. 移动电视、楼宇电视注重体育赛事集锦视频DVD等产品的开发	1. 周末 2. 工作日 3. 黄金时间段

(续表)

按地域分类	按场次分类	按呈现内容形式分类	按媒体渠道分类	按播出时间分类
全国性	其他比赛	比赛现场直播权、延时直播权、转播权、体育赛事节目点播权、赛事集锦、集锦片断点播等（可以按照比赛性质或精彩程度再进行细分）	集中出售，或可以鼓励俱乐部对当地媒体资源进行独立开发	1. 周末 2. 工作日 3. 黄金时间段

2. 开拓省级卫视市场

因为当前省级卫视已经和中央级电视媒体形成了比较有效的竞争态势，所以建议全国性的转播权可以依据不同场次打包对省级卫视媒体和中央级电视媒体分别销售；或者按照呈现形式不同，对特定场次的比赛现场直播、比赛转播、赛事集锦和点播节目进行不同的打包然后分别销售。具体的措施如下。

（1）对央视已经掌控的体育赛事的转播权，可以给予省级卫视购买延时直播权、赛事集锦权以及对当地新媒体转播权的开发权利。

（2）对于央视尚未掌控的体育赛事的转播权，可以对体育比赛地所在省的省级卫视给予购买体育赛事转播权的优先权，这种优先权可以表现在集中竞卖的优先购买（或优惠购买），也可以表现在体育赛事组织与省级卫视合作，开发体育赛事转播权并对体育赛事转播著作权进行深度的再开发。

这样不仅可以做足体育赛事转播权内容节目的差异化，而且有助于体育部门突破强势电视媒体的垄断优势。

3. 在新兴体育赛事转播权的开发中提升自身利益

目前很多新兴体育赛事（比如马术比赛等），体育部门还需要向中央级电视媒体支付费用才能获得赛事转播机会。建议这类前景看好的比赛，体育部门可以先付费获得电视转播机会，但同时应该向电视媒介部门主张自己在电视著作权再开发中的主体地位，这样获得的视频资料可以通过体育市场营销部门向网络、手机、楼宇电视、移动电视等新媒体进行推广，通过广告置换等初级收入模式获取收入。等到这些比赛逐渐为大众熟悉，并且具有产业开发价值的时候，再作进一步的深入开发。

4. 鼓励运动员组织（俱乐部）等积极开发主场比赛的体育赛事转播权

借鉴国外的发展经验，鼓励主场比赛的俱乐部在当地对自己的比赛进行转播权开发与营销。主场比赛的俱乐部拥有较好的地域性受众基础，另外，体育传媒内容产品对地域性的媒介机构而言，也是宝贵的资源。鼓励俱乐部积极开发主场比赛的体育赛事转播权不仅可以激发体育协会各成员单位的积极性，而且可以推动体育赛事本身的水平提高。因为当前及可预期的未来，我国体育赛事转播权的开发从法律和实践上由体育赛事组织进行统一开发并与体育比赛参加者分成是稳妥的方式，所以为了激励与约束并重，可以让其在自己地域范围内的电视台、广播电台或网站上播放本俱乐部参与的非直播比赛。

5. 推动国家级体育运动的专业网站和各体育协会及运动员俱乐部专业网站的建设工作

在申请网络视频许可证的前提条件下,通过体育行业在自身运营的网站来开发体育赛事新媒体转播权。并且还可以利用网站,吸引体育爱好者在观看体育赛事直播、转播、付费点播的同时利用多种营销组合(比如球迷俱乐部、进球竞猜、体育博文等)吸引体育用品营销商的广告投放、体育电子游戏开发上的软件及服务上载,从而形成多元化盈利模式。

(项目编号:1275ss08093)

图书在版编目(CIP)数据

国家体育总局体育哲学社会科学研究成果选编.
2008-2009 / 国家体育总局政策法规司编. —北京：
人民体育出版社，2012
ISBN 978-7-5009-4220-7

Ⅰ.①国… Ⅱ.①国… Ⅲ.①体育-文集
Ⅳ.①G822.12

中国版本图书馆 CIP 数据核字(2012)第 272785 号

*

人民体育出版社出版发行
中国铁道出版社印刷厂印刷
新 华 书 店 经 销

*

787×1092　16 开本　20 印张　465 千字
2012 年 3 月第 1 版　2012 年 3 月第 1 次印刷
印数：1—1,500 册

*

ISBN 978-7-5009-4220-7
定价：45.00 元

社址：北京市东城区体育馆路 8 号（天坛公园东门）
电话：67151482（发行部）　　邮编：100061
传真：67151483　　　　　　　邮购：67118491
网址：www.sportspublish.com

（购买本社图书，如遇有缺损页可与发行部联系）